Roman Herzog
Staaten der Frühzeit

Roman Herzog

Staaten der Frühzeit

Ursprünge und
Herrschaftsformen

Zweite, überarbeitete Auflage

Verlag C. H. Beck München

Mit 4 Karten

Die Deutsche Bibliothek – CIP-Einheitsaufnahme
Herzog, Roman:
Staaten der Frühzeit: Ursprünge u. Herrschaftsformen /
Roman Herzog. – 2., überarb. Aufl. –
München : Beck, 1998
ISBN 3 406 42922 X

ISBN 3 406 42922 X

Zweite, überarbeitete Auflage. 1998
© C. H. Beck'sche Verlagsbuchhandlung (Oscar Beck), München 1988
Satz und Druck: C. H. Beck'sche Buchdruckerei Nördlingen
Gedruckt auf alterungsbeständigem Papier
(hergestellt aus chlorfrei gebleichtem Zellstoff)
Printed in Germany

Inhalt

Einführung 7

Erstes Buch
Vermutungen über den frühen Staat

1. Kapitel. *Vor viertausend Jahren*......................... 15
Ägypten und Mesopotamien um 2000 v.Chr. 16 – Probleme der Zeitrechnung 20 – Die Induskultur 22 – Kleinere Staaten um 2000 v.Chr. 26 – «Schwellenmächte» 30

2. Kapitel. *Die Wurzel muß tiefer liegen*............................. 34
Ältere Staaten an Nil und Euphrat 34 – Wie es gewesen sein könnte 39 – Arrivierte Staatlichkeit 45

3. Kapitel. *Indizien aus Stein*................................. 49
Was Steine verraten können 50 – Die Grenzen des Erkennbaren 53 – Die Wurzel liegt noch tiefer 56 – Auf dem Wege zur Schallmauer 63 – Jericho 65 – Vorstufen der Induskultur 68

4. Kapitel. *Vom Sinn des Staates*............................ 70
Älteste Staatsaufgaben 76 – Seßhafte und Nomaden 83 – Vom Charakter der Staaten 86

Zweites Buch
Formen des frühen Staates

5. Kapitel. *König oder Priester – Palast oder Tempel?*................ 95
Abgrenzungsprobleme 95 – Königsmacht und Priestermacht 97 – Wirtschaftsfaktoren 102 – Machtkämpfe zwischen Palast und Tempel 108 – «Internationale» Heiligtümer 112

6. Kapitel. *Adelige Herrschaft*................................ 116
Ein Modell: Herrschaft aus wilder Wurzel 117 – Ein historisches Beispiel 121 – Spezielle Kristallisationspunkte der Macht 127 – Adelsherrschaft und Wanderung 129 – Königtum und Adel 132 – Nach der Niederlassung 137

7. Kapitel. *Zentrale und Provinz*............................. 140
Informations- und Verkehrsnetze 141 – Wieder ein Modell: Der Adelsstaat 145 – Die Hausmacht des Königs 150 – Das Dilemma des Raums 157

Drittes Buch
Modelle der Großraumpolitik

8. Kapitel. Großmachtpolitik im Nahen Osten 165
Ägypten – Koloß auf tönernen Füßen 166 – Mesopotamien im zweiten Jahrtausend 173 – Mitanni 177 – Das Reich der Hethiter 180 – Die Epoche der «Weltpolitik» 187

9. Kapitel. Zweitausend Jahre chinesischer Staat 198
Frühzeit und Shang-Dynastie 199 – Chou-Dynastie und «Kämpfende Reiche» 204 – Großmachtbestrebungen 208 – Die fa-chia 212 – Das Reich der Han-Dynastie 216 – Chinesischer Imperialismus 221 – Methoden und Motive 227

Viertes Buch
Grundfragen der Staatsführung

10. Kapitel. Bauern – Arbeiter – Soldaten 237
Dienstpflicht und Sklaverei 238 – Die Rolle des Volkes 243 – Herrscher und Beherrschte 247

11. Kapitel. Streiflichter aus der Bürokratie 253
«Allgemeine Verwaltung» 255 – Die Bürokratie der Achämeniden 259 – Die erste Reichsverwaltung der Chinesen 262 – Das ägyptische Gerichtssystem 268 – Personalpolitik 270 – Ein mykenischer Adelsstaat 274 – Schrift und Sprache in der Verwaltung 278

12. Kapitel. Frühe Rechtssysteme 282
Apodiktisches Recht – konditionales Recht 282 – Die Entdeckung des Gesetzes 284 – Zum Charakter früher Gesetze 287 – Von der Modernisierung des Rechts 290 – Gewaltverbot und Gerichtszwang 293

Ausblick

Die Frage der Ethik 299
Existenzgründe des Staates 299 – An der Wiege der Staatsethik 302

Anhang

Nachwort 311
Literaturhinweise 313
Fundstellen der wörtlichen Zitate 317
Geographisches Register 318
Personenregister 321
Sachregister 324

Einführung

Dieses Buch will die älteste Geschichte des Staates aufhellen, soweit das beim heutigen Stand der Wissenschaft möglich ist.

Wie kaum eine andere menschliche Hervorbringung hat der Staat die Geschichte beeinflußt und geprägt. Durch ihn hat schon der frühe Mensch die Grundlage zu großen technischen und zivilisatorischen Leistungen gelegt. Durch ihn hat er sich Ordnung und Sicherheit in einer vielfach gefährdeten Umwelt geschaffen. Durch ihn haben Menschen aber auch namenloses Unglück erlitten. Das ist gewiß Grund genug, nach den Wurzeln und frühen Formen einer so zwiespältigen «Erfindung» zu fragen.

Die Aufgabe, die wir uns damit gestellt haben, ist freilich voller Probleme und Unsicherheiten.

Schriftliche Zeugnisse über das Zusammenleben der Menschen gibt es in der Geschichte verhältnismäßig spät, jedenfalls erst aus Epochen, in denen der Staat schon so hoch entwickelt war, daß auf eine Vorgeschichte von Jahrhunderten, wenn nicht Jahrtausenden zu schließen ist. Was aber in vorgeschichtlichen Zeiten geschehen ist und wie die Vorstufen des historischen Staates ausgesehen haben, bleibt in den schriftlichen Quellen dunkel.

Mit den groben Mitteln, die der Geschichtsforschung sonst für frühe Epochen zur Verfügung stehen, ist nur schwer einer Erscheinung beizukommen, die sich mehr in Ideen und Taten als in Gegenständen manifestiert und die sich daher nicht einfach ausgraben läßt, wie es die Vor- und Frühgeschichtsforschung sonst tut.

Diese Wissenschaft arbeitet normalerweise ja mit Gebäuderesten, Kunstwerken und Gebrauchsgegenständen, die sie im Boden findet, vor allem mit der unverwüstlichen Keramik. Aus ihnen schließt sie auf kulturelle Entwicklungen, auf Wanderungen der frühen Völker, auf Handelsbeziehungen, auf Siedlungsgründungen und Siedlungserweiterungen. Was nicht im Boden erhalten ist – Hölzer, Gewebe, Leder, Papier –, und erst recht, was gar nicht in den Boden gelangt ist, ist für sie verloren. Das gilt besonders für die Gedanken und die gesellschaftliche Welt des Menschen. Die Ordnung, in der der frühe Mensch gelebt hat, kann man so wenig ausgraben wie seine Religion, und den Staat, der – so oder so – sein Schicksal geworden ist, so wenig wie seine Sprache.

Selbst *Rückschlüsse* aus den Bodenfunden sind meist zweifelhaft. Ein Schwert, das irgendwo entdeckt wird, sagt nichts darüber, wer es geführt hat, und erst recht nichts darüber, ob sein Besitzer unter dem Kommando eines Herrschers damit gekämpft hat. Aus Festungsbauten oder Bewässerungssystemen kann man zwar schließen, daß sie ohne Planung, Organisation und Zwang eines Herrschers nicht entstanden sein können. Wie dieser aber sein Amt erhalten hat, welche Rechte es ihm gab und wie er selbst es verstand, sagen sie nicht. Sogar vor ausgedehnten Gebäudekomplexen stehen die Archäologen heute oft noch ratlos, wenn sie mit letzter Sicherheit sagen sollen, ob sie Tempel oder Paläste waren, ob sie einen Hohenpriester oder einen König beherbergt haben, und von dem Begriff «Priesterkönig», der dann mitunter fällt, ist bis heute nicht ausgemacht, ob er den Nagel wirklich auf den Kopf trifft oder ob er nur die Ausrede einer Wissenschaft ist, die keine Antwort auf die Frage weiß.

Über die Staaten des zweiten vorchristlichen Jahrtausends weiß man heute schon vergleichsweise gut Bescheid, jedenfalls in genauer erforschten Gebieten. Dasselbe mag da und dort gelten, wo besonderes Licht auf Staaten des dritten Jahrtausends fällt, wie in den Tälern von Euphrat, Tigris und Nil. Aber die Spuren des Staates reichen viel weiter zurück. Schon die Lager des Homo Sapiens, der vor vielen Jahrtausenden aus dem Dunkel der Eiszeit hervortrat, waren nach einem erkennbaren, immer wiederkehrenden Schema gegliedert, das genausogut die Anordnungen von Hordenältesten widerspiegeln kann wie einen in generationenlanger Erfahrung erworbenen Konsens der Hordenmitglieder. Es muß also damals schon *Spurenelemente menschlicher Herrschaft* gegeben haben. Nur nützt uns dieses Wissen nicht viel; denn es ist gewiß, daß diese Spuren heute auch mit den fortgeschrittensten Methoden nicht mehr zuverlässig interpretiert werden können.

Daß dasselbe aber auch für die sieben, acht oder neun Jahrtausende gelten soll, seit der Mensch seßhaft geworden ist und sich Schritt für Schritt zum Ackerbauern und zum Viehzüchter entwickelt hat, will nicht ganz einleuchten. Immerhin gibt es aus geschichtlicher Zeit Beispiele für die Staatwerdung in solchen Gesellschaften, aus denen sich zumindest *Fragen* ableiten lassen, und in der Geschichtswissenschaft ist es oft ja schon der halbe Erfolg, wenn an schwer verständliches Fundmaterial die richtige Frage gestellt wird.

Die Situationen, aus denen der Mensch zu neuen Ufern aufbricht, wiederholen sich im Laufe der Jahrtausende immer wieder, die Zahl der Lösungen, mit denen er darauf antwortet, ist beschränkt, und wenn die vorhandenen Informationen dann auf *eine* denkbare Antwort mehr hinweisen als auf alle anderen, können zumindest *Wahrscheinlichkeiten* erkannt werden, wo *Sicherheit* nicht mehr zu gewinnen ist.

Man mag das als *Spekulation* bezeichnen – und Spekulation in Fragen, die ansonsten mit wissenschaftlicher Präzision beantwortet werden, begegnet mit Recht der Skepsis. Aber es ist doch zu bedenken, daß es ohne Spekulation auch keine Wissenschaft gibt. Ohne sie ist schon keine *Hypothese* möglich, und ohne Hypothese gibt es nichts, was wissenschaftlich bewiesen oder widerlegt werden könnte. Deshalb ist es durchaus legitim, in wissenschaftlichen Fragen auch mit Phantasie zu arbeiten, wenn nur klar bleibt, welche Behauptungen wirklich auf Beweisen beruhen und welche auf Spekulation. Jedenfalls ist, wo es keinen exakten Beweis mehr geben *kann,* eine gut abgestützte Vermutung mehr wert als eine Wissenschaft, die voller Snobismus den vollen Beweis verlangt und damit nur leere Blätter erzeugt.

Noch eine weitere Schwierigkeit ist zu bedenken: Der *Staatsbegriff* selbst, der doch im Mittelpunkt unseres Fragens steht, ist alles andere als eindeutig. Natürlich wird jeder Leser, der dieses Buch aufschlägt, eine klare Vorstellung davon haben, was ein Staat ist. Er mag aber − beispielsweise − sein Wissen über die athenische Polis mit seinem Wissen über die Vereinigten Staaten der Gegenwart vergleichen oder seine Kenntnisse über den sumerischen Tempelstaat mit denen über die Imperien Diocletians und Lenins. Er mag sich fragen, warum ernstzunehmende Wissenschaftler die Reiche nomadischer Völker − und damit auch die Weltreiche Attilas und Dschingis Khans − nicht als Staaten anerkennen und warum andere die Ära des Staates überhaupt erst in der Neuzeit, vor kaum 400 Jahren, beginnen lassen wollen. Wenn er das alles bedacht hat, wird er einsehen, daß der Begriff des Staates tatsächlich nicht eindeutig ist, und daß es nicht nur die Forschungs*methoden* sind, die mitunter keine exakten Ergebnisse zulassen − schon der *Gegenstand* der Forschung liegt nicht genau fest.

Die Antwort auf diese Erkenntnis kann nur sein, daß die Erscheinungen, mit denen sich das folgende Buch auseinandersetzt, zunächst so umfassend wie nur möglich ausgewählt werden. Hier wie so oft ist es besser, vieles einzubeziehen und das Unnötige dann erst auszusondern, als weniges zu betrachten und dabei Wesentliches zu übersehen.

Das Urphänomen, dem wir nachgehen, ist die *Herrschaft von Menschen über Menschen.* Sie hat an dem Tage begonnen, an dem sich der erste Mensch dem Befehl eines anderen beugte. Doch die Existenz von Herrschaft ist nicht das allein Entscheidende. Gewiß ist kein Staat ohne sie denkbar. Aber es gibt auch menschliche Gruppierungen, in denen zwar Herrschaft ausgeübt wird, die aber trotzdem niemand als Staat bezeichnet; man denke nur an die Familie oder an einen Wirtschaftsbetrieb. Notwendig ist neben der Herrschaft also ein weiteres Kriterium, und das zu finden ist nicht ganz leicht.

Man könnte an die *Größe* des einzelnen Herrschaftsverbandes denken. Der Gedanke ist sicher nicht ganz abwegig, und so werden wir denn an einem besonders neuralgischen Punkt unseres Buches mit einiger Konsequenz zwischen Adels*herrschaften* und Adels*staaten* unterscheiden. Nur wird sich dann auch zeigen, daß mit dieser Differenz allein ebenfalls nicht auszukommen ist (S. 126 f.). Außerdem wird in unserer Sprache, um nur ein Beispiel zu nennen, das Fürstentum Monaco genauso als Staat bezeichnet wie etwa die Volksrepublik China. Die Suche nach dem alles entscheidenden Kriterium ist also noch nicht abgeschlossen.

Als weiteres Unterscheidungsmerkmal wird in der Literatur sodann die *Seßhaftigkeit* angeboten. Auch dafür spricht manches. Aber erstens ist heute auch die Familie im allgemeinen seßhaft. Zweitens fällt es schwer, die nomadischen Großreiche Attilas, Dschingis Khans und Timur Lenks nicht als Staaten anzuerkennen. Und drittens gibt es ein grundsätzliches Bedenken: Die meisten Staaten der heutigen Welt sind, wie sich noch zeigen wird, aus nomadischen Adelsherrschaften hervorgegangen. Wir verstellen uns mit einer solchen Begriffsbildung also den Blick auf die entscheidende Wurzel des heutigen Staates und wir messen der Niederlassung eines nomadischen Volkes eine ganz unverdiente Bedeutung zu; denn in diesem Augenblick ändert sich an den Organisations- und Herrschaftsformen noch gar nichts, dazu bedarf es meist einer generationen-, wenn nicht jahrhundertelangen Entwicklung.

Andere Definitionsversuche weisen der «inneren Souveränität» die entscheidende Rolle zu, das heißt der Durchsetzungsfähigkeit des Herrschers gegenüber allen anderen Mächten, die im gleichen Gebiet agieren. Aber damit begänne die Geschichte des Staates wirklich erst im 16. Jahrhundert unserer Zeitrechnung. Unser Buch müßte zwar genau so geschrieben werden, aber mit anderer und – das ist das Entscheidende – schwerfälligerer Terminologie. Und außerdem: Haben unsere modernen Staaten, an deren Staatsqualität niemand zweifelt, diese nur deshalb eingebüßt, weil sie sich gelegentlich großen Konzernen oder Massenverbänden beugen müssen?

Auch die *Funktionen* eines Herrschaftsverbandes bieten bei nüchterner Betrachtung nicht das entscheidende Merkmal. Natürlich kann man sich in Abwandlung eines berühmten Augustinus-Wortes auf den Standpunkt stellen, daß ein Staat ohne einleuchtende, den Menschen dienende Aufgaben nur eine große Räuberbande sei, und diese Sicht der Dinge wird in unserem Buch immer wieder eine Rolle spielen, bis auf die letzten Seiten. Aber «die» Aufgaben «des» Staates lassen sich, wie sich zeigen wird, in der Geschichte überhaupt nicht fixieren; sie wechseln vom Kultus und der Landeskultivierung bis zur Verteidigung nach außen und vom Schutz des inneren Friedens bis zum Wasserbau und anderen Formen der Infrastrukturpolitik. Und außerdem haben natürlich auch andere Herrschaftsformen – Wirtschaftsbetrieb, Familie, wandernde Horde – ihre lebenswichtigen Funktionen. Der Staat ist nicht die einzige Organisationsform, in der der Mensch seine Probleme zu lösen pflegt.

So bleibt eigentlich nur die Organisation – und zwar die auf Dauer angelegte *Herrschaftsorganisation* – als das Kriterium, auf das es ankommt. Organisation aber bedeutet Aufgabenverteilung zwischen den Gliedern oder – anders ausgedrückt – die Existenz von *Ämtern*, die von ihren Inhabern hauptberuflich oder doch kontinuierlich wahrgenommen werden. Ein Hordenführer, der seine Anhänger nur für eine einzige, zeitlich befristete Aufgabe zusammenholt (zum Beispiel zum Bau einer großen Grabanlage), verfügt noch über keine staatliche Gewalt, wohl aber ein König, der zur Erfüllung immer wiederkehrender Aufgaben eine Berufsbürokratie einsetzen kann.

Aber die Grenzen verschwimmen auch hier. Zwischen den beiden Extremen, die wir soeben genannt haben, gibt es das weite Feld solcher Organisationen, die nur mit zeitweise herangezogenen, trotzdem aber spezialisierten «Amateuren» arbeiten – mit «Verwaltungsreservisten», «Reserveoffizieren» und dergleichen. Man wird nicht alle Beispiele solcher Organisation aus dem Staatsbegriff ausklammern können. Ausschlaggebend ist hier wohl die Größe und die Beständigkeit der Organisation, und damit sind wir wieder bei stufenweisen, «gleitenden» Übergängen.

So erklärt es sich, daß an vielen Stellen unseres Buches Begriffe wie «Staatlichkeit», «vorstaatlich» oder «staatsähnlich» auftreten. Der treffende Ausdruck «primitive government», den beispielsweise Karl A. Wittfogel für solche *Staatsrudimente* verwendet hat, ist im Deutschen nur schlecht zu gebrauchen, weil die naheliegende Übersetzung «primitive Regierung» schon wieder falsche Zusammenhänge suggeriert.

Ausklammern lassen sich diese Staatsrudimente aber auch nicht ganz; denn damit gingen allzuviele Einblicke in die Entstehung und die Vorstufen des heutigen Staates verloren. Wir werden sie also so weit wie möglich mitbehandeln müssen.

So wird der kritische Leser oft selbst entscheiden müssen, von welchem Grad der Organisation an er bereit ist, einer Herrschaft das Attribut «Staat» zuzubilligen. Wer einmal näher über das Wesen von Begriffsbestimmungen nachgedacht hat, wird daran nichts Schlimmes finden. Seit es eine menschliche Sprache gibt, sind Begriffe nie nach Gesichtspunkten der Richtigkeit oder gar der Wahrheit, sondern stets nach Gesichtspunkten der Zweckmäßigkeit definiert worden. Bei einem so komplexen Sachverhalt wie dem Staat ist nichts anderes zu erwarten.

Erstes Buch

Vermutungen über den frühen Staat

1. Kapitel

Vor viertausend Jahren

Unser Buch geht vom Jahr 2000 v. Chr. – gewissermaßen als «Normaljahr» – aus. Wir werden zunächst die Staatenkarte dieses Jahres vor dem Leser ausbreiten. In den darauf folgenden Abschnitten wird dann der Versuch unternommen, den Staat und seine Vorstufen in die ältere Vergangenheit hinein zu verfolgen, soweit das mit den heutigen Mitteln überhaupt möglich ist. Danach soll seine weitere Entwicklung dargestellt werden, vor allem sein Ausgreifen in immer weitere Räume während des zweiten vorchristlichen Jahrtausends und die Entstehung von Großstaaten und Weltreichen, durch die seine Geschichte in völlig neue Bahnen gelenkt wurde.

Die Wahl des Jahres 2000 v. Chr. ist wie jede solche Festlegung willkürlich, und ein zwingender Grund, warum nicht 2100 oder 1950 v. Chr. gewählt wurde, läßt sich nicht nennen. Aber es gibt doch gute Gründe, warum die Zäsur gerade in diesen *Zeitabschnitt* gelegt wird.

Zunächst vermehrt sich unsere geschichtliche Kenntnis von diesem Zeitpunkt an beträchtlich. Es gibt zwar auch im folgenden Jahrtausend noch Epochen, in denen selbst in Mesopotamien und Ägypten, den ältesten Wiegen menschlicher Kultur, die Quellen aussetzen. Im großen und ganzen aber läßt sich von 2000 v. Chr. an die menschliche Geschichte wenigstens in diesen Regionen lückenlos verfolgen.

Vor allem aber hat sich die politische Szenerie der uns bekannten Staaten um 2000 v. Chr. grundlegend geändert. In Mesopotamien begann sich die Idee des Großstaates nach jahrhundertelangen, immer neuen Anläufen allmählich zu verfestigen und auf Dauer durchzusetzen; die Reiche der *Babylonier* und – später – der *Assyrer* standen gewissermaßen vor der Tür. In Ägypten, das schon aus geographischen Gründen stets den Eindruck größerer Geschlossenheit bietet, begann zur gleichen Zeit mit dem Mittleren Reich eine neue Epoche konzentrierter Staatlichkeit.

Zugleich traten in einer der großen Wanderungsbewegungen, die die ganze Geschichte der Menschheit durchziehen, neue Völkergruppen in die bekannte Geschichte ein. Die Semiten setzten in dieser Zeit zu ihrer zweiten Wanderungswelle an, die Hurriter drangen in den Norden des Zweistromlandes und in die syrischen Gebiete ein und die Indogermanen schickten sich an, einerseits nach Kleinasien und andererseits auf den indischen Subkontinent vorzustoßen.

Solche Umbruchzeiten bringen für die Menschen unendlich viel Angst, Unsicherheit und Leid mit sich. Kulturen und Staatensysteme können vernichtet, Völker aus ihrer Heimat vertrieben, versklavt und sogar ausgerottet werden. Selbst wenn die Angriffe der wandernden Völker von den seßhaften auf die Dauer zurückgeschlagen werden, kann sich das Gesicht ganzer Landschaften grundlegend verändern. Die Verluste an Menschen und Wohlstand, die selbst im Falle des Sieges nicht zu vermeiden sind, sind in agrarischen Gesellschaften nicht so leicht zu ersetzen wie in den industriellen Gesellschaften unserer Zeit; Europa hat im Dreißigjährigen Krieg ein letztes schauerliches Beispiel dafür erlebt.

Vor allem aber wendet sich der Blick der Angegriffenen und Bedrohten in solchen Zeiten zwangsläufig auf die Verteidigung. Es wandeln sich die politischen und vor allem auch wirtschaftlichen Prioritäten. Militärische Bedürfnisse, militärische Organisationsformen und militärisches Denken treten in den Vordergrund – und sie treten nicht automatisch wieder zurück, wenn die Gefahr gebannt ist. Der Staat kann in solchen Zeiten strenger und kälter werden, als er es in früheren, friedlicheren Epochen war.

Zudem bringen die eindringenden Völker oft ganz neue Anschauungen und Erfahrungen mit, gerade auch im politischen Bereich. Ein Volk, das sich generationenlang auf Wanderung befunden hat, muß über Herrschaft und Führung gänzlich anders denken als ein seßhaftes Volk, das zur gleichen Zeit in Ruhe und Wohlstand leben konnte, und es wird zumeist auch ganz andere Herrschaftsformen entwickelt haben, die es auch nach einer erfolgreichen Landnahme nicht von heute auf morgen aufgeben wird. Die von Ägypten und Mesopotamien grundlegend abweichenden Strukturen des *Hethiterreich es* legen beredtes Zeugnis davon ab.

Die Menschen Ägyptens und des Nahen Ostens, die nach allem, was wir heute wissen, die ersten Träger einer Hochkultur und damit zugleich einer entwickelten Staatlichkeit waren, standen im Jahre 2000 v. Chr. also tatsächlich in einer Umbruchzeit, und dieser Umstand rechtfertigt es, mit einer Betrachtung des Staates gerade in dieser Zeit zu beginnen.

Ägypten und Mesopotamien um 2000 v. Chr.

Hätte im Jahre 2000 v. Chr. ein Geograph oder Politiker eine Karte des eurasisch-afrikanischen Kontinents vor sich liegen gehabt und auf ihr alle Gebiete zum Leuchten bringen wollen, in denen es damals größere Staatensysteme gab, so wäre er – jedenfalls nach unserem heutigen Wissen – mit drei Lämpchen ausgekommen. Aufgeleuchtet hätten von Westen nach Osten nur das Tal des Nil, also Ägypten, etwa bis zum zweiten Katarakt, sodann die von Euphrat und Tigris zum Teil durchflossene zum Teil erst angeschwemmte Ebene von Mesopotamien und schließlich das Industal im nordwestlichen Indien.

Das ist, zumindest auf den ersten Blick, ein überraschend dürftiges Ergebnis, zumal man bei genauerem Hinsehen feststellt, daß keine dieser Zonen erst am Anfang ihrer politischen Organisation stand. Jede konnte damals auf eine jahrhundertealte politische Ordnung zurückblicken. Da sie außerdem mit weiten Teilen der damals bekannten Welt seit unvordenklichen Zeiten Handel trieben und der Handel niemals nur Rohstoffe und Waren, sondern stets auch Gedanken und Erfahrungen verbreitet hat, möchte man eigentlich ein weiteres Ausgreifen des Staates erwarten. Warum das nicht so war, werden wir wahrscheinlich nie erfahren. Es mag sein, daß die Zeit in anderen Teilen der Welt für den Staat einfach noch nicht «reif» war. Da aber niemand sagen kann, was mit einer solchen Floskel eigentlich ausgedrückt werden soll und wann die Zeit für eine Staatsgründung «reif» ist, kommt damit nicht viel Licht in die Sache.

Auch mag es sein, daß wir einfach noch nicht alle Hochkulturen kennen, die zur Entwicklung eines Staates imstande gewesen wären. Immerhin ist die Induskultur, der wir heute ein uraltes staatliches Leben zuschreiben, vor siebzig Jahren noch nicht einmal bekannt gewesen, ist das Interesse der europäischen Forscher auf Mesopotamien und Ägypten (abgesehen von den Pyramiden) nur deshalb so früh gelenkt worden, weil von ihrer Vergangenheit die Bibel ein so beredtes Zeugnis ablegte, und ist auch das Hethiterreich, obwohl in der Bibel mehrfach erwähnt, erst vor vier oder fünf Generationen entdeckt worden. Es ist also nicht ausgeschlossen, daß der Boden noch die eine oder andere Überraschung bereithält. In der Tat kennen wir an vielen Stellen der damaligen Welt kleinere Staaten oder zumindest Bauwerke, die auf eine gewisse Herrschaftsbildung hinweisen, und von denen wir bis heute oft nicht wissen, ob sie nur besonders weit entwickelte Einzelerscheinungen darstellen oder ob es sich bei ihnen um die Spitze eines sehr viel größeren Eisbergs handelt.

Ägypten, das uns immer als Muster geordneter Verhältnisse erscheint, hatte um 2000 v. Chr. gerade ein Jahrhundert des Zerfalls und der Krisen hinter sich und war nun wieder auf dem Wege zu machtvoller Staatlichkeit. Von 2150 bis etwa 2040 v. Chr. war das Alte Reich überwunden gewesen und hatte einem wilden Gegeneinander von Gaufürsten und konkurrierenden Lokaldynastien Platz gemacht. Der jahrhundertelange Einfluß auf die nubischen Stämme war verlorengegangen, vom Nordosten her waren semitische Nomaden in die fruchtbaren Gebiete des Nildeltas eingedrungen.

Um die Mitte des 21. Jahrhunderts hatte dann aber Pharao Mentuhotep I. (2061–2010 v. Chr.) aus der 11. Dynastie des oberägyptischen Theben allmählich die in Unterägypten herrschende 10. Dynastie von Herakleopolis aus der Macht verdrängt, die Gaufürsten zugunsten der Zentralverwaltung geschwächt, Nubien zurückgewonnen, die Südgrenze wieder bis in die Nähe des vierten Katarakts vorgeschoben und das Mittlere Reich Ägyptens ins Leben gerufen.

Kurz nach unserem «Normaljahr», im Jahre 1991 v.Chr., sollte Amenemhet I. (1991–1961 v.Chr.) den Pharaonenthron besteigen, die 12. Dynastie begründen und das Stabilisierungswerk seiner Vorgänger, Mentuhoteps I. und seines gleichnamigen Sohnes, vollenden. Ihm sollten die Ägypter vor allem ein gewaltiges Befestigungswerk gegen die syrischen Semiten zu verdanken haben, die «Mauern des Herrschers», die im östlichen Nildelta das reiche Nilland an der einzigen Flanke, an der es sich nicht auf natürliche Schutzwälle verlassen konnte, auf viele Generationen hin sichern sollten. Ägypten befand sich im Jahre 2000 v.Chr. also tatsächlich auf dem Wege zu neuer, konzentrierter Staatlichkeit.

In *Mesopotamien* lagen die Dinge nicht so klar. Die Gebiete an Euphrat und Tigris hatten etwa von 2230 bis 2130 v.Chr. unter einer als besonders bitter empfundenen Fremdherrschaft gestanden. Das Volk, dem sie das verdankten, gibt den Historikern bis heute Rätsel auf. Zwar kennt man den Namen, den ihm die unterworfenen Sumerer und Semiten (Akkader) gaben: Guti oder Gutium (heute wird meist die eingedeutschte Form «Gutäer» gebraucht). Aber schon woher sie kamen und welcher Völkergruppe sie angehörten, ist nicht mehr zu klären. Nur soviel ist deutlich, daß sie weder Sumerer noch Semiten waren, und was den Herkunftsort betrifft, so ist es am wahrscheinlichsten, daß sie von den Höhen des Zagrosgebirges, also von Osten oder Nordosten her, in das Zweistromland eingedrungen waren.

Unbekannt sind die Vorgänge, die zu ihrer Herrschaft führten. Unbekannt sind auch die Formen dieser Herrschaft; aus der großen Zahl erhaltener Herrschernamen kann man bestenfalls auf eine Art Wahlkönigtum mit befristeten Amtszeiten und daraus wieder auf sehr beschränkte Rechte ihrer Könige schließen. Unbekannt ist sogar, warum die Bewohner des Zweistromlandes, die auf Grund ihrer kulturellen Überlegenheit mit allen anderen Einwanderern fertig wurden, gerade ihre Herrschaft noch Jahrhunderte später als ausgesprochene Unglückszeit empfanden. Es mag sein, daß die Gutäer ein besonders hartes Regiment führten. Es kann aber auch sein, daß sie nur deshalb als unangenehme Herren empfunden wurden, weil sie sich von der hohen Kultur der Unterworfenen nicht assimilieren ließen, und das heißt doch zunächst einmal: weil sie sich von ihr nicht imponieren ließen. Das hat keiner gern, der sich überlegen fühlt, weder im Leben der einzelnen Menschen noch im Leben der Völker.

Wie auch immer, um 2130 v.Chr. war es den alteingesessenen, aus Sumerern und Semiten bestehenden Völkern geglückt, das Joch der Fremdherrschaft abzuschütteln. König Utuchengal (2130–2123 v.Chr.) aus dem sumerischen Uruk hatte sie entscheidend geschlagen. Wenn er aber gehofft haben sollte, nun ganz Mesopotamien unter seine eigene Herrschaft zu bringen, so muß er grausam enttäuscht worden sein. Schon wenige Jahre nach seinem Sieg über die Gutäer unterlag er seinem früheren Untergebenen Urnammu (2123–2105 v. Chr.), dem König der ebenfalls sumerischen Stadt Ur. Urnammu unternahm es nun seinerseits, Mesopotamien so weit wie irgend möglich unter einer Krone zu einigen. Er hatte dabei auch sichtliche Erfolge. Der volle Erfolg blieb aber auch ihm versagt, sonst hätte nicht Gudea von Lagasch (2122–2100 v. Chr.) eine so wichtige Rolle spielen können, wie es die Dokumente berichten. Auch sonst sind aus dieser Zeit mehrere Kleinkönige bekannt. Doch weiß man nicht immer, ob sie nicht, wie wohl auch Gudea, Vasallen größerer Herrscher waren – freilich auch nicht, ob sie sich, wenn das der Fall gewesen sein sollte, immer danach gerichtet haben.

Urnammus Nachfolger Schulgi (2105–2057 v. Chr.), Amarsuena (2057–2048 v. Chr.) und Schusuen (2048–2039 v. Chr.) bemühten sich nach allem, was wir wissen, redlich, das Herrschaftsgebiet ihres Hauses, der 3. Dynastie von Ur, und ihres Reiches, das die altehrwürdigen Namen von Sumer und Akkad führte, zu halten und noch zu erweitern. Beides scheint ihnen auch gelungen zu sein. Doch eine dauerhafte Stabilisierung der Verhältnisse gelang ihnen anders als der 11. und 12. Dynastie Ägyptens nicht. Denn nunmehr trat eine völlig neue Kraft auf den Plan.

Aus der Zeit vor der Wiederherstellung der ägyptischen Einheit haben wir schon von den Schwierigkeiten gehört, die die bäuerliche Bevölkerung des Nildeltas mit eindringenden semitischen Nomaden hatte. Das war nicht der Raubzug eines einzelnen, besonders kühnen Stammesfürsten, sondern die Nomaden der syrischen Wüste waren samt und sonders in Bewegung geraten und schwärmten nunmehr nach allen Seiten aus, um Raubgut und vor allem neue Lebensräume zu gewinnen. Der ganze Vordere Orient stand, wie schon einmal gesagt, vor einem entscheidenden Umbruch.

Es ist nicht ganz sicher, wie man die Völker, die damals in die Geschichte eintraten, benennen soll. Die Sumerer im südlichen Mesopotamien nannten sie «martu», ihre akkadischen Nachbarn, die selbst eine ältere semitische Sprache hatten, bezeichneten sie als «amurru». Beides heißt soviel wie «Westländer» oder «westliche Nomaden» und beides weist auf den biblischen, allerdings sehr viel jüngeren Namen «Amoriter» hin. Die modernen Historiker sprechen daher entweder von Amoritern (bzw. Alt-Amoritern) oder sie verwenden einen ganz anderen, auch aus der Bibel bekannten Namen: Kanaanäer oder Kanaaniter.

Ägypten hatte es verhältnismäßig leicht, mit den Aggressoren fertig zu werden, da es nur von einem Ausläufer der ganzen Bewegung getroffen wurde. Da genügte wahrscheinlich *ein* harter, aus der Position der Überlegenheit geführter militärischer Schlag und die Abriegelung des nordöstlichen Einfallstors durch eine schwerbewaffnete Verteidigungsanlage. Aber schon diese für Ägypten ganz außerordentliche Maßnahme zeigt doch auch, daß die Herrscher des Mittleren Reiches die Amoritergefahr nicht auf die leichte Schulter nahmen, und wenn sie etwas später die Verteidigungslinie verlegten und erneut befestigten, so bestätigt das diesen Eindruck nur.

Die mesopotamischen Könige befanden sich in einer schwierigeren Situation. Sie wurden wahrscheinlich vom Hauptstoß der Völkerwanderung getroffen und zwar auf einer Front, die Hunderte von Kilometern breit war, ungezählte Einfallstore bot und sich an den strategisch günstigsten Stellen teilweise noch nicht einmal in ihrer Hand befand. Zwar versuchte es einer von ihnen, der schon erwähnte König Schusuen von Ur, um die Mitte des 21. Jahrhunderts ebenfalls mit der Errichtung eines Verteidigungswalles, der nördlich des heutigen Bagdad verlief und 280 Kilometer lang gewesen sein soll. Aber selbst wenn er damit erfolgreich gewesen wäre, hätte er bestenfalls sein eigenes Territorium und nicht die ganze Kulturlandschaft an Euphrat und Tigris geschützt, und außerdem versuchte er auf diese Weise einen kraftvollen und ungeschlagenen Aggressor abzuwehren, während der Pharao Amenemhet zuerst zugeschlagen und dann die schon halbwegs entspannte Situation durch seinen Limes vollends bereinigt hatte. Der Unterschied liegt auf der Hand.

So konnte es nicht ausbleiben, daß die Amoriter Mesopotamien überfluteten und in Besitz nahmen. Das Reich der 3. Dynastie von Ur schrumpfte unter seinem letzten König, Ibbisuen (2039–2015 v. Chr.), immer mehr zusammen und ging schließlich ganz zu Ende. Noch vor der Jahrtausendwende etablierten sich kanaanäische Fürstenhäuser in Stadtstaaten wie Isin und Larsa, zu denen wenig später so zukunftweisende Namen wie Eschnunna, Mari und Babylon hinzutraten. Zwar übernahmen auch diese semitischen Einwanderer wie vor ihnen die Akkader alsbald die sumerische Kultur und führten sie – freilich nach tiefgreifenden Verschmelzungsvorgängen – zu neuen Höhepunkten. Die politische Bedeutung der Sumerer und Akkader war aber endgültig zu Ende, und zwar ziemlich genau um das Jahr 2000 v. Chr. Vor der Tür standen die Reiche von Mari und Babylon, und der Norden des Zweistromlandes hielt sich bereit, unter dem Namen der alten Stadt Assur und ihres Gottes der Welt eine völlig neue Art von Staat zu präsentieren.

Probleme der Zeitrechnung

Hier ist vielleicht der richtige Ort, um den Leser mit den Zweifeln bekannt zu machen, mit denen die auch in diesem Buch verwendeten Jahreszahlen behaftet sind. Datierungen aus den Zeiten der Pharaonen oder der frühen mesopotamischen Herrscher können ja nicht von Anfang an in den Kategorien unseres heutigen Kalenders vorgenommen worden sein; von einem Pharao wie Amenemhet oder einem Sumererkönig wie Urnammu oder Schulgi kann man unmöglich erwarten, daß sie gewußt haben, wieviele Jahre vor Christi Geburt sie lebten und regierten.

Außerdem haben die Chronisten der alten Reiche keinen Wert darauf gelegt, ihre geschichtlichen Ereignisse mit denen anderer Staaten parallelzuschalten. Einen bescheidenen Versuch dieser Art unternimmt erst – sehr spät – die Bibel, die wenigstens die Geschichte der Königreiche Israel und Juda kontinuierlich (aber doch auch mit gravierenden Fehlern) aufeinander bezieht. Für Ägypten und die mesopotamischen Staaten gibt es nicht einmal einen solchen Versuch. Man kann also, wenn man ein bestimmtes Ereignis aus dem einen Land herausgreift, nicht ohne weiteres sagen, was gleichzeitig im anderen geschehen ist.

Wer eine allgemeingültige, die ganze damalige Welt umfassende Chronologie aufstellen will, muß sich also mit drei Problemen auseinandersetzen.

Er muß erstens für jeden Bereich, ja für jeden größeren Staat dessen eigene Chronologie aufstellen, indem er auf den uns bekanntesten, weil jüngsten Ereignissen aufbaut und von hier aus immer weiter in die Vergangenheit zurückgeht. Im Idealfall käme er so zu mehreren «relativen Chronologien», mit denen er zwar nicht ermitteln könnte, in welchem Jahr exakt ein bestimmtes Ereignis stattgefunden hat, auf Grund deren es aber doch wenigstens möglich wäre zu sagen, daß es sich – beispielsweise – 592 Jahre vor dem Regierungsantritt Sargons II. ereignet hat. Je weiter er die Geschichte in die Vergangenheit zurückverfolgt, müßte er dabei natürlich mit Annäherungswerten arbeiten (also zum Beispiel «ca. 600 Jahre vor der Thronbesteigung Sargons II.»).

Sodann müßte unser Historiker die «relativen Chronologien» aller damaligen Reiche zueinander in Beziehung setzen. Das geht praktisch nur, wenn sich ein und dasselbe Ereignis in den Chronologien mehrerer Staaten nachweisen läßt. Ein Beispiel dafür ist etwa die Schlacht von Kadesch (1299 v. Chr.), in der der Hethiterkönig Muwatallis seine Kräfte mit dem jungen Pharao Ramses II. maß und die natürlich – wenn auch mit gänzlich verschiedener propagandistischer Bewertung – in der Geschichtsschreibung beider Reiche eine gebührende Rolle spielt. Sie gibt in der ägyptischen wie in der hethitischen Chronologie einen Fixpunkt, von dem aus die Historiker «weiterrechnen» können, und da die hethitische Chronologie sehr eng mit der assyrischen zusammenhängt, wird auch die Chronologie Mesopotamiens mit einbezogen, freilich zu einer Zeit, wo sie ohnehin recht gut bekannt und der Nutzeffekt daher nicht mehr überwältigend ist.

Aber selbst wenn damit eine einheitliche Chronologie für Ägypten und den Nahen Osten zu erreichen wäre, wäre noch immer nicht der Anschluß an unsere heutige Zeitrechnung gefunden, das heißt man könnte nicht sagen, wieviele Jahre vor Christi Geburt ein Ereignis in Ägypten, Kleinasien oder Babylonien stattgefunden hat. Das ist das dritte Problem, vor dem die Geschichtswissenschaft steht und das sie bis heute nicht befriedigend gelöst hat. Soweit die «relativen Chronologien» zuverlässig sind und in die griechische oder römische Geschichte einmünden, deren Jahreszahlen uns bekannt sind, geht es noch ganz gut. Insoweit stimmt auch die «absolute Chronologie». Darüber hinaus können eigentlich nur noch neue Entdeckungen helfen – oder die Astronomie.

Um den großen Babylonierkönig Hammurabi, der überwiegend im 18. Jahrhundert v. Chr. gelebt haben muß, gruppieren sich zum Beispiel fünf Jahrhunderte, für die die Historiker eine exakte und überzeugende «relative Chronologie» ermittelt haben – etwa 350 Jahre vor ihm und etwa 150 Jahre nach ihm. Aber diese «relative Chronologie» hat bisher keinen Anschluß an das Jahr 910 v. Chr. So weit reicht aber die «absolute Chronologie» in Mesopotamien, weil uns eine lückenlose Liste von über 260 assyrischen Jahresnamen erhalten ist und die Astronomen errechnet haben, daß eine Sonnenfinsternis, die dort erwähnt wird, im Jahre 763 v. Chr. stattgefunden haben muß.

Nun weiß man auf Grund anderer Quellen einige Aufgänge des Planeten Venus in die «relative Chronologie» einzuordnen, so daß damit eigentlich ein neuer Fixpunkt gegeben sein müßte, vermittels dessen die «relative Chronologie» zu einer absoluten gemacht werden könnte; denn die Zeitpunkte der Venusaufgänge kann die Astronomie auf Jahrtausende zurück berechnen. Nur will es das Unglück, daß die Venus alle 64 Jahre (teilweise auch alle 56 Jahre) am gleichen Kalendertag aufgeht, so daß damit allein auch nicht die letzte Klarheit zu erreichen ist. Verschiedene Möglichkeiten konnten zwar wiederum die Historiker mit zwingenden geschichtlichen Argumenten ausschließen. Aber zwei bleiben übrig und so kommt es, daß bis heute ungewiß ist, ob Hammurabi von Babylon den Thron 1792 oder 1728 v. Chr. bestiegen hat. Diese Unsicherheit setzt sich aber natürlich durch die ganzen fünf Jahrhunderte vor und nach ihm fort, für die die «relative Chronologie» bekannt ist.

Geht man von seinem Regierungsantritt im Jahre 1792 v. Chr. aus (die Fachleute nennen das die «mittlere Chronologie»), dann stimmen die bisher genannten Jahreszahlen für Mesopotamien in den wesentlichen Punkten. Müßte man dagegen von 1728 v. Chr. ausgehen (sog. «kurze Chronologie»), so wäre die Machtübernahme der Amoriter erst 64 Jahre später erfolgt, das heißt nach unserem «Normaljahr». Das macht einen erheblichen Unterschied. Auf moderne Verhältnisse übertragen müßte zum Beispiel offenbleiben, ob die gesetzliche Rentenversicherung in Deutschland durch den Reichskanzler Bismarck oder durch den Bundeskanzler Adenauer eingeführt worden ist.

Die Induskultur

Auf ganz andere Probleme stoßen wir, wenn wir uns nun dem dritten Gebiet zuwenden, in dem unser «Normaljahr» eine fortgeschrittene Staatlichkeit ausweist: dem *Tal des Indus*.

Die Bezeichnung als Induskultur, die die Fachleute nach den ersten Funden einführten, hat sich inzwischen als irreführend erwiesen. Zwar liegen die beiden Hauptorte *Mohendscho-Daro* (in Sindh) und *Harappa* (im Pandschab) – 550 Kilometer voneinander entfernt – am Indus oder doch in seinem Einzugsbereich. Das Ausdehnungsgebiet der Kultur reicht aber im Süden bis zur Halbinsel Kathiawar und zur gesamten Gudscharat-Küste, im Osten bis in die Gegend von Bekaner im nördlichen Radschastan, im Nordosten bis an den oberen Ganges und den Dschamuna, im Norden bis nach Afghanistan, in den Großraum Kandahar, und im Westen weit nach Beludschistan hinein. An mehreren Stellen gibt es Städte, die die beiden «Hauptorte» an Größe und Bedeutung durchaus erreicht haben könnten.

Ob dieses riesige Gebiet, das fast in jeder Richtung mehr als 1000 Kilometer Seitenlänge hat, jemals zu einem einzigen Staat gehörte, läßt sich beim gegenwärtigen Stand der Forschung nicht sagen, zumal die aufgefundene Schrift bisher nicht zu lesen ist und überdies nur ganz kurze, sicher wenig aussagekräftige Texte bietet. Sicher ist aber, daß es im Gebiet der Induskultur Herrschaften von erheblicher Bedeutung gegeben haben muß. Das beweisen schon die Stadtanlagen von Mohendscho-Daro und Harappa, die ohne eine ausgereifte Organisation überhaupt nicht lebensfähig gewesen wären.

Beide haben einen Umfang von wenigstens fünf Kilometern und damit einen rechnerischen Durchmesser von etwa 1600 Metern. Breite, parallel angelegte Hauptstraßen führen durch sie hindurch und werden von Nebenstraßen so ergänzt, daß dem Stadtplan ein völlig eintöniges und mathematisch ausgezirkeltes Schachbrettmuster zugrundeliegt. Die Einwohner – beidemale mindestens 35–40000 Personen – haben dementsprechend in Plan-«quadraten» von 3–400 Metern Länge und 2–300 Metern Breite gelebt. Hochentwickelten Badeanlagen in den Häusern entsprach ein raffiniert ausgeklügeltes System von Entwässerungskanälen, das in Indien bis in unser Jahrhundert seinesgleichen sucht. Die Kanäle waren aus Ziegelsteinen gemauert, in die Straßen eingelassen und mit Steinplatten abgedeckt. Ein größerer Aufwand ist kaum denkbar.

Allein diese kurze Beschreibung beweist schon, daß die Bewohner von Mohendscho-Daro und Harappa unter einer staatlichen Organisation gelebt haben müssen. Die öffentlichen Straßen und Kanalisationsanlagen mußten dauernd instandgehalten werden. Das setzt eine entsprechende Organisation voraus, die man in modernen Staaten vielleicht als Straßen- und Kanalbauämter oder kurz als «Bauhöfe» bezeichnen würde. Die notwendigen Arbeitskräfte, an denen mangels Maschinen ein beträchtlicher Bedarf bestanden haben muß, mußten entweder im Wege eines Arbeitsdienstes für alle rekrutiert werden oder es handelt sich um staatlich angestellte Arbeiter bzw. um Staatssklaven. Die ärmlichen Arbeiterviertel, die man in beiden Städten gefunden hat, sprechen eher für die zuletzt genannte Lösung. Doch wäre auch die erste ein glasklarer Fall von Staatlichkeit.

Außerdem muß man bei Städten, die eine gewisse Größenordnung überschreiten, stets mit Konflikten zwischen den Einwohnern rechnen, wie sie nun einmal entstehen, wenn viele Menschen auf einem engen, wegen der Ummauerung auch nicht ohne weiteres vermehrbaren Raum zusammenleben. Ein Gemeinwesen dieser Art kommt jedenfalls ohne Gerichtsbarkeit nicht aus und bedarf wahrscheinlich sogar einer halbwegs modernen Gesetzgebung, weil die Regeln des Zusammenlebens, die die Bewohner aus ihrer früheren, agrarischen Umgebung mitgebracht haben, den neuen Bedürfnissen bald nicht mehr gerecht werden.

Übrigens braucht der Staatscharakter von Mohendscho-Daro und Harappa nicht nur theoretisch aus den Bedürfnissen größerer Städte erschlossen zu werden. Der Ausgrabungsbefund belegt ihn nämlich eindeutig, und nicht nur durch die wuchtigen Stadtmauern. In beiden Städten sind große, von den privaten Wohnhäusern deutlich unterschiedene Ruinen entdeckt worden, die nur als die Überreste öffentlicher Gebäude staatlicher oder kultischer Art verstanden werden können, zum Beispiel Säulenhallen und in Mohendscho-Daro ein großes Wasserbecken, das die Ausgräber mit religiösen Bräuchen in Zusammenhang bringen, und in einer Zeit, in der Politik und Religion nicht so klar getrennt waren wie heute, ist beides ein Indiz für den Bestand organisierter Herrschaft.

Ziemlich sicher gilt das aber von den «Zitadellen», die jeweils im Westteil von Harappa und Mohendscho-Daro gefunden worden sind und die sich übrigens auch in einigen anderen Niederlassungen der Induskultur nachweisen lassen. Über den Charakter einer Burg kann es keinen vernünftigen Zweifel geben. Wo es eine Burg gibt, sitzt ein Herrscher oder jedenfalls der Vertreter eines Herrschers, und wo es einen Herrscher gibt, macht er von seinen Herrschaftsmöglichkeiten auch Gebrauch.

Der Eindruck wird durch die Kornspeicher, die man bei den Zitadellen ausgegraben hat, noch unterstrichen. Zwar haben die Ausgräber sie etwas voreilig als eine Parallele zu den mittelalterlichen Kornkästen gedeutet, in denen die steuerpflichtige Bevölkerung ihre Naturalabgaben ablieferte. Es könnte sich bei ihrem Inhalt aber auch um die Erträgnisse staatlicher Domänen gehandelt haben, die von staatlichen Arbeitnehmern oder Staatssklaven erwirtschaftet wurden. In beiden Fällen wären aber durchaus moderne Methoden der Staatsfinanzierung nachgewiesen.

Aus der Strenge der städtischen Grundrisse und aus der Uniformität der Häuser schließen die Historiker gewöhnlich darauf, daß es sich beim Staat oder – besser – den Staaten des Indusvolkes um regelrechte Despotien gehandelt habe. Aber auch dieser Schluß ist wohl etwas voreilig. Ihm steht entgegen, daß die Indusstädte nicht nur vom Ackerbau, sondern auch von einem erheblichen und vor allem weiträumigen Handel gelebt haben. Da der Landweg durch die damals noch vorhandenen Sümpfe und Dschungel sehr erschwert worden sein dürfte, muß dieser Handel (dem übrigens ein zentral festgelegtes System von Maßen und Gewichten diente) vorwiegend den Wasserweg benutzt haben und zwar zunächst einmal den Indus, ohne den schon eine Verbindung zwischen den beiden Hauptorten nicht möglich gewesen sein wird. Es muß aber auch einen ausgedehnten Seehandel gegeben haben. Siegel der Induskaufleute finden sich in Mesopotamien aus einem Zeitraum, der etwa von 2150 bis 1500 v. Chr. reicht, das heißt aus mehr als einem halben Jahrtausend, und in Lothal am nördlichen Ende des Golfes von Cambay hat man neben der üblichen Kanalisation sogar ein gemauertes Schiffsdock gefunden, das sich mit 215 Metern Länge, 35 Metern Breite und vier Metern Tiefe durchaus sehen lassen kann.

Sollte dieser Handel bei privaten Handelsherren gelegen haben, so ist an eine despotische Regierung der Indusstädte nicht mehr zu denken, vor allem wenn man diese, wie geschehen, «Priesterfürsten» zuschreibt. Das hätte schon die wirtschaftliche Macht dieser Handelsherren auf die Dauer nicht zugelassen. Aber auch im Falle eines reinen Staatshandels kann man sich kaum vorstellen, daß Männer, die ihre Haut auf dem Weltmeer zu Markte tragen, die täglich weittragende Entscheidungen fällen, die die Welt kennen und den Wohlstand in der Heimat schaffen, sich unbegrenzt einer Despotie von Landratten unterwerfen.

Die Induskultur und vor allem ihre großen Städte haben ein rundes Jahrtausend bestanden.

Über das Ende, das etwa um 1500 v. Chr. hereinbrach, ist nicht viel zu berichten. Die Induskultur ist, wie man heute wieder glaubt, den indogermanischen Ariern zum Opfer gefallen, die um diese Zeit auf den indischen Subkontinent einbrachen und sich benahmen, wie primitive Einwanderer es zu allen Zeiten getan haben. Das Rigveda, eine frühe indische Dichtung, berichtet anschaulich vom Burgenbrechen durch die neuen Herren des Landes.

Der interessierte Leser wird sich an dieser Stelle vielleicht fragen, warum sich nun nicht ein Blick auf die Staatenwelt *Chinas* anschließt. Denn es ist eine immer noch anzutreffende Meinung, daß das heutige China auf eine 5000jährige Geschichte zurückblicken könne, und die ältesten chinesischen Geschichtswerke, die uns erhalten sind, erwecken tatsächlich den Anschein, als lasse sich die Geschichte dieses Staates bis in das dritte vorchristliche Jahrtausend zurückverfolgen. Als erster Herrscher wird dort Fu-hsi genannt, der von 2952 bis 2838 v. Chr. (!) regiert haben soll. Der «Gelbe Kaiser» Huang-ti soll von 2697 bis 2598 v. Chr. regiert haben und die Hsia-Dynastie soll China von 2205 bis 1766 v. Chr. beherrscht haben.

Heute kennt man Kulturen, die sich bis in das 6. Jahrtausend v. Chr. zurückverfolgen lassen, aber über ihre politische Organisation weiß man nichts. Man schließt auch nicht mehr völlig aus, daß sich einzelne Hsia-Herrscher eines Tages doch noch als historisch erweisen. Im großen und ganzen hält man die Hsia-Dynastie aber für die Erfindung späterer Historiker, die fast zwei Jahrtausende nach ihrem angeblichen Beginn konstruiert worden sein dürfte. Einigermaßen belegbar ist erst die Shang-Dynastie, die nach denselben Quellen ihren Anfang im Jahre 1766 v.Chr. genommen haben soll, die aber in Wirklichkeit erst seit dem 17., wenn nicht gar 16. Jahrhundert v. Chr. faßbar ist und auch dann nur einen Bruchteil des heutigen chinesischen Territoriums beherrschte. Wir werden ihr zu gegebener Zeit wieder begegnen (S. 198 ff.).

Kleinere Staaten um 2000 v. Chr.

Die Staaten, mit denen wir es bisher zu tun hatten, können nicht die einzigen in der damaligen Welt gewesen sein. Über sie wissen wir zwar auf Grund von Ausgrabungen und aus ihrer schriftlichen Hinterlassenschaft augenblicklich am besten Bescheid. Das besagt aber noch lange nicht, daß es neben ihnen nicht eine große Anzahl anderer, vielleicht kleinerer Herrschaftsbereiche gegeben hat, die ihre Rolle in ihrem Umfeld durchaus gespielt haben, denen es aber nicht vergönnt war, ganz nach oben durchzustoßen, und deren Herrscher das vielleicht auch gar nicht im Sinn hatten.

Wieviele Staaten solcher Art es in unserem «Normaljahr» wirklich gegeben hat, werden wir wohl nie in Erfahrung bringen. Mehr aus historischen Zufälligkeiten kennen wir aber doch so viele, daß wir jedenfalls für den damals führenden Teil der Alten Welt auf ein dichtes Netz kleinerer und mittlerer Herrschaften schließen können. Über sie können uns Ausgrabungsfunde näheren Aufschluß geben, aus denen wir dann oft nicht einmal ihren Namen erfahren. Ein anderer Weg, ihnen auf die Spur zu kommen, besteht darin, daß sie in den Aufzeichnungen der größeren Kulturgebiete erwähnt werden, meist allerdings nur kurz, als Handelspartner oder Kriegsgegner. Dann erfahren wir *nur* ihren Namen und wissen oft nicht einmal genau, wo wir sie zu suchen haben.

Der Leser darf nicht erwarten, daß er im folgenden ein vollständiges Bild dieses verschwundenen Staatennetzes erhält, auch nicht soweit Namen oder Ruinen bekannt sind. Dazu sind unsere Kenntnisse zu punktuell und doch wieder zu vielfältig; Enttäuschung und Verwirrung liegen hier nahe beieinander. Einige Namen sollen aber doch genannt werden, vor allem solche, die aus dem einen oder anderen Grund in die Zukunft weisen.

Unser Überblick muß mit *Syrien* beginnen. Auf Grund seiner Lage zwischen Ägypten und Kleinasien, Mesopotamien und dem Mittelmeer war es unentwegt (und übrigens bis in unsere Tage) kulturellen Einflüssen aus allen Windrichtungen ausgesetzt und daher auch selbst von unglaublicher kultureller Produktivität. Als Durchgangsland wichtiger Handels- und Heerstraßen war es aber auch unaufhörlich umkämpft und mußte sich, wenn es einmal frei war, auch unentwegt verteidigen. Daß das schon sehr früh zur Entstehung von Staaten geführt haben muß, braucht wohl nicht besonders betont zu werden, und ebenso bedarf es keiner Erörterung, daß diese Staaten meist nur die Wahl zwischen der freiwilligen oder erzwungenen Allianz mit größeren Mächten und dem schlitzohrigen Lavieren zwischen ihnen hatten. Ausgegraben sind sie nur zum geringsten Teil, so daß es meist ägyptische, babylonisch-assyrische oder hethitische Dokumente sind, aus denen wir etwas über sie erfahren.

Zu nennen sind hier z. B. die Stadtstaaten von Aleppo (Halab), *Alalach* und *Ebla*, die sämtlich in jenem Gebiet liegen, in dem sich der obere Euphrat und das Mittelmeer am nächsten kommen. Ebla (Tell Marduch), wo in jüngerer Zeit viel gegraben wurde, besaß schon seit der Mitte des dritten Jahrtausends v. Chr. eine hochentwickelte Kultur, die sich mit einer fortgeschrittenen Wirtschaft paarte. Sechs Könige, die es noch im dritten Jahrtausend v. Chr. regiert haben, sind uns namentlich bekannt. Unter dem letzten von ihnen (ca. 2300/2400 v. Chr.) wurde sogar die am Euphrat gelegene Stadt Mari erobert und für einige Zeit beherrscht, und daß Ebla auch sonst immer wieder in außenpolitische und militärische Auseinandersetzungen verwickelt war, beweisen Behauptungen der akkadischen Könige Sargon I. (ca. 2414–2358 v. Chr.) und Naramsuen (2334–2297 v. Chr.), sie hätten die Stadt dem Erdboden gleichgemacht.

Eine ähnliche Rolle dürften, zumindest zeitweise, Alalach und Aleppo gespielt haben, ebenso das am Euphrat gelegene Karchemisch und das soeben erwähnte Mari. Von *Aleppo* ist bekannt, daß es zu Beginn des zweiten Jahrtausends Sitz eines Königs war, der über eine stattliche Zahl von Unterkönigen herrschte und sich voller Selbstbewußtsein Großkönig nennen ließ. *Mari* (Tell Hariri), das schon dem mittleren Euphrattal zugerechnet werden muß, besaß um 2000 v. Chr. bereits einen riesigen Palast, in dem etwa 25000 Schrifttafeln aufgefunden wurden, dazu eine Stadtmauer und Tempel aus sehr viel älteren Zeiten. Von den Königen Iku-Schamagan und Lamgi-Mari, die ebenfalls lange vor 2000 v. Chr. dort regierten, sind höchst ausdrucksvolle Plastiken aus Stein erhalten.

Nicht zu vergessen sind auch die Seestädte am mittelländischen Meer, die man heute als *phönizisch* bezeichnet und die im Jahre 2000 v. Chr., ebenfalls von Stadtkönigen regiert, schon auf viele Jahrhunderte eines weitreichenden und einträglichen Seehandels zurückblickten. *Byblos,* das im Altertum als Gubla (ägyptisch Kubna) bezeichnet wurde, läßt schon seit dem ersten Drittel des dritten Jahrtausends starken ägyptischen Einfluß verspüren und scheint jahrhundertelang der entscheidende Brückenkopf des Pharaonenreiches für den Handel mit Syrien gewesen zu sein. Erhalten sind Teile einer Korrespondenz zwischen dem ägyptischen Königshof und den Stadtkönigen von Byblos, die schon in die Zeit des Alten Reiches (das heißt vor 2150 v. Chr.) zurückgeht.

Ähnlich wie Syrien scheint auch *Kleinasien* schon während des dritten vorchristlichen Jahrtausends voll von kleinen Herrschaften und Königreichen gewesen zu sein. Besonders ist hier *Dorak* zu erwähnen, wo sich aus der Mitte des Jahrtausends eindeutige Fürstengräber gefunden haben. Der Ort ist vor allem auch deshalb von Bedeutung, weil sich an ihm eine der frühesten Eisenverarbeitungsstätten der ganzen Menschheit nachweisen läßt. Zu einer Zeit, zu der Ägypten das Zinn für seine Bronze noch importieren mußte, wurden dort schon eiserne Schwerter von erstaunlicher Qualität produziert. Fürstengräber, die freilich ein Jahrhundert jünger sein mögen, gibt es auch in Orten wie *Aladscha Hüyük* (nordöstlich des berühmten Bogazköy) und auf dem *Horoztepe* (bei Erbaa), wo faszinierende Goldfunde für den Reichtum der dort bestatteten Aristokraten Zeugnis ablegen. In *Norschun Tepe* und *Tepecik* (beide in der Nähe von Elazig im Gebiet des heutigen Keban-Stausees) sind es dagegen Baulichkeiten, die auf sehr frühe Herrensitze schließen lassen.

Unser «Normaljahr» haben diese Fürstensitze freilich ebensowenig erlebt wie die vielen anderen, die es in Kleinasien neben ihnen höchstwahrscheinlich gegeben hat. In der zweiten Hälfte des Jahrtausends, etwa um 2300 v. Chr., ging über Kleinasien eine politische Katastrophe hinweg, der so gut wie alle im Westen und Süden gelegenen Herrschaften zum Opfer gefallen sind.

Die aufregendste und zugleich wahrscheinlichste Interpretation dieses Vorgangs läuft darauf hinaus, daß die Völkerbewegung, die diesen Umbruch verursacht hat, von den Gebieten zwischen Balkan und unterer Donau ausgegangen ist und dementsprechend von indogermanisch sprechenden Völkern getragen wurde, von denen sich schließlich ein Teil, die sogenannten *Luvier,* in Kleinasien niedergelassen habe. Teilweise wird sogar vermutet, daß die Koalition, gegen die Naramsuen von Akkad (2334–2297 v. Chr.) dreimal erfolglos zu Felde ziehen mußte und die ganz Mesopotamien, ja angeblich sogar die Bahrain-Inseln (das alte Dilmun) ausplünderte, ein Ausläufer dieser Völkerwanderung gewesen sei. Die Frage kann hier auf sich beruhen. Wenn es sich nicht um Indogermanen selbst handelte, dann doch sicher um Völker, die deren Wanderung gewissermaßen als Bugwelle vor sich herschob.

Diesem kontinentalen Unglück ist übrigens auch *Troja II* zum Opfer gefallen, das der berühmte *Heinrich Schliemann* ausgrub und durch dessen Goldschätze er zu einem Mythos wurde. Schliemanns Glaube, daß es sich dabei um das homerische Troja handele, hat sich mittlerweile als Irrtum herausgestellt. Das Troja Homers (wohl Troja VI) ist erst um 1700 v. Chr. entstanden und hat seine Hauptblüte kurz vor der Zerstörung erlebt. Im «Normaljahr» 2000 v. Chr. kann Troja bestenfalls ein unbedeutendes Bauerndorf oder Städtchen gewesen sein.

Immerhin werden sich die Verhältnisse zu dieser Zeit schon so weit beruhigt haben, daß in dem kleinasiatischen Völkergemisch, das vor der Wanderung schon bestanden hatte und nun noch durch ein weiteres Element bereichert war, wieder kleine Königreiche entstanden waren. Bekannt sind in der fraglichen Zeit (bzw. kurz danach) das Reich von *Hattusa* (dem heutigen Bogazköy) und das Reich von *Burus'chanda*, das irgendwo östlich des heutigen Konya gelegen sein muß und dessen König durch den Besitz eines eisernen Thronsessels und eines eisernen Szepters auffiel. 300 Jahre später sollte der letzte selbständige König von Burus'chanda beides dem Gründer des Hethiterreiches ausliefern, als er sich dessen Oberhoheit unterwarf.

Die Erwähnung Trojas lenkt den Blick zwangsläufig auf das *europäische Festland*. Auch dort zeigen sich um die Mitte des dritten Jahrtausends die ersten Indizien für lokale Herrschaften. Während die *Sesklo-Kultur*, die mit über 150 bekannten Siedlungsstellen in Thessalien zum Teil bis in das vierte Jahrtausend zurückreicht, offenbar noch ohne Befestigungen auskam, haben die Träger der *Dimini-Kultur* (etwa seit 2600 v. Chr.) schon in befestigten Siedlungen gelebt, was immer auf eine beginnende Staatlichkeit hinweist. Dimini (in Thessalien) selbst weist einen befestigten Herrensitz auf, wie er überall hätte stehen können, wo sich die Herrschaft einer kriegerischen Adelsschicht entwickelte.

Auch im eigentlichen Griechenland gibt es aus der Zeit des sog. Frühhelladikums (ca. 2500–1900 v. Chr.) mehrere Fürstensitze, so den gewaltigen Rundbau, den man in *Tiryns* gefunden hat, und eine Burg in *Lerna* (Argolis). Der Funke ist also auf Europa übergesprungen, noch ehe die achäische Wanderung, die um 2000 v. Chr. angesetzt wird und wohl ein Ausläufer des großen Indogermanensturms war, die Vorläufer der späteren Hellenen auf die Balkanhalbinsel führte.

Andere Ansätze früher Staatlichkeit bietet der Vordere Orient am Nord- und Ostrand der mesopotamischen Ebene. Von den Hurriterkönigen, die aus der Zeit um 2000 v. Chr. bekannt sind, wird später noch zu sprechen sein; deshalb können sie hier für den Augenblick übergangen werden. Dagegen sollten wir einen Blick auf das Land *Elam* werfen, das mit den mesopotamischen Staaten offenbar im Guten wie im Bösen untrennbar verbunden war.

Elam lag im Osten der mesopotamischen Ebene, teils im iranischen Gebirge, wo es bis in die Gegend um das spätere Persepolis reichte, teils im Tiefland, um die spätere Königsstadt Susa. Seit der Wende vom vierten zum dritten vorchristlichen Jahrtausend war es nach Ausweis der Funde und späterer Sprachdenkmäler ununterbrochen von Stämmen derselben Herkunft besiedelt. Ebenso kontinuierlich waren seine kulturellen Beziehungen zum Zweistromland, wobei es sich (etwa bei der Übernahme der Schrift) im allgemeinen als ein sehr selbständiger, aber nehmender Teil erwies. Die politischen Beziehungen muß man wohl als ständiges Auf und Ab charakterisieren. Häufig wurde es, wenigstens in Teilen, von der Ebene aus beherrscht. Doch gibt es auch Epochen der Unabhängigkeit, ja selbst Epochen, in denen elamische Herrscher kraftvoll in die Geschichte Mesopotamiens eingegriffen haben.

Das muß schon in vorgeschichtlicher Zeit so gewesen sein. So wird in den sumerischen Königslisten behauptet, daß König Mebaragisi aus der 1. Dynastie von Kisch, dem die Liste die sagenhafte Regierungszeit von 900 Jahren zuschreibt, gegen Elam gezogen sei. Zwischen der ebenfalls sagenhaften 1. Dynastie von Ur und der 2. Dynastie von Kisch wird sogar eine elamische Dynastie aufgeführt, die aus drei Königen bestanden und insgesamt 356 Jahre regiert haben soll. Eannatum von Lagasch, der um 2500 v. Chr. regiert haben dürfte, mußte sich gelegentlich mit einer Allianz von Königen auseinandersetzen, an der sich auch Elam beteiligte. Den drei starken Königen der Akkaderzeit, Sargon I. (2414–2358 v. Chr.), Manischtuschu (2349–2334 v. Chr.) und Naramsuen (2334–2297 v. Chr.), gelang es dann, Elam ihrem Reich einzuverleiben. Doch scheint sich das Blatt sofort wieder gewendet zu haben, als Naramsuen in seinen letzten Regierungsjahren infolge des Indogermaneneinfalls die schon geschilderten Niederlagen hinnehmen mußte und sich daher um die Ostgrenze seines Reiches offensichtlich nicht ausreichend kümmern konnte. Jedenfalls folgte nunmehr – nicht zuletzt während der Gutäerzeit – eine Periode elamischer Unabhängigkeit, die wohl erst durch erneute Eroberungen von Schulgi (2105–2057 v. Chr.) aus der 3. Dynastie von Ur in Frage gestellt wurde. Als das Reich von Ur unter dem Eindruck der kanaanäischen Einbrüche und darauf folgender Insubordinationen im eigenen Lager schwächer und schwächer wurde, waren es schließlich die Elamiter, die ihm den Todesstoß versetzten. Ur wurde erobert und zerstört, seine Götterbilder verschleppt, sein letzter König Ibbisuen (2039–2015 v. Chr.) gefangen abgeführt (2015 v. Chr.). In der Zeit um unser «Normaljahr» ist also mit einem verhältnismäßig starken und unabhängigen Elam zu rechnen.

«Schwellenmächte»

Die Umbrüche, die auf das Jahr 2000 v. Chr. folgten, veränderten die politische Karte des Altertums vollständig. Fast möchte man sagen, daß im nun folgenden halben Jahrtausend die Herrschaftssysteme und Staaten wie Pilze aus dem Boden schossen. Wir werden diese Zeit der Gärung später noch genauer darstellen (S. 165 ff.). Jetzt mag es genügen, die Grundakkorde anzuschlagen.

Am westlichen Rand der damaligen Welt, auf der Insel *Kreta,* hat schon um 2200 v. Chr. die erste wirklich hochentwickelte Kulturschicht begonnen, das sogenannte Frühminoikum III, mit dem sich Kreta endgültig unter die Träger von Hochkulturen einreihte. Von etwa 1900 v. Chr. an entstehen dann in der «Älteren Palastzeit» die ersten großen Bauten, wie sie vor allem bei den späteren «Palästen» von *Knossos* und *Phaistos* gezeigt werden. Man mag darüber streiten, ob sie Heiligtümer oder Königspaläste waren. An der

Regierung des Landes waren ihre Herren in jedem Fall beteiligt, und da Kräfte dieser Art nicht von heute auf morgen entstehen, wird man auch damit rechnen müssen, daß sie in unserem «Normaljahr» bereits existiert haben und auch damals schon auf eine längere Entwicklung zurückblicken konnten.

Der ägyptische Schriftsteller Ipuwêr, der in der Ersten Zwischenzeit (ca. 2150–2040 v. Chr.) schrieb und die Zustände dieser wirren Epoche lebhaft beklagte, sagt jedenfalls an einer Stelle: «Keiner segelt heute mehr nach Byblos im Norden. Woher sollen wir Zedern für unsere Toten nehmen? ... Mit dem Öl daraus wurden die Freien und die Beamten einbalsamiert, auch im fernen Keftiu. Aber sie kommen nicht mehr.» Keftiu ist die ägyptische Bezeichnung für Kreta. Die Stelle macht also schon lange vor dem ersten minoischen Großbau die Existenz einer Nobilität auf der Insel wahrscheinlich. Selbst wenn jene Autoren im Recht sein sollten, die Ipuwêr in die Zweite Zwischenzeit (ca. 1730–1580 v. Chr.) verlegen wollen, würde sich an diesem Ergebnis nicht viel ändern. Denn ägyptische Ölgefäße aus der 3. Dynastie (ca. 2650–2580 v. Chr.), die man auf Kreta gefunden hat, machen es wahrscheinlich, daß auch zu dieser Zeit (oder doch wenig später) schon kosmetische Öle nach Kreta ausgeführt wurden – und auch sie waren bestimmt nicht für das einfache Volk gedacht.

Nördlich der mesopotamischen Ebene, in einem gigantischen Bogen, der von Palästina und Syrien bis zu den Hängen des Zagros reicht, machten sich zur gleichen Zeit die *Hurriter* bemerkbar. Man weiß über dieses Volk, das zu Zeiten eine beachtliche politische Rolle gespielt hat, nicht viel. Nicht einmal seine Herkunft und seine ethnische Zugehörigkeit sind bekannt. Aber man kennt schon aus der Zeit um 2000 v. Chr. einige Königsnamen, die beweisen, daß es damals schon hurritische Herrschaften gegeben hat.

Aus der Zeit der Gutäerherrschaft (ca. 2230–2130 v. Chr.), als die Karten in den Randgebieten des zusammengebrochenen Akkaderreiches neu gemischt wurden, ist uns ein Herrscher namens Atal-schen bekannt, der dem Gott Nergal einen Tempel errichtete und sich dabei als König von Urkesch und Nawar bezeichnete. Nawar dürfte im Land östlich des Tigris gelegen sein, und wenn es zutrifft, daß Urkesch an der heutigen Grenze zwischen der Türkei und Syrien zu suchen ist, hat Atal-schen über ein beachtliches Reich geherrscht. Der zweite Königsname, der uns sicher verbürgt ist, ist der des Tisch-atal, der ebenfalls einen Nergal-Tempel gestiftet hat und im dritten Regierungsjahr des Königs Schusuen von Ur (2048–2039 v. Chr.), nach unserer Rechnung also im Jahre 2046 v. Chr., mit einem General dieses Königs Kontakte aufnahm. Bei dieser Gelegenheit wird er als Herr von Ninua, das heißt von Ninive am Tigris, bezeichnet.

In der ersten Hälfte des zweiten Jahrtausends sind die Hurriter dann auf ungeklärte Weise unter die Führung indogermanischer Clans geraten. Unter dieser Führung haben sie um 1530 v. Chr. in Nordmesopotamien das Reich

Mitanni gegründet und von dort aus über ein Jahrhundert Weltpolitik getrieben. Kleinasien rüstete sich um 2000 v. Chr. auf das spätere Großreich der Hethiter, das sich wohl vor allem aus der Vermischung der ortsansässigen, eisenproduzierenden Hattier und der zugewanderten indogermanischen Luvier herauskristallisierte. Man wird nicht fehlgehen, wenn man annimmt, daß die ersteren dabei vor allem ihre Kultur, die letzteren dagegen ihre unverbrauchte Kraft und ihre Regierungsformen eingebracht haben. Während der ersten Jahrhunderte des zweiten Jahrtausends dürfte es in dem neu entstehenden Volk ebenso wie bei den anderen noch in Kleinasien lebenden Stämmen nebeneinander eine stattliche Zahl größerer und kleinerer Herrschaften gegeben haben. Erst seit dem 18. Jahrhundert v. Chr. kam es dann Schritt für Schritt zum Großreich der Hethiter, das sich fast über ganz Kleinasien ausdehnte und einige Jahrhunderte zu den Großmächten des Vorderen Orients gehörte.

Die «proto-griechischen» Stämme, die seit 2000 v. Chr. fast geräuschlos auf die Balkanhalbinsel vordrangen, scheinen ebenfalls einige Jahrhunderte gebraucht zu haben, um sich mit der höheren Kultur der eingesessenen Völker vertraut zu machen und sich mit ihnen zum späteren Volk der Griechen zu vermischen. Beide Teile dürften in dieser Zeit unter Adelsherrschaften gelebt haben, wie sie offenbar schon in der Dimini-Zeit bestanden und wie sie auch von den Neusiedlern aus der Wanderungszeit mitgebracht worden sein müssen. Daraus konnte sich organisch die Welt der Kleinkönige entwickeln, die später die mykenische Periode prägte und uns aus den homerischen Gesängen so vertraut ist.

Die Schachtgräber von *Mykene*, die noch außerhalb des Befestigungsringes liegen und die Existenz einer einflußreichen Fürstenherrschaft belegen, stammen etwa aus der Wende vom 17. zum 16. Jahrhundert v. Chr., die Gräber innerhalb der Burg, in denen *Heinrich Schliemann* die berühmten goldenen Gesichtsmasken gefunden hat, mögen gut 100 Jahre jünger sein und das sogenannte Schatzhaus des Atreus, das in Wirklichkeit auch eine Begräbnisstätte mykenischer Herrscher war, ist um die Mitte des 14. Jahrhunderts v. Chr. errichtet worden.

Aus der mykenischen Zeit haben uns die sogenannten Linear B-Täfelchen, die vor allem in Pylos und auf Kreta gefunden wurden, sogar einige Funktionärstitel überliefert, die beweisen, daß es damals schon eine gegliederte Staatsorganisation gegeben hat (vgl. unten S. 274ff.).

Auch das übrige Europa kann in der ersten Hälfte des zweiten Jahrtausends v. Chr. übrigens nicht frei von staatlichen oder zumindest staatsähnlichen Organisationen gewesen sein. Die Werke der sogenannten *Megalith-Kultur*, die sich von England und Skandinavien über Frankreich bis nach Spanien und in den Mittelmeerraum erhalten haben, können ohne eine straffe Organisation nicht entstanden sein, und die Fürstengräber der sogenannten *Aun-*

jetitzer Kultur, die von ihrem Kernbereich in Böhmen, Mähren und Mitteldeutschland weit nach allen Himmelsrichtungen ausstrahlte, legen denselben Schluß nahe. Nur kündet keine schriftliche Tradition von den Formen und vom Charakter dieser Herrschaftsordnungen.

Von zentraler Bedeutung für die Geschichte des Staates ist, daß sich nunmehr auch Ostasien in den Prozeß der Staatwerdung einschaltet. Die Shang-Dynastie in *China,* die wir schon kennengelernt haben, soll nach der ältesten Geschichtsschreibung im Jahre 1766 v.Chr. das Regiment übernommen haben, doch verlegen die modernen Historiker diesen Vorgang zumeist in das 16., gelegentlich auch in das 17. Jahrhundert. Wir werden gut daran tun, diesen Staat, der es mit ganz anderen Problemen und vor allem mit ganz anderen Raumdimensionen zu tun hatte als die Welt Vorderasiens und Europas, bei unseren weiteren Untersuchungen genau im Auge zu behalten. Das kann uns vor übereilten Verallgemeinerungen bewahren und zugleich manche Bestätigung bringen, besonders auch in der Frühzeit, in der China noch nicht einmal die Steppen im Bogen des «Gelben Flusses» Hoang-ho beherrschte, sondern sich in den Gebieten etablierte, die im Westen und Süden vom Hoang-ho, im Norden aber etwa vom 40. Breitengrad begrenzt werden.

Schließlich ist noch ein Blick auf *Indien* zu werfen. Hier ging, wie schon dargestellt, die Induskultur um 1500 v.Chr. zu Ende. Die eindringenden Arier, denen sie zum Opfer gefallen ist, scheinen von Anfang an unter der Führung adeliger Fürsten gestanden zu haben, die nach der Landnahme kleine Fürstentümer und Königreiche gründeten. Dabei scheint es über ein Jahrtausend lang geblieben zu sein. Erst die Konfrontation mit dem Reich der persischen Achämeniden und Alexanders des Großen forderte die Inder, die sich inzwischen aus der Vermischung der Arier mit den alteingesessenen Völkern herausgebildet hatten, zur Gründung eines Großreiches heraus.

2. Kapitel

Die Wurzel muß tiefer liegen

Das «Normaljahr» 2000 v. Chr. gibt nicht den Anfang des Staates an. Das hat sich im Überblick des ersten Kapitels immer wieder gezeigt. Kaum einer von den Staaten, die nicht aus der indogermanischen Wanderung hervorgegangen sind, ist erst um 2000 v. Chr. gegründet worden. Fast bei jedem deuten sich ältere Wurzeln an. Das gilt vor allem auch für die größeren Staatensysteme.

Ältere Staaten an Nil und Euphrat

In *Ägypten* beginnt die geschriebene Geschichte im ersten Jahrhundert des dritten Jahrtausends, also etwa um 2950 v. Chr. Der erste Pharao in der nun folgenden Herrscherreihe, die erst mit der Eingliederung des Landes in das Römerreich endet, wird «Menes» genannt. Man kennt aber auch noch ältere Königsnamen, deren Träger über größere Teile Ägyptens geherrscht haben müssen. Sie legen die Vermutung nahe, daß «Menes» nicht der eigentliche oder jedenfalls nicht der erste Reichsgründer war, sondern daß sich die Vereinigung der ägyptischen Gebiete zu einem einzigen Staat schon Generationen früher angebahnt haben muß (um 3200 v. Chr.?) und daß sie vielleicht nur in mehreren Anläufen zu schaffen war.

Man weiß über diese sogenannte vordynastische Zeit zwar denkbar wenig. Je mehr aber ausgegraben wird, desto deutlicher scheint sich herauszuschälen, daß es im vierten Jahrtausend v. Chr. am Nil eine ziemlich einheitliche Kulturlandschaft gegeben hat, die vom Zentrum des heutigen Sudan (Khartum!) bis zum Mündungsdelta des Flusses und auf die Sinai-Halbinsel reichte und in deren Grabbeigaben sich seit der Mitte des Jahrtausends (in der sogenannten Negade II-Epoche) eine kräftige soziale Differenzierung, das heißt die Entstehung eines regionalen Adels abzeichnet. Aus dem Zusammenschluß dieser Adelsherrschaften müssen irgendwann einmal größere Einheiten entstanden sein, auf denen schließlich die Reichseinigung durch «Menes» aufbaute. Daß das keine völlig geradlinige Entwicklung gewesen sein kann, versteht sich von selbst. Auch die von «Menes» angeblich gegründete 1. Pharaonendynastie und die ihr folgende 2. Dynastie hatten wohl noch alle Hände voll zu tun, um den Bestand des Gesamtreiches zu sichern.

Unsicher ist heute sogar wieder, ob sich die Einigung mehr auf kriegerischem oder auf friedlichem Wege vollzogen hat. Zerstörungsspuren hat man im Boden bisher so gut wie nicht gefunden und bildliche Darstellungen, auf

Die Wurzel muß tiefer liegen 35

Zeittafel 1: Das 3. Jahrtausend v. Chr.

	Ägypten		Irak
2. Hälfte 4. Jt.	Beginnende Reichseinigung in Ägypten		
		um 3200	Einwanderung der Sumerer im Süden. «Tempelstädte» an höher gelegenen Orten des Morastlandes.
vor 3000 (?)	Die «beiden Reiche» Ober- und Unterägypten.	um 3000	Siedlungskonzentration im sumerischen Gebiet.
um 2950	Menes (= Horus-Skorpion?) vereinigt beide Reiche.		
um 2950–2650	1. und 2. Dynastie. Das Reich bleibt labil.	um 2800–2400	Weitere Austrocknung mit Siedlungskonzentration. Beginnende Konflikte zwischen den Stadtstaaten.
2650–2465	3. und 4. Dynastie. Stabilisierung des (Alten) Reiches. Zentralstaatliche Verwaltung. Pyramidenbau.	26./25. Jh.	Einwanderung semitischer Stämme (Akkader). Eannatum von Lagasch und Lugalzagesi von Uruk bilden Reiche, die ganz Babylonien umfassen.
2465–2150	5. und 6. Dynastie. Erneute Dezentralisierungstendenzen.	2414–2297	Reich von Akkad (Sargon I., Rimusch, Manischtuschu, Naramsuen u. a.)
		2230–2130	Fremdherrschaft der Gutäer.
2150	Ende des Alten Reiches.	um 2130	Utuchengal von Uruk beendet die Gutäerherrschaft.
2150–2040	Erste Zwischenzeit. Hungersnöte. Beginn nachweisbarer künstlicher Felderbewässerung.	seit 2123	Urnammu von Ur gründet das relativ große Reich der 3. Dynastie von Ur. Neben ihm u. a. Gudea von Lagasch.
		2123–2015	3. Dynastie von Ur (Urnammu, Schulgi, Amarsuena, Schusuen, Ibbisuen). Die Größe des Reiches wird ungefähr gehalten.
		21. Jh.	Große Völkerverschiebungen im Nahen Osten: Beginn einer neuen semitischen Welle (Amoriter). Plünderung Mesopotamiens durch Indogermanen oder von diesen verdrängte Völker. Im Norden werden hurritische Stämme aktiv.
um 2040	Mentuhotep I. (2061–2010) aus der 11. Dynastie von Theben begründet das Mittlere Reich.		
		2015	Die Elamiter liquidieren die 3. Dynastie von Ur.
1991	Ende der 11. Dynastie.		

	Indusgebiet		Anatolien		Balkanhalbinsel
seit etwa 3300	Vorstufen der indischen Stadtkultur in Mohendscho-Daro und Harappa			seit Ende 4. Jt.	Sesklo-Kultur: keine Befestigungen.
				seit etwa 2600	Dimini-Kultur: befestigte Herrensitze.
um 2500–1500	Induskultur. Eindeutige Stadtkultur mit Zitadellen und ausgedehnten Handelsbeziehungen. Gewaltiges Ausdehnungsgebiet.	um 2500	Fürstengräber von Dorak	um 2500–1900	Frühhelladikum: Fürstensitze, z. B. Lerna und Tiryns.
		um 2400	Frühe Herrensitze, z. B. Aladscha Hüyük, Horoztepe, Norschun Tepe, Tepecik.		
		seit 2300	Einwanderung der indogermanischen Luvier, die sich mit bereits ansässigen Stämmen («Hattier») in der Folge zu den Hethitern vermischen. Troja II zerstört.		
		um 2000	Zahlreiche kleine Herrschaften, z. B. Hattusa, Ankuwa, Nesa, Burus'chanda, Sattiwara.		
seit etwa 1500	Einwandernde indogermanische Nomaden (Arier) vernichten die Induskultur. Adelsstaaten.				

denen man die Könige Horus-Skorpion, Horus-Narmer (= «Menes»?) und Horus-Aha als Sieger in der Schlacht und als Städtezerstörer zu erkennen glaubte, werden heute entschieden vorsichtiger interpretiert: Statt der Zerstörung einer Stadt glaubt man ihre Gründung zu erkennen und die getöteten Feinde sollen sich nach Kopfschmuck und Barttracht als Nicht-Ägypter erweisen. Aber ganz ohne bewaffnete Auseinandersetzungen ist die Reichseinigung sicher nicht abgegangen, und wenn es zuträfe, daß sich das entstehende Reich gegen auswärtige Aggressoren zu wehren hatte, so wäre darin unter Umständen sogar ein Grund für die Reichseinigung zu sehen.

Einigermaßen sicher ist nur, daß es unmittelbar vor der Einigung auf einige Zeit zwei Königreiche gegeben haben muß, die wohl ihrerseits schon Produkte älterer Einigungsvorgänge waren, aber doch lange genug bestanden, um sich im Gedächtnis der Menschen festzusetzen: *Oberägypten* und *Unterägypten*.

Solange es das Pharaonenreich überhaupt gab, verstanden sich auch die Könige, die einem absoluten Zentralismus huldigten, als Könige «beider Reiche». Jedes hatte seine eigene Schutzgöttin, jedes wurde durch eine eigene Krone dargestellt und für jedes gab es auch sonst eigene Insignien. Der «Krummstab», den der Pharao auf bildlichen Darstellungen in der einen Hand hält, steht für das viehzüchtende (und natürlich auch ackerbauende) Unterägypten. Der «Wedel» dagegen, der nach Ausweis seiner Leithieroglyphe ursprünglich aus Tierhäuten bestand, bringt den mehr jägernomadischen Charakter der oberägyptischen Bevölkerung zur Geltung.

So geschlossen, wie wir es uns meist vorstellen, war das ägyptische Reich jedenfalls erst um 2650 v.Chr., beim Beginn der 3. Dynastie, mit der die meisten Historiker denn auch das sogenannte Alte Reich anfangen lassen. Erst jetzt war das Reich straff zentralisiert und bürokratisch durchorganisiert, erst jetzt begann folgerichtig auch die Errichtung ganz großer Bauten, die ja nicht nur einen erheblichen Wohlstand, sondern auch eine funktionierende Verwaltung und vor allem ein beträchtliches Selbstbewußtsein der Herrscher voraussetzt, und so erzeugte denn erst die 4. Dynastie in den Pyramiden von Gizeh mit die gewaltigsten Bauwerke, die je von Menschenhand geschaffen worden sind – und zwar ausgerechnet als Königsgräber.

Dieses Reich blieb nun über Jahrhunderte hinweg wie ein eherner Block bestehen. Erst unter der 6. Dynastie (2328–2150 v.Chr.) regten sich wieder Tendenzen der Dezentralisierung, und als die Dynastie unter deren Anprall um 2150 v.Chr. zusammenbrach, begann die Erste Zwischenzeit (2150–2040 v.Chr.), von der schon die Rede war (S. 17).

Erstaunlich ist, daß der Einigungsprozeß und das ihm vorausgehende Gegeneinander von Einzelstaaten in Ägypten schon so früh beendet waren und daher im Dunkel der vorgeschichtlichen Zeit verschwinden, während sich der gleiche Vorgang in *Mesopotamien,* dem man doch zu Recht die ältere Kultur zuschreibt, bis in das letzte Jahrtausend v.Chr. hineinzieht und auch im übrigen vor den Augen der interessierten Geschichtswissenschaft abläuft. Die lokalen Staaten, die man am Nil nur vermuten kann, sind am Euphrat mühelos nachzuweisen. Sie haben in der Gestalt von *Stadtstaaten* die dortige Geschichte jahrhundertelang bestimmt.

Stadtstaaten dieser Art haben nach Aussage der Fachleute jedenfalls schon in der sogenannten Dschemdet-Nasr-Zeit (ca. 3100 v.Chr.), ja wohl schon in der Spätüruk-Zeit (ca. 3200 v.Chr.) existiert. Sie dürften zunächst ziemlich unabhängig voneinander gelebt und gewirtschaftet haben, wahrscheinlich an jenen Stellen des damals noch weithin morastigen Euphrattales, die gerade geeignet waren, unter den Pflug genommen zu werden und menschliche Siedlungen aufzunehmen. Mit fortschreitender Kultivierung des Landes und Verbesserung der Nahrungsmittelproduktion wuchs die Bevölkerung, und da sich mit ihr auch die Einflußbereiche der einzelnen Hauptorte vergrößert haben müssen, kam es nunmehr zur dauernden Berührung zwischen diesen.

Daraus entstand, was unter Menschen in vergleichbarer Lage immer entsteht: ein unentwirrbares Netzwerk von Interessen, Eifersüchteleien, Begehrlichkeiten und natürlich auch Konflikten, aus dem jahrhundertelang die schlimmsten Überfälle und Städtekriege hervorgegangen sein müssen, mit einem Wort ein *Kampf aller gegen alle,* und dieser Zustand seinerseits erzeugte, auch hier in Übereinstimmung mit allen bestehenden Erfahrungen der Menschheitsgeschichte, wiederum die Idee eines *Großreiches,* in dem alle lokalen und regionalen Gewalten aufgehen und endlich Frieden halten sollten. Zum ersten Mal in der Geschichte ertönt – für uns vernehmbar – der Ruf nach dem starken Mann.

Wir werden nie erfahren, ob am Anfang der nun anlaufenden Versuche zur Gründung eines einheitlichen mesopotamischen Reiches immer die Friedenssehnsucht der führenden Politiker stand oder ob nicht zumindest auch schlichter Machtwille dahintersteckte. Aber die Versuche liefen nun und der Gedanke ist auch nie wieder aus der Geschichte des Zweistromlandes verschwunden. Den ersten halbwegs faßbaren Versuch einer Großreichbildung unternahm Eannatum von Lagasch (ca. 2500 v.Chr.), der sich vorübergehend alle babylonischen Städte und darüber hinaus Mari unterwarf. Lugalzagesi von Uruk (2435–2410 v.Chr.), der wenigstens den größten Teil Babyloniens beherrschte und sogar bis zur Küste des Mittelmeeres vorstieß, war der nächste Träger des Gedankens. Länger anhaltenden Erfolg hatte das Reich von Akkad, das die um die Mitte des Jahrtausends eingedrungenen Semiten erstmals in größere politische Verantwortung brachte und unter seinen Königen Sargon I. (2414–2358 v.Chr.), Rimusch (2358–2349 v.Chr.), Manischtuschu (2349–2334 v.Chr.) und Naramsuen (2334–2297 v.Chr.) nach und nach ganz Mesopotamien sowie Teile Syriens, Anatoliens und Irans in Besitz nahm. Den nächsten Anlauf unternahm dann – nach Überwindung der Gutäer – Urnammu von Ur (2123–2105 v.Chr.). Die endgültige Bereinigung der Verhältnisse aber brachte erst das letzte Jahrtausend v.Chr.

Viel anders wird sich die Geschichte der *ägyptischen* Reichseinigung auch nicht abgespielt haben. Doch haben wir keine Beweise für diese Behauptung. Erst für die Wiederholung des Vorgangs unter Amenemhet I. (1991–1961 v.Chr.), der die letzten Ausläufer der Ersten Zwischenzeit und die mit ihr verbundenen inneren Kriege liquidierte, findet sich ein Text, der die

Aufgabe und wohl auch die politischen Motive des Einigers erkennen läßt.
Der König, so heißt es dort, zog durch das Land wie der Sonnengott selbst, «damit er das Unrecht vertreibe und wiederherstelle, was er verwüstet fand und was eine Stadt der anderen weggenommen hatte, damit er jede Stadt ihre Grenze kennen lehre ..., indem er ihre Grenzsteine aufrichtete wie den Himmel.» *Großreichpolitik zur Herstellung des inneren Friedens einer ganzen Region* – auch die Einigungspolitik in Mesopotamien hätte nicht besser begründet werden können als durch diese Inschrift.

Freilich hatte Ägypten den entscheidenden Vorteil, daß die erste Reichseinigung infolge der geographischen Lage des Landes nicht dauernd durch Einbrüche von außen gestört wurde und infolgedessen sicher auch weniger Zeit in Anspruch nahm. Deshalb erreichte das Niltal seine endgültige politische Form schon vor der Entwicklung zur Hochkultur, so daß sich diese genaugenommen erst unter dem Protektorat des Pharaonenstaates entfaltete. In Mesopotamien bestanden Staaten, die man als Kulturstaaten bezeichnen könnte. In Ägypten aber gab es eine Staatskultur, die auf dem eurasischen Kontinent einmalig blieb.

Wie es gewesen sein könnte

Hier soll der Versuch einer umfassenden Deutung der frühmesopotamischen Staatlichkeit vorgestellt werden, den der Berliner Archäologe *Hans J. Nissen* vor kurzem vorgelegt hat und der sich nicht nur auf die gesamten Kenntnisse der modernen Archäologie, sondern darüber hinaus auch auf Forschungsergebnisse der Klimatologie und der Siedlungsgeographie stützt. Man braucht ihm nicht in jeder Einzelheit zu folgen, um doch anzuerkennen, daß er viel Wahrscheinlichkeit für sich hat.

Nissen geht bei seinen Überlegungen von der Siedlungsgeschichte der sogenannten Susiana aus, einer verhältnismäßig kleinen, dem iranischen Hochland im Osten Mesopotamiens vorgelagerten Ebene, an der uns heute vor allem die Ruinen der persischen Königsstadt Susa interessieren. Dort lassen sich nicht nur zahlreiche Siedlungen des frühen Menschen beobachten (etwa seit dem 9. Jahrtausend v. Chr.), sondern es läßt sich auch nachweisen, daß diese Siedlungen sich im Laufe vieler Generationen immer mehr zu *Siedlungssystemen* zusammenfügten, in denen einzelne, besonders günstig gelegene Orte mehr und mehr zentralörtliche Funktionen für die umliegenden Siedlungen übernahmen, etwa in der «religiösen Versorgung» durch größere Heiligtümer oder in der Versorgung mit höherwertigen Handwerksartikeln durch Märkte. Über diesen Zentralorten, die man in der Sprache der modernen Landesplanung als Unterzentren bezeichnen könnte, sind dann einzelne noch weiterreichende Siedlungssysteme mit noch höher entwickelten Zentren zu erkennen, in *Nissens* Worten «voll ausgebildete Siedlungssysteme mit Zentren wie Susa, die an Größe alles übertreffen, was bis dahin bekannt ist». In der Terminologie der heutigen Landesplanung wären die Zentren solcher Räume am besten als Mittelzentren zu bezeichnen, von denen jedes mehrere Unterzentren und ihre Einzugsgebiete zu einer größeren und spezialisierteren Einheit zusammenfaßt.

Solche Systematisierungsversuche stoßen in der Vorgeschichtsforschung zwar gewiß auf die gleichen Schwierigkeiten, mit denen es auch die moderne Landesplanung zu tun hat. Kein Zentralort gleicht in seinem Leistungsangebot und seiner Reichweite genau den anderen, die man in die gleiche Kategorie einordnen möchte. Da und dort schiebt sich eine weitere, im Schema nicht «vorgesehene» Ebene ein, während an anderer Stelle dafür eine «vorgesehene» Ebene ausfällt oder ihre Funktionen ausnahmsweise auf zwei oder drei Orte verteilt sind. Im Kern ist die Herausbildung zentraler Orte in einem bisher gleichmäßig entwickelten Siedlungsnetz aber ein *entscheidender Vorgang,* der nicht nur wirtschaftlich und − wegen der damit verbundenen größeren Arbeitsteilung − kulturell, sondern gewiß auch politisch tiefe Furchen gezogen hat. Es sind die ersten und vielleicht wichtigsten Schritte zur Stadtkultur und damit auch zum Stadtstaat, die hier gegangen worden sind.

Deshalb verblüfft die Feststellung *Nissens* zunächst, daß die Susiana, auf die eine verhältnismäßig ruhige und glanzlose Zukunft wartete, in der ersten Hälfte des vierten Jahrtausends v. Chr. erstmals in der Menschheitsgeschichte ein dreischichtiges Siedlungssystem (also gewissermaßen Siedlung − Unterzentrum − Mittelzentrum) ausgebaut hatte, während im benachbarten Mesopotamien, das später die halbe Welt beherrschen und sogar ein vierschichtiges System − mit Oberzentren − entwickeln sollte, zur gleichen Zeit «nichts zu finden ist, was über das Stadium der isolierten Einzelsiedlung hinausweisen würde». Wenn diese Feststellung richtig ist (und daran gibt es im Augenblick keinen vernünftigen Zweifel), dann muß es im Zweistromland möglich sein, die Übergänge von der kleinen bäuerlichen Siedlung bis zum politisch hochentwickelten Stadtstaat auf verhältnismäßig engem Raum und binnen einer verhältnismäßig kurzen Zeitspanne zu beobachten und vor allem ihre Gründe zu erkennen.

Die treibende Kraft in der Siedlungsentwicklung Mesopotamiens und damit zugleich in seiner Staatwerdung war, wenn man den Thesen *Nissens* folgt, das *Wasser,* und zwar genau in dem Maße, in dem seine Präsenz in Mesopotamien durch Veränderungen des Klimas einem entscheidenden Wandel unterlag.

Nissen beruft sich vor allem auf die Untersuchungen, die das deutsche Forschungsschiff «Meteor» 1964/65 im Persischen Golf durchführte und die sich u. a. mit den Ablagerungen auf dem Boden des Golfes befaßten. Nimmt in diesen Ablagerungen der Anteil nichtorganischer Stoffe zu, so weiß man, daß mehr Flußwasser in das Meer geströmt ist als vorher, da Flüsse eben vor

Die Wurzel muß tiefer liegen 41

allem nichtorganische Stoffe (Sand, Kies, Salze usw.) mit sich führen, und wenn man den Meeresboden dann Schicht für Schicht abträgt und untersucht, so kann man daraus erfahren, wie sich im Laufe der Jahrhunderte und Jahrtausende die Wasserzufuhr durch die Flüsse verändert hat. Das ist aber wieder gleichbedeutend mit der Kenntnis des Klimas in dem fraglichen Gebiet; denn es versteht sich von selbst, daß eine große Wasserzufuhr feuchtes Klima und eine geringere Wasserzufuhr trockeneres Klima bedeutet.

Die «Meteor» hat nun ermittelt, daß es in der Golfregion und vor allem im heutigen Mesopotamien etwa bis zur Mitte des vierten vorchristlichen Jahrtausends eine ungewöhnlich feuchte Zeit gegeben haben muß, die viele Generationen lang dauerte, dann aber – etwa seit 3500 v. Chr. – einem verhältnismäßig trockenen Klima Platz machen mußte. Wir müssen also damit rechnen, daß Mesopotamien um die Mitte des vierten Jahrtausends eine gigantische Morastlandschaft bildete, auf deren höhergelegenen und daher trockeneren Teilen sich zwar menschliche Siedlungen halten konnten, in der aber größere Zivilisationsgebiete und schon gar mehrschichtige Siedlungssysteme keine Chance hatten.

Dann aber begann es auszutrocknen, und seine nun folgende Geschichte gibt eigentlich nur die Reaktionen des Menschen auf die Folgen dieses Austrocknungsprozesses wieder.

Während der ersten zwei oder drei Jahrhunderte waren diese Folgen, vom Menschen der damaligen Zeit aus gesehen, fast nur positiv. Das spätere Babylonien, das heißt der südliche Teil des Zweistromlandes, wurde in dieser Zeit zunehmend bewohnbar, die Fläche des landwirtschaftlich nutzbaren Bodens wuchs von Generation zu Generation und damit dürfte sich selbstverständlich auch die Zahl der Siedlungen schrittweise vergrößert haben.

Aber dabei kann es nicht geblieben sein. Die Sumerer, die das Land beherrschten, als es in den Lichtkegel der geschichtlichen Überlieferung rückte, sind nach übereinstimmender Ansicht aller Fachleute nicht einfach als Abkömmlinge dieser Ureinwohner zu betrachten. Ihre Sprache enthält nämlich zwei völlig verschiedene Elemente. Sie muß also aus der Vermischung der von den Ureinwohnern gesprochenen und einer ganz anderen Sprache entstanden sein, deren Träger irgendwann einmal eingewandert sind. Diese Einwanderer werden als die eigentlichen Sumerer betrachtet, und da sie ihre Tempel auf gewaltigen, künstlich aufgeschütteten bzw. aufgebauten Plateaus errichteten, vermutet man, daß diese Einwanderung aus einem Bergland erfolgt ist. Die sumerischen Zikkurats wären demgemäß also künstlich geschaffene Bergheiligtümer.

Nissen drückt das so aus: «Neben einer möglichen Ausgleichsbewegung zwischen den Landesteilen werden somit zur Späturuk-Zeit hin auch andere Gruppen ins Land gekommen sein: Wenn es je einen Zeitpunkt gab, den man mit großer Wahrscheinlichkeit für die Einwanderung der Sumerer in Anspruch nehmen kann, dann wäre es diese Zeit der ersten großflächigen

Besiedlung des Südens der babylonischen Ebene.» Ägypten befand sich zu dieser Zeit (ca. 3200 v.Chr.), wenn wir richtig kombiniert haben, schon geraume Weile im Prozeß der Reichseinigung.

Nun ist bei alledem in Rechnung zu stellen, daß die natürlichen Regenfälle Babyloniens schon damals nicht mehr ausgereicht haben können, um allein eine florierende Landwirtschaft zu sichern. Aber das kann in der Zeit der großflächigen Besiedlung kein ernsthaftes Hindernis gewesen sein. Das Land war damals mit Sicherheit noch von zahllosen Seitenarmen des Euphrat durchzogen, so daß Wasser mit geringen Anstrengungen und vor allem aus geringer Entfernung in ausreichender Menge beschafft werden konnte. An die großangelegten Bewässerungssysteme späterer Epochen braucht man dabei gewiß nicht zu denken, eher an die primitiven Hilfsmittel, die wir auch heute noch in weiten Teilen der Welt vorfinden und die die Bauern hier wie dort aus eigener Kraft erfinden, bauen und betreiben konnten. Jedenfalls hat es in den ersten Jahrhunderten des Klimawechsels an Euphrat und Tigris mehr bäuerliche Siedlungen gegeben als jemals zuvor und nachher in der Geschichte des Landes, und da es in dieser Zeit auch beträchtliche Verbesserungen der landwirtschaftlichen Produktion gab (zum Beispiel den Übergang von der zwei- zur sechszeiligen Gerste), waren auch von dieser Seite alle Voraussetzungen für einen kräftigen Anstieg der Bevölkerungszahlen gegeben.

Aber der Klimawechsel schritt – immer nach *Nissen* – weiter voran und Teile des Landes, die eben erst zu Ackerboden geworden waren, konnten eines Tages mit den bisherigen Methoden nicht mehr bewirtschaftet werden, weil die Seitenarme versiegten, von denen aus sie bewässert worden waren. Nun mögen die ersten größeren Bewässerungsanlagen auf den Plan getreten sein, hinter denen vielleicht auch schon die Organisationskraft staatsähnlicher Gebilde stand. Im allgemeinen aber scheinen die Menschen anders, menschlicher reagiert zu haben. Sie wichen aus, in Gegenden, in denen das lebensnotwendige Wasser noch in ausreichender Menge vorhanden oder doch mit gewohnten Mitteln zu beschaffen war.

Tatsächlich sank in der Zeit um die Jahrtausendwende (ca. 3000 v.Chr.) die Zahl der nachweisbaren Siedlungen drastisch, während die von menschlichen Wohnungen überbaute Gesamtfläche des Landes immer noch merklich stieg. Die Orte, die Bestand hatten, erlebten – anders ausgedrückt – einen explosionsartigen Zuzug. Es entstanden die mesopotamischen Städte, die die Geschichte des Landes so lange getragen haben und in denen sich vor allem seine hohe Kultur entwickelte. *Uruk* erhielt in dieser Zeit seine Stadtmauer, die eine Siedlungsfläche von fünf bis sechs Quadratkilometern einschloß, mehr als doppelt so viel, wie Athen nach der Erweiterung durch Themistokles hatte – zweieinhalb tausend Jahre später.

Daß Gemeinwesen von dieser Größe nicht mehr in nachbarschaftlicher Selbstverwaltung, gleichsam im gegenseitigen Einvernehmen der Bürger regiert werden können, wird jedermann einsehen. Zur Lösung der zwischen den Einwohnern auftretenden Streitigkeiten ist eine Gerichtsbarkeit unerläßlich und die Neuheit mancher Konflikte verlangte, wie schon einmal angedeutet, wahrscheinlich auch eine «moderne» Gesetzgebung. Die Errichtung eines Bauwerks von der Größe der Mauer von Uruk verlangt außerdem organisatorische Vorkehrungen, die nur ein Staat zu leisten vermag, ganz abgesehen von den Zwangsmaßnahmen, ohne die es dabei nicht abgegangen sein wird – in einer der ersten Strophen des Gilgamesch-Epos klagt Gilgamesch, der zu Beginn des dritten Jahrtausends König von Uruk gewesen sein dürfte, mit bewegten Worten darüber, wie drakonisch er die Bürger der Stadt behandeln mußte, um sie zum Bau der Mauer zu bewegen. Die riesige Tempelterrasse im Westen von Uruk, die in der gleichen Epoche entstand und in der eine ganze (ältere) Tempelanlage verschwand, dürfte kaum weniger politische Probleme verursacht haben, und so war es gewiß auch an anderen Stellen des Landes, über die man nur weniger gut Bescheid weiß.

Dabei gibt es aus diesen frühen Jahrhunderten des dritten Jahrtausends nun auch die ersten eindeutigen Beweise für den organisierten Bau von Bewässerungsanlagen. Vor allem mehren sich die Anzeichen für die künstliche Begradigung ganzer Flußläufe und für die Anlage kilometerlanger Kanäle, infolge deren Flächen landwirtschaftlich genutzt werden konnten, bei denen das anders nicht oder – infolge der zunehmenden Austrocknung des Landes – nicht mehr möglich gewesen wäre. So oder so stand in Mesopotamien also der Kampf um das Wasser mit an der Wiege des Staates.

Diese Entwicklung setzte sich in der nun folgenden Zeit (etwa 2800–2400 v. Chr.) konsequent fort. *Nissen* spricht etwa davon, daß am Ende dieser Epoche im Hinterland des besonders gut erforschten Uruk noch ganze 29 Siedlungen nachweisbar sind, während es zu Beginn 62 gewesen waren. Veränderungen von diesem Ausmaß haben auf die Dauer nicht nur das innere Gefüge der einzelnen Städte grundlegend umgeformt, sondern sie mußten zwangsläufig auch Einfluß auf den Charakter ihrer gegenseitigen Beziehungen nehmen.

Solange das Land auf breiter Front besiedelt und bebaut werden konnte, werden die einzelnen Mittel- und Oberzentren voneinander nicht allzuviel Notiz genommen haben. Sie werden sich darauf beschränkt haben, ihren eigenen Bereich auszubauen, zu kultivieren und natürlich auch zu beherrschen. Gemeinsame Grenzen wird es zwischen diesen wahrscheinlich inselartig im Stromsystem gelegenen Kulturgebieten kaum gegeben haben, und wenn, dann wird von ihnen jedenfalls kaum einmal politische Brisanz ausgegangen sein. Die gegenseitigen Beziehungen werden sich auf einen mehr oder weniger lebhaften Handel beschränkt haben.

Das mußte sich in dem Ausmaß ändern, in dem die Bevölkerung in den zentralen Orten zusammenströmte, deren Hinterland infolge der wachsenden Zahl der Stadtbewohner und der Ausdünnung ihrer Umgebung immer größer werden mußte, und sich das wirtschaftliche Geschehen wegen der Austrocknung des Landes zudem immer mehr in der Nähe der größeren Wasserläufe abzuspielen begann. Nunmehr mußte es zu regelmäßigen Grenzkonflikten, zum Kampf um Einzugsgebiete und Interessensphären, kurz zu jenem Kampf aller gegen alle kommen, von dem schon die Rede war und an dessen Ende fast zwangsläufig das allein friedensstiftende, dafür aber auch recht gewalttätige *Großreich* stand. Die Geburtsstunde der *Außenpolitik* war für das Zweistromland gekommen, und daß es eine *bewaffnete* Außenpolitik war, wird niemand verwundern, der die Geschichte des Menschen kennt.

Die Darstellung von *Nissen* belegt das alles an einem Beispiel mit nicht mehr zu überbietender Klarheit. Lassen wir ihn selbst berichten: «Anstelle des Euphratlaufes, an dem solche Orte wie *Nippur, Šuruppak* oder *Uruk* lagen, der sich im Laufe der Zeit der Frühen Hochkultur unter dem Gewirr von Flußarmen als der Hauptlauf herausgebildet hatte, erhielt durch eine Flußverlagerung ein weiter östlich gelegener Arm nun diese Bedeutung. Die an diesem neuen Hauptlauf gelegenen Orte wie *Adab, Zabalam* oder *Umma* blühten in der Folgezeit auf und konnten wie *Umma* am Ende der Frühdynastischen Zeit eine große politische Bedeutung erringen. Die Bedeutung der am früheren Hauptlauf gelegenen Orte wie *Šuruppak* oder *Uruk* ging bisweilen schneller, bisweilen langsamer zurück ... Die für uns herausragendste Einzelentwicklung in diesem Zusammenhang ist wohl der rasche Zuwachs an Größe, Bedeutung und Macht des Zentrums *Umma,* der direkt von der Flußverlagerung angestoßen und ermöglicht worden war ... Nachdem durch die Flußverlagerung eine neue Situation eingetreten war, konnte sich die zwischen den alten Einflußbereichen liegende Siedlung *Umma* zunächst ungehindert entwickeln, ohne irgend jemandes Ansprüche zu stören. Der Zeitpunkt einer erheblichen Beeinträchtigung mußte jedoch spätestens mit dem Moment kommen, als *Umma* eine ähnliche Größe wie die zuvor genannten Orte erreichte und damit ein ähnlich großes Interessengebiet beanspruchen konnte. Die Entstehung von Konfliktzonen ist damit vorgebildet, da das zwischen den ursprünglichen Bereichen verfügbare Gebiet nicht groß genug war, um *Umma* den ihm zustehenden Einflußbereich zu gewähren ... Beschneidungen der Einflußgebiete und damit die Entstehung von Konfliktherden müssen insbesondere zum alten Zentrum *Girsu* hin das Verhältnis bestimmt haben ... Das Verhältnis zwischen *Umma* und *Girsu*, dessen Umland zum größeren Teil von demselben östlichen Euphratarm bewässert wurde, führte zu einem Dauerkonflikt zwischen diesen beiden Städten, in dem es nach Ausweis der schriftlichen Quellen... um Grenzländereien und Grenzkanäle ging. Dieser über viele Generationen immer wieder ausbrechende Konflikt ist somit durch die genannten Veränderungen in der Bewässerungs- und Besiedlungsstruktur bedingt. Es liegt nahe zu vermuten, daß auch die zahlreichen anderen Streitigkeiten zwischen den baby-

Die Wurzel muß tiefer liegen 45

Ionischen Städten, von denen uns die Texte... berichten, auf ähnliche Ursachen zurückgehen... Die Konflikte zwischen den einzelnen Zentren sind von nun an im politischen System Babyloniens eingebaut. Kriegerische Auseinandersetzungen zwischen diesen Zentren, die, nach den schriftlichen Quellen zu urteilen, den Charakter dieser Zeit maßgeblich bestimmt haben müssen, erscheinen daher in einem etwas anderen Licht, als wenn man nur jeweils machthungrige Herrscher am Werke sieht. Daß aber auch durch Kriegszüge die Konflikte nicht zu lösen waren, werden wir noch daran ersehen können, daß sich am Ende des Zeitabschnittes der Frühdynastischen Zeit das gesamte politische System völlig verändert haben wird, was als folgerichtige Antwort auf die geschilderte Entwicklung erscheint.»

Der neue Gedanke, der die folgende Zeit beherrschte, war der des Großreiches.

Arrivierte Staatlichkeit

Liest man den vorhergehenden Abschnitt ohne weiteres Vorwissen, so kommt man leicht zu dem Schluß, daß die Sumerer nach ihrer Einwanderung in das Zweistromland nicht nur die dortigen Staaten neu geschaffen haben, sondern daß sie den Staat an sich erst dort erfunden haben, zumindest für sich selbst. Man meint gewissermaßen, in Mesopotamien an einer Wiege des Staates zu stehen.

Selbstverständlich sind im Lande an Euphrat und Tigris wichtige Ideen zum Sinn und zur Ausgestaltung des Staates erstmals in der Geschichte gedacht und auch erprobt worden. Das wird niemand bestreiten, der den Ablauf der Dinge einigermaßen kennt. Aber der absolute Anfang staatlicher Herrschaft kann auch das nicht gewesen sein. Sonst hätte es bei den Sumerern ein Rechtsinstitut nicht geben dürfen, das uns modernen Menschen so fremd ist, daß seine tatsächliche Bedeutung bis heute fast unerkannt geblieben ist: das absolute *Monopol* der Tempel auf den Besitz von *Grund und Boden*.

Es gibt in der schriftlichen Hinterlassenschaft der Sumerer zahllose Belege dafür, daß der jeweilige Stadtgott als Eigentümer «von Land und Leuten» betrachtet wurde. Das mag sich zunächst nur wie ein abstrakter, mehr ideeller Anspruch anhören, wie wir ihn auch aus anderen Religionen kennen, selbst wenn man hinzunimmt, daß dieser Anspruch des Stadtgottes natürlich von seinen irdischen Stellvertretern, den Priestern seines Tempels, real ausgeübt werden konnte. Wir werden aber gut daran tun, den Gedanken an ein solches, gewissermaßen nur theoretisches «Obereigentum» rasch fallen zu lassen.

Was die sumerischen Tempel beanspruchten, war das volle und uneingeschränkte, tatsächliche Eigentum an sämtlichen Grundstücken, die es im

Gebiet «ihres» Staates gab. Niemand anderer konnte Eigentümer von Grund und Boden sein. Wenn er ihn bewirtschaftete oder überbaute, konnte das nur auf Grund einer Gebrauchsüberlassung geschehen, wie wir sie heute etwa in Form der Pacht oder Leihe kennen. Es gibt aus der sumerischen Zeit unter Tausenden von erhaltenen Schriftstücken nicht ein einziges, das einen echten Grundstückskauf zum Gegenstand hätte. Erst als das semitische Bevölkerungselement allmählich zu dominieren begann, entwickelte sich auch ein Grundstücksmarkt, als dessen Relikte uns zahlreiche Verkaufsurkunden erhalten sind. Und erst König Naramsuen aus der semitischen Dynastie von Akkad (2334–2297 v. Chr.) konnte daran denken, Landbesitz für die Krone zu reklamieren, allerdings – soweit ersichtlich – mit geringem Erfolg.

Mancher Leser mag nun tiefschürfende Erörterungen über Schaden und Nutzen des privaten Bodeneigentums erwarten. Aber solche Gedankengespinste, die sich gewissermaßen zwischen Karl Marx und Robinson Crusoe hin und her bewegen, bringen keine neuen historischen Erkenntnisse, und den herrschaftsfreien Urkommunismus, der oft von einem staatlichen Grundstücksmonopol erwartet wird, hat es bei den Sumerern gewiß nicht gegeben. Man braucht sich nur zu vergegenwärtigen, welche Macht sich in den Händen einer Tempelhierarchie zusammenballen mußte, die allein über Vergabe und Verwendung von Grund und Boden entschied.

Sie hatte zunächst einmal den Zuzug in die Stadt, ja sogar in das zur Stadt gehörige Umland zu vergeben; denn ohne ein Stück Boden, aus dem er sich ernähren konnte, war der Mensch der Frühzeit nicht lebensfähig, wenn er nicht auf die Stufe des reinen Jägers und Sammlers zurückfallen wollte. Sie vergab Haus und Hof als Lebensgrundlage und als Heimat des Menschen. Wenn sie ein Stück Land verpachtete, konnte sie dafür fast beliebige Gegenleistungen heraushandeln; denn der Interessent konnte ja auf keinen anderen Anbieter ausweichen. Als solche Gegenleistungen kamen auch nicht nur einmalige Zahlungen in Betracht, sondern in aller Regel laufende Abgaben an landwirtschaftlichen oder gewerblichen Produkten und nicht zuletzt regelmäßige Arbeitsleistungen. Nicht einmal die Begründung einer Pflicht zu allgemeinem Wohlverhalten gegenüber dem Tempel war ausgeschlossen – und jedes Zuwiderhandeln konnte zum Verlust des Grundstücks führen, konnte Lebensgrundlage und Heimat kosten.

Darüber dürfen die «öffentlichen» Funktionen eines solchen Bodenmonopols nicht übersehen werden. Wer den gesamten Boden besitzt, hat – modern gesprochen – auch sämtliche städtebaulichen Entscheidungen in der Hand. Er befindet über die Lage der Wohnviertel, der öffentlichen Gebäude, der Straßen und der Plätze. Er entscheidet, wie groß die einzelne Wohnparzelle sein soll und wer sie in welcher Lage erhält. Er kann sogar festlegen, ob sie landwirtschaftlich oder handwerklich genutzt werden darf. Moderne Städtebauer hätten ihre helle Freude an diesem Instrumentarium, das keinen ihrer geheimsten Wünsche unbefriedigt läßt.

Die Wurzel muß tiefer liegen

Der aufmerksame Leser wird sich nun vielleicht fragen, warum wir einem Monopol, das sich zweifellos in den Händen der *Tempel* befand, solche Bedeutung für die Geschichte des *Staates* zumessen. Die Antwort darauf ist nicht ganz einfach. Wir werden ihr später ein eigenes Kapitel widmen, auf das hier verwiesen werden soll (S. 95 ff.). Für den Augenblick mag der Hinweis genügen, daß es die strenge Trennung von Staat und Kirche, die wir heute für richtig halten (und die ja auch in unserer politischen Wirklichkeit nicht mit letzter Konsequenz durchgehalten werden kann), in der Geschichte nie gegeben hat. Das zeigen schon Begriffe wie «Priesterkönig» oder «Kirchenstaat».

Aber auch sonst hatten die Repräsentanten der Religion stets in der einen oder anderen Weise Anteil an der öffentlichen Gewalt, wie auch die weltlichen Herrscher wenigstens ein Mitspracherecht in religiösen Angelegenheiten für sich reklamierten. Wir würden uns also den Blick auf wesentliche Aspekte des Staates und seiner Geschichte verstellen, wenn wir eine Erscheinung wie das sumerische Bodenmonopol nur deshalb außer Betracht ließen, weil es nicht dem «König», sondern eben den «Priestern» zustand. Wer die Macht besitzt, die dieses Monopol verliehen haben muß, und wer vor allem die Macht besitzt, es zu fordern und durchzusetzen, der *ist* Träger, zumindest Teilhaber staatlicher Gewalt, er mag heißen, wie er will.

Damit sind wir auch schon bei der nächsten Frage, die uns nunmehr interessieren muß: Wie und vor allem wann kann ein so machtbefrachtetes Monopol entstanden sein?

Man kann sich nun natürlich vorstellen, daß es bei der Einwanderung der Sumerer in Mesopotamien eine Landnahme gegeben hat, wie wir sie etwa aus der Besiedlung des Wilden Westens durch den weißen Mann kennen. Dann hätte sich jeder Bauer den Boden angeeignet, den er bewirtschaften wollte. Es wäre also zunächst Privateigentum entstanden und die Tempel hätten ihren Monopolwillen erst später realisieren müssen, durch Ankäufe, Entgegennahme von Schenkungen und vor allem durch Ausübung wirtschaftlichen Drucks gegenüber notleidend gewordenen Kreditnehmern. Auf diese Weise sind in der Geschichte ungezählte Male Latifundien entstanden, auch solche von Tempeln und Kirchen. Ein *lückenloses* Grundstücksmonopol ist so aber nie zustandegekommen, auch nicht im Römischen Reich, in dem es ja gewiß Latifundien in beträchtlicher Zahl gab, und im mittelalterlichen Kaiserreich, das immerhin von den machtvollen karolingischen und ottonischen Reichsgründern herkam, ist es nicht einmal theoretisch gelungen, den gesamten Bestand an Grund und Boden in die Lehenspyramide einzubeziehen, an deren Spitze der Kaiser stand.

Entscheidungen dieser Art und dieses Gewichts müssen *am Anfang,* bei der *Landnahme* getroffen und durchgesetzt werden, sonst ist die Gelegenheit unwiederbringlich dahin. So muß es auch bei den Sumerern gewesen sein. Der Tempel des Stadtgottes oder genauer, da ja auch er noch nicht bestand, die Priester des künftigen Stadtgottes müssen bei der Einwanderung zumindest die Grundstücke, die sofort bebaut und bewirtschaftet werden konnten, annektiert haben und sich im übrigen ein Aneignungsrecht für alle künftig zu kultivierenden Landesteile gesichert haben, vergleichbar etwa dem deutschen Rodungsrecht, aus dem sich ja auch die größten zusammenhängenden Eigentumskomplexe des Mittelalters entwickelt haben.

Wenn das richtig wäre, wären die Sumerer schon unter einer entschlossenen und vor allem auch durchsetzungsfähigen Führung in das Land am Euphrat gekommen. Das würde auch erklären, warum sie den Vorsprung der Ägypter bei der Staatsbildung so rasch aufgeholt haben. Er hätte gewissermaßen nur scheinbar bestanden.

3. Kapitel

Indizien aus Stein

Der aufmerksame Leser wird es bemerkt haben: Wir haben im letzten Kapitel bei unserem Streifzug die Schallgrenze der schriftlichen Überlieferung überschritten. Zwar sind die Anfänge der Schrift in Ägypten wie in Mesopotamien noch in die letzten Jahrhunderte des vierten Jahrtausends v. Chr. zu datieren. Aber in beiden Ländern brauchte es mehrere Jahrhunderte, bis sie so weit entwickelt war, daß man auch kompliziertere Nachrichten mit ihr festhalten konnte, ganz abgesehen davon, daß ihre Erfinder zunächst ganz andere Ziele verfolgten als die Verewigung geschichtlicher Ereignisse oder gar die Niederlegung staatstheoretischer Spekulationen.

Am Nil setzt man die volle Entwicklung der Schrift etwa auf das 29. Jahrhundert v. Chr. an, also *nach* der Reichsgründung. Im Lande zwischen Euphrat und Tigris mußte wahrscheinlich sogar der Wunsch der seit etwa 2500 v. Chr. eingewanderten Semiten hinzukommen, auch ihre eigene, vom Sumerischen gänzlich abweichende Sprache zu schreiben, damit die Schrift so weit fortentwickelt wurde, daß auch größere und anspruchsvollere Texte geschrieben werden konnten. Ein staatliches Leben aber muß es in beiden Ländern, wie wir jetzt wissen, schon in der zweiten Hälfte des vierten Jahrtausends gegeben haben, im iranischen Hochland vielleicht sogar noch früher. Und gerade das zuletzt genannte Beispiel zeigt, daß mit noch älteren Entwicklungen zu rechnen ist, wenn wir auch nicht sagen können, wie diese ausgesehen haben könnten.

Das alles wirft die Frage auf, ob wir auf unserer Suche nach dem frühen Staat nun eine unübersteigbare Mauer erreicht haben und uns mit der resignierenden Erkenntnis abfinden müssen, daß der Staat eben eines Tages an verschiedenen Stellen der Erdoberfläche aus dem Dunkel der vorgeschichtlichen Zeit auftauchte, ohne daß man sagen könnte, welche Gründe ihn haben entstehen lassen und welchen Aufgaben er von Anfang an diente.

Die Frage ist bei aller Vorsicht, die auf diesem Terrain vonnöten ist, schlichtweg zu *verneinen*. Die Wissenschaft weiß sehr viel über den frühen Menschen, sein Leben, sein Denken und seine Kultur, was nicht in Keilschrift oder Hieroglyphen auf Ton, Stein oder Papyrus festgehalten ist, und oft stehen die Fachgelehrten sogar vor der Frage, ob Ruinen, Kunstgegenstände und Gebrauchsartikel, die sie aus der Erde holen, nicht die zuverlässigeren Quellen sind. Denn die Aussagen, die sie ihnen verdanken, sind weder geschönt noch auf Wirkung getrimmt, was man bei schriftlichen

Dokumenten fast vom ersten Augenblick an für möglich halten muß – darin hat sich der Mensch in Jahrtausenden nicht geändert.

Nun muß natürlich bedacht werden, daß die Spuren menschlicher Herrschaft im Boden ungleich schwieriger aufzustöbern sind als Spuren des frühen Hausbaus, als Handwerkszeug, Waffen und Tongefäße, steinerne Grabkammern und Plastiken. Der Staat gehört zur «gesellschaftlichen Umwelt» des Menschen, und diese kann so wenig versteinern oder im Boden verschwinden wie Freude und Unglück, Liebe und Haß. Wenn sich nicht zufällig einmal auf einem Gefäß oder einer Waffe bildliche Darstellungen aus dem politischen Leben finden, kommt es also immer darauf an, dem auf die Spur zu kommen, was «hinter» dem einzelnen Ausgrabungsfund steckt, er mag eine Waffe, eine Festung, eine ganze Stadt oder auch nur ein einzelnes Grab sein. Das ist schwierig und mit beträchtlichen Risiken belastet und der Weg ist mit Irrtümern und vor allem mit Gefahren der Überinterpretation gepflastert. Aber unmöglich ist es nicht. Das beweisen die Erfolge, die die Wissenschaft etwa bei der Suche nach den religiösen Überzeugungen des frühen Menschen erzielt hat, und im übrigen auch die Schlüsse, die wir selbst bereits aus der Anordnung der Industädte gezogen haben.

Im Vordergrund unserer weiteren Untersuchungen stehen aus naheliegenden Gründen die archäologischen Funde aus *Stein*. Soweit er nicht wieder abgebaut und an anderer Stelle erneut verwendet wird, ist der Stein einer der unverwüstlichsten Zeugen der Vergangenheit, und selbst wo Mauern und Gebäude einem neuen Verwendungszweck weichen mußten, bleiben meist wenigstens die Fundamente so weit bestehen, daß Grundrisse einen Überblick über die Baugeschichte und meist auch Schlüsse auf Zweck und Verwendung eines Gebäudes zulassen. Das ist es aber gerade, was wir für unsere Suche benötigen, und mehr braucht der Boden für unsere Zwecke genau genommen gar nicht aufbewahrt zu haben. Wir suchen ja nicht Schätze aus Gold oder Silber und noch nicht einmal Einrichtungsgegenstände, die meist in alle Winde zerstreut oder zu Staub zerfallen sind. Uns genügt es, solche Bauwerke aufzufinden, aus denen wir erschließen können, ob sie eine staatliche oder zumindest eine staatsähnliche Organisation voraussetzen.

Was Steine verraten können

Wer die bisherigen Kapitel aufmerksam gelesen hat, wird nicht überrascht sein, daß ganz oben auf unserer archäologischen Wunschliste die *Städte* stehen. Wo viele Menschen verhältnismäßig eng beieinander wohnen, gibt es zwangsläufig mehr Interessengegensätze und Konflikte als auf Einödhöfen oder in kleinen Dörfern, einmal schon wegen der größeren Zahl der Beteiligten, daneben aber auch, weil das enge Zusammenleben Reibungsflächen bietet, an die bei einer lockeren Siedlungsweise kaum zu denken ist. Um das zu begreifen, braucht man sich nur vorzustellen, wieviel Streit aus der Abgrenzung der Wohngrundstücke, aus Markt- und Basargeschäften, aus der mangelhaften Beseitigung von Abfällen und Abwässern, aus Lärm und übler Nachrede entstehen kann. Es mag sein, daß solche Streitereien auf dem Dorf durch gutes Zureden der Nachbarn oder auch durch «gesellschaftliche Selbstverwaltung» aus der Welt geschafft werden können. In einer Stadt, in der auch nur sieben- oder achthundert Menschen beieinander leben, ist aber mit Sicherheit der «Profi» gefragt, der mit dem größeren Arbeitsanfall und mit den oft ganz neuartigen Problemen fertig wird. Eine Stadt ohne «*Stadtrichter*» gibt es nicht, und dieser ist schon eine Einrichtung, die uns außerordentlich interessieren muß.

Bei der Schilderung der großen Industädte Harappa und Mohendscho-Daro ist deutlich geworden, daß vorgeschichtliche Städte für unser Thema auch noch aus einem anderen Grund interessant sein können, nämlich wegen der *Stadtplanung,* die vielen Städten zugrunde liegt und die natürlich auch ein Zeichen für beginnende Staatlichkeit sein kann. Stadtplanung ohne einen *Stadtherrn* gibt es nicht, davon wird man auf alle Fälle ausgehen können.

Etwas ganz anderes ist selbstverständlich, daß es auch Städte ohne eine vorhergehende Planung geben kann. Man spricht dann von der Entstehung einer Stadt «aus wilder Wurzel» und denkt dabei etwa an jene Städte, die aus kleinen, dörflichen Anfängen durch immer neues, ungeregeltes Zuziehen von Menschen bald nach der einen bald nach der anderen Richtung gewachsen sind. Schon diese Möglichkeit muß uns davor warnen, allein aus der Existenz einer vor- oder frühgeschichtlichen Stadt allzu eilige Schlüsse zu ziehen. Wenn keine weiteren Argumente hinzukommen, kann man dann zwar auf die Existenz eines «Stadtrichters» schließen (denn diese Notwendigkeit tritt in jeder Stadt auf, gleichgültig wie sie entstanden ist). Ein echter «Stadtherr» aber, dem man schon eine viel weitergehende Herrschaft zutrauen müßte, darf erst angenommen werden, wenn der Stadt erkennbar von Anfang an eine Planung zugrunde liegt wie bei den Städten der Induskultur oder wenn es andere Indizien dafür gibt.

Solche Indizien können sehr verschieden aussehen. In Frage kommen zunächst einmal *größere Gebäude* wie Tempel, Paläste oder auch Speicher – wobei oft aus dem allein erhaltenen Grundriß nicht einmal genau entschieden werden kann, welchem Typ das einzelne Gebäude wirklich zuzuordnen ist. Liegt eindeutig ein Palast vor, dann ist die Sache einfach; denn in einem Palast muß selbstverständlich ein mächtiger Mann, ein Herrscher gelebt haben. Bei einem Tempel liegen die Dinge schon komplizierter, doch wissen wir aus Erfahrung, daß die Priesterschaft eines großen Tempels oft auch an der Ausübung der Herrschaft mitgewirkt hat.

Bei allen wirklich großen Gebäuden – und übrigens auch bei Straßen, Plätzen, Bewässerungs- und Kanalisationsanlagen – führen auch noch andere

Überlegungen zur Annahme eines funktionierenden Herrschaftsapparates. Solche Bauwerke setzen auf alle Fälle eine Planung voraus, die nur von einem «Chef» gekommen sein kann. Sie verlangen sodann die Mobilisierung von Arbeitsbrigaden, die, wie der Mensch nun einmal ist, nicht nur freiwillig zustande gekommen sein können; den Bau der Mauer von Uruk durch Gilgamesch haben wir als klassisches Beispiel dafür schon kennengelernt (S. 43 f.). Vor allem bringen sie aber auch «Nachfolgelasten» mit sich, die ohne permanente Organisation nicht bewältigt werden können. Ihre Funktionstüchtigkeit muß ständig überwacht und gegebenenfalls sofort wieder hergestellt werden. Bei Bewässerungsanlagen muß über die Verteilung des aufgebrachten Wassers und natürlich auch über die daraus entstehenden Streitigkeiten entschieden werden. Speicherflächen, die nicht nur für die Ernten eines Tempels oder eines Palastes, sondern für die Allgemeinheit gedacht sind, müssen den einzelnen Stadtbürgern zugewiesen werden, ihre Trockenheit und Ungezieferfreiheit müssen ständig kontrolliert werden usw.

Am interessantesten und übrigens auch am einfachsten zu interpretieren sind in diesem Zusammenhang die *Stadtmauern*. Bei ihnen treten nämlich nicht nur die schon bekannten Fragen der Planung, Errichtung und Unterhaltung auf, sondern sie setzen selbstverständlich auch den *Verteidigungswillen* derer voraus, die sich in ihren Schutzbereich zurückgezogen haben. Verteidigung ohne militärische Organisation ist aber nur in wenigen Ausnahmefällen denkbar, und sicher nicht mehr dann, wenn sich ein Gemeinwesen einmal die Mühe gemacht hat, eine kilometerlange Mauer, meist verbunden mit Dutzenden, ja Hunderten von Wachtürmen, zu errichten, und wenn dann in ihrer Anlage noch klare strategische Überlegungen zu erkennen sind, braucht man an eine Verteidigungsaktion Gleichberechtigter, wie sie etwa die ersten Grenzer im Wilden Westen hatten, bestimmt nicht mehr zu denken.

Damit sind wir ganz allgemein bei den *Befestigungsanlagen* angelangt. Grenzwälle und Grenzmauern, wie wir sie aus der Geschichte der Römer und der Chinesen kennen, sind ohne einen entschlossenen Staat nicht denkbar. Was mit Grenzfestungen bewirkt werden kann und wo ihre Schwächen liegen, werden wir später überlegen müssen, wenn es um die großflächige Verteidigung an den Grenzen zur asiatischen Steppe geht. Auch sie beweisen aber die Existenz einer weitgesteckten strategischen Konzeption, die ohne einen Staat nicht entstanden sein kann.

Was uns in diesem Zusammenhang aber am meisten interessieren muß, sind solche Festungen, von denen anzunehmen ist, daß sie nicht irgendeiner Truppeneinheit als Schutz und Aufenthalt gedient haben, sondern dem Herrscher des Gemeinwesens selbst. Bei der Behandlung der Industädte ist schon der Begriff der *Zitadelle* gefallen, das heißt einer Burg, die entweder innerhalb einer Stadt oder doch in ihrer Nähe, meist *über* ihr, liegt und die eigentlich immer die Existenz eines *Stadtherrn* beweist. Die Stadtstaaten Mesopotamiens und Syriens sind voll von solchen Festungen und es ist gänzlich unmöglich, hier auch nur die wichtigsten namentlich aufzuzählen.

Daneben ist aber noch mit einem ganz anderen Typ der Burg zu rechnen, der bisher nur im Zusammenhang mit dem europäischen Festland, besonders mit Griechenland, erwähnt worden ist, nämlich mit dem *befestigten Adelssitz,* der *Adelsburg.* In Ägypten ist die Reichseinigung zu rasch vor sich gegangen, als daß dieser Festungstyp dort eine bedeutende Rolle hätte spielen können, und in Mesopotamien ist der Weg zur Staatsbildung ebenso wie am Indus aus zunächst unbekannten Gründen nicht über eine Adelsherrschaft, sondern über die Stadtgründung gegangen. Das darf aber nicht darüber hinwegtäuschen, daß es sich dabei im weltweiten Vergleich um Ausnahmen handelt und daß, je weiter man sich von den großen Stromkulturen entfernt, der frühe Staat sich um so eher als Adelsherrschaft manifestiert. Zum Adel aber gehört die Adelsburg, und wir werden daher bei unseren weiteren Recherchen gut daran tun, diesem Gebäudetyp besondere Aufmerksamkeit zu widmen.

Die Grenzen des Erkennbaren

Ehe wir mit den gewonnenen Erkenntnissen weitere Schritte in die Vergangenheit wagen, ist ein Augenblick der Besinnung nötig. Zwar sind nunmehr einige Grundsätze herausgeschält, mit denen es möglich sein sollte, den Bodenfunden nicht nur die üblichen Erkenntnisse über Bau- und Siedlungstechnik und über die Entwicklung von Landwirtschaft, Gewerbe und Kunst abzugewinnen, sondern auch Erkenntnisse über Formen und Funktionen früher Herrschaft. Hand in Hand damit muß aber die Einsicht gehen, daß die Interpretationen, die so zu erreichen sind, stets auch mit erheblichen Unsicherheitsfaktoren rechnen müssen und daß vor allem der absolute, «allererste» Anfang auch mit dieser Methode nicht zu erkennen ist, auch dann nicht, wenn der Boden einmal alles hergegeben haben sollte, was er an Zeugnissen der Vor- und Frühgeschichte überhaupt enthält.

Auf diese Grenze der Erkennbarkeit stößt die Wissenschaft vom frühen Menschen allenthalben. Schon die gewiß interessante Frage, wann und wo sich der «allererste» Mensch auf der Erde bewegt hat, wird sich deshalb nie beantworten lassen. Selbst wenn es gelänge, Mensch und Tier mit letzter Genauigkeit voneinander abzugrenzen, wäre es doch völlig ausgeschlossen, daß ausgerechnet von dem ersten Wesen, das diese Grenze überschritten hat, Knochenreste gefunden werden, und wenn auch das durch einen gigantischen Zufall einmal geschähe, gäbe es niemanden, der es erkennen und beweisen könnte. Außerdem ist es völlig lebensfremd, den Menschen nur von seinem Skelett und nicht auch von seinem Geistesleben her zu definieren.

Die Gedanken und Überzeugungen eines solchen Lebewesens finden sich im Boden aber ganz bestimmt nicht. Schon die Frage nach diesem «allerersten» Menschen hat also genaugenommen gar keinen Sinn. Nicht anders verhält es sich mit den großen zivilisatorischen Umbrüchen. Natürlich muß es einmal einen Menschen gegeben haben, der seine Nahrung als erster nicht nur aus der Jagd und aus dem Sammeln von Kräutern und Gräsern bestritt. Irgendjemand muß einmal dazu übergegangen sein, Tiere zu fangen, zu hegen und dann auch zu züchten, ebenso wie irgendein anderer einmal auf den Gedanken gekommen sein muß, die Pflanzen, von deren Wildformen er bisher gelebt hatte, anzubauen und sich damit ihre Erträge sicherer verfügbar zu machen. Obwohl die Wissenschaft in den letzten Jahrzehnten bei ihren Ausgrabungen auf die Reste von Pflanzen und Tieren in menschlichen Siedlungen besonders genau achtet und obwohl sie dabei erhebliche Fortschritte gemacht hat, wird sich aber auch hier der erste Anfang nicht feststellen lassen.

Veränderungen von Tieren und Pflanzen, die auf ihre Domestizierung durch den Menschen zurückgehen, haben sich natürlich nur in verhältnismäßig großen Zeitspannen eingestellt. Findet ein Wissenschaftler Reste eines Tieres oder einer Pflanze, die gegenüber den Wildformen erkennbar verändert sind, so kann er daraus also schließen, daß hier das Produkt einer Domestizierung vorliegt und daß dem wahrscheinlich schon eine generationenlange Domestizierungsarbeit vorangegangen ist. Von Funden, die solche genetischen Veränderungen nicht aufweisen, kann er aber nie mit Sicherheit sagen, ob der frühe Mensch sie durch Jagen und Sammeln in die Hand bekommen hat oder durch Bemühungen des Hegens und Pflanzens, die nur noch keine genetischen Veränderungen hervorgerufen haben. Die absolute Grenze ist also auch hier nicht mehr zu erkennen.

Genau vor den gleichen Schwierigkeiten steht man, wenn man aus den Bodenfunden auf frühe Elemente der Staatlichkeit schließen will. Das sollen einige Beispiele deutlich machen.

Schon bei verhältnismäßig kleinen Städten kann man, wie mehrfach gezeigt, davon ausgehen, daß es in ihnen einen öffentlichen Funktionär gegeben hat, den wir hier als «Stadtrichter» bezeichnen. Dafür sprechen alle Erfahrungen, die die Geschichtswissenschaft mit größeren Siedlungen aus Zeiten mit erhalten gebliebenen Archiven gemacht hat. Ebenso sind aber aus geschichtlicher Zeit Siedlungen bekannt, in denen Streitigkeiten zwischen den Bürgern durch die Gemeinschaft der Mitbürger geschlichtet und wenn nötig auch entschieden wurden, gewissermaßen in «gesellschaftlicher Selbstverwaltung». Selbstverständlich funktioniert so etwas nur in außerordentlich kleinen Gemeinschaften. Eine exakte, zahlenmäßige Grenze, jenseits deren es nicht mehr funktioniert, kann jedoch niemand angeben, ganz abgesehen davon, daß ja auch niemand imstande ist, die Einwohnerzahl einer prähistorischen Siedlung genau zu berechnen.

Nicht anders verhält es sich, um ein weiteres Beispiel zu nennen, bei den so oft zitierten Bewässerungsanlagen. Daß die künstliche Begradigung eines großen Flußarmes und die Anlage eines kilometerlangen Kanals ohne staatliche Planung und staatlichen Arbeitszwang nicht zustande gekommen sein können, ist sicher. Kleinere Wassergräben und Dämme zur Ableitung des Wassers kann aber auch ein einzelner Bauer oder eine freiwillig zusammenarbeitende Gruppe von Bauern geschaffen haben, und wiederum ist es unmöglich, eine exakte Grenze anzugeben, die staatliche Maßnahmen und freiwillige Zusammenarbeit trennt.

Einigermaßen zuverlässig sind demgegenüber die *Gräber,* genauer die *Grabbeigaben.* Es ist ein ausgesprochenes Glück für die Vorgeschichtsforschung, daß eine der frühesten weltanschaulichen Überzeugungen, die der Mensch überhaupt hatte, der Glaube an ein Fortleben nach dem Tode war. Deshalb wurden die Toten bestattet, und weil man darüber hinaus offensichtlich auch glaubte, daß der Tote im Jenseits eine Ausstattung benötige, mit der er sein diesseitiges Leben weiterführen könne, gab man ihm frühzeitig jene Gebrauchs- und Schmuckgegenstände ins Grab mit, die für sein Leben und nicht zuletzt auch für seine soziale Stellung kennzeichnend gewesen waren. Die Grabbeigaben sind deshalb der bei weitem zuverlässigste Indikator, um auch die geringsten Spuren einer gesellschaftlichen Differenzierung festzustellen. Gesellschaftliche Differenzierung aber heißt stets auch Herrschaft der Bessergestellten über die weniger Begüterten.

Selbstverständlich gibt es auch hier erhebliche Unterschiede in der Aussagekraft der Funde. Ein Grab, in dem sich reiche Gold- und Silberbeigaben, die Reste eines Wagens oder gar die Skelette von Dienern finden, kann man getrost als *Fürstengrab* bezeichnen; denn daß Reichtum auch Macht über Menschen bedeutet, trifft immer zu, und eine Familie, die ihrem Oberhaupt solche Wertgegenstände mit ins Grab gibt, muß diese ja nicht nur besitzen, sondern sie muß darüber hinaus so reich sein, daß sie auf sie verzichten kann. Bei bescheideneren Beigaben mögen da und dort in der Beurteilung des sozialen Status Zweifel auftreten. Da Gräber aber meist nicht einzeln, sondern in größeren Gruppen auftreten, läßt sich doch in aller Regel feststellen, ob sich die Beigaben des einzelnen Grabes von denen der anderen im Wert unterscheiden. Trifft das zu, dann gibt es nur den einen Schluß, daß damit ein Indiz für menschliche Herrschaft gefunden ist.

Ohne jedes Risiko ist freilich auch das Arbeiten mit den Grabbeigaben nicht. Es kann nämlich niemand mit absoluter Zuverlässigkeit ausschließen, daß es in der Geschichte der Menschheit auch Zeiten gegeben hat, in denen die Toten überhaupt nicht oder doch nicht mit Beigaben bestattet worden sind. Dann hört auch dieses Indiz auf, der Forschung hilfreich zu sein. So abwegig, wie sie auf den ersten Blick erscheinen möchte, ist die Vermutung keineswegs. Man kann sich ohne weiteres Religionen, aber auch politische Situationen vorstellen, die es als sinnvoll erscheinen ließen, die Toten zu verbrennen und den Leichenbrand dann nicht beizusetzen, sondern etwa einem Fluß zu übergeben, und bei vielen Parsen ist es noch heute üblich, sie auszusetzen und dem Fraß der Geier zu überlassen. In Çatal Hüyük, einem türkischen Dorf, in dem man hochinteressante Siedlungsreste aus dem siebten und sechsten Jahrtausend v. Chr. aufgedeckt hat, wurden auch Wandgemälde gefunden, auf denen sich große Vögel den Leibern von Menschen nähern. Manche Fachleute glauben zwar, daß damit nur die Reise der Toten in ein Jenseits dargestellt werden soll. Aber wer will ausschließen, daß in Wirklichkeit ein sehr viel realerer Vorgang gemeint ist?

Die Wurzel liegt noch tiefer

Nach den Überlegungen der letzten Abschnitte wissen wir ungefähr, welche Schlüsse sich aus Bodenfunden, zu denen es keine schriftlichen Überlieferungen mehr gibt, für unser Thema ziehen lassen. Wir wissen aber auch, wo Vorsicht am Platze ist und wo ehrlicherweise nur noch mit Vermutungen, ja mit bloßen Möglichkeiten gearbeitet werden darf. Mit diesem Wissen soll nun ein Streifzug durch die Zeit vor dem dritten Jahrtausend v. Chr. unternommen werden. Es versteht sich von selbst, daß dabei nur die allerwichtigsten Funde berührt werden können. Die Ergebnisse sind umso erstaunlicher.

Unser Streifzug beginnt am besten im Zweistromland, dessen politische Geschichte uns bis etwa zum Jahre 3200 v. Chr. in Umrissen schon bekannt ist. Im Jahrtausend vor dem Einzug der Sumerer, das heißt vom Ende des fünften Jahrtausends v. Chr. an, gab es hier bereits eine interessante Kultur, die vor allem auch mit entscheidenden zivilisatorischen Verbesserungen hervorgetreten ist. Soweit die Verhältnisse heute bekannt sind, handelte es sich dabei aber um keine Sonderkultur Mesopotamiens und schon gar nicht seines südlichen Teils, des späteren Babylonien; denn dort waren die äußeren Bedingungen, wie wir wissen, noch alles andere als günstig. Der Raum, in dem sich diese Entwicklung abspielte, war sehr viel größer. Hauptorte wie *Eridu* und *Uruk* lagen zwar am unteren Euphrat bzw. seinen Seitenarmen. Ein weiterer Hauptort war aber *Susa*, am östlichen Rande der mesopotamischen Ebene und, wie wir wissen, dem späteren Elam zugehörig, und der letzte, der hier genannt werden soll, war das heutige *Tepe Gaura* am oberen Tigris, bei der Stadt Mossul gelegen. Die Kulturstufen, um die es hier geht, werden bis etwa zur Mitte des vierten Jahrtausends als Obeid-Zeit und von da an als Uruk-Zeit bezeichnet.

In beiden Zeitspannen hat sich im kulturellen und zivilisatorischen Bereich manches bewegt, was man ohne Übertreibung als Revolution bezeichnen kann. Eine erhebliche Zunahme des Kupfergusses hat wohl endgültig die Tür zur Bronzezeit aufgestoßen, was für die frühen Herrschaften schon wegen der Auswirkungen auf die Waffentechnik bedeutsam gewesen sein muß. Die Erfindung der Töpferscheibe, die in den gleichen Zeitraum fällt, war für große Stückzahlen in der Keramikproduktion und damit für den Lebensstil der Zeit entscheidend. Beide Techniken sind außerdem ohne eine gewisse *Arbeitsteilung* nicht denkbar. Die damit verbundene Loslösung vieler Menschen aus der landwirtschaftlichen Produktion muß aber ein einschneidender Schritt in der Entwicklung der menschlichen Gesellschaft gewesen sein. Und schließlich wird nunmehr auch die erste *Schrift* erfunden, so primitiv, daß sie bis heute zum Teil noch gar nicht gelesen werden kann, aber doch auch die wichtigste Voraussetzung für eine geordnete Verwaltung in Wirtschaft und Staat.

Wir werden wahrscheinlich nie mit Sicherheit sagen können, was alle diese Durchbrüche für die Herausbildung des Staates wirklich bedeutet haben, und vor allem muß man sich hüten, die Folgen, die sich dann in späteren Epochen ziemlich exakt nachweisen lassen, allzu unkritisch auf die älteren Zeiten zurückzuprojizieren. *Daß* hier aber Umbrüche stattgefunden haben, die im gesellschaftlichen und damit selbstverständlich auch im politischen Leben der Zeit tiefe Furchen gezogen haben, spürt man auf Schritt und Tritt.

Das gilt auch für die Bautätigkeit, die uns aus den bekannten Gründen besonders interessiert. Die Tempelbauten, die zu Anfang der Epoche noch enttäuschend klein sind, halten sich zwar auch weiterhin in bescheidenem Umfang, wachsen aber doch von Jahrhundert zu Jahrhundert. Uruk hat am Ende der Zeit, um die es hier geht, schon zwei Tempelbezirke, deren einer immerhin ein Gebäude von 70 × 30 Metern Grundriß enthält. In Eridu entsteht eine Tempelterrasse, die mit Kalkstein verblendet ist, und Uruk erhält sogar eine Terrasse, die ganz aus diesem Kalkstein besteht. Da es im Schwemmland des Euphrat aber natürlich keinen Stein gibt, muß das Material für beide Bauwerke aus einer Entfernung von etwa 50 Kilometern herbeigeschafft worden sein. Obwohl die Siedlungen selbst bisher nicht ausgegraben sind, muß man schon hieraus auf die Existenz einer recht gut funktionierenden Organisation schließen, die sich sicher auch auf anderen, «politischen» Gebieten ausgewirkt hat. Dasselbe gilt für Tepe Gaura, dessen Besiedlung zu Beginn der Uruk-Zeit noch ohne Planung erfolgt zu sein scheint, wo es in der hohen und späten Uruk-Zeit aber neben den obligatorischen Tempeln auch schon andere größere Gebäude gibt, die entweder als Sitze hervorgehobener Persönlichkeiten oder als öffentliche Gebäude gedeutet werden müssen.

Selbst Ägypten bietet in dieser Zeit archäologische Anhaltspunkte für eine beginnende Staatlichkeit, was angesichts der späteren Entwicklung zwar nicht überraschen kann, bei der dort üblichen Knappheit der Funde aus vordynastischer Zeit aber doch bemerkenswert ist. Grabbeigaben lassen hier auf die Existenz von Fürstensitzen, zumindest auf eine kräftige soziale Differenzierung schließen, auf ummauerte Siedlungen weisen wenigstens einzelne Indizien hin und zunehmend treten auch Bilder auf, auf denen Könige oder der Horus-Falke als Symbol der Herrschergewalt dargestellt werden.

Je weiter wir auf unserem Streifzug in die Vergangenheit vordringen, desto mehr müssen wir uns allerdings vom Zweistromland lösen, das tatsächlich nicht die Wiege des Staates war. Mehr und mehr treten Syrien, Palästina und Kleinasien wieder in unser Blickfeld, wo wir in unserem «Normaljahr» schon zahlreiche Herrschaften vorgefunden haben, die ja auch nicht ohne jede Entwicklung entstanden sein können. Vor allem aber ist nunmehr auf die Gebiete zu achten, die zwischen diesen Ländern liegen und daher Impulse von allen Seiten aufgenommen haben müssen.

In Nordmesopotamien, an einem Nebenfluß des Chabur, der seinerseits wieder ein linker Nebenfluß des mittleren Euphrat ist, hat man auf dem *Tell Brak* die Spuren einer uralten Siedlung gefunden, die aber in der zweiten Hälfte des vierten Jahrtausends v. Chr. völlig neu gestaltet worden ist. Um diese Zeit – genauer in der Zeit zwischen 3500 und 3300 v. Chr. – ist u. a. ein beachtlicher Tempel auf einer künstlichen Terrasse entstanden, die über eine Treppe betreten werden konnte. Der Tempel wurde später zerstört, die Ruinen wurden, wie wir es auch aus vielen mesopotamischen Beispielen kennen, mit Bauschutt aufgefüllt und mit einem neuen Heiligtum auf höherem Niveau überbaut. Ohne eine straffe Organisation ist beides nicht zu bewältigen.

Ebensowenig kann man sich vorstellen, daß eine Stadt, die so eindeutig wie Tell Brak von der Eigenschaft als Handelsplatz zwischen der Levante und Mesopotamien gelebt und profitiert hat, ohne funktionierende Gerichtsbarkeit hätte auskommen können. Wo Menschen aus aller Herren Länder zusammenkommen und Geschäfte machen, gibt es immer auch Unordnung, Mißverständnisse und Streit. Dem ist nur mit einer Organisation beizukommen, die die Ordnung aufrechterhält oder zumindest wieder herstellt – und die sich im übrigen auch ihren Anteil an den verhandelten Reichtümern sichert.

Ähnliche Funktionen scheint ein Komplex von Siedlungen aus der gleichen Zeit gehabt zu haben, den man mit den heutigen Ortsnamen Habuba Kabira, Qannas und Dschebel Aruda bezeichnet und der am rechten Ufer des mittleren Euphrat, ebenfalls im heutigen Syrien, aufgefunden wurde. Hier bestand auf dem etwa 60 Meter hohen *Dschebel Aruda* wahrscheinlich sogar ein besonderes, von den umliegenden Siedlungen abgesetztes Verwaltungszentrum. Jedenfalls finden sich auf dem Dschebel nicht nur zwei Tempel, sondern daneben auch einige große Häuser, die wiederum nur als die Sitze hervorgehobener Persönlichkeiten oder als Gemeinschaftsbauten verstanden werden können.

Von den umliegenden Orten ist *Habuba Kabira* besonders gut ausgegraben. Es könnte, wie die Ausgräber vermuten, bis zu 18 Hektar groß gewesen sein.

Sein Stadtbild weist einige nicht völlig gerade, sondern leicht geschwungene Hauptstraßen auf, die gewiß auf eine einheitliche Planung zurückgehen. Den Zugang zu den einzelnen Häusern stellten dann enge Gäßchen her, die von diesen Straßen rechtwinklig abzweigten. Für uns ist entscheidend, daß die Siedlung, die wegen ihres Handelsreichtums sicher nie ganz ungefährdet war, von einer drei Meter dicken Stadtmauer umgeben war, die zwei Tore und eine beträchtliche Zahl von Türmen aufweist und von einer vorgesetzten, niedrigeren Mauer zusätzlich gesichert wurde. Auch die Entwässerungsanlagen, die aus Kanälen und Rohrleitungen bestehen, lassen auf eine beachtliche innere Ordnung schließen.

Gehen wir noch weiter in die Vergangenheit zurück, so müssen wir – jedenfalls beim heutigen Stand der archäologischen Kenntnisse – erneut den Schauplatz wechseln, und zwar in den Bereich der sogenannten *Ghassul-Kultur*, die in den Gebieten nördlich des Toten Meeres bis zur Küstenregion des Mittelmeeres bestand, das heißt auf dem Territorium des heutigen Staates Israel. Als Zeithorizont dieser Kultur kommt vor allem das vierte Jahrtausend v. Chr. in Frage. Doch muß auch noch mit älteren Daten gerechnet werden.

Die Siedlungen machen nach Aussage der Fachleute einen verhältnismäßig bescheidenen Eindruck, so daß eigentlich nicht sogleich mit einer politischen Organisation gerechnet werden müßte. Dafür spricht auch das Fehlen jeder erkennbaren Befestigungsanlage. Aufmerksam läßt aber die Tatsache werden, daß an einzelnen Stellen eine ausgeprägte Kupferverarbeitung nachzuweisen ist, für die das Erz aus dem Süden – mindestens über eine Distanz von 100 Kilometern – herbeigeschafft werden mußte. Auch eine künstliche Bewässerung muß bestanden haben; denn die Ghassul-Leute ernährten sich im wesentlichen vom Ackerbau, und die Gegend, in der sie lebten, war damals so wenig wie heute für den ausschließlichen Regenfeldbau geeignet. Es muß also Wasser künstlich herbeigeschafft worden sein, wahrscheinlich von den Jordanhöhen.

Angesichts der Grenzen archäologischer Erkenntnis, die wir so nachdrücklich beschworen haben, wäre das alles noch kein Anlaß, hier eine staatliche Organisation anzunehmen. Der Transport von Kupfererz und die Bewässerung könnten durchaus in einfacherer Form vor sich gegangen sein. Hier kommt uns aber ein Zufallsfund zuhilfe, der doch entschieden für die Existenz einer Herrschaft spricht, jedenfalls wenn wir den Deutungen des deutschen Archäologen *Karl J. Narr* folgen. Auch er mag selbst zu uns sprechen: «In *Teleilat Ghassul* wurden... Reste von Wandmalereien verschiedenen Inhaltes geborgen, von denen vor allem eine – obwohl wegen des fragmentierten Zustandes oft weniger beachtet – von Bedeutung ist. Zwar blieb nur der untere Streifen erhalten; aber das Bild zeigt uns doch deutlich genug auf Schemeln ruhende Füße zweier menschlicher Gestalten, die wahrscheinlich auf einem Stuhl sitzen und von denen die eine schön ver-

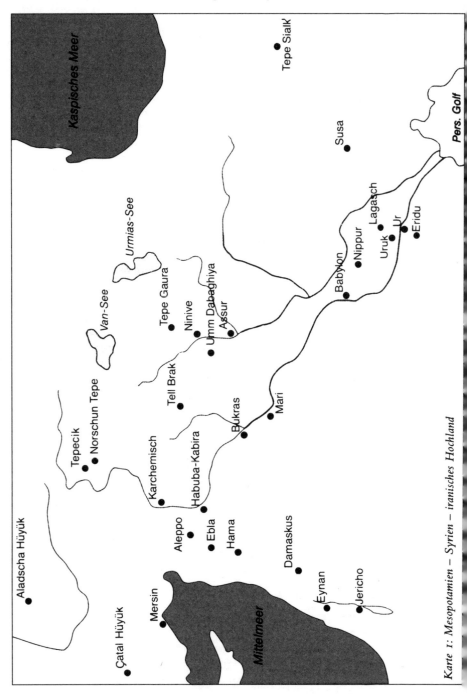

Karte 1: Mesopotamien – Syrien – iranisches Hochland

ziertes Schuhwerk trägt, und hinter diesen beiden Personen stehen mit der gleichen Richtung vier weitere, die etwas kleiner sind, während sich den beiden ersten eine noch kleinere in umgekehrter Richtung naht: Zwei Personen sind also durch Fußschemel, das heißt Gegenstände, die auch später den Inhabern eines höheren Ranges, zumal Herrschern, vorbehalten sind, besonders herausgehoben und haben eine Art Gefolge hinter sich und ein untergeordnetes Wesen vor sich, von dem ihnen anscheinend Reverenz erwiesen wird. Wie immer das im einzelnen zu deuten sein mag, spricht schon die Größenstaffelung der Dargestellten und die unterschiedliche Ausstattung für eine soziale Abstufung, die am ehesten einem herrschaftlichen Stil der Rangordnung entspricht.»

Wenn diese Deutung zutrifft, ist es ziemlich sicher, daß auch die Ghassul-Kultur bereits unter Herrschern gelebt hat. Der Fall ist dann aber auch von allgemeinem Interesse. Er zeigt nämlich, daß man bei der Interpretation steinerner Indizien, so vorsichtig man dabei sein muß, doch auch die Vorsicht nicht übertreiben darf. Die Neigung des Menschen, sich zum Herrscher über andere aufzuschwingen, und übrigens auch seine Neigung, sich auf die Herrschaft anderer einzulassen, ist offensichtlich tiefer verwurzelt, als man in unserer auf Freiheit getrimmten Welt mitunter annehmen möchte – ganz abgesehen davon, daß ja auch bei uns oft sehr schnell der Ruf nach dem Staat ertönt.

Unser weiterer Weg führt nun nach Kleinasien. In der Gegend, die man als das Ausfallstor Anatoliens an das Mittelmeer und nach Mesopotamien bezeichnen könnte, liegt der Schutthügel von *Mersin,* wo sich an der Wende vom fünften zum vierten vorchristlichen Jahrtausend entscheidende Dinge getan haben. Ein älteres, noch völlig unstrukturiertes Dorf wurde damals, aus welchen Gründen auch immer, eingeebnet und durch eine neue Siedlung ersetzt, die offensichtlich aus einem Guß geplant war. Es entstand eine Festung mit einer beachtlichen polygonen Mauer, an deren Innenseite Wohngebäude angefügt wurden. Die Mauer wurde mit den in der Gegend so beliebten Lehmziegeln aufgeführt, doch ruhten diese auf einem soliden (und natürlich auch aufwendigen) Fundament aus Stein. Auf die Art der Verteidigung, die bei dieser Anlage eindeutig im Vordergrund stand, lassen Kasematten mit schmalen Fensterschlitzen und ganze Haufen von gebrannten Lehmkugeln schließen, die offensichtlich als Schleudermunition verwendet wurden.

Wichtig ist neben der Anlage selbst ein größeres Gebäude, das sich im Innern der Festung, ebenfalls nahe der Mauer, fand und aus drei einen Hof umgebenden Räumen bestand. Die Ausgräber haben es etwas voreilig als das «Haus des Kommandanten» bezeichnet. Doch handelt es sich bei der ganzen Anlage wohl eher um einen Adelssitz, der in einer unruhigen Zeit wohl nur besonders stark ausgebaut wurde. Daß der Anlage ein Herrschaftsanspruch zugrunde liegt, ist jedenfalls nicht zu verkennen, trotz der frühen Epoche, der sie entstammt.

Noch ein ganzes Jahrtausend älter als Mersin ist die Festungsanlage von Hacilar im südwestlichen Kleinasien. Mit etwa 150 Metern Durchmesser ist sie sogar noch imposanter als die von Mersin. Dafür sorgt auch die gewaltige, vier Meter dicke Mauer, die aus großen Lehmziegeln besteht und hinter der sich ebenfalls Wohn- oder Aufenthaltsräume mit auffallend starken Wänden befinden. Diese Festung, die vom Beginn des fünften Jahrtausends v. Chr. stammt, kann ebenfalls nur der Sitz eines adeligen Herrschers gewesen sein. Sie ist zu ihrer Zeit sicher nicht die einzige auf der anatolischen Halbinsel gewesen und bestätigt gerade dadurch den Eindruck, der sich schon für das «Normaljahr» 2000 v. Chr. und die ihm vorhergehenden Jahrhunderte ergeben hat: Kleinasien spielt in der Frühgeschichte des Staates eine beachtliche Rolle, wenn bisher auch nicht sicher ist, ob sich von Sitzen wie Hacilar zu den Kleinstaaten des dritten Jahrtausends eines Tages ethnische oder auch nur kulturelle Verbindungslinien ziehen lassen.

Die Frage ist deshalb nicht ohne jedes Interesse, weil die Adelsherrschaft, die an Stätten wie Hacilar greifbar wird, sich im Laufe der Jahrtausende aufs Ganze gesehen als fruchtbarer erwiesen hat als die Stadtherrschaft aus den Tälern von Euphrat, Tigris und Indus. Zwar hat die menschliche Kultur von dort Impulse erhalten wie von keiner anderen Region des Kontinents. Die Staaten aber, die die Geschichte Eurasiens *auf Dauer* geprägt haben, sind ohne Ausnahme aus aristokratischen Wurzeln hervorgegangen, wie immer dann ihre weitere Entwicklung abgelaufen sein mag. Das gilt für die westliche Hälfte des riesigen Kontinents, wo nacheinander das Reich der Achämeniden, die Reiche des Makedonenkönigs Alexander und seiner Erben, das Reich der Römer und die auf seinem Boden erwachsenen Germanenreiche ihre Rolle gespielt haben. Es gilt aber auch für die Reiche des Fernen Ostens, vor allem für China, und es gilt für den indischen Subkontinent, dessen politische Ordnung jahrtausendelang von den Reichen der Arier und ihren Nachfolgestaaten bestimmt worden ist.

Es ist ein aufregender Gedanke, daß sich an Orten wie Hacilar – vielleicht nur als Ausläufer einer ganz großräumigen Entwicklung, deren Ursprünge wir noch nicht kennen – ein Staatstyp entwickelt haben könnte, der sich grundlegend von jenem anderen Modell unterscheidet, das vielleicht zur gleichen Zeit auf der iranischen Hochebene geboren wurde, der mit ihm konkurrierte und ihm nach Jahrtausenden den Rang abgelaufen hat.

Immer wieder in der menschlichen Geschichte, sowohl bei der Entstehung des Menschen selbst als auch bei seinen großen kulturellen und zivilisatorischen Kursentscheidungen, stellt sich der Historiker die Frage, ob sie nur an einem einzigen Ort vor sich gegangen sind und sich von dort ausgebreitet haben oder ob sie sich von vornherein an mehreren Orten abgespielt haben. Daß der Staat in der Geschichte des Menschen mehrfach entstanden ist (und zwar auch zu gänzlich verschiedenen Zeiten), ist wohl immer schon vermutet worden. Daß es trotz der Gleichheit der menschlichen Bedürfnisse aber gänzlich verschiedene Staatstypen waren, die hier entstanden sind, könnte nun zum ersten Male greifbar werden.

Auf dem Wege zur Schallmauer

Auch Hacilar war nicht das älteste Beispiel für eine Siedlung, die offensichtlich von einem Herrscher regiert wurde. Die Funde der Archäologen weisen immer wieder neue Plätze aus, an denen Menschen geordnet beieinander gelebt haben und an denen sich wenigstens Spurenelemente von Staatlichkeit erkennen lassen. Es ist nicht unsere Aufgabe, eine Siedlungsgeschichte des Menschen zu schreiben. Dennoch wollen wir wenigstens noch vier Orte vorstellen, an denen sich, verteilt über die bisher behandelten Regionen, solche Spurenelemente finden lassen. Aber wir nähern uns jetzt wirklich der Grenze des Erkennbaren.

Gegenüber der Stelle, wo der schon einmal erwähnte Chabur in den Euphrat mündet, liegt an dessen rechtem Ufer der Ort *Bukras*. Dort haben die Archäologen Teile einer Siedlung ausgegraben, die in mehreren Phasen zwischen 6400 und 5900 v. Chr. bestanden haben muß. Die sogenannte Phase II, die sich durch Häuser mit absolut gleichem Grundriß auszeichnet und deren Gebäude auch fast linear aneinandergefügt sind, *könnte* zumindest das Produkt einer vorhergehenden, durch einen Herrscher festgelegten Planung sein. Sicher ist das aber keineswegs. Wir befinden uns exakt auf der Grenze des Erkennbaren.

Etwas anders scheinen die Dinge bei dem nordirakischen Dorf *Umm Dabaghiya* zu liegen, wo eine Siedlung gefunden wurde, die etwas älter als Bukras und vielleicht in die Mitte des siebten Jahrtausends v. Chr. zu datieren ist. Hier sind die Wohngebäude bisher nicht ausgegraben worden. Gefunden wurden aber lange Reihen kleiner, aneinandergereihter Räume, die um einen freien Platz angeordnet waren und in denen große Mengen von Knochen und Fellen des Onagers (eines Halbesels) lagen. Es gibt dafür schwerlich eine andere Erklärung, als daß es sich um eine Speicheranlage handelte. Zu einem Tempel oder einem Herrschersitz wird diese wohl noch kaum gehört haben. Aber es könnte sich um eine Gemeinschaftsanlage der Dorfbewohner gehandelt haben und damit doch wieder um ein Zeichen «öffentlicher» Organisation. Ob aber der Wille eines einzelnen «Chefs» dahinter stand oder die freiwillige Einigung der Bewohner, vermag heute niemand zu sagen. Wiederum, wenn auch aus einem anderen Grunde, befinden wir uns auf der Grenze zwischen dem Erkennbaren und dem nicht mehr Erkennbaren.

Zeittafel 2: Vorgeschichte des Staates im Vorderen Orient

Seit 10. Jt. v. Chr.	Beginnende Seßhaftigkeit von Menschen, Entstehung von Ackerbau und Viehzucht («neolithische Revolution»)
seit 9. Jt. v. Chr.	Besiedlung der Susiana: zunehmend komplexer werdende Siedlungssysteme
um 7800 v. Chr.	Jericho (Palästina): Kultbau aus Stein, wohl noch aus nomadischer Zeit
vor 7000 v. Chr.	Eynan (Nordpalästina): Häuptlingsgräber
um 7000 v. Chr.	Jericho: Burganlage (ca. 2000 Einwohner), Anzeichen für ein künstliches Bewässerungssystem
um 7000–5000 v. Chr.	Çatal Hüyük (Anatolien): ungeplante Siedlung, Anzeichen für Sakralbauten und Kupferverarbeitung
um 6500 v. Chr.	Umm Dabaghiya (nördl. Irak): Speicheranlagen
um 6400–5900 v. Chr.	Bukras (Syrien): geplante Stadtanlage
um 6000–5000 v. Chr.	Jericho: stadtartige Siedlung
um 5000 v. Chr.	Hacilar (Anatolien): Burganlage
um 4000 v. Chr.	Mersin (südöstl. Anatolien): Burganlage
4. Jt. v. Chr.	Fortgeschrittene (vorsumerische) Kultur der sog. Obeid- und Uruk-Zeit in Teilen des Irak, des Iran und Syriens (Uruk, Eridu, Tell Brak, Susa, Tepe Gaura usw.): Kupferverarbeitung, Töpferscheibe (Arbeitsteilung!), erste größere Tempelbauten Ghassul-Kultur in Palästina: Kupferverarbeitung, künstliche Bewässerung (?),Wandbild mit Audienz-Szene
um 3500 v. Chr.	Klimaumschwung in Mesopotamien (Austrocknung)
2. Hälfte 4. Jt. v. Chr.	Beginnende Reichseinigung in Ägypten
um 3500–3300 v. Chr.	Tell Brak (Syrien): Tempelbezirk Habuba-Kabira, Qannas, Dschebel Aruda (Syrien): wachsende Stadtsiedlungen (ca. 18 ha), geplanter Grundriß, Befestigungsanlagen
um 3200 v. Chr.	Dschemdet-Nasr-Zeit in Mesopotamien ⎫ Stadtstaaten
um 3100 v. Chr.	Späturuk-Zeit in Mesopotamien ⎬ (Sumerer?)
um 3000 v. Chr.	Fortschreitende Siedlungskonzentration in Mesopotamien (Uruk!) Erneute stadtartige Siedlung in Jericho

Auch *Çatal Hüyük* im südöstlichen Kleinasien, wo in den letzten Jahrzehnten aufsehenerregende Siedlungsfunde aus der Zeit zwischen 7000 und 5000 v. Chr. gemacht wurden, bewegt sich nur knapp diesseits der Grenze. In den Teilen, in denen die Siedlung bereits erforscht ist, bietet sie lediglich ein Konglomerat von ziemlich gleichgroßen Häusern, die wie Bienenwaben «aneinandergeklebt» sind, so daß die Archäologen vermuten, daß sie – mangels erkennbarer Wege und Gassen – überhaupt nur durch Dachöffnungen begangen werden konnten. Anzeichen für sakrale Räume gibt es zwar und ebenso Beweise dafür, daß wenigstens in der ersten Hälfte des sechsten Jahrtausends Kupfer verarbeitet wurde. Beides erreicht aber keinen Umfang, der eine staatsähnliche Organisation nötig gemacht hätte. Befestigungsanlagen und größere Gebäude, denen eine «öffentliche» Funktion zuzuschreiben wäre, fehlen bisher ganz. Allerdings gibt es einzelne Bestattungen, die durch den Reichtum ihrer Beigaben auffallen. Sie beweisen, daß es auch in Çatal Hüyük bereits eine soziale Differenzierung gegeben haben muß, was immer auch auf gewisse Herrschaftsstrukturen hinweist. Von der Grundfläche des Ortes ist bisher nur ein Achtel ausgegraben. Es ist daher nicht ausgeschlossen, daß sich hier bei weiterer Erforschung noch konkretere Indizien für eine ganz frühe Herrschaft ergeben.

Das absolute Ende unseres Streifzuges in die Vergangenheit ist freilich auch das nicht.

Das kündigt sich schon in den Funden von *Eynan* am Hule-See im nördlichen Palästina an, die wohl in den letzten Jahrhunderten des achten (!) vorchristlichen Jahrtausends anzusetzen sind. Dort wurden Siedlungsreste aus einer Zeit aufgefunden, von der noch nicht einmal ganz sicher ist, daß die Menschen des Vorderen Orients damals bereits zu einer produzierenden Wirtschaftsweise, das heißt vor allem zum Ackerbau übergegangen waren. Die Einzelheiten, die es in diesem Zusammenhang zu berichten gäbe, interessieren für unsere Fragestellung nicht. Für uns ist aber bedeutsam, daß sich in Eynan Bestattungen gefunden haben, die schon für diese frühe Zeit und vor allem für diese zivilisatorisch selbst an einem Scheideweg stehende Kulturstufe, ganz vorsichtig gesprochen, eine sehr deutliche soziale Differenzierung beweisen. Besonders ein Grab, in dem ein Mann bestattet worden war, sticht durch seine aufwendige, die anderen Gräber weit überragende Ausstattung hervor. Wenn man davon ausgeht, daß soziale Differenzierung immer auch mit Führungsmöglichkeiten verknüpft ist, ist es kaum zu weit hergeholt, in diesem Toten eine Art Häuptling zu sehen.

Daß unser Streifzug in Çatal Hüyük und Eynan noch nicht völlig zu Ende sein kann, hängt aber noch mit einer ganz anderen Fundgruppe zusammen, die auch bei nüchternster Betrachtung nur als sensationell bezeichnet werden kann und die uns vor ganze Bündel von Fragen stellt, auch was ihre Bedeutung für die Geschichte des Staates betrifft.

Unser Weg führt uns nun an das Nordufer des Toten Meeres, in das aus der Bibel wohlbekannte Jericho.

Jericho

Etwas abseits von der heutigen Oase Jericho, an der Westseite der hier verhältnismäßig engen Jordansenke, liegt der Tell-es-Sultan, ein etwa vier Hektar großer und 30 Meter hoher Hügel, an dessen Fuß die ergiebige Quelle entspringt, der die ganze Oase ihre Existenz verdankt. Hier haben britische Archäologen in den Jahren nach dem Zweiten Weltkrieg die aufsehenerregendsten Funde zur Stadt- und Siedlungsgeschichte gemacht, auf die die Spatenforschung bisher je gestoßen ist. In Schichten liegen die Reste mehrerer frühgeschichtlicher Festungen übereinander, und jede von ihnen wäre es eigentlich wert, für unsere Zwecke genau dargestellt und analysiert zu werden.

Die oberste stadtartige Siedlung, die hier wenigstens erwähnt werden soll, ist etwa um die Wende vom vierten zum dritten Jahrtausend v. Chr. angelegt worden. Da es in dieser Zeit an vielen anderen Stellen bereits ähnliche Erscheinungen gegeben hat, lassen wir sie hier beiseite.

Bedeutungsvoller ist bereits die noch tiefer liegende stadtartige Siedlung, die auf dem Tell-es-Sultan etwa zwischen 6000 und 5000 v. Chr., also ein volles Jahrtausend lang, bestanden haben muß, in einer Zeit, in der der dortige Mensch zwar kunstvoll geschliffene Steingefäße, aber noch keine Keramik in Gebrauch hatte. Die Siedlung selbst, die also um Jahrhunderte älter ist als Hacilar, scheint ähnlichen Aufgaben gedient zu haben wie diese Festung. Dementsprechend ist sie mit einer hohen Mauer umgeben gewesen, in deren Schutz eine stattliche Anzahl von Wohnhäusern bestand. An Gebäuden, die man als «öffentlich» bezeichnen könnte, gab es eines, das die Ausgräber mit guten Gründen als Heiligtum ansprechen, und ein anderes, dessen Funktionen zwar nicht so eindeutig sind, das sich in Grundriß und Größe aber unverkennbar von allen anderen abhebt. Die Schlüsse, die daraus für unsere Fragestellung zu ziehen sind, können nicht anders lauten als bei Mersin und Hacilar. Wir haben es mit einer Siedlung zu tun, die ohne eine Herrschaftsstruktur weder zu errichten noch zu betreiben war.

Führt schon diese Schicht unsere Kenntnisse um ein volles Jahrtausend in die Vergangenheit zurück, so enthält die nächste eine Sensation, die alle früheren Vermutungen schlichtweg über den Haufen wirft. Sie enthält nämlich wiederum die Reste einer stadt- oder besser festungsartigen Siedlung, die ohne ein funktionierendes Herrschaftssystem nicht vorstellbar ist, die aber schon um 7000 v. Chr. gegründet wurde und immerhin einige Jahrhunderte bestanden haben muß, ehe sie – noch im frühen siebten Jahrtausend – aufgegeben wurde oder vielleicht auch aufgegeben werden mußte.

Auch die Bewohner dieser Siedlung, deren Zahl von den Fachgelehrten auf mindestens zweitausend berechnet wurde, hatten ihre Wohnhäuser innerhalb eines steinernen Mauerrings, auf einer Grundfläche, die die ganzen vier Hektar des Tell-es-Sultan umfaßte. Den Schutz besorgte, wie schon gesagt, nicht etwa eine der im Orient so beliebten Lehmziegelmauern, sondern eine veritable Steinmauer, die an einzelnen Stellen eine Dicke von 1,75 Metern erreichte und mindestens 3,50 Meter hoch gewesen sein muß; denn bis zu dieser Höhe sind ihre Überreste noch vorhanden. Vor der Mauer war ein Graben von über zwei Metern Tiefe und stellenweise acht Metern Breite in den Felsboden niedergebracht, und der Festungscharakter der ganzen

Anlage wurde durch einen steinernen Turm von neun Metern Durchmesser vervollständigt, dessen Ruine heute noch die stattliche Höhe von acht Metern erreicht.

Schon dieser Grabungsbefund schließt jeden Zweifel an der herrschaftlichen Struktur der ganzen Siedlung aus. Solche Zweifel sind in der Fachliteratur zwar mitunter geäußert worden. Anlagen von diesem Volumen kommen aber ohne vorangehende Planung und auch ohne den Zwang zum Bau und vor allem zum Durchhalten nicht aus und es ist auch nicht gerade wahrscheinlich, daß jemand, der seine Zeitgenossen zu einer so gewaltigen Leistung veranlassen kann, nach Abschluß der Arbeiten einfach wieder ins Glied zurücktritt und der «gesellschaftlichen Selbstverwaltung aller Mitbürger» Platz macht. So sind die Menschen nicht und so ließ es wohl auch die Permanenz der Verteidigungsaufgabe nicht zu, die ja doch am Ausgangspunkt des gesamten Projekts gestanden haben muß.

Wir legen auf diese Feststellung deshalb so großen Wert, weil die nun noch zu behandelnden Anlagen des ältesten Jericho, die ebenfalls in diese Richtung weisen, in ihrer Interpretation nicht ganz so eindeutig sind wie die Befestigungsanlagen selbst.

Innerhalb des Mauerrings haben die Ausgräber nämlich eine Reihe von gemauerten und sorgfältig verkleideten Bassins gefunden, deren Deutung zwischen den Fachleuten nicht gänzlich unumstritten ist. Die Ausgräber selbst bezeichnen einen Teil davon als Kornspeicher (die dann sicherlich «öffentlichen» Charakter hatten). Jedenfalls fand man in einzelnen von ihnen Getreidekörner; doch können diese natürlich auch später (und zufällig) hineingeraten sein.

Noch aufregender wäre es allerdings, wenn die Ausgräber mit ihrer Vermutung recht hätten, daß eine andere Gruppe dieser Becken Wasserbehälter waren und – nach dem gleichen Prinzip wie unsere modernen Wassertürme – der Versorgung solcher Anbauflächen dienten, die von der Oasenquelle aus weder direkt noch durch einfache Bewässerungsgräben erreicht werden konnten, zur Ernährung der wachsenden Bevölkerung aber benötigt wurden. Die Zweifel, die hier geäußert werden, gründen sich vor allem darauf, daß natürlich niemand weiß, wie solche Bassins gefüllt wurden; in Frage kommt entweder, daß hier nur Regenwasser gesammelt wurde oder daß das Wasser durch menschliche Arbeitskraft von der Quelle hochgeschleppt wurde. Demgegenüber können sich die Entdecker Jerichos zum Beispiel darauf berufen, daß sich in einem kleinen Kanal, der zwei solche Becken verbindet, eine feine Schlammschicht gebildet hatte, die eigentlich nur als die Ablagerung von Wasser erklärt werden kann. Hätten sie recht, so wäre das selbstverständlich ein weiteres Argument für die Annahme, daß Jericho schon damals herrschaftlich verfaßt war.

Interessant ist in diesem Zusammenhang noch, daß solche Becken in drei verschiedenen Höhenlagen entdeckt wurden, von denen die höchste immerhin neun Meter über dem Austritt der Quelle liegt, und daß die beiden niedriger gelegenen Gruppen offenbar absichtlich mit Schutt aus der damaligen Zeit aufgefüllt waren. Man hat daraus geschlossen, daß die Bassins in gewissen zeitlichen Abständen immer wieder höher gelegt wurden, um die Bewässerung einer immer größeren Anbaufläche zu erreichen. Von allen Kombinationen ist das natürlich die am wenigsten beweisbare, so einleuchtend sie an sich ist. Wäre sie richtig, so wäre ganz gewiß in Jericho eine *dauernde* Herrschaft am Werk gewesen. Aber auch so sind die Folgerungen, die wir für unser Thema ziehen müssen, nicht weniger sensationell als die Festungsanlage selbst.

Nur ganz am Rande soll erwähnt werden, daß sich unter der ältesten Festung noch ein weiterer Steinbau mit einer Grundfläche von etwa 3 × 6 Metern gefunden hat, der auf etwa 7800 v. Chr. datiert wird. Träfe die Meinung zu, daß es sich dabei um einen Kultbau handelte, so hätten wir es mit einem steinernen Bauwerk aus *nomadischer* Zeit zu tun. Darauf werden wir später in ganz anderem Zusammenhang zurückkommen müssen (S. 114).

Vorstufen der Induskultur

Jericho, Hacilar und Mersin waren nicht die einzigen Orte, an denen sich früheste Vorstufen des Staates entwickelt haben. Sieht man die Dinge nüchtern, so muß man schon damit rechnen, daß der Boden des Vorderen Orients noch lange nicht alles preisgegeben hat, was er zur Vorgeschichte des Staates beisteuern könnte. Vor allem aber haben die Ausgrabungen der letzten Jahrzehnte am Indus, in Beludschistan und in Afghanistan den Beweis erbracht, daß auch die Stadtkultur der Indusleute nicht erst im dritten Jahrtausend v. Chr. entstanden ist und daß sie schon gar nicht, wie früher gelegentlich vermutet, aus dem iranischen Hochland in ihre späteren Wirkungsstätten importiert worden ist. Auch sie kann auf uralte Vorstufen im eigenen Gebiet zurückblicken, und sie ist nach allem, was man heute weiß, vor allem selbständig entstanden.

In Amri am Eingang zum Indusdelta haben die Ausgräber eine Siedlung entdeckt, die mindestens bis zur Mitte des vierten Jahrtausends v. Chr. zurückreicht und spätestens seit der Jahrtausendwende ausgesprochen städtischen Charakter aufweist. Das Ruinenfeld von Kot-Didschi, gegenüber Mohendscho-Daro am anderen Ufer des Indus gelegen, weist ebenfalls in das vierte vorchristliche Jahrtausend zurück und hat mit erstaunlichen Befestigungsanlagen aus der Zeit um 3000 v. Chr. aufzuwarten. Die zum gleichen Kulturkreis gehörende Stadt, die bei Mundigak (nahe Kandahar im südlichen Afghanistan) gefunden wurde, trägt einen monumentalen, mit Sicherheit öffentlichen Zwecken dienenden Gebäudekomplex bei, der überdies von einem Wall umgeben war. Die gleichalte Stadt bei Shahr-i-Sokhta im iranischen Seistan soll nach Meinung der Fachleute fast hundert Hektar bedeckt haben, und viele andere Ausgrabungsfunde zeigen, wie breit die Basis gewesen sein muß, auf der schließlich die Hochkultur der Indusleute erwachsen ist.

Am eindrucksvollsten sind augenblicklich die Ausgrabungen von Mehrgarh in Beludschistan. Diese Stadt läßt sich bis in das siebte Jahrtausend (!) zurückverfolgen. Schon um 6000 v. Chr. wurden dort erstaunliche Mauer- und Terrassenkonstruktionen aufgeführt, die offenbar der drohenden Erosion von Abhängen entgegenwirken und zugleich die bewohnbare Grundfläche vergrößern sollten. Kornspeicher aus der gleichen Zeit sind so angelegt, daß sie nur als Gemeinschaftsanlagen interpretiert werden können, und sind zusammenhängend für die beiden folgenden Jahrtausende nachweisbar.

Das alles ist selbstverständlich nur eine Auswahl aus den Grabungsergebnissen der letzten Jahre, und beim Tempo der Forschungen stellt auch die Gesamtheit unseres heutigen Wissens gewiß nur eine Momentaufnahme dar. Aber soviel läßt sich bei aller Vorsicht doch heute schon sagen: Im Gebiet der Induskultur sind die Fachleute auf eine weitere, kraftvolle Wurzel des Staates gestoßen, die mit dem Vorderen Orient zwar, wie wir wissen, in späterer Zeit intensive Kontakte pflegte, die ihre entscheidenden Impulse aber aus sich heraus und nicht aus der Nachahmung mesopotamischer oder gar ägyptischer Vorbilder schöpfte. Die Diffusion des Staatsgedankens von einer einzigen Stelle der damaligen Welt aus kann man getrost zu den Akten legen. In China werden wir zu gegebener Zeit einen weiteren Beleg für diese These finden.

4. Kapitel

Vom Sinn des Staates

Neuntausend Jahre «Staatlichkeit» hat unser Rundgang durch die Vergangenheit erbracht, und das heißt vor allem auch: neuntausend Jahre Herrschaft von Menschen über ihresgleichen und neuntausend Jahre, in denen Menschen ihresgleichen untertan gewesen sein müssen!
Das wirft Fragen auf. Warum lassen sich Menschen auf dieses Spiel ein? Wie gelingt es denen, die «oben» sind, dorthin zu kommen und sich dort zu halten? Und wenn einer seine Herrschaft verliert, wenn er «abgewirtschaftet» hat: Warum folgt sofort der nächste?

Die erste Antwort auf solche Fragen besteht meistens im Hinweis darauf, daß sich die Herrschenden eben im Besitz der *Gewalt* befinden und daß es die Beherrschten im allgemeinen sehr schwer haben, dagegen anzukommen. Unter heutigen Verhältnissen stimmt das natürlich. Der Aufstand gegen einen modernen Staat mit seinen Panzern, Raketen und Kampfhubschraubern lohnt sich wirklich nicht. Das mag auch in den Großreichen des Altertums schon so gewesen sein. Auch gegen die Truppen der Assyrer, der Han-Kaiser und der Römer war meist kein Kraut gewachsen.

Aber es ist doch nicht vorstellbar, daß die Karten auch beim Bau der Festung von Jericho schon so eindeutig verteilt waren. Es mag ja sein, daß der damalige «Chef», der die Errichtung von Mauer, Turm und Wasserbecken durchsetzte, besser bewaffnet war als alle anderen und daß er vielleicht sogar eine Gefolgschaft um sich gesammelt hatte, die ihm als eine Art Polizei diente. Im Ernstfall standen aber doch nur Steinwaffen gegen Steinwaffen, und die Antreiber können nicht mehr gewesen sein als ein Bruchteil der Angetriebenen. Selbst wenn man dann noch einrechnet, daß auch wenige sehr stark sein können, wenn sie nur entschlossen genug sind, kann das nicht des Rätsels ganze Lösung sein.

Die Lösung ist wahrscheinlich viel einfacher: Die Mehrheit wird *freiwillig* mitgemacht haben, und wenn es uns gelingt herauszubekommen, woher diese Bereitschaft stammte, sind wir ein großes Stück weiter in unserem Bemühen, die Entstehung des Staates zu begreifen.

Nun mag es ja sein, daß der Erbauer von Jericho einer jener großen Demagogen war, die nur eine Viertelstunde reden müssen, um ihr Auditorium zu allem zu bringen, was sie wollen. So etwas hat es in der Geschichte immer wieder gegeben. Aber es war doch nicht die Regel, und wenn es in Jericho so gewesen sein sollte, war es gewiß in Mersin oder Hacilar anders. Die Frage nach dem Grund der Freiwilligkeit bleibt also offen, und sie bleibt es auch, wenn man sich religiöse Tricks dazu vorstellt, etwa daß der «Chef» ein

Orakel für sich einspannte, die Stimme eines Gottes ertönen ließ und was dergleichen mehr ist. Denn dann bleibt immer noch die Frage, warum ein Mensch – auch ein Mensch der Frühzeit – sich dadurch zum jahrelangen Steineschleppen bringen ließ.

Am Ende dieser Überlegungen steht ein ganz einfacher Gedanke. Freiwillig verhalten sich Menschen in aller Regel so, daß sie einen Vorteil davon haben, auch wenn es nur ein vermeintlicher Vorteil ist. Wenn sie glauben, daß ihre *Interessen* und *Bedürfnisse* durch ein bestimmtes Verhalten gefördert werden, werden sie dieses auch an den Tag legen.

Nun gehört nicht sehr viel Phantasie dazu, um herauszufinden, welches Bedürfnis hinter den Festungsbauten von Mersin, Hacilar und Jericho stand. Es ging um die Abwehr menschlicher Feinde, das heißt um das *Sicherheitsbedürfnis* der damaligen Erbauer. Tatsächlich war die Sicherheit vor Feinden stets ein hervorragendes Motiv, Staaten zu gründen und stark zu machen. Aber die beiden ersten Kapitel haben doch auch den Kampf um das lebensnotwendige Wasser als weiteren Staatszweck aufgezeigt, jedenfalls von einem bestimmten Zeitpunkt an. Das sollte uns vorsichtig machen. Vielleicht gibt es noch ganz andere vitale Bedürfnisse des Menschen, zu deren Befriedigung er den Staat auch geschaffen hat.

Das, was man als die elementaren Bedürfnisse des Menschen betrachtet, läßt sich – jedenfalls für die Frühzeit – mit ganz wenigen Stichworten bezeichnen.

Zunächst braucht der Mensch ein Minimum an «Lebensmitteln» im weitesten Sinne, um mit den Unbilden fertig zu werden, denen er in seiner physischen Existenz ausgesetzt ist. Er benötigt Nahrung und Wasser, ohne die er dem Verhungern und Verdursten preisgegeben wäre. Er braucht Kleider, um nicht zu erfrieren, und zu dem gleichen Zweck eine Wohnung, wie immer sie im einzelnen aussehen mag. Nahrung und Wohnung setzten ferner die Verfügung über ein Stückchen Erde voraus, auf dem er wohnen und aus dem es sich ernähren kann.

Die meisten dieser Lebensgrundlagen kann sich der Mensch, wenn man ihn läßt, selbst besorgen, als Jäger und Sammler, vor allem aber als Ackerbauer und Viehzüchter. Aber es gibt sowohl natürliche als auch gesellschaftliche Situationen, in denen er dabei von größeren Organisationen oder von mächtigeren Artgenossen abhängig ist, beispielsweise weil diese durch Baumaßnahmen Wasser beschaffen können oder weil sie über mehr Boden verfügen, als sie selbst benötigen. So verflechten sich schon hier die Motive zum «Mitmachen», nämlich Hilfe für den Schwachen und Macht über ihn.

Beim zweiten Grundbedürfnis des Menschen ist das nicht anders. Er muß mit den Gefahren fertig werden, die von Krankheiten, wilden Tieren und nicht zuletzt von anderen Menschen ausgehen, das heißt er braucht ein gewisses Maß an äußerer *Sicherheit*, und wenn er sie sich nicht selbst schaffen kann, ist er eben auf andere und mächtigere Instanzen angewiesen. Wieder überkreuzen sich dabei die Motive: die Macht, die dem einzelnen Sicherheit schafft, kann sich auch gegen ihn wenden und ihn zum Objekt, ja zum Opfer machen.

Schließlich braucht der Mensch stets auch ein gewisses Maß an gesellschaftlicher *Geborgenheit*. Auch dieses Bedürfnis läßt sich zunächst einmal im kleinen, «privaten» Kreis abdecken; man denke nur an Begriffe wie Liebe, Vertrauen, Freundschaft oder menschliche Wärme. Das damit verbundene Bedürfnis, im Falle der Not auf fremde Hilfe hoffen zu können, verweist aber schon auf größere Zusammenhänge, und das gilt erst recht von dem Bedürfnis nach gesellschaftlicher Anerkennung oder, wie man auch sagt, nach *«Sozialprestige»*.

Amerikanische Anthropologen und Soziologen erblicken gerade in diesem Streben nach Sozialprestige eine zentrale Quelle menschlicher Macht und Herrschaft. Wenn es jemand gelingt, sich den Besitz oder gar das Monopol solcher Güter («Prestigegüter») zu sichern, so kann er sich nach dieser Lehre durch deren Weitergabe («Verleihung») die Gefolgschaft anderer und damit Herrschaft über sie verschaffen, und es ist dabei ziemlich gleichgültig, worin diese Güter bestehen – in Grund und Boden, in Edelsteinen und Edelmetallen, in Federkleidern und Prunkgewändern, in repräsentativen Waffen oder in hervorgehobenen Funktionen.

Daß auch solche Verleihungsmöglichkeiten von grundlegender Bedeutung für die Entstehung und noch mehr für die Aufrechterhaltung staatlicher Macht sind, wird wahrscheinlich niemand in Frage stellen wollen. Zweifelhaft ist nur, ob es sich hierbei nicht um Phänomene von lediglich *sekundärem* Gewicht handelt. Man erkennt das sofort, wenn man sich fragt, woher denn die Herrschenden immer wieder aufs neue in den Besitz solcher Prestigegüter kommen. Die Antwort ist nicht schwer zu finden: Es ist die Macht, die sie aus der Befriedigung der menschlichen *Grundbedürfnisse* gewinnen – also wieder aus der Lebenssicherung und dem Schutz gegen die Gefahren der Natur und der Umwelt.

Die ganze Geschichte der Menschheit dreht sich genaugenommen darum, wie diese elementaren Bedürfnisse gedeckt werden können und wie ihre Deckung vor allem immer sicherer, perfekter und großzügiger wird. Zu diesem Zweck entwickelt der Mensch Gebrauchsgegenstände, Werkzeuge und Waffen, in immer neuen Varianten, vom primitiven Schaber bis zur modernen Kunstspinnerei und vom Faustkeil bis zur Schnellfeuerwaffe. Alle seine Bestrebungen, sein ganzes zivilisatorisches Bemühen läuft allein darauf hinaus, seine Lebensverhältnisse durch immer neue Erfindungen besser und vor allem auch zuverlässiger zu gestalten.

Zu dieser Entwicklung gehören aber von Anfang an nicht nur neue Waffen und Geräte, so wichtig sie sein mögen, sondern auch *Techniken,* das heißt *Verfahren,* die dazu dienen, auf leichtere Weise bessere Ergebnisse zu erzielen. Auch daran arbeitet der Mensch seit Jahrtausenden.

Man braucht nicht gleich an so komplizierte Verfahren wie Kupfer-, Bronze- und Eisengewinnung zu denken, wenn man dieses Wort hört. Auch der *Ackerbau* und die *Viehzucht,* die sich der Mensch in den letzten Jahrtausenden der Jungsteinzeit (Neolithikum) erarbeitet hat, gehören hierher. Nicht zu Unrecht hat man gerade ihretwegen von einer «neolithischen Revolution» gesprochen, die sich damals abgespielt habe (V. G. Childe). Die Techniken der *Vorratsbildung* sind hier zu erwähnen, von der Trocknung überflüssiger Jagdbeute bis zur Kunst des Pökelns, durch die das Kochsalz zu einem der begehrtesten Handelsgüter des Altertums wurde. Die Auswahl der richtigen *Böden* für den Ackerbau war zu bedenken und ebenso die Auswahl des richtigen *Wohnplatzes,* der ja nicht nur Sicherheit und Wasser bieten, sondern während vieler Jahrtausende gleichzeitig den Zugang zu Sammel- und Jagdgründen *und* zu gutem Ackerboden versprechen mußte. Man kann sich gar nicht genug Techniken dieser Art vorstellen.

Aber der Mensch der Frühzeit war nicht so rational, wie es hier scheinen möchte. Er versuchte sein Schicksal auch mit Methoden zu verbessern, die unserem aufgeklärten Zeitalter höchst irrational erscheinen. Schon unter den Höhlenmalereien der Eiszeit gibt es Bilder, die man auch bei größter Vorsicht als Darstellungen, ja vielleicht sogar als Medien eines *Jagdzaubers* ansprechen muß. Mit Mitteln, die natürlich vor den Augen der heutigen Wissenschaft nicht bestehen können, die für die damaligen Menschen aber durchaus einleuchtend waren, wurde auch hier versucht, «das Schicksal zu korrigieren». Anzeichen für einen weltweiten *Fruchtbarkeitszauber* gibt es ebenfalls seit Zehntausenden von Jahren. Er wird sich zunächst nur auf die Fruchtbarkeit der Frauen bezogen haben, vielleicht noch auf die Fruchtbarkeit der jagdbaren Tiere. Nach der «neolithischen Revolution» aber konzentrierte er sich auf die Herden und Äcker. Es entstanden die Kulte der Großen Mutter, die rings um das Mittelmeer und weit darüber hinaus verehrt wurde. Die *Medizin* schließlich, die auch der frühe Mensch heranzog, wenn er krank war, war nichts anderes als ein Konglomerat einzelner, freilich erstaunlicher naturwissenschaftlicher Kenntnisse und teilweise unglaublicher Rituale.

Nicht wenige von den Verfahren, um die es hier geht, versuchten die Korrektur dadurch, daß sie den *Blick in die Zukunft* auftaten. Das war nicht nur die Befriedigung irgendeiner kindischen Neugier. Oft genug ging es darum, daß Menschen mit den Ängsten und Unsicherheiten fertig zu werden suchten, die das Leben damals in viel größerer Zahl bereithielt als heute. Zu diesem Zweck werden sie alle möglichen Register gezogen haben.

Die Vorherberechnung des Nilhochwassers durch die ägyptische Verwaltung ging beispielsweise auf recht handfeste und auch heute noch einleuchtende Weise vor sich. Das Steigen des Flußes wurde gemessen, sobald er ägyptisches Hoheitsgebiet erreichte, und unverzüglich bis nach Unterägypten gemeldet. Da er Wochen benötigt, um allein von Ober- nach Unterägypten zu gelangen, blieb ausreichend Zeit, um diese Meldung durch Boten oder Feuerzeichen vorzunehmen und die erforderlichen Maßnahmen zu treffen. Auf der Insel Elephantine bei Assuan befand sich ein solches «Meßgerät», nämlich ein Brunnen, dessen Wasserspiegel sich nach dem Prinzip kommunizierender Röhren mit dem Nil hob und senkte. Dort konnte der Wasserstand leicht abgelesen und mit den Ergebnissen früherer Jahre verglichen werden. *Strabo,* der das Verfahren noch um Christi Geburt in einem seiner Bücher schilderte, vergißt nicht hinzuzufügen, daß die so gewonnenen Erkenntnisse auch für die Finanzbehörden von nicht geringem Interesse waren. «Sie können danach gewissermaßen auch den Steuertarif vorher festsetzen; denn man kann im allgemeinen annehmen, daß die Ernte des Landes um so größer sein wird, je höher der Nil steigt.»

Andere Blicke in die Zukunft wurden auf viel weniger rationale Weise getan – durch *Orakel.* Der Vogelflug und die Leberschau, die uns von den alten Römern überliefert sind, waren hier bei weitem nicht die einzigen Methoden. Man konnte auch auf andere Eingeweideteile von Opfertieren abstellen und auf das Verhalten der Tiere beim Opfervorgang. Man konnte Lederstückchen, Knochen oder hölzerne Orakelstäbchen ins Feuer werfen und aus den Rissen, die sie bekamen, auf die Zukunft schließen. Der Phantasie der Menschen waren insoweit keine Grenzen gesetzt. Daß das sehr wenig rational war, störte die alten Völker offenbar nicht, und wir sollten uns darüber nicht allzu erhaben fühlen, solange auch bei uns Astrologen, Handleser und Pendelschwinger ihr sicheres Auskommen haben. Wenn der Mensch etwas unbedingt wissen will und es mit rationalen Mitteln nicht in Erfahrung bringt, greift er eben zu den weniger rationalen – auch heute noch.

Damit ist ein Stichwort gefallen, aus dem sich wahrscheinlich am zwanglosesten erklärt, warum die *Religion* im Leben der frühen Menschen eine so große Rolle spielte. Der Mensch muß sehr früh gemerkt haben, daß er von zahllosen Naturvorgängen abhängig war und daß ihr Nichtfunktionieren, ja schon größere Funktionsstörungen sein Ende bedeuten konnten. Im Norden mag es mehr auf die Wiederkehr der Sonne und des Sommers angekommen sein, im Süden eher auf die Regenzeit und das Wasser der großen Ströme. Aber in beiden Fällen ging es um die *Existenz,* und da die naturwissenschaftlichen Kenntnisse fehlten, die uns den Jahreszyklus erklären und als sicher erscheinen lassen, muß schon der Ablauf des Jahres für den frühen Menschen eine ständige Quelle der Angst und der Sorge gewesen sein. Mit der Gesundheit und der Fruchtbarkeit von Mensch, Tier und Erde wird es nicht anders gewesen sein. Die Welt war voller Ängste und Schrecknisse und der Mensch hätte wohl gar nicht bestehen können, wenn er nicht versucht hätte, all das Unerklärliche auf seine Weise eben doch zu erklären und damit der Unsicherheit zu entkleiden.

Auch heute bildet sich der Mensch, wenn er etwas nicht rational erklären kann, eine *Theorie.* Da er weiß, daß sich das meiste naturwissenschaftlich erklären läßt, bewegt sich diese Theorie heute meist auch in naturwissenschaftlichen Kategorien. Der Mensch der Frühzeit, dem weder Physik noch Chemie, weder Geologie noch Meteorologie zur Verfügung standen, mußte sich anders behelfen. Die Kräfte der Fruchtbarkeit, die er nicht erklären konnte, wurden für ihn zur Großen Mutter, der Jahresablauf zum Mythos vom sterbenden Gott, der seiner Wiedergeburt entgegenschlief, und so erfand er zu jedem Vorgang, auf den er hoffte oder vor dem er sich fürchtete, einen Gott oder Dämon, der dafür verantwortlich war. In einem schlichten Sinne wurde das Unerklärliche damit begreifbar, und das ist auch heute noch der erste Schritt zur Überwindung der Angst.

Vor allem aber konnte man sich diese Götter und Dämonen («Kräfte») nun auch geneigt machen – durch Gebete, durch Opfer oder durch andere Rituale. Man konnte die Kräfte, auf die es ankam, in Gang setzen oder auch in Gang halten, und ebenso konnte man Kräfte, vor denen man sich fürchtete, zur Ruhe bringen. Letzten Endes gab es also auch in Fragen der Religion *Verfahren,* mit denen der frühe Mensch seine Situation verbessern konnte, jedenfalls nach seiner eigenen Vorstellung.

Solche Verfahren können sich verselbständigen, indem sich «Spezialisten» finden, die sich ausschließlich oder doch überwiegend mit ihnen beschäftigen. Geht es um wirtschaftliche Tätigkeiten, so bezeichnet man diese Spezialisierung als *Arbeitsteilung.* Ansätze dazu hat es in der Geschichte wohl schon sehr früh gegeben. Beispielsweise werden schon vor der «neolithischen Revolution» nur die jungen Männer auf die Jagd gegangen sein, Frauen, Kinder und Greise aber Früchte und Gräser gesammelt haben. Eine wirkliche Ausdifferenzierung in *Berufe* gab es aber erst sehr viel später. Vor allem der Töpferei wird hier von den Fachleuten eine entscheidende Rolle zugesprochen.

Das schließt aber nicht aus, daß im religiösen und militärischen Bereich schon früher Spezialisierungen stattgefunden haben. Den «Berufssoldaten» hat es zwar sicher erst gegeben, als Ackerbau und Viehzucht so viel erbrachten, daß auch Menschen ernährt werden konnten, die sich nicht selbst an ihnen beteiligten. Das macht aber den «Reserveoffizier» nicht unmöglich, das heißt die Regel, daß immer ein und derselbe Mann das Kommando führt, wenn ein bewaffneter Einsatz notwendig wird. Damit ist zum ersten Mal eine zwar nicht immer präsente, wohl aber *permanente* Organisation geboren, und da sie ohne jeden Zweifel mit verbindlicher Befehlsgewalt gearbeitet hat, kann man hier ohne weiteres von einer Keimzelle des Staates sprechen. Älter dürfte dieses Phänomen noch im Bereich der Religion sein. Hier zeigen schon die Höhlenmalereien Menschen, die man allein als Priester oder Schamanen interpretieren kann. Auch das muß nicht bedeuten, daß diese Menschen «hauptberuflich» tätig waren. Sie werden im «Hauptberuf» wohl Jäger und Sammler gewesen sein wie alle ihre Hordengenossen. Aber ein «allgemeines Priestertum», wie es *Martin Luther* verkündet hat, gab es doch mit Sicherheit auch nicht. Die Fähigkeit, übernatürliche Kräfte zu bannen oder auch selbst auszuüben, haben die Menschen immer nur einzelnen zugetraut. Die Priester mögen unter ihresgleichen gelebt haben wie heute die Arbeiterpriester oder die Geistlichen einer Sekte, die sich den hauptberuflichen Pfarrer nicht leisten kann. Trotzdem war der Anfang einer «kirchlichen» Organisation gemacht, und in dem Maße, in dem sie auch Macht ausübte, muß sie in unserer Darstellung vorerst mitbedacht werden.

Älteste Staatsaufgaben

Eine Organisation hat der Mensch noch nie ins Leben gerufen, ohne daß sie einen handfesten *Zweck* gehabt hätte. Sie soll ja, wie soeben gezeigt, die von ihm entwickelten Verfahren besonders effektiv «durchziehen», und diese dienen wiederum dem Zweck, sein Leben zu verbessern und zu erleichtern.

Das berechtigt zu der Frage, welche Zwecke mit den frühen Formen der Herrschaft nun wirklich verbunden waren. Wären solche Zwecke nicht zu finden, so wäre genaugenommen bewiesen, daß der Staat von Anfang an nur dazu erfunden wurde, die Menschen zu unterdrücken und den Regierenden ein Leben in Luxus und Macht zu garantieren. Ohne einen Zweck, der allen oder doch den meisten «Staatsbürgern» zugute kommt (ohne «Gerechtigkeit», sagt der heilige Augustinus), wären die Staaten nur große Räuberbanden.

Der Herrschaftszweck, der uns bei unseren Recherchen zuerst entgegengetreten ist, war die *Verteidigung gegenüber dem äußeren Feind*. Ihm haben die beiden älteren Festungsschichten von Jericho aus der Zeit um 7000 und um 6000 v. Chr. gedient, und die Festungen von Hacilar und Mersin, die noch ein Jahrtausend bzw. zwei Jahrtausende jünger sind, bestätigen diesen klassischen «Staatszweck» unmißverständlich. Ob nur die Einwohner (und vielleicht noch die nächsten Nachbarn) geschützt werden sollten oder ob hinter den Festungen weiterreichende, «strategische» Verteidigungsziele standen, läßt sich schwer entscheiden. Bei Mersin läßt aber die geopolitische Lage im Knie zwischen Kleinasien und Syrien solche Kombinationen zu, und bei Jericho kann man sich immerhin fragen, ob neben dem Schutz der benachbarten Oase und ihrer Quelle nicht auch noch die naheliegende Furt über den Jordan (Gilgal) oder der Zugang zu den Mineralienschätzen des Toten Meeres abgeriegelt werden sollte. Diese Fragen lassen sich heute natürlich nicht mehr beantworten. Damit geht uns aber der nähere Blick in Wesen und Charakter dieser frühen Herrschaftsformen verloren.

Die militärische Organisation dieser frühen Festungen muß man sich als eine Art Bürgerwehr vorstellen, der wahrscheinlich alle Männer im waffenfähigen Alter angehörten. Anders ausgedrückt: Es stand eben der ganze

Stamm unter Waffen. An ein Berufsheer ist nicht zu denken. Erst von Sargon I. (2414–2358 v.Chr.) heißt es, daß er täglich 5400 Personen speisen mußte, was – neben Palastbeamten und Dienern – eventuell auch auf den Bestand einer Leibgarde aus «Berufssoldaten» schließen läßt.

Der «Chef», dem Jericho seinen Festungscharakter verdankte, war selbst gewiß nicht nur in Kriegszeiten in Aktion. Zwar dürfte er dann die Stammeskrieger kommandiert haben. Er muß aber auch in Friedenszeiten genug Macht besessen haben, um das Festungsprojekt durchzusetzen. Ob ihn dabei wenigstens eine Art Gefolgschaft unterstützte, wissen wir nicht; doch wird man wohl damit rechnen müssen. «Berufssoldaten» werden aber auch diese besonderen Gefolgsleute nicht gewesen sein. Wahrscheinlich handelte es sich um eine Art «Freizeitsoldaten», die ihrem Führer besonders ergeben waren und von ihm bei Bedarf zusammengerufen wurden.

Nun kann man die Erkenntnis, daß selbst die ältesten staatsähnlichen Gebilde schon der Verteidigung gedient haben, nicht gerade als Überraschung bezeichnen. Davon sind Historiker und Staatswissenschaftler ausgegangen, seit sie sich zum ersten Mal mit der Frage der *Staatszwecke* auseinandergesetzt haben. *Wenn* es hier eine Überraschung gibt, dann ist es die Deutlichkeit, mit der sich der *Kampf um das Wasser* als gleichrangiger (und übrigens auch gleich alter) Staatszweck herauskristallisiert hat.

Daß das Ägypterreich auch von seiner Aufgabenstellung her in nahem Zusammenhang zu den Hochwassern des Nil stand, war zwar immer bekannt. Schon bei Mesopotamien mußte diese Erkenntnis – bis in die letzten Jahre hinein – mühsam erarbeitet werden. Daß es aber schon 4000 Jahre vor dem historischen Anfang beider Staatensysteme ein Gemeinwesen gab, das die Sorge für die äußere Sicherheit und für die Beschaffung von Wasser so lupenrein kombinierte wie Jericho, ahnte bis zu den dortigen Ausgrabungen niemand, und daß es dabei nicht nur um die *Verteidigung* einer lebensnotwendigen Quelle ging, sondern aller Wahrscheinlichkeit nach auch um die *Infrastruktur,* die zur Wasserversorgung nötig war, kann man getrost als Sensation bezeichnen.

Es war unter den Fachleuten natürlich nicht unbekannt, daß die alten Reiche zum Teil hochbedeutsame Infrastrukturmaßnahmen ins Werk gesetzt hatten. Man denke nur an die gigantischen Straßensysteme des Römischen Reiches, aber auch schon des Perserreiches. Nur wurden diese Leistungen stets im Zusammenhang mit der dauernden Kriegführung dieser Staaten gesehen, das heißt die Straßen wurden überwiegend als militärische Marsch- und Transportwege interpretiert (was sie selbstverständlich auch waren). Den gleichzeitig entstandenen, nicht minder gewaltigen Wasserleitungen, die reine Infrastrukturmaßnahmen waren, wurde dagegen viel weniger Aufmerksamkeit geschenkt. Jetzt aber wissen wir, daß die Pflege der Infrastruktur schon zu den Aufgaben gehörte, die sich die frühesten Vorstufen des Staates stellten.

Das ist von allgemeiner Bedeutung. Unter dem Eindruck liberaler Theorien hat man sich in Europa nämlich mehr als hundert Jahre lang eingeredet, daß es die alleinige Aufgabe des Staates sei, für die äußere und innere Sicherheit seiner Bürger zu sorgen. Der große *Wilhelm von Humboldt* hat das so ausgedrückt: «Ich glaube daher hier als den ersten positiven Grundsatz aufstellen zu können: daß die Erhaltung der Sicherheit sowohl gegen auswärtige Feinde als innerliche Zwistigkeiten den Zweck des Staats ausmachen und seine Wirksamkeit beschäftigen muß.» Und von Einrichtungen des Staates, die zum Wohle der Bürger Leistungen erbringen sollten, sagte er bündig: «Alle diese Einrichtungen nun, behaupte ich, haben nachteilige Folgen und sind einer wahren, von den höchsten, aber immer menschlichen Gesichtspunkten ausgehenden Politik unangemessen.» (1792).

Erst *Bismarck* hat sich von diesem Dogma mit der Einführung der Sozialversicherung in großem Stil gelöst, erst die großen Kommunalpolitiker des 19. und 20. Jahrhunderts haben in ganz Europa Elektrizitäts- und Gaserzeugung, Kanalisation und Wasserversorgung in den Rang öffentlicher Aufgaben erhoben und erst in den dreißiger Jahren unseres Jahrhunderts ist dafür ein einprägsamer Begriff gefunden worden: *Daseinsvorsorge* als Staatsaufgabe *(Ernst Forsthoff)*. Aber diese Daseinsvorsorge ist eben keine Erfindung unseres Zeitalters. Sie steht seit je an der Seite der Sicherheitspolitik, und zwar seit dem ersten Tage, an dem die erste uns bekannte Herrschaft ihre Runen in die Landschaft am Nordufer des Toten Meeres grub.

Vielleicht waren die *kultischen Aufgaben* des Königs, die wir aus vielen Staaten des Altertums kennen, zu ihrer Zeit nichts anderes als eine Form dieser Daseinsvorsorge. Wir modernen Menschen neigen wohl allzusehr dazu, diese Aktivitäten entweder als Hokuspokus abzutun oder sie einfach als besonders infame Herrschaftsmethoden zu interpretieren. Das waren sie natürlich auch und in dieser Eigenschaft werden wir sie später noch genauer betrachten. Die ganze Wahrheit ist das aber sicher nicht. Im Vordergrund stand wahrscheinlich eben doch die Vorstellung, daß der König oder auch der Priester, der einer bestimmten Gottheit einen Tempel errichtete, der ihr Opfer darbrachte oder zu ihr sonstwie in Kontakte trat, damit ihr Wohlwollen *für das ganze Volk* erreichte und so, wie man heute wohl sagen würde, im Interesse des Gemeinwohls handelte.

Es soll auch hier noch nicht untersucht werden, wie das Verhältnis und vor allem die Zuständigkeitsverteilung zwischen den weltlichen Großen und den Priestern im einzelnen war. In den meisten Fällen läßt sich das auch gar nicht mehr genau feststellen, und überdies erhebt sich meist schon die Frage, ob es den alten Völkern auf eine solche Abgrenzung überhaupt ernstlich angekommen ist. Jedenfalls gibt es, über die ganze Welt verstreut, zahlreiche Beispiele dafür, daß an den religiösen Zeremonien gerade auch solche Funktionsträger führend beteiligt waren, deren übrige Aufgaben im Bereich der Kriegführung, der Daseinsvorsorge und vor allem auch der Rechtsprechung lagen und die man daher auf alle Fälle als «Staatsorgane» bezeichnen muß.

So gelang es beispielsweise den ägyptischen Königen sehr früh, sich als die vorzüglichsten «Verbindungsleute» zwischen der irdischen Welt und der Welt der Götter zu etablieren. Nicht von ungefähr galten sie als Götter (oder genauer: als Göttersöhne), deren alleinige Aufgabe es war, die von den Göttern verlangte Weltordnung (ma'at) im Lande am Nil herzustellen und dann auch durchzusetzen. Die Stellung der mesopotamischen Herrscher zu ihrem Götterhimmel scheint der Theorie nach zwar völlig anders gewesen zu sein; bei ihnen stand das Irdisch-Menschliche eindeutig im Vordergrund. Doch gibt es zu Hunderten bildliche Darstellungen, in denen der Herrscher mit Bitte und Fürbitte vor einer Gottheit steht, und das bedeutet doch letzten Endes nichts anderes, als was hier vermutet wird. Bei den Hethitern des Alten Reiches hatte der König, dessen Macht durch einen starken Adel außerordentlich begrenzt gewesen sein muß, jedenfalls die beiden fundamentalen Aufgaben, die er bei allen Indogermanen besaß: den Vorsitz in der Volksversammlung, der – weil die Volksversammlung genau genommen eine Heeresversammlung war – zugleich das militärische Kommando im Krieg bedeutete, und die Durchführung bestimmter, für die Allgemeinheit wichtiger Opfer. In den Hurriterstaaten, deren Führungsschicht in historischer Zeit ebenfalls indogermanischer Herkunft war, wird es sich ebenso oder doch ähnlich verhalten haben und die sakralen Funktionen, die David und Salomon im biblischen Israel ausübten, sollen hier wenigstens der Erinnerung halber erwähnt werden.

Auch die Rolle der mykenischen Könige dürfte diesem Bild entsprochen haben. Nach Auskunft der Linear B-Täfelchen, die man vor allem in Knossos und Pylos gefunden hat, wurde damals zwar deutlich zwischen dem König (wanaka, wánax) und dem Priester (ijereu = hiereús) unterschieden. Als Agamemnon, der in dieser Terminologie eindeutig wánax war, aber vor dem Angriff auf Troja seine Tochter Iphigenie opferte, dominierte er dabei entschieden vor allen Priestern und dem Seher Teiresias. Auch hier wechselten die Bezeichnungen übrigens im Laufe der Zeit. Am Ende der mykenischen Periode scheint ein Funktionär namens lawagétas zum weltlichen Herrscher aufgerückt zu sein. An der Funktionenteilung selbst änderte das aber nichts.

Das wird auch an der Entwicklung des Titels basileús deutlich. Während in Pylos anfänglich ein relativ untergeordneter Funktionär so bezeichnet wurde (S. 277), nennt Homer die weltlichen Herrscher so, und noch in klassischer Zeit wurde der Perserkönig als mégas basileús bezeichnet.

Es kann durchaus sein, daß alle diese Querverbindungen auch der Machterweiterung der weltlichen Herrscher und vor allem der Legitimierung ihrer Herrschaft dienten. Die ausschließliche Erklärung ist das aber gewiß nicht, und so ist es wohl kaum übertrieben, wenn man sie zugleich in den großen Bereich der Daseinsvorsorge einreiht.

Eines der interessantesten Rituale, das uns in diesem Zusammenhang beschäftigen muß, ist die geschlechtliche Vereinigung einer hervorgehobenen, in naher Beziehung zur weltlichen Herrschaft stehenden Persönlichkeit mit einer Gottheit. Die Konditionen wechseln. Bald ist «auf menschlicher Seite» ein Mann, bald eine Frau beteiligt, manchmal wird diese Person als König oder Königin, manchmal als Priester oder Priesterin bezeichnet. Der physische Ablauf des Vorgangs ist für einen modernen Menschen natürlich schwer vorstellbar (wenn man ihn nicht kurzerhand zum Hokuspokus erklärt) und auch ihr Sinn ist schwer zu begreifen.

War es die Königin, die «auf menschlicher Seite» teilnahm, so liegt es nahe, an die Legitimation der Dynastie zu denken, weil jeder Thronfolger damit aus einem göttlichen Zeugungsakt legitimiert werden konnte, und in der Tat haben die Pharaonen zeitweise mit solchen Argumenten gearbeitet. Da aber in den meisten Fällen Männer als der menschliche Partner auftraten, kann das allenfalls ein Abfallprodukt des Vorgangs gewesen sein. Im Vordergrund dürfte doch eher die Vorstellung gestanden haben, daß auf diese Weise die Fruchtbarkeit von Land und Volk oder – ganz allgemein gesprochen – die göttliche Präsenz und der göttliche Segen in periodischen Abständen erneuert wurden.

Die Frage ist für uns von besonderem Interesse. Es gibt nämlich Anhaltspunkte dafür, daß es sich bei der geschlechtlichen Vereinigung einer hervorgehobenen Person mit einer Gottheit um ein außerordentlich altes Ritual handelt. Solange es keine schriftliche Überlieferung gibt, kann das natürlich nur aus Indizien erschlossen werden, und zwar aus der Inneneinrichtung der Heiligtümer und Kulträume. Findet sich dort an einer Stelle, die man als Zentrum des ganzen Heiligtums deuten kann, ein «Tempelbett», das heißt eine – meist gemauerte – Liege, so kann man mit einiger Wahrscheinlichkeit vermuten, daß dort dieses für uns so fremdartige Ritual vollzogen wurde (und daß es daher schon eine Art Häuptling, König oder Oberpriester gegeben haben muß).

Solche «Tempelbetten» kennt man nun nicht nur aus den drei letzten Jahrtausenden vor Christi Geburt, sondern aus sehr viel früherer Zeit. Der älteste Fund, den man zumindest so interpretieren *kann,* wurde in *Çatal Hüyük* gemacht, gehört also wenigstens in das sechste Jahrtausend v. Chr. Wieder befinden wir uns dort also auf der Schnittlinie zwischen einem herrschaftsfreien Zustand und beginnender Staatlichkeit.

Nach alledem bleibt nur noch die Notwendigkeit, der letzten Staatsaufgabe Aufmerksamkeit zu widmen, die uns in den vorhergehenden Kapiteln immer wieder aufgefallen und die auch bei der Erwähnung Wilhelm von Humboldts noch einmal angeklungen ist: der Sorge für die *innere Ordnung* des Gemeinwesens, die man weitgehend mit der *Jurisdiktion* gleichsetzen kann. Obwohl auch sie von Anfang an bestanden haben muß, ist sie im archäologischen Befund am schwersten zu greifen, und da der moderne

Mensch den «Naturzustand» höchstens einmal in Umsturzzeiten kennenlernt, ist sie für ihn auch am schwersten zu verstehen.

Der heutige Mensch lebt, was diese Frage betrifft, in einer Welt wohliger Selbstverständlichkeiten. Erlaubt sich ein anderer, ihm eine Verletzung oder einen Schaden zuzufügen, so ruft er die Polizei und erwartet von ihr sofortigen und ausreichenden Schutz, und nur in Ausnahmefällen wird er sich selber schützen und Notwehr üben. Handelt es sich um einen größeren Übergriff, so geht die Sache anschließend an das Strafgericht, das den Friedensstörer mit einer Geld- oder Freiheitsstrafe belegt. Ist außerdem Schaden entstanden, so verurteilt ein Zivilgericht den Schadensstifter zum Schadensersatz, und wenn er diesem Urteil nicht freiwillig nachkommt, tritt der Gerichtsvollzieher – im Extremfall wieder von der Polizei unterstützt – in Aktion. Dasselbe gilt, wenn sich ein Vertragspartner seinen vertraglich übernommenen Pflichten zu entziehen versucht.

So perfekt darf man sich die Rechtspflege der frühen Staaten beileibe nicht vorstellen. Und vor allem: Die Übergänge vom staatslosen Zustand zu staatlicher (oder zumindest staatsähnlicher) Rechtspflege sind viel fließender als bei der Verteidigung und der frühen Infrastrukturpolitik.

Der staatslose Zustand bestand wohl darin, daß jedermann Angriffe, die gegen ihn unternommen wurden, selbst und höchstens noch mit Hilfe irgendwelcher Freunde zurückschlug und daß er sich rächte, wenn ihm die Abwehr mißlang. Es ist zwar immer mißlich, mit einem Urzustand zu argumentieren, den ja niemand wirklich erlebt hat. Hier ist die Gefahr der reinen Spekulation aber geringer als sonst. Denn Relikte des Urzustands haben sich bis heute erhalten.

Das eine ist bereits genannt worden. Steht ein rechtswidriger Angriff auf die Rechte eines Menschen bevor und kann die Polizei nicht mehr herbeigeholt werden, so ist der Angegriffene auch heute noch zur *Notwehr* berechtigt und jeder andere darf ihm *Nothilfe* leisten. Das war in der Vorzeit gewiß nicht anders, nur war es damals der Regelfall, während es heute, zumindest in geordneten Verhältnissen, die Ausnahme darstellt.

Ein Recht auf *Rache* gibt es in unseren Breiten heute dagegen nicht mehr. Die Blutrache, das wichtigste Beispiel dafür, wird aber in vielen Ländern noch immer ausgeübt und gibt in ihrer Abscheulichkeit einen plastischen Eindruck von der Rechtsverwirklichung in vorstaatlichen Epochen. Von ihrer Scheußlichkeit bekommt man erst eine reale Ahnung, wenn man begreift, daß Sätze wie das alttestamentarische «Auge um Auge, Zahn um Zahn» nicht etwa Ausdruck besonderer Barbarei waren, sondern die Ausübung dieses Racherechts auf ein halbwegs vertretbares Maß beschränken wollten.

Es versteht sich von selbst, daß das auf die Dauer kein erträglicher Zustand war. Der Ausweg konnte nur darin bestehen, daß man Rache und Schadensregulierung unparteiischen Instanzen übertrug, anders ausgedrückt *Gerichten*. Eine *gewisse* Macht mußte ein solcher «Richter» wohl besitzen, sonst hätte er die sicher fortbestehende Neigung zur Selbsthilfe nicht unterdrücken können. Sonst aber sind viele Varianten denkbar.

Bei nomadischen und halbnomadischen Völkern wird es sich beim Richter wohl um den Stammesführer gehandelt haben, den sie aus militärischen Gründen ohnehin brauchten. Die «Ältesten», denen die israelitischen Stämme vor der Reichsbildung unterstanden, mögen ein Beispiel dafür gewesen sein, und daß die politischen Führer des Zwölf-Stämme-Bundes vor Einführung der Monarchie in der Übersetzung Luthers «Richter» heißen, ist ein weiterer Hinweis darauf.

In anderen nomadischen Gesellschaften, vor allem aber in bäuerlichen, durch lange Seßhaftigkeit geformten Kulturen wird es wohl ähnlich gewesen sein, wie wir es noch aus dem europäischen Mittelalter kennen. Hier traf sich die ganze Dorfgemeinschaft an bestimmten Tagen an der Gerichtsstelle, die Streitparteien trugen ihre Behauptungen und die Beweise dafür vor, in Rechtssachen erfahrene, meist ältere Männer legten die in solchen Fällen gewohnheitsrechtlich geltenden Rechtsgrundsätze dar und die Dorfgemeinschaft (der «Umstand») sprach daraufhin das Urteil.

Die Vollstreckung lag dann aber meist wieder beim Verletzten selbst und seinen Freunden. Die «wilde» Rache wurde also nur zur erlaubten Rache. So und nicht anders ist es zu verstehen, wenn das mosaische Gesetz sagt: «Wer seinen Nächsten verletzt, dem soll man tun, wie er getan hat: Schade um Schade, Auge um Auge, Zahn um Zahn. Wie er einen Menschen verletzt hat, so soll man ihm wieder tun.» (3. Mose 35, 19, 20).

Daß auch solche Verhältnisse in größeren Lebensgemeinschaften, vor allem in Städten, nicht praktikabel waren, ist leicht einzusehen. Wo viele Menschen sehr eng beieinander leben, ist auf die Dauer weder die «wilde» noch die «erlaubte» Selbsthilfe zu ertragen, und die Menge der Streitigkeiten, die durch das enge Zusammenleben ja nicht nur linear, sondern progressiv angewachsen sein muß, hätte permanente Tagungen der Bürgerschaft verlangt. Der Übergang zu der Institution, die wir schon einmal als «Stadtrichter» bezeichnet haben, war hier also unausweichlich.

Rechtsstreitigkeiten lassen sich übrigens auch dadurch in ihrer Zahl beschränken, daß man Zweifel über das, was rechtens ist, auf ein Minimum reduziert. Gewohnheitsrechtliche Ordnungen mit ihren erheblichen Unsicherheiten können das nicht leisten. Deshalb beginnt in der Geschichte schon sehr früh die lange Reihe der geschriebenen *Gesetze*. Auf diese für den Staat entscheidende Erscheinung müssen wir in einem eigenen Kapitel zurückkommen (S. 284 ff.).

Aber es gibt noch ganz andere Phänomene, die dieser Erfahrung ihre Entstehung verdanken. So hat Ägypten frühzeitig ein ausgedehntes *Vermessungswesen* und vor allem *Grundstückskataster* entwickelt, auch um Streitigkeiten so weit wie möglich auszuschließen – eine Aufgabe, die man einer so frühen Stufe des Staates eigentlich gar nicht zutrauen möchte.

Auch die ungeheueren Mengen von *Vertragsurkunden,* die sich in mesopotamischen Archiven fanden, hatten keinen anderen Zweck als die leichtere Beweisführung, die den Prozeß in den meisten Fällen überflüssig macht. Allerdings handelte es sich dabei meist um Privaturkunden, also nicht um Produkte einer staatlichen Urkundsverwaltung von der Art unseres heutigen Notariats. Die Bedeutung für den Staat lag hier auf einem ganz anderen Feld: Erst die Urkundsbedürfnisse der Wirtschaft haben im Zweistromland (wie übrigens auch in Kreta) zur Entwicklung einer *Schrift* geführt, die diesen Namen einigermaßen verdient. Ohne Schrift aber fehlt nicht nur die wesentlichste Voraussetzung für die Literatur, sondern – für uns ungleich bedeutsamer – auch für die staatliche Verwaltung.

Seßhafte und Nomaden

Die Verteidigungsaufgabe des Staates und seiner Vorstufen kann nicht annähernd richtig eingeschätzt werden, wenn man nicht den fundamentalen Gegensatz zwischen seßhaften Völkern und Nomaden einkalkuliert, der in bestimmten Gegenden der Welt die entscheidende Sicherheitsfrage verkörperte. Damit ist einer der ganz großen Grundakkorde der menschlichen Geschichte und vor allem der Geschichte des Staates angeschlagen.

Die Entwicklung des Menschen ist nicht geradlinig vom Nomadentum zur Seßhaftigkeit verlaufen, wie man das früher oft angenommen hat. Es trifft zwar zu, daß die ältesten Lagerplätze, die der Forschung bekannt geworden sind, stets nur kurze Zeit benützt wurden und daß ihre Bewohner, soweit das erkennbar ist, sie meist auch nur ein einziges Mal aufgesucht haben. Das bedeutet, daß es sich bei diesen Bewohnern tatsächlich um Nomaden gehandelt hat. Bei Menschen, die ihre Nahrung aus jägerischer und sammlerischer Tätigkeit bestritten, war das sicher eine mögliche (wenn auch keine notwendige) Lebensform.

Bei den *viehzüchtenden* Nomaden, die uns in geschichtlicher Zeit begegnen, liegen die Dinge aber doch etwas schwieriger. Der jahrhundertelange Domestikationsprozeß, den diese Wirtschaftsweise voraussetzt, kann schwerlich im Zustand permanenten Wanderns zurückgelegt worden sein. Um das zu verstehen, braucht man sich nur eine Nomadenfamilie vorzustellen, die mit Tieren, die erst vor einigen Tagen oder Wochen eingefangen worden sind, von Quelle zu Quelle wandern soll. Schon am ersten Abend wäre sie wahrscheinlich sämtliche Tiere los. Eine kontinuierliche Zähmungs- und Zuchtarbeit ist unter solchen Umständen nicht denkbar.

Wenn ein Stamm oder Volk in der Form des Viehzüchternomadentums lebt, gibt es also nur zwei Möglichkeiten der Erklärung. Entweder handelt es sich um Nomaden, die diese Lebensform niemals aufgegeben haben. Dann müssen sie aber die Viehzucht mit allen dazu nötigen Kenntnissen von anderer Seite übernommen haben, was angesichts der langjährigen Erfahrungen, die auch der einzelne Züchter dazu braucht, kaum denkbar ist. Oder sie waren schon einmal seßhaft und haben diese Lebensform dann wieder aufgegeben, beispielsweise weil eine Klimaänderung sie dazu gezwungen oder weil ein stärkerer Gegner sie aus ihren ursprünglichen Sitzen verdrängt hat.

Für unsere Belange ist dieser Unterschied nur am Rande von Wichtigkeit. Entscheidend ist, daß nur bei seßhafter Lebensweise jene sozialen und zivilisatorischen Fortschritte möglich sind, die wir bisher Schritt für Schritt als Voraussetzungen des Staates erkannt haben und die den Staat andererseits auch wieder besonders notwendig gemacht haben.

Die seßhafte Lebensweise bringt für den Menschen erhebliche Vorteile mit sich. Zunächst kann er sich das Gebiet, in dem er leben will, bei der Ansiedlung selbst aussuchen, jedenfalls dann, wenn er sich nicht zwischen stärkeren Menschengruppen mit dem zufrieden geben muß, woran diese nicht interessiert sind. Er wird also im allgemeinen über einen Lebensraum verfügen, der sich durch Fruchtbarkeit des Bodens und auch sonst durch günstige Lebensbedingungen auszeichnet. Sodann kann er mehr Besitz ansammeln als der Nomade, weil er ihn ja nicht unentwegt von einer Stelle zur anderen transportieren muß. Das gilt weniger für besondere Wertstücke, die auch die Nomaden mit sich führen, sondern vor allem für Gegenstände des gehobenen Gebrauchs wie Geschirr oder Möbel, es gilt aber vor allem auch für Lebensmittelvorräte, die dem seßhaften Bauern oder Bürger eine gleichmäßige Versorgung über das ganze Jahr hinweg sichern. Im seßhaften Zustand ist auch viel eher eine gewerbliche, vor allem handwerkliche Arbeitsteilung möglich, aus der wiederum Wertschöpfungsprozesse entstehen, die den allgemeinen Wohlstand erhöhen. Die geringeren Gefahren, denen der Seßhafte ausgesetzt ist, und die besseren Möglichkeiten, Krankheiten auszukurieren, erhöhen seine Lebenserwartung, und alles zusammen verbessert seinen «Zeitetat»: Er hat mehr und mehr freie Zeit, die er wenigstens teilweise in kulturelle und zivilisatorische Fortschritte umsetzen wird.

Freilich muß ebenso in Rechnung gestellt werden, daß es auch Nachteile der Seßhaftigkeit gibt. Mehr als dem Nomaden droht dem Seßhaften zum Beispiel die kulturelle Abkapselung. Denn nirgendwo ist der Transfer an Ideen, Kenntnissen und Fertigkeiten größer als unter den ewig wandernden Völkern der Steppe, die fast täglich an den Wasserstellen Angehörige anderer Stämme treffen und sich mit ihnen austauschen können. Aber der Wert oder Unwert solcher Abkapselung ist nicht ganz sicher. Solange sie kulturelle Identität schafft, wird man nichts gegen sie sagen können. Schädlich ist nur die Sterilität.

Der *entscheidende* Nachteil des Seßhaften ist aber ein ganz anderer: Sein größerer Wohlstand weckt die Begehrlichkeit der Nachbarn, vor allem der ärmeren Nomaden, und seine Lebensweise hindert ihn, vor ihrer Raublust einfach in den Weiten der Steppe zu verschwinden.

So sind die Raublust der Nomaden und die Angst der seßhaften Völker vor ihnen in weiten Teilen der Welt ein fundamentales Thema der Geschichte und es versteht sich beinahe von selbst, daß aus dieser Angst ein zäher und fast zu jedem Opfer bereiter *Verteidigungswille* entspringt.

Wir werden dieses Thema erst näher kennenlernen, wenn wir uns genauer mit der Geschichte des chinesischen Staates beschäftigen; denn dort hatte es eine schlechthin entscheidende Bedeutung (und zwar nicht erst mit den Invasionen der Mongolen und der Mandschu). Auch die Sonderentwicklung Baktriens in hellenistischer Zeit und die Schlußphase des Römerreiches sind anders nicht zu verstehen. Die Entwicklung des ägyptischen Reiches und der mesopotamischen Staaten, die uns bisher vorwiegend beschäftigt haben, sind dagegen eher als atypisch zu bezeichnen.

Ägypten war schon durch seine geographische Lage weitgehend geschützt. Die Wüsten, von denen es im Osten und Westen eingerahmt wird, machten größere nomadische Einbrüche von vornherein unmöglich, mit den wiederholten Angriffen der nubischen und libyschen Völker (die auch nicht im engeren Sinne Nomaden waren) wurde es ohne weiteres fertig, und nur die nomadischen Stämme der syrischen und arabischen Wüste, von denen schon wiederholt die Rede war, machten ihm gelegentlich zu schaffen. Wirklich bestimmenden Einfluß auf seine Entwicklung hatten alle diese Ereignisse aber nicht.

Mesopotamien dagegen war, wie schon einmal gezeigt wurde, gegen die Einfälle von Nomaden praktisch nicht zu schützen. Dazu war die Verteidigungslinie zu lang und außerdem war sie, von ganz kurzen Phasen abgesehen, auch nie in einer einzigen Hand, so daß eine einheitliche Verteidigungsstrategie auch aus diesem Grunde unmöglich war. So kam es immer wieder zu Einbrüchen, vor allem semitischer Stämme, denen die Bevölkerung nur mit ihrer fast unerschöpflichen Integrationskraft begegnen konnte. Binnen kürzester Zeit waren die Eindringlinge, zumindest ihre führenden Schichten, assimiliert. Die Zusammenstöße und Härten, die es bis dahin gab, wurden (niemand weiß wie) verkraftet.

Das alles ändert aber nichts daran, daß die Nomadenfrage für viele Staaten und Völker *die* Existenzfrage war und daß wir sie um so mehr ins Kalkül ziehen müssen, je weiter wir uns bei unserer Suche nach den Gründen des Staates von den Stromtälern des Nil, des Euphrat und des Tigris entfernen.

Übrigens hat die naturgegebene Spannung zwischen den Nomaden und den seßhaften Völkern nicht nur zu dauernden kriegerischen Auseinandersetzungen geführt. Die chinesischen Kaiser haben es, wenn auch unter größten finanziellen Opfern, mitunter jahrhundertelang geschafft, die Nomaden an ihrer Grenze halbwegs ruhig zu halten und mit ihnen sogar einen bedeutenden kulturellen und wirtschaftlichen Austausch zu pflegen. In Mesopotamien ließ es die Natur des Landes mit wachsender Austrocknung sogar zu, daß Seßhafte und Nomaden in bunter Gemengelage nebeneinander lebten. Die Nomaden beschränkten sich dabei im allgemeinen auf jene Territorien, die für den Ackerbau nicht (oder nicht mehr) geeignet waren. Der Handel, der sich an den Schnittlinien entwickelte, war nicht unbeträchtlich. Die Einwohner der Stadtlandschaften brachten ihre eigenen hochwertigen Erzeugnisse ein, die Nomaden dagegen ihr Vieh und die damit zusammenhängenden Produkte (Milcherzeugnisse, Leder usw.). Aber auch Luxusartikel wie Teppiche und die auch damals schon heißbegehrten Trüffel haben in diesen Wirtschaftsbeziehungen eine erhebliche Rolle gespielt.

Daß das nicht das einzige Beispiel eines solchen Nebeneinanderlebens war, beweisen die Geschichtsbücher des Alten Testamentes. Auch das Volk Israel hat nach seinem Einbruch in das Westjordanland (der sich übrigens durch die bei Jericho gelegene Furt von Gilgal vollzog) nicht alle kanaanitischen Stadtstaaten auf einmal liquidiert. Einzelne von ihnen bestanden noch generationenlang und wurden teilweise erst unter David in das Königreich einbezogen (und auch da gelegentlich noch unter Respektierung eines gewissen Sonderstatus). Das Zusammenleben bis dahin hat sich sicher nach ähnlichen Regeln abgespielt wie in Mesopotamien.

Das Beispiel zeigt aber auch, daß das Gleichgewicht, das auf diese Weise herrschte, labil war. Sobald Israel es sich politisch und militärisch leisten konnte, schlug es zu und bereinigte die Situation in seinem Sinne. Die Ablösung der sumerischen und akkadischen Dominanz im Zweistromland durch jüngere semitische Völker wird sich kaum anders vollzogen haben. Produkt dieses Ablösungsvorganges war das Reich der Babylonier.

Vom Charakter der Staaten

Läßt man die vier großen Aufgabenkomplexe früher Staatlichkeit am geistigen Auge vorüberziehen, so beginnt man zu ahnen, daß nicht jeder von ihnen in allen historischen Staaten die gleiche Rolle gespielt haben kann. Religionspflege und Rechtsprechung wird es – bei allen Unterschieden im einzelnen – zwar überall gegeben haben. Wasserwirtschaft und Verteidigungspolitik werden aber, abhängig von der geographischen Lage und vom Klima, nur sehr verschieden zur Geltung gekommen sein, und auch dann dürfte es noch einen Unterschied gemacht haben, gegen welchen Gegner sich die Verteidigung beispielsweise richtete.

Für die politische Ausrichtung des einzelnen Staates, für sein *Selbstverständnis* (wie man heute so schön sagt), war das möglicherweise entscheidend. Die Geschichte ist voll von Beispielen dafür, daß ein solches Selbstverständnis bestimmend für die innere Verfassung eines Staates, für seinen Umgang mit den Menschen, aber auch für sein internationales Auftreten sein kann. *Auch Staaten haben ihren Charakter,* und dieser hängt mehr von ihrer

Lage und damit von ihren *konkreten* Aufgaben ab, als man auf den ersten Blick glauben möchte.

Wenn der äußere Eindruck nicht täuscht, waren die ältesten Staaten des *Zweistromlandes* weitgehend von den Tempeln her bestimmt, und zwar sowohl von ihren religiösen Funktionen als auch von ihrem wirtschaftlichen und zivilisatorischen Gewicht, so daß man fast versucht ist, sie mit der Rolle der mittelalterlichen Klöster zu vergleichen. Daß auch damit ein handfester Herrschaftsanspruch verbunden war, soll nicht geleugnet werden. Dennoch muß der sumerische «Tempelstaat» auf die Menschen, die er beherrschte, gänzlich anders gewirkt haben als ein Staat, der in Waffen starrte, weil seine Hauptfunktion die pausenlose Abwehr räuberischer Nomaden war. Vielleicht ist die heitere Menschlichkeit, die manche sumerischen Königsbilder ausstrahlen, doch nicht nur Propaganda oder Folge künstlerischen Unvermögens, sondern Ausdruck des damaligen monarchischen Selbstverständnisses.

Nicht zuletzt deshalb gilt es heute wieder als höchst zweifelhaft, ob man bei den frühen Sumerern «Staat» und «Tempel» der Organisation nach überhaupt unterscheiden kann. Zwar gibt es in ihrer Sprache zwei Amtsbezeichnungen, die man lange zwischen Staat und Tempel verteilt hat, nämlich «en», was meist mit «Priesterfürst» übersetzt wurde, und «lugal», was dann folgerichtig «König» heißen mußte. Heute glauben die Wissenschaftler eher, daß es sich um ein und dasselbe Amt handelte, das nur von Stadt zu Stadt verschieden bezeichnet wurde. Es wäre natürlich reizvoll zu wissen, welche von diesen beiden Meinungen die richtige ist. Für den Charakter des sumerischen Gemeinwesens im Ganzen spielt es aber eine untergeordnete Rolle, ob sich hinter den beiden Bezeichnungen zwei Ämter mit verschiedenen Aufgaben verbergen, deren Gewicht und Einfluß sich allmählich verschoben, oder ob es sich von vornherein nur um *ein* Amt handelte, das dann aber im Laufe der Jahrhunderte selbst einen tiefgreifenden Funktionswandel durchmachte.

Jedenfalls muß sich das Blatt grundlegend gewendet haben, als es in Mesopotamien zu den ewigen Kämpfen zwischen den rivalisierenden Stadtstaaten kam. Das Militärische muß nun allmählich in den Vordergrund getreten sein. Der König war plötzlich – auch auf den bildlichen Darstellungen – ein Übermensch, der Burgen brach, Städte eroberte und Menschen vernichtete. Das muß nicht nur sein Selbstverständnis, sondern auch sein Bild bei den Untertanen geändert haben. Das Bild des Staates wurde kälter, selbst wenn sich der einzelne Soldat (und das war jedermann) auf errungene Siege genausoviel einbildete wie jeder Soldat auf der ganzen Welt und seinen Anteil an der geraubten Beute ganz gern einsteckte.

Dabei waren diese Kriege nicht in einem unmittelbaren Sinne existenzbedrohend. Den Bauern der Durchzugsgebiete und den Einwohnern eroberter Städte erging es natürlich schlecht; sie hatten, wie man so sagt, auch damals die Zeche zu bezahlen. War der Krieg aber beendet, so standen sie schlimmstenfalls unter der Herrschaft eines neuen Königs, der ihnen nicht mehr Arbeitsleistungen und Steuern abverlangte als der alte und der ihnen wahrscheinlich auch nicht fremder war als er; denn schließlich sprach er die gleiche Sprache wie sie, opferte den gleichen Göttern und hatte die gleichen Anschauungen, kurz er gehörte dem gleichen Kulturkreis an. Diese Kriege gingen also nicht im buchstäblichen Sinne um Leben und Tod des ganzen Volkes, wie es bei Nomadeneinfällen an der bewußten Grenzlinie oft der Fall gewesen sein mag, und die Politik, die hinter ihnen stand, hatte mehr den Charakter einer bewaffneten Innenpolitik als den einer echten Außenpolitik.

Ähnlich mag es in den Staatenkämpfen der Arier in *Indien* gewesen sein, ehe die Maurya-Dynastie im späten 4. Jahrhundert v. Chr. dort das erste Großreich schuf, und ganz gewiß in den Auseinandersetzungen zwischen den «kämpfenden Staaten» *Chinas* (seit etwa 450 v. Chr.), ehe der König von Ch'in das erste Kaiserreich gründete (221 v. Chr.). Die Staaten, die in diesen jahrhundertelangen Kämpfen aufeinanderprallten, lebten fast alle auf dem Territorium der gemeinsamen chinesischen Kultur und da die Nomaden der asiatischen Steppe sich in dieser Zeit jedenfalls als nicht durchsetzungsfähig erwiesen, war die politische Situation und damit auch der *Charakter* der konkurrierenden Staaten wohl nicht sehr viel anders als 2000 Jahre vorher in Mesopotamien.

Gänzlich anders war die Entwicklung beispielsweise in Ägypten, das vor Nomadeneinfällen, ja überhaupt vor bewaffneten Angriffen durch seine geographische Lage fast lückenlos geschützt war. Natürlich muß es dort während der Jahrhunderte der Reichseinigung auch militärische Auseinandersetzungen gegeben haben wie in Mesopotamien, Indien und China. Nachdem die Einigung aber vollzogen war, folgte mehr als ein Jahrtausend, in dem es zwar gelegentlich Kämpfe mit nubischen, libyschen oder semitischen Feinden, nie aber ernstliche Gefährdungen der Sicherheit gab. Ägypten hatte in dieser unglaublich langen Periode infolgedessen auch kaum eine ernstzunehmende Armee. Seine Herrscher verstanden sich weder als Heerführer noch gar als Eroberer, und es gab in dieser Zeit offenbar auch keine Generalität, die es als ihre Aufgabe betrachtet hätte, in der Außenpolitik mitzumischen. Diese war vielmehr ganz überwiegend Handelspolitik; das haben wir am Beispiel der Stadt Byblos schon erfahren. Für einen Europäer des 20. Jahrhunderts ist es kaum vorstellbar, was eine solche Epoche für das Selbstverständnis des ägyptischen Staates bedeutet haben muß. Um das zu begreifen, müßte man sich ausmalen können, wie Europa aussähe und von welchen Ideen es beherrscht würde, wenn es seit der Zeit Ottos des Großen nur ein paar Dutzend Polizeiaktionen gegen störrische Wenden, Araber und Grönländer erlebt hätte.

Es muß nach diesem Jahrtausend des Friedens und des unangefochtenen Lebens für die Ägypter eine ungeheuere Erschütterung bedeutet haben, als es gegen Ende des 18. Jahrhunderts v. Chr. einem asiatischen Völkergemisch gelang, die Nordostgrenze zu überrennen, in Unterägypten die Macht zu übernehmen und Oberägypten auf den Status eines tributpflichtigen Vasallenstaates herabzudrücken.

Wer der Urheber dieser politischen Katastrophe war, ist bis heute umstritten. Deshalb wird für die Aggressoren nach wie vor die griechische Namensform Hyksos verwendet. Die einen vermuten, daß es sich bei ihnen um Semiten handelte (die aus Gründen der Stammesverwandtschaft u.a. die Vorfahren des späteren Volkes Israel in das Nilland einwandern ließen). Andere halten sie für Hurriter und konstruieren sogar einen gigantischen hurritischen «Staatenbund», der bis an das Zagrosgebirge gereicht haben und dessen südwestlicher Schwerpunkt das von den Hyksos regierte Ägypten gewesen sein soll. Wieder andere sprechen – realistischer – von einem semitisch-hurritischen Völkergemisch, das sich aus größeren Völkerverschiebungen entwickelt habe und von dem vielleicht auch noch andere Stammessplitter mitgerissen worden seien. Wie auch immer – die Hyksos ließen sich in Unterägypten nieder und beherrschten von ihren Militärlagern aus das ganze Land, fast 150 Jahre lang, bis es der oberägyptischen Dynastie um 1580 v. Chr. endlich gelang, sie zu vertreiben und das Nilland unter ihrer eigenen Herrschaft wieder zu vereinigen.

Die Erschütterung aller überkommenen Vorstellungen und Werte, die die Hyksos-Erfahrung mit sich brachte, äußerte sich nicht zuletzt darin, daß die ägyptischen Herrscher nunmehr die alte Außenpolitik der Genügsamkeit und Selbstbescheidung in ihr genaues Gegenteil verwandelten. Es begann eine Phase, in der die Pharaonen aus bitterer Erfahrung zu einer außerordentlich aggressiven Syrienpolitik und damit zu einer insgesamt imperialistischen Weltmachtpolitik übergingen, die sie mit Babyloniern, Hurritern und Hethitern in Konflikt brachte, die aber auch schwere innere Auseinandersetzungen hervorrief.

Schon Ahmose (1580–1550 v. Chr.), der eigentliche Begründer des neuen Gesamtstaates, begann mit energischen Strafexpeditionen gegen die syrischen und palästinensischen Reste des Hyksos-Reiches. Bald scheint man aber der Meinung gewesen zu sein, daß solche temporären Militärmissionen nicht ausreichten, um die Nordostgrenze auf Dauer zu schützen, und strebte nunmehr den vollen Besitz der Gebiete um Jordan und Orontes an. Es begann ein hundertjähriger erbitterter Kampf um diese Territorien, der von der Regierungszeit Amenophis' I. (1550–1528 v. Chr.) bis Amenophis II. (1448–1422 v. Chr.) in voller Härte andauerte und die ägyptischen Armeen bis an die Grenzen Kleinasiens und an den Euphrat führte. Daß die neue Politik damit aber noch lange kein Ende gefunden hatte, zeigt die schon einmal erwähnte Schlacht bei Kadesch (1299 v. Chr.), in der Ramses II. (1304–1238 v. Chr.) auf den Hethiterkönig Muwatallis stieß.

Man kann sich leicht vorstellen, daß diese völlig neue Politik im Lande am Nil bald heftiger Kritik ausgesetzt war, zumal sie offensichtlich mit einer weitreichenden Depossedierung des Adels und mit der Einziehung großer Ländereien zugunsten der Krone verbunden war. Die zweifellos vorhandenen konservativen Kreise, die wohl an der Zeit vor der Hyksos-Herrschaft anknüpfen wollten, konnten sich darauf berufen, daß es sich um eine völlig irrationale Überreaktion auf den Hyksos-Schock handele, die nur ungeheuere Verluste an Geld und Menschen verursache und angesichts der geopolitischen Lage der umkämpften Gebiete niemals zu deren dauerhaftem Besitz führen könne. Vor allem aber dürfte eine Rolle gespielt haben, daß die ganze Nordostausrichtung der Außenpolitik falsch sei. Ägypten, so wird man gesagt haben, sei auf den Süden verwiesen, wo es mit viel geringeren Mitteln wesentlich mehr erreichen und wo ihm auch keine andere Großmacht etwas streitig machen könne.

Den opponierenden Kräften wird vor allem auch die mit der neuen Politik verbundene Umwertung aller Werte nicht ins Konzept gepaßt haben. Tatsächlich zeigten die Herrscher der 18. und 19. Dynastie ausgesprochen militaristische, ja cäsaristische Tendenzen, die zwangsläufig auch die innere Verfassung des Staates beeinflußten. Der Soldat verdrängte im allgemeinen Bewußtsein den gerechten und loyalen Beamten aus dem ersten Rang der Wertschätzung und der Krieg die Wirtschaftsbeziehungen aus dem ersten Rang des außenpolitischen Instrumentariums. Ägypten war ein Militärstaat geworden, und es läßt sich denken, daß das den Konservativen wenig behagte.

Die Reaktion erzielte ihren ersten großen Durchbruch, als es nach dem Tode Thutmosis' II. seiner Schwester *Hatschepsut* (1502–1481 v. Chr.) gelang, das Land als Regentin mehr als zwei Jahrzehnte lang zu führen und dabei sogar – entgegen allen verfassungsrechtlichen Usancen – den Königstitel zu usurpieren (was ihr nur mit Hilfe einer starken Palastpartei gelungen sein kann). Hatschepsut liquidierte den syrisch-palästinensischen Dauerkrieg, soweit es ihr möglich war, und konzentrierte sich voll auf den inneren Ausbau des Landes, in dem allerdings auch wieder die unvermeidlichen Tempelbauten eine hervorragende Rolle spielten. Sie baute die südlichen Positionen systematisch aus und dokumentierte vor allem durch eine große Handelsexpedition nach Punt (die offenbar bewußt als politische Demonstration geplant war und propagandistisch auch so ausgewertet wurde), welche außenpolitischen Ziele und Methoden ihrer Ansicht nach im Vordergrund zu stehen hatten.

Es ist unbekannt, welches Ende Hatschepsut genommen hat. Jedenfalls erwies sich nach ihrem Tode, daß ihre Politik vorerst eine Episode bleiben sollte. Ihr Neffe und Nachfolger Thutmosis III. (1502 bzw. 1481–1448 v. Chr.), für den sie ursprünglich die Regentschaft geführt hatte, wurde zum größten Imperator, der je auf dem Pharaonenthron saß, und führte die ägyptische Weltmachtpolitik zu nie geahnten Höhen (wobei er freilich auch eine äußerst erfolgreiche Nubienpolitik betrieb und damit wohl die Konservativen zufriedenstellte). Seine Nachfolger erzielten zwar nicht seine Erfolge, hielten sich aber jedenfalls an die gleiche Linie wie er.

Der zweite Einbruch in diese Politik vollzog sich unter Amenophis IV. (1375–1358 v. Chr.), der unter dem Namen *Echnaton* bekannt ist. Er kreierte eine neue Religion des Sonnengottes Aton, die mit ihren fast monotheistischen und offenbar auch humanitären Elementen freilich nicht in die Zeit paßte und mit der er zuletzt der machtvollen Amun-Priesterschaft unterlag. Unter seiner Herrschaft schmolz der syrisch-palästinensische Machtbereich Ägyptens erneut auf ein Minimum zusammen. Die ägyptischen Parteigänger unter den Stadtkönigen der Region sahen sich des ägyptischen Schutzes beraubt und liefen, um nicht selbst unter die Räder zu kommen, scharenweise zu den Hethitern über.

Man pflegt diesen Rückgang des ägyptischen Einflusses im allgemeinen nicht auf eine planmäßige Politik Echnatons zurückzuführen, sondern eher auf seine religiöse Monomanie, unter deren Einfluß er überhaupt jedes Interesse an der Außenpolitik verloren habe. Genausogut könnte es aber sein, daß hinter seiner Politik anfänglich durchaus ein ähnliches Konzept stand wie 120 Jahre vorher unter Hatschepsut. Nur hätte er dann mit seiner Religionspolitik auch noch die konservative Partei (sofern es sie überhaupt noch gab) vor den Kopf gestoßen und sich damit zwischen alle Stühle gesetzt. Tatsache ist, daß nach seinem Tod und nach einigen Zwischenkönigen (darunter dem durch Carters Grabfund weltbekannten Tutanchamun) der Heerführer Haremhab (1346–1321 v. Chr.) an die Macht kam, der die syrische Stellung des Nilreiches mit harschen Mitteln wiederherzustellen suchte, und daß nach ihm die 19. Dynastie die gleiche Politik verfolgte.

Festzuhalten ist aus diesen geschichtlichen Beispielen der enge Zusammenhang zwischen den außenpolitischen Gegebenheiten, mit denen ein Staat fertig werden muß, und seiner inneren Verfassung. Eine friedliche Bauerngesellschaft, der von außen her keine Gefahr droht, wird auch im Inneren viel freier und unabhängiger leben als eine Grenzkultur, die, ständig in ihrer Existenz bedroht, auch ständig in Angst lebt und sich deshalb jedem Gebot militärischer Notwendigkeit unterordnet.

Gerät eine Gesellschaft unverhofft aus dem einen Zustand in den anderen, so muß das zu katastrophalen Umdenkungszwängen führen. Fest eingewurzelte Lebensformen können binnen weniger Jahre zerstört werden und einer geradezu neurotischen Unsicherheit der Werte Raum geben.

Zweites Buch

Formen des frühen Staates

5. *Kapitel*

König oder Priester — Palast oder Tempel?

Bisher haben wir es immer peinlich vermieden, uns auf allzu genaue Abgrenzungen zwischen Priestern und weltlichen Herrschern einzulassen. Dafür gibt es gute Gründe. Die Völker des Altertums hatten nicht jene präzisen Vorstellungen der «Trennung von Staat und Kirche», wie sie heute üblich sind. Ihre Könige werden ihnen nicht weniger entrückt gewesen sein als ihre Priester. Andererseits vertraten die Priester auch noch nicht die hohen, durchgeistigten Religionen, von denen *Arnold Toynbee* gezeigt hat, daß sie sich erst in den zwölf Jahrhunderten zwischen Zarathustra (etwa 600 v. Chr.) und Mohammed (etwa 600 n. Chr.) entwickelt haben, sondern sie nahmen eher Funktionen wahr, die wir als «geistige Daseinsvorsorge» charakterisiert haben. Die Grenzen zwischen weltlicher Herrschaft und Priestertum waren also gewiß nicht so scharf gezeichnet wie heute.

Abgrenzungsprobleme

Das ist übrigens nicht nur eine Frage der historischen Realität, sondern auch eine Frage der historischen Erkenntnis. Die Grenzen mögen schon in alter Zeit fließend gewesen sein. Noch schwieriger ist es aber heute, sie aus dem archäologischen Befund halbwegs richtig zu bestimmen. Soweit nicht schriftliche Zeugnisse darüber Auskunft geben, ob eine bildlich dargestellte oder sonstwie überlieferte Person Priester oder König war, bleibt uns ja nur der simple Rückschluß, daß in einem Palast, der irgendwo ausgegraben wird, ein König oder sonstiger weltlicher Herrscher residiert haben muß, in einem Tempel dagegen eine Priesterschaft, die – vielleicht – unter dem Primat eines Oberpriesters oder auch Hohenpriesters stand.

Das Problem ist nur, woran sich Tempel und Palast unterscheiden lassen, wenn nicht wiederum eine Inschrift darüber Auskunft gibt. In Ländern wie Ägypten, Indien und China läßt sich die Feststellung noch verhältnismäßig leicht treffen. Dort sind Palast- und Tempelarchitektur so verschieden, daß nur in seltenen Fällen unlösbare Fragen auftreten. Außerdem sind so viele Einzelheiten des Kultes bekannt, daß auch aus erhaltenen Einrichtungsgegenständen die nötigen Schlüsse gezogen werden können. In anderen Ländern, wo weder Architektur noch Einrichtung erhalten ist und wo außerdem unser Wissen geringer ist, sind die Dinge schon sehr viel weniger klar.

So hat man im sogenannten Eanna-Tempelbezirk von *Uruk* die Grundmauern mehrerer Gebäude ausgegraben, die von den Wissenschaftlern unisono zu Tempeln erklärt worden sind (daher ja die Bezeichnung als Tempelbezirk). Nur eines von ihnen wurde – allein infolge eines etwas anderen Grundrisses – als Palast bezeichnet (der sogenannte «Palast E»). Nun mag es ja sein, daß die Verschiedenheit der Grundrisse hier wirklich ein Gebäude anzeigt, das nicht unmittelbar kultischen Zwecken diente und das sich trotzdem einer erkennbaren Großzügigkeit erfreuen durfte. Die Archäologen haben aus der Bezeichnung als Palast – soweit ersichtlich – auch nie den Schluß gezogen, daß dort ein König residiert habe. Vielleicht handelte es sich um die Residenz der obersten Priester des Tempelbezirks; auch diese werden ja nicht gerade in Erdhöhlen gehaust haben. In jedem Fall bleibt aber eine erkleckliche Unsicherheit der Beurteilung, die zeigt, wie vorsichtig man hier mit raschen Zuweisungen sein muß.

Unter dieser Verlegenheit leidet bis heute auch die Deutung der gesamten Bauwerke aus dem minoischen *Kreta*. Als *Arthur Evans* die großartigen Gebäudekomplexe von Knossos ausgrub (auf die später noch die nicht weniger eindrucksvollen Komplexe von Phaistos, Mallia und Kato Zakros folgten), hatte er keine Bedenken, sie als Paläste zu bezeichnen. Folgerichtig stellte man sich lange Zeit vor, daß es sich bei ihnen um Königssitze gehandelt habe. Je mehr man aber erkannte, daß in diesen «Palästen» nicht so sehr politische und militärische Entscheidungen getroffen, sondern kultische Rituale vollzogen worden sein müssen, begann man die Bezeichnung ebenso zu relativieren und den Hausherrn (bei dem man immer an den berühmten König Minos dachte) mehr und mehr als Priesterkönig zu bezeichnen. Noch später wurde dann wenige Kilometer von Phaistos entfernt bei dem Dorf Agia Triada ein Gebäudekomplex von außerordentlicher Pracht entdeckt, in dem kultische Funktionen ersichtlich nur eine untergeordnete Rolle spielten. Seither halten einzelne Fachleute es auch für möglich, daß dies der Sitz des Königs gewesen sei, während es sich bei Phaistos um eine ausschließlich von Priestern geleitete kultische Anlage gehandelt habe. Da sich der in nächster Nähe von Knossos gelegene «Kleine Palast» genau so interpretieren läßt, scheint – so wird vermutet – diese Zweiteilung im minoischen Kreta System gewesen zu sein. Man müßte also mit dem Nebeneinander eines Königs und einer gleichfalls sehr mächtigen Priesterschaft rechnen, die vielleicht ebenfalls unter einer hierarchischen Leitung stand.

Eine ähnliche Entwicklung hat übrigens die Interpretation der eindrucksvollen Ruinen von *Persepolis* durchgemacht. Als sie entdeckt wurden, ließ man sich durch ihre Großartigkeit verleiten, in ihnen die Reste einer persischen Reichshauptstadt zu sehen, die man deshalb den Königsstädten Susa, Babylon und Ekbatana gleichrangig zur Seite stellte. Jahrzehntelang wurde diese Deutung aufrechterhalten, obwohl die Lage des Platzes sowohl unter militärischen als auch unter nachrichtentechnischen Gesichtspunkten für die Hauptstadt des Achämenidenreiches extrem ungünstig gewesen wäre. Heute sind die Fachleute eher überzeugt, daß Persepolis ein Reichsheiligtum der

Perser war, das der Großkönig jedes Jahr nur für wenige Wochen aufsuchte, um dort den Anforderungen des Reichskultes nachzukommen. Die unzweifelhafte Existenz königlicher Repräsentationsbauten braucht diese Interpretation nicht zu stören. Denn die Regierungstätigkeit mußte natürlich auch während des Aufenthaltes in Persepolis weitergehen, und außerdem wird es der persische Hof vorgezogen haben, in festen, bequemen Häusern zu leben und nicht in Zelten wie 1971 die Staatsgäste des letzten Schahs bei der 2500-Jahrfeier des persischen Staates.

Die Abgrenzungsprobleme setzen sich, zumindest in einzelnen Staaten, übrigens auch im Sprachlichen fort. Das gilt zwar wieder nicht für Ägypten, Indien oder China, wo vor allem die Bezeichnung des Herrschers völlig eindeutig ist. Das griechische Beispiel, das schon erwähnt wurde, zeigt aber, welche Probleme sich hier ergeben können. Es hängt dort praktisch nur vom Ort und vom Zeitpunkt ab, ob beispielsweise «basileús» besser mit «König» oder mit «Priester» übersetzt wird.

Ganz ähnlich scheint die Situation in den mesopotamischen Stadtstaaten gewesen zu sein, besonders wenn man von der älteren Auffassung ausgeht, die dem *en* und dem *lugal* verschiedene Funktionen zuwies (S. 87f.). Eine so exakte Trennung der Funktionen entspringt aber eher den modernen Bedürfnissen der Trennung von Staat und Kirche als den seinerzeitigen Verhältnissen. Die Erscheinungen verflüchtigen sich, und es ist schon eine Frage, ob nicht gerade das den damaligen Gegebenheiten am besten entspricht. Die üblichen Übersetzungen für beide Begriffe – «Priesterfürst» für *en* und «König» für *lugal* – bieten ohnehin nicht die Spur einer Klärung, es sei denn, daß mit «Priesterfürst» nur ein «Oberpriester» gemeint wäre. Sowie das Wort «Fürst» aber im üblichen Sinne zu verstehen ist, verschwimmen die Grenzen zum König so, daß man die ganze Unterscheidung auch sein lassen kann.

Königsmacht und Priestermacht

Auch die *Funktionen,* die weltliche Herrscher und Priester wahrnehmen, sind nicht bei allen Völkern so klar geschieden, daß darauf eine exakte Trennung aufgebaut werden könnte. Einigermaßen sicher ist eigentlich nur, daß derjenige, der im Kriegsfalle die Bürger zu den Waffen ruft und das *militärische Kommando* ausübt, der weltliche Herrscher ist und dann auch einen Titel führt, der im Deutschen mit «König» oder «Fürst» wiedergegeben wird. Alle anderen Staatsaufgaben, die wir im letzten Kapitel herausgearbeitet haben, können dagegen sowohl bei weltlichen wie bei geistlichen Funktionären auftreten.

Das beginnt schon bei der *Rechtspflege.* Natürlich ist diese, sobald sie sich einmal von der Gemeinschaft der Volksangehörigen gelöst hatte, in der Regel von weltlichen Funktionären ausgeübt worden: vom König und seinen Richtern. Tempelgerichte, die die Streitigkeiten zwischen dem Heiligtum und seinen Geschäftspartnern zu entscheiden hatten, kann man aber vielfach nicht mit letzter Sicherheit ausschließen. Es kann sogar Fälle gegeben haben, in denen sich Bürger in ihren gegenseitigen Konflikten an die Priester mit der Bitte um Vermittlung und – im Ernstfalle – um Entscheidung wandten. Daß der König die Gerichts*hoheit* besaß, muß ja nicht unbedingt bedeuten, daß er auch das Gerichts*monopol* besaß. Selbst heute kann man durch einen Schiedsvertrag in bürgerlichrechtlichen Streitigkeiten die Zuständigkeit der staatlichen Gerichte noch ausschließen und die Einsetzung eines privaten Schiedsgerichtes vereinbaren, und in den letzten Jahrhunderten des Römischen Reiches hat es sogar Nichtchristen gegeben, die ihre Prozesse von den bischöflichen Gerichten entscheiden ließen, weil sie in die staatliche Justiz kein Vertrauen mehr hatten. Das war in der langen Geschichte der Rechtspflege sicher kein Einzelfall.

Auch die *Infrastrukturmaßnahmen,* vor allem die der Wasserwirtschaft, *müssen* nicht ausnahmslos von Königen ausgegangen sein. Diese hatten zwar die sicherste Möglichkeit, die erforderlichen Massen von Arbeitskräften aufzubieten und bei der Stange zu halten; denn sie konnten durch ihre Getreuen oder durch ihre Stellung als Heeresführer gegebenenfalls mit Gewalt nachhelfen. Aber es kann keine Rede davon sein, daß Priester dazu nicht imstande gewesen wären. Der Verfasser hat im Goldenen Heiligtum der Sikhs zu Amritsar vor einigen Jahren selbst noch ein solches Arbeitsaufgebot beobachtet. Es ging darum, den heiligen Teich dieses Tempels durch einen großen, mehr als 100 Meter langen Erddamm zu unterteilen. Dazu hatte der Tempel die Bewohner der Stadt aufgerufen, und Tausende von Menschen – Männer, Frauen, Kinder und alte Leute – schleppten tagelang in ungezählten Schichten Erde, um den Damm (der später auch wieder abgebaut werden mußte) zustande zu bringen. Keiner von ihnen wurde polizeilich gezwungen, aber alle waren sie da, und es ist nicht einzusehen, warum das vor vier- oder sechstausend Jahren nicht auch so gewesen sein sollte. Man mag darüber rätseln, ob hinter der Teilnahme des einzelnen an einem solchen Aufgebot das Vertrauen in die größere Einsicht der Priester, die Angst vor der Strafe der Götter oder vielleicht auch nur eine allgemeine Abhängigkeit vom Heiligtum stand. Jedenfalls *kann* auch ein Aufgebot ohne Polizeizwang funktionieren.

Übrigens kann es durchaus einmal der König selbst gewesen sein, gegen den die Priesterschaft die Massen in Bewegung setzte. Die mittelalterliche Kirche wandte zu diesem Zweck zunächst den *Bann* an, der dem König alles Ansehen bei seinen christlichen Untertanen und selbstverständlich auch den Schutz vor jedem Angriff seiner politischen Konkurrenten und Gegner nahm, und wenn das noch nicht half, griff sie zum *Interdikt,* das heißt sie stellte in seinem Herrschaftsgebiet ihre gesamte Tätigkeit ein, vor allem die Sakramentsverwaltung. Für ein Volk, das sich auf diese Leistungen angewiesen glaubte, war das eine fürchterliche Strafe und zugleich ein Anreiz, dem König, der ja der Anlaß zu solchen Maßnahmen war, jeden Gehorsam zu verweigern. Auch das dürfte keine originäre Erfindung der christlichen Kirche gewesen, sondern zu allen Zeiten praktiziert worden sein. Die ägyptischen Amun-Priester haben ihren Entscheidungskampf mit dem Rebellenkönig Echnaton vielleicht auf ähnliche Weise geführt – und gewonnen.

Es kann also keine Rede davon sein, daß die Priester des Altertums ohne politische Macht gewesen seien, ganz abgesehen davon, daß sie meist auch noch mit manipulierten Orakeln und ähnlichen Methoden arbeiten konnten und daß ja auch der König selbst nicht von jedem Glauben an ihre Einsicht in den Willen der Götter frei gewesen sein wird.

Umgekehrt waren auch die weltlichen Herrscher nicht ohne jede sakrale Funktion. Beispiele dafür haben wir schon einmal aufgezählt (S. 79 ff.); das soll hier nicht wiederholt werden. Jedenfalls gehörte es in vielen alten Staaten zu den selbstverständlichen Aufgaben des Königs, das Wohl des Staates durch bestimmte Opfer und sonstige rituelle Handlungen sicherzustellen. Aber auch als Protektoren der verschiedenen Tempel und ihrer Priesterkollegien haben sie sich offenbar gefühlt. Das beweisen Hunderte von Nachrichten aus Ägypten, dem Vorderen Orient und übrigens auch aus Ostasien, nach denen ein Herrscher Tempel errichtet oder zumindest restauriert, Stiftungen angeordnet, Kulte wieder erneuert hat usw. Man fühlt sich durchaus an das Amtsverständnis der großen salischen Kaiser, an die Klosterstiftungen der mittelalterlichen Fürsten und an die Bemühungen Maximilians I. und Karls V. um eine Reform der Kirche erinnert. Auch hier waren Politik und Religion bei weitem nicht so hermetisch voneinander getrennt, wie es die Begriffe «Priester» und «König» scheinbar nahelegen.

Ein besonders eindrucksvolles, in dieser Deutlichkeit aber auch einmaliges Beispiel für die Durchlässigkeit dieser Grenze bietet die ägyptische Reichsideologie, die schon während der ersten Dynastien des Alten Reiches entstanden und mehr als anderthalb Jahrtausende bestimmend geblieben ist. Nach ihr war der Pharao zunächst identisch mit dem Gott Horus. Später galt er als Sohn des Sonnengottes Rê und hatte als solcher vor allem die Pflicht, die göttliche Weltordnung ma'at durch seine Herrschertätigkeit zu konkretisieren und zu verwirklichen, modern gesprochen also in Regierungsmaßnahmen umzusetzen.

Es ist für einen Menschen des 20. Jahrhunderts n. Chr. ungewöhnlich schwer, ja (wenn man ehrlich ist) sogar unmöglich, sich darunter etwas Konkretes vorzustellen. Am deutlichsten wird es vielleicht bei den Fragen der Rechtsordnung, in denen sich Ägypten von allen anderen Staaten des Altertums fundamental unterschied, die wir aber erst später behandeln wollen. Mit Sicherheit hatte der Eindruck des Starren, Monolithischen, den der Staat am Nil über Jahrtausende hinweg bietet, gerade in dieser Vorstellung seinen Grund (wenn nicht umgekehrt die Marxisten recht haben und diese Staatsauffassung erst der ideologische Überbau einer aus anderen Gründen unauslöschbaren konservativen Grundhaltung war).

Mit seiner Stellung als Sohn des Rê war der Pharao jedenfalls *der* Repräsentant der höchsten Götter auf Erden und schon deshalb jeglicher Kritik entzogen. Zugleich hatte er Anspruch auf jede denkbare Verehrung und vor allem auf unbedingten Gehorsam. Jede Leistung, die ihm erbracht wurde, und jede Treue, die ihm jemand erwies, war praktisch Dienst an den Göttern. Daß das in normalen Zeiten eine nicht mehr zu überbietende Legitimation seiner Herrschaft bedeutete, liegt auf der Hand. Weniger klar wird meistens gesehen, daß es auch ihm eine ungeheuere Treue zu dem abverlangte, was in der Überzeugung der führenden Schichten ma'at forderte, und daß seine Legitimität in dem Augenblick, in dem er selbst eine Kluft zwischen sich und ma'at entstehen ließ, folgerichtig auch verheerende Einbrüche erleiden mußte. Echnaton hat das übersehen und binnen weniger Jahre die Quittung dafür erhalten.

In diesem Zusammenhang muß die *Vergöttlichung* von Herrschern zumindest erwähnt werden. Uns modernen Menschen erscheint sie aus verständlichen Gründen als so abartig, daß wir Mühe haben, in ihr etwas anderes als den Ausfluß von Hybris und Staatsvergötzung zu erblicken. Das wird häufig genug auch die wirkliche Triebfeder gewesen sein; darüber sollte man sich trotz aller rationalen Erklärungen keinen Illusionen hingeben. Aber es darf doch auch nicht übersehen werden, daß es durchaus rationale Gründe für solche Ansprüche gegeben haben kann. Wer – vielleicht nach einer Eroberung – ein Volk beherrschen wollte, das daran gewöhnt war, von göttlichen Herrschern regiert zu werden, *konnte* wahrscheinlich gar nicht anders, als das für sich ebenfalls in Anspruch zu nehmen. Seine neuen Untertanen hätten ihn sonst wohl nur für den Abklatsch eines Herrschers gehalten und entsprechend wenig ernst genommen; Alexander der Große war in seinem Leben mehr als einmal in dieser Lage. Auch ein König, der – aus welchen Gründen auch immer – einen ernsthaften Machtkampf mit einer Priesterkaste aufnehmen wollte, dürfte gut beraten gewesen sein, wenn er das Volk, auf dessen Loyalität ja beide Seiten angewiesen waren, zuerst einmal davon überzeugte, daß seine geistliche Legitimation besser sei als die seiner Kontrahenten. Wir werden solche Situationen noch kennenlernen.

Wenn man alle diese Grenzüberschreitungen zwischen Priestertum und weltlicher Herrschaft im Auge behält, so erkennt man leicht, daß es eine exakte Grenzlinie gerade in der frühesten Geschichte nicht gegeben haben kann. Die Unterscheidung zwischen Kirche und Staat und vor allem der Gedanke ihrer exakten Trennung ist auch in Europa erst einige hundert Jahre alt und darf nicht einfach auf die alten Zeiten zurückprojiziert werden. Es geht aber auch nicht an, die Priesterschaft hier völlig außer Betracht zu lassen. Dazu war der politische Einfluß zu groß, den sie in vielen Staaten des

Altertums hatte oder doch haben konnte. In einem gewissen Sinne war eben auch sie «Staat». Zumindest übte sie Herrschaftsgewalt aus.

Das ist eine wichtige Feststellung. Sie zeigt nämlich, daß in ein und demselben Territorium unter Umständen mehrere Hoheitsgewalten nebeneinander, ja sogar gegeneinander regiert haben können. Für Bürger eines modernen Staates ist das ein ungewohnter Gedanke. Sie kennen zwar das Nebeneinander von Legislative, Exekutive und Judikative im gewaltenteilenden Staat und, wo üblich, auch das Nebeneinander von Bund und Ländern im föderalistischen Staat. Am Ende sind alle diese Größen aber Bestandteile ein und derselben Hoheitsgewalt, die sich auch von ein und derselben Quelle herleitet, nämlich vom Staatsvolk, dem eigentlichen Souverän. Aber dieser «souveräne» Staat, wie man ihn nennt, ist in Wirklichkeit keine 400 Jahre alt, in Deutschland gerade 200 Jahre.

Vorher gab es in Europa ebenfalls die verschiedensten Hoheitsträger, die völlig unabhängig voneinander agierten. Man denke etwa an die schweren Kämpfe, in denen sich die französische Krone gegen die übermächtig gewordenen Teilstaaten des protestantischen Hochadels durchsetzen mußte (16. und 17. Jhd. n. Chr.), oder an den Investiturstreit, in dem die salischen Kaiser jahrzehntelang mit den Päpsten um die Vorherrschaft stritten und der, als er im Wormser Konkordat von 1122 beigelegt wurde, diese Frage bezeichnenderweise nicht zur Entscheidung brachte.

Ähnlich unentschieden war auch in vielen frühen Staaten die Frage, wer nun wirklich das Sagen habe. Wenn man sich das nicht dauernd vergegenwärtigt, sondern unkritisch von unserem hergebrachten Staatsbild ausgeht, verstellt man sich – jedenfalls für viele Epochen – den Blick auf die politischen Realitäten.

Ein hübsches Beispiel für das Ineinander-, aber auch Gegeneinanderarbeiten weltlicher und geistlicher Autoritäten berichtet die Bibel, und zwar aus der Zeit um 1000 v. Chr., als das Volk Israel gerade dabei war, sich eine monarchische Verfassung zu geben. Die Verfassungsverhandlungen führten die Chefs der zwölf Stämme (bei Luther die «Ältesten») mit Samuel, der seit langen Jahren Richter über alle Stämme war, bei ihnen über ein ungebrochenes Ansehen verfügte und übrigens zunächst scharf gegen den Königsplan plädierte (1. Sam. 8,4–18). Samuel, der dann aber den Benjaminiten Saul für den richtigen König hielt (wohl deshalb, weil der kleinste Stamm natürlich auch die schwächste Hausmacht stellen konnte), salbte diesen zum König, noch ehe das Volk davon die geringste Ahnung hatte (1. Sam. 10,1). Erst danach ließ er ihn aus der Volksversammlung als König auslosen (1. Sam. 10,17–24). Sein Richteramt behielt er jedoch, wenn man dem Buch Samuel trauen darf, noch ein gutes Jahr bei (1. Sam. 12,1 ff.), so daß es in dieser Zeit also zwei oberste weltliche Autoritäten in Israel gab.

Aber auch nachdem Samuel sein Richteramt in aller Form (und überdies nach Herbeiführung eines regelrechten Entlastungsbeschlusses) niedergelegt hatte, dachte er nicht daran, seinen Einfluß als geistlicher Führer und elder statesman ungenutzt zu lassen. Die Bibel berichtet von drei heftigen Interventionen, die er gegen die Politik Sauls unternahm (1. Sam. 13,13–14; 15,1–3; 15,13–35). Das Ende vom Lied war, daß er Saul den göttlichen Segen entzog (1. Sam. 15,23–28) und David zum neuen König salbte (1. Sam. 16,13), und das noch lange vor dem Tode Sauls, der ja trotz der (intern gebliebenen) Bannung nach wie vor König war.

So oder ähnlich werden sich wohl die meisten Konflikte zwischen weltlichen und geistlichen Machtzentren abgespielt haben, vielleicht mit dem Unterschied, daß in anderen Fällen auch das Volk mit einbezogen wurde und es auch zu bewaffneten Auseinandersetzungen gekommen sein wird. Der biblische Bericht hat also durchaus Modellcharakter. Daß er aus einer Zeit stammt, in der die monarchische Gewalt in Israel noch ungefestigt war, tut wenig zur Sache. Auch andere Konflikte dieser Art werden sich nur in Zeiten des Umbruchs zugetragen haben, in denen auch die Institutionen verunsichert waren.

Wirtschaftsfaktoren

Eine allzu scharfe Trennung von weltlicher und religiöser Herrschaft empfiehlt sich übrigens auch aus einem weiteren Grunde nicht. Beide waren nämlich viel mehr in das wirtschaftliche Geschehen verwickelt, als man sich das in unseren Zeiten vorstellen möchte, und zwar ganz unmittelbar als Produzenten, Kapitalgeber und Handelszentren. Auch an der wirtschaftlichen Macht, die mit solchen Unternehmungen verbunden ist, hatten sie beide ihren Anteil, so daß auch hier wieder von einer Machtkonkurrenz zwischen ihnen ausgegangen werden muß.

Die *Finanzierung* der Tempel und der Paläste wird nicht in allen Staaten des Altertums völlig gleich gewesen sein. Die weltlichen Herrscher haben, soviel wir wissen, überall gewisse Steuern eingezogen. Dazu kamen die nicht geringen Einnahmen aus den königlichen Krongütern, aus Gebühren für die rechtsprechende und ähnliche Tätigkeiten, aus der Beute von erfolgreichen Kriegszügen, aus Tributen besiegter Völker und selbstverständlich auch aus Handels- und Bankgeschäften, in die ein Teil der so angesammelten Vermögensmassen investiert wurde. Die Priesterkollegien hatten zwar keine Steuereinnahmen im heutigen Sinne. Aber selbstverständlich flossen auch bei ihnen die Gebühren für ihre kultische Tätigkeit. Die Tempelgüter brachten ihre jährlichen Erntegewinne bzw. – wenn sie verpachtet waren – ihre Pachtzinsen. Dazu werden beträchtliche Einnahmen aus frommen Stiftungen und Schenkungen gekommen sein und schließlich aus den Handels- und Bankgeschäften, von denen auch sie sich keineswegs ferngehalten haben. Natürlich gab es, wohin wir blicken, auch sonst im Adel und im Großbürgertum reiche Leute. Die Vermögensmassen, die diesen Namen wirklich verdienen, lagen aber tatsächlich bei den königlichen Palästen und bei den großen Tempeln.

Besondere Erwähnung verdient hier der *Handel,* der im wirtschaftlichen wie im politischen Leben der frühen Staaten eine außerordentliche Rolle gespielt hat. Einen schwunghaften Handel mit bestimmten Rohstoffen hat der Mensch schon in der Steinzeit getrieben. Vor allem Feuerstein und Obsidian, ein vulkanisches Glas, wurden über Hunderte von Kilometern verfrachtet und am Bestimmungsort, oft aber auch schon am Fundort, zu Steinwerkzeugen verarbeitet. Bald kam das Rohmaterial für Kunstgegenstände und Erzeugnisse des gehobenen Handwerks hinzu. Steatit und der nur an Nord- und Ostsee zu findende Bernstein gehörten ebenso dazu wie Lapislazuli, der nur in einigen nordindischen und afghanischen Gruben abgebaut wird und trotzdem in der ganzen damaligen Welt, das Niltal eingeschlossen, verarbeitet wurde.

Mit dem Beginn der Metallverarbeitung wurden Gold, Silber, Kupfer und das für die Bronzegewinnung unerläßliche Zinn ins Angebot aufgenommen, sehr viel später auch das Eisen. Sklaven wurden gehandelt, seit es überhaupt differenziertere Gesellschaften (und vor allem auch Kriege) gab. Mesopotamien, das überhaupt keine Natursteinvorkommen besitzt, mußte seinen gesamten Bedarf an natürlichen Bausteinen durch Importe decken, und dasselbe gilt weitgehend auch für das Bauholz, das schon zwei Jahrtausende vor dem Tempelbau Salomons aus Syrien besorgt wurde. Auch Ägypten hat seinen Holzbedarf weitgehend durch Handel mit den syrischen Stadtstaaten, vor allem mit Byblos gedeckt.

Im Laufe der Zeit traten zu den Rohstoffen immer mehr hochwertige Erzeugnisse von Kunst und Kunsthandwerk als Handelsobjekte. Es gibt fast keinen Kulturkreis, dessen Produkte nicht in allen anderen gefunden worden wären. Von den Seehandelsbeziehungen zwischen der Induskultur und Mesopotamien war schon die Rede, ebenso vom Import ägyptischer Salben im minoischen Kreta (beides noch vor 2000 v. Chr.). In Kreta wurden aber auch andere Luxusgegenstände aus Ägypten gefunden. In Syrien gab es ebenso wie in Unterägypten Handelskontore der Minoer, wie ja Syrien überhaupt der große Umschlagplatz zwischen Ägypten, Mesopotamien, Anatolien und dem Mittelmeerraum war. In späteren Zeiten kam ein ausgedehnter Ostasienhandel des Westens hinzu, der insbesondere über die verschiedenen Seidenstraßen abgewickelt wurde. Das älteste Stück chinesischer Seide, das auf europäischem Boden gefunden wurde, stammt von der keltischen Heuneburg (bei Sigmaringen an der oberen Donau) und gehört immerhin dem sechsten Jahrhundert v. Chr. an.

Wie dieser weitgestreckte Handel konkret abgewickelt wurde, läßt sich leicht denken. An bestimmten Umschlagplätzen trafen sich Kaufleute aus den verschiedensten Himmelsrichtungen mit ihren Eselskarawanen. Jeder verkaufte die Waren, die er von zu Hause mitgebracht oder unterwegs schon aufgenommen hatte, an Interessenten aus den anderen Ländern und zog dann mit den Waren, die er selbst erworben hatte, wieder zurück. Solche Umschlagplätze waren vor allem die syrischen Handelsstädte, zum Beispiel Ugarit und Aleppo, wo sich Kaufleute aus allen vier Großkulturen des Nahen Ostens und des Mittelmeeres trafen. Qatna im heutigen Palästina wikkelte den Direkthandel zwischen Mesopotamien und Ägypten ab. Auf den Bahrain-Inseln (Tilmun) scheinen sich die Kontakte zwischen Mesopotamien, Südarabien und der Induskultur abgespielt zu haben. Später, das heißt um die Zeitenwende, kamen die Oasen an der Seidenstraße als große Umschlagplätze des Welthandels noch hinzu.

Vereinzelt gab es auch feste Handelsniederlassungen im Ausland, zum Beispiel die der Kreter in Ägypten und die der Ägypter in Byblos. Aus Kleinasien ist eine assyrische Handelskolonie bekannt, die seit etwa 1900 v. Chr. in Kanesch (dem heutigen Kültepe) bestand. Solche Kolonien hatten gegenüber dem zufälligen Treffen an Umschlagplätzen natürlich den Vorteil, daß man den Kundenmarkt das ganze Jahr über pflegen konnte und daß man auch beim Einkauf nicht von den Zufälligkeiten des momentanen Marktangebots abhängig war.

Der Karawanenhandel und erst recht die Handelsniederlassungen warfen angesichts der menschlichen Raublust erhebliche Sicherheitsfragen auf. Ohne eine Schutzgarantie des Gastlandes, das heißt seines Königs, konnte keine Niederlassung auf die Dauer bestehen, und auch diese Garantie dürfte meist nicht mehr wert gewesen sein als das Interesse des Königs an den Steuern der Kaufleute und sein Respekt vor den Strafmaßnahmen ihres Heimatstaates. Karawanen aber waren nur durch eigene schwere Bewaffnung oder durch Schutzgelder an die Herren der Durchzugsgebiete zu sichern, gleichgültig ob diese dafür Truppen zum Schutz stellten oder ob sie sich lediglich eigener Raubüberfälle enthielten. Flächenstaaten, die so stark waren, daß jedermann sie ungefährdet durchwandern konnte, waren eine seltene und immer nur kurzfristige Ausnahme.

Die Risiken des Fernhandels waren also außerordentlich hoch. Das heißt, daß sie nur von sehr kapitalkräftigen Unternehmern getragen werden konnten, denen es nichts ausmachte, einmal ein Schiff oder einen Anteil an einer Karawane voller Luxusartikel zu verlieren. Diese Bedingung erfüllten natürlich die Tempel und Paläste am besten, da sich bei ihnen im Laufe der Zeit enorme Vermögensmassen ansammelten und da sie vor allem auch noch andere, automatisch sprudelnde Finanzquellen hatten. Deshalb lag der Außenhandel weitgehend in ihrer Hand und es gibt sogar Hinweise darauf, daß sie sowohl bei den Ägyptern als auch bei den Sumerern ein Außenhandelsmonopol hatten. Das kann aber im Ergebnis völlig offenbleiben; denn ein solches Monopol muß aus den genannten Gründen jedenfalls faktisch bestanden haben. Aus akkadischer Zeit sind zwar auch private Kaufleute bekannt, die Fernhandel trieben. Hier hat es also gewiß kein gesetzliches Monopol gegeben. Dafür werden aber auch konkrete Fälle berichtet, in denen solche Unternehmer durch den wiederholten Fehlschlag von Handelsprojekten an den Bettelstab kamen.

Auch *Kunst* und *Kunsthandwerk* entwickelten sich überwiegend im Schutz der Paläste und Tempel.

Natürlich wurden die ersten handwerklichen Tätigkeiten, die der Mensch entfaltete, nicht von vollberuflichen Handwerkern ausgeübt, sondern von Menschen, die neben ihrem Beruf als Bauern eben auch handwerklich tätig waren, zunächst wohl nur für den Bedarf des eigenen Anwesens und der eigenen Familie, später auch für nähere und fernere Nachbarn, die sich darauf nicht so gut verstanden und von denen man andere, durch eigene Arbeit nicht erreichbare Waren eintauschen konnte. Ob man solche Personen mit der heute üblichen Bezeichnung «Nebenbetriebslandwirte» nennen kann oder ob sie nicht besser noch als «Nebenbetriebshandwerker» zu bezeichnen wären, ist unsicher und müßte wohl auch von Fall zu Fall verschieden beantwortet werden.

Eines Tages war es dann aber sicher so weit, daß die ersten Menschen sich auf eine handwerkliche Tätigkeit konzentrierten und ihren Nahrungsbedarf daher ausschließlich durch Tauschgeschäfte deckten, und man darf annehmen, daß es sich dabei um Handwerker handelte, deren Produkte durch besonders hohe Qualität und Schönheit hervorstachen; denn das war in der ganzen Wirtschaftsgeschichte immer zugleich das Motiv und die Folge der Spezialisierung. Die Fachleute glauben, diese Vollspezialisierung erstmals bei den kunstvollen Keramikern der sogenannten Halaf-Kultur (5. Jahrtausend v. Chr.) annehmen zu können.

Nun hat diese Form der Arbeitsteilung allerdings mehrere Voraussetzungen. Zunächst muß die Landwirtschaft so entwickelt sein, daß die Personen, die noch in der agrarischen Produktion tätig sind, mehr Lebensmittel erzeugen, als sie selber brauchen; sonst könnten die Handwerker ja nicht leben. Je höher aber die Qualität und vor allem die Schönheit der handwerklichen Erzeugnisse steigt, je mehr sie also bereits als Luxusartikel zu bezeichnen sind, desto mehr ergeben sich noch zwei andere Notwendigkeiten.

Zunächst muß der *Absatz der Produktion* einigermaßen gesichert sein, und da sich nicht jedermann den Kauf von Luxusartikeln leisten kann, kommt es entweder darauf an, daß das Absatzgebiet erweitert wird (etwa durch Anschluß an den Handel), oder darauf, daß eine ausreichende Zahl von finanzkräftigen Interessenten vorhanden ist. Diese finden sich aber – abgesehen vom Adel und von den großen Bürgerhäusern – vor allem in den Tempeln und Palästen, zu deren Ansehen ja stets auch die Entfaltung von Geschmack und Pracht gehört hat.

Daneben brauchte der Künstler mit großer Sicherheit eine erkleckliche *Kapitaldecke,* um überhaupt leben und arbeiten zu können. Er arbeitete oft mit teurem, von weither importiertem Material, das er bei einem größeren Fehler unter Umständen sogar abschreiben mußte, er benötigte zur Herstellung eines Kunstwerks im allgemeinen lange Zeit, während der er mit seinem ganzen Hausstand leben mußte, und er mußte oft noch einige Zeit warten, bis er einen zahlungskräftigen Käufer fand. Dieses Kapital wird er nur in den seltensten Ausnahmefällen selbst besessen haben. Am ersten war es für ihn wieder bei Tempeln und Palästen zu finden, die zudem die begehrtesten Abnehmer seiner Produkte gewesen sein dürften.

So wird er sich nicht ungern in ein Abhängigkeitsverhältnis zu einer dieser Institutionen begeben haben, und für unsere Zwecke ist es dabei ziemlich gleichgültig, ob er – in modernen Begriffen gesprochen – Empfänger eines Dauerkredits, selbständiger Dauerlieferant («Zulieferer») oder ganz normaler Arbeitnehmer wurde.

Daher kommt es, daß die ausgedehnten Wirtschaftstrakte, die in alter Zeit zu jedem Tempel und zu jedem Palast gehörten, nicht nur der Deckung des unmittelbaren Bedarfs an Lebensmitteln und Gebrauchsgegenständen dienten, sondern auch der Herstellung von Luxusartikeln und Kunstwerken. Nimmt man hinzu, daß auch die Steuern und Abgaben meist nicht in Geld, sondern in Naturalien hereinkamen und daß sich daraus umfangreiche Maßnahmen der Speicherung und der Weiterleitung ergeben haben müssen, so erkennt man erst den ganzen Umfang und die Vielseitigkeit der Wirtschaftstätigkeit, die sich in den antiken Tempeln und Palästen abgespielt haben muß.

Der Israelit Samuel hatte wohl nur eine begrenzte Vorstellung davon, als er während seiner Verhandlungen über die Einführung der Monarchie den Stammesältesten warnend voraussagte: «Das wird des Königs Recht sein, der über euch herrschen wird: Euere Söhne wird er nehmen zu seinem Wagen und zu Reitern und daß sie vor seinem Wagen herlaufen, und zu Hauptleuten über 1000 und über 50 und zu Ackerleuten, die ihm seinen Acker bauen, und zu Schnittern in seiner Ernte und daß sie seine Kriegswaffen und was zu seinem Wagen gehört, machen. Euere Töchter aber wird er nehmen, daß sie Salbenbereiterinnen, Köchinnen und Bäckerinnen seien. Euere besten Äcker und Weinberge und Ölgärten wird er nehmen und seinen Knechten geben. Dazu wird er von euerer Saat und eueren Weinbergen den Zehnten nehmen und seinen Kämmerern und Knechten geben. Und euere Knechte und Mägde und euere schönsten Jünglinge und euere Esel wird er nehmen und seine Geschäfte damit ausrichten. Von eueren Herden wird er den Zehnten nehmen und ihr müßt seine Knechte sein.» (1. Sam. 8,11–17).

Die Palast- und Tempelanlagen, die in Mesopotamien, Ägypten, Syrien und auf der Insel Kreta ausgegraben wurden, dokumentieren ausnahmslos, daß dort neben dem politischen und religiösen auch der wirtschaftliche Charakter entscheidend war. Wer die langgezogenen Werkstättentrakte, die Speicheranlagen und die Hunderte von riesigen Tongefäßen gesehen hat, die zum Beispiel auf Kreta die Naturalabgaben in Olivenöl aufgenommen haben, der zweifelt nicht, daß es sich hier um gewaltige Wirtschaftsunternehmen handelte, die gerade in ihrer kleinbäuerlichen Umgebung großen Eindruck gemacht und auch entsprechenden Einfluß ausgeübt haben müssen.

Nun mag man bei normalen Palast- oder Tempelanlagen immer noch etwas zweifeln, ob alle Deutungen und Zuweisungen, die die Ausgräber vorgenommen haben, wirklich zwingend sind. Werkstätten und Lagerräume lassen sich nach den Inventarresten, die sie enthalten, zwar im allgemeinen zuverlässig identifizieren. Ob ein Werk- oder Lagerraum aber deshalb, weil er neben einem Palast oder einem Tempel aufgefunden worden ist, diesem auch schon zugerechnet werden darf, ist nicht immer genau so sicher.

Deswegen ist es ein Glücksfall, daß Pharao Echnaton in dem offensichtlichen Bestreben eines völlig neuen Anfangs seine Residenz von Theben wegverlegte und an einer bisher unbebauten Stelle, im heutigen Tell-el-Amarna, neu aus dem Boden stampfte. Diese neue Residenz wurde zwar schon zwei Jahre nach seinem Tode wieder aufgegeben, war also insgesamt nur 15 Jahre in Funktion. Für uns ist ihr Grundriß aber eine Fundgrube. Denn wie immer man über die Ausdehnung und die Nebenbetriebe anderer Paläste denken mag – was in Amarna gefunden wurde, gehörte in jedem Falle zum Palast; etwas anderes gab es dort ja gar nicht.

Da zeigt sich nun, daß neben dem eigentlichen Palast, den Wohnungen der Hofleute und Bediensteten, den notwendigen Kasernen und dem Aton-Tempel, der in der Residenz Echnatons natürlich nicht fehlen durfte, zu dem Gebäudekomplex auch ausgedehnte Wirtschaftsgebäude und Werkstättentrakte gehörten, und in diesen konnten nicht nur Berufe nachgewiesen werden, die unmittelbar der Verpflegung des Hofes und seiner Versorgung mit Gebrauchsartikeln dienten, sondern auch solche, die zur Ausstattung mit Kunst und Luxus gebraucht wurden. Das Paradestück ist die «Werkstatt des Bildhauers Thutmosis», die die Ausgräber eindeutig identifiziert haben. Ihr Inhaber hat die damalige Plastik um die unverwechselbaren Elemente des sogenannten Amarna-Stils bereichert. Man mag darüber rätseln, ob er das aufgrund eines nahen persönlichen Kontaktes zum Pharao vermochte. Fest steht jedenfalls, daß wir es hier nicht nur mit einem einfachen Angestelltenverhältnis zu tun haben.

Tempel und Paläste waren in alter Zeit also auch gewaltige Wirtschaftseinheiten, in denen nicht nur beträchtliche Vermögensmassen zusammenflossen, sondern die als Arbeitgeber, als Kreditgeber und nicht zuletzt auch als Auftraggeber für Zulieferbetriebe eine große Anzahl von Menschen ernährten – und in Abhängigkeit hielten. Man kann sich gut vorstellen, wie alle diese Menschen im Ernstfall zum Tempel bzw. zum Palast hielten und für ihn eintraten, wenn es einmal zum Schwur kam; es ging ja um ihre wirtschaftliche Existenz. Die Römer hatten für ein solches Abhängigkeitsverhältnis, das sich natürlich auch in politischen Auseinandersetzungen mobilisieren ließ, das Wort *clientela,* das wir heute mit «Klientel» oder «Klientelverhältnis» wiedergeben. Solche Bindungen waren nicht nur bei ihnen die Quelle außerordentlichen Einflusses für den «Patron», sondern auch bei vielen anderen Völkern. Sie werden uns in den weiteren Kapiteln immer wieder begegnen und es gibt auch nicht den geringsten Anhaltspunkt dafür, daß sie nicht eingesetzt worden wären.

Übrigens zeigt die Rolle, die Tempel und Paläste für Kunst und Kunsthandwerk gespielt haben, noch eine weitere, bisher nicht erwähnte Funktion solcher hochentwickelten Organisationen auf. Ohne sie und ihre primitiveren Vorstufen hätte es wahrscheinlich keine *Hochkultur* gegeben, wie wir sie am Nil, am Euphrat, am Indus und an den großen Strömen Chinas noch heute in ihren Relikten bewundern. Der Preis, der dafür gezahlt werden mußte, war – nach heutigen Begriffen – freilich hoch: Die niedrigeren Klassen, die diese kulturelle Entfaltung letztlich trugen und finanzierten, waren von den Errungenschaften des geistigen Fortschritts jahrtausendelang ausgeschlossen. Den moralischen Reim auf diese Tatsache mag sich jeder unserer Leser selbst machen.

Machtkämpfe zwischen Palast und Tempel

Wenn man davon ausgeht, daß sich fast in allen Staaten des Altertums mehrere Machtträger in annähernd gleicher Stärke gegenüberstanden, so bedeutet das zunächst einmal, daß der Herrscher keine *innere Souveränität* besessen haben kann, das heißt keinen Einfluß, durch den er der einzige und absolute Herrschaftsträger in seinem Territorium war.

Das ist für den Menschen von heute schwer zu verstehen, obwohl es auch um die innere Souveränität unserer Staaten im Zeichen der Industriekonzerne und Massenverbände nicht mehr allzu gut bestellt ist. Aber auch davon abgesehen war der Staat immer nur in Zeiten besonders starker Herrscher nach innen souverän (und dann beileibe nicht immer sympathisch), und *als Regel* wurde seine Souveränität erst sehr spät anerkannt, in Frankreich etwa durch die in den Religionskriegen errungenen Siege Ludwigs XIII. und Richelieus, in Deutschland – von Ausnahmen wie Preußen abgesehen – überhaupt erst durch die Staatengründungen der napoleonischen Zeit.

Bei einer solchen Konkurrenz von Kräften wird es auch in den ältesten Staaten nicht selten zu Konflikten gekommen sein, in deren Verlauf jede Seite dann auch ihre Machtmittel eingesetzt haben wird. Leider erfahren wir darüber nur wenig, so daß wir nicht die Chance haben, die Machtblöcke einmal wirklich in Aktion zu sehen. Immerhin mag es interessant sein, die Art der denkbaren Konflikte kennenzulernen.

König oder Priester – Palast oder Tempel? 109

In Ägypten scheint es wenigstens zwei erwähnenswerte Konfliktssituationen gegeben zu haben, die eine gegen Ende des Alten Reiches, die andere mitten in den großen Zeiten des Neuen Reiches.

Der jüngere Konflikt ist inzwischen weltberühmt geworden. Gemeint ist der jahrelange Kampf des Rebellenpharaos Echnaton (1375–1358 v. Chr.) mit der Priesterschaft der Amun-Tempel. Er wurde durch Echnatons Versuch hervorgerufen, den Sonnengott Aton zum obersten und einflußreichsten der ägyptischen Götter zu erheben.

Der Gott selbst war keine Erfindung Echnatons. Die Theologie, die seiner Verehrung zugrunde lag, war, wie man heute weiß, in ihren Grundzügen schon Jahrhunderte vorher in Heliopolis entstanden. Echnatons Vater und Vorgänger, Amenophis III. (1413–1375 v. Chr.), scheint zu Aton schon eine verhältnismäßig enge Beziehung gehabt zu haben. Jedenfalls benannte er seinen Thebener Palast und eines seiner Staatsschiffe, vor allem aber eine seiner Töchter nach ihm. Der Sohn eiferte also nur dem Vater nach, als er seine beiden Töchter, die noch in seiner Prinzenzeit geboren wurden, ebenfalls nach Aton benannte. Deutlicher zeigte sich der Monopolanspruch, den er Aton zudachte, bereits, als er – kaum auf dem Thron – für den Gott in der Residenzstadt Theben einen Komplex von Tempeln erbauen ließ, für die er das notwendige Personal zum Teil schon aus dem Amun-Heiligtum abgezogen haben muß.

Die Würfel fielen dann aber im fünften, sechsten und siebten Regierungsjahr, nach unserer Rechnung also in den Jahren 1371–1369 v. Chr. Im ersten Jahr ordnete Echnaton die Errichtung einer neuen Residenzstadt an, die Achetaton heißen sollte – auf einem bisher völlig unbebauten Terrain (dem heutigen Tell-el-Amarna). Schon im Jahr danach siedelte er mit seinem Hof dahin um, wobei er ausdrücklich erklärte, Achetaton nie wieder verlassen zu wollen. Auch ein neuer Residenzfriedhof wurde angelegt, so daß Theben also auch das Privileg verlor, Stätte der Pharaonengräber zu sein.

Wieder ein Jahr später erfolgte der eigentlich revolutionäre Akt. Echnaton verfügte die Einstellung des Amun-Kultes und einer ganzen Reihe anderer Götterkulte und zugleich die Auflösung der davon betroffenen Tempel. Der Name Amuns wurde aus der Öffentlichkeit verbannt und vor allem auf den öffentlichen Inschriften getilgt.

Das war die offene Kampfansage an die neben dem König mächtigste Institution des ganzen Reiches. Die Amun-Tempel waren die einflußreichsten und wohlhabendsten Heiligtümer Ägyptens (vgl. S. 171 f.). Vor allem der Tempel in Karnak zeichnete sich durch ungeheure wirtschaftliche Stärke aus. Seit den Zeiten Thutmosis' III. flossen dort die Tribute zusammen, die aus dem gesamten ägyptischen Imperium zu entrichten waren, und dieses reichte zur damaligen Zeit vom Euphrat bis zum vierten Nilkatarakt und nach Somalia (Punt). Den *geistigen* Einfluß dieses Heiligtums kann man sich gar nicht groß genug vorstellen. Echnaton muß also in ein Wespennest gestochen haben. Es ist völlig ausgeschlossen, daß eine so machtvolle Kaste wie die Amun-Priesterschaft, die zudem eine ungeheure Klientel im Bürgertum und im Volk besessen haben muß, einen solchen Vernichtungsschlag widerstandslos hingenommen hätte, und daran änderte nichts, daß die ägyptischen Priester eigentlich königliche Beamte waren. Wenn sie sich mit ihrer Priesteraufgabe mehr identifizierten, mußten sie das Verhalten des Königs als Abfall von den Göttern verstehen und sich gegen ihn stellen.

Leider ist über all das wenig Konkretes bekannt; denn Widerstand gegen den Pharao war in Ägypten so undenkbar, daß er – auch unter Echnatons Nachfolgern, die zur Verehrung Amuns zurückgekehrt waren – unmöglich öffentlich erwähnt werden durfte. Nur in einer Inschrift Tutanchamuns, die sich mit den Zuständen unter Echnaton beschäftigt, heißt es einmal: «Die Götter hatten dem Land den Rücken gekehrt... Wenn jemand zu einem Gott betete, um Rat zu suchen, kam er nie. Wenn jemand eine Göttin so anflehte, kam sie nie. Ihre Herzen waren verletzt, so daß sie zerstörten, was geschaffen war.» Das war das Interdikt des Mittelalters, zugleich das wirksamste und infamste Mittel, das Priester gegen einen weltlichen Herrscher einzusetzen haben!

Echnaton war nach dem Staatsstreich von Amarna noch etwa zehn Jahre König, ohne daß über die innenpolitische Entwicklung noch Wesentliches bekannt wäre. Mit seinem Nachfolger, dem jungen Semenchkare, begann bereits die Amun-Restauration. Er ließ sich wieder in Theben beisetzen. Auf den Grabbeigaben, die nachweisbar aus dem Besitz mehrerer Familienmitglieder stammen, ist der Name Echnatons getilgt. Der auf ihn folgende Tutanchaton, ein zehnjähriges Kind, für das der Armeeführer Haremhab die Regentschaft führte, verlegte die Hauptstadt von Amarna nach Memphis; die Bestattung der Könige erfolgte wieder in Theben. Der junge König und seine Frau mußten sogar ihre Namen ändern und dabei dem Amun die nötige Reverenz erweisen: aus Tutanchaton wurde Tutanchamun und aus Anchesenpaaton Anchesenamun. Die Amun-Tempel wurden, auch baulich, wiederhergestellt, der Kult des Gottes wurde in seine alten Rechte eingesetzt.

Als Haremhab im Jahre 1346 v. Chr. selbst den Pharaonenthron bestieg, wurde Echnatons Name aus allen öffentlichen Inschriften entfernt. Seine Bauten, vor allem die Aton-Tempel in Theben und die Gräber seiner Familie, wurden zerstört und das Baumaterial den Amun-Priestern überantwortet. Auch der Abbruch Amarnas dürfte damals begonnen haben. Die Reaktion der alten Götter und ihrer Priesterkollegien hatte vollständig gesiegt.

Anderthalb Jahrtausende vor Echnaton muß Ägypten schon einmal einen solchen Konflikt erlebt haben. Für ihn gibt es zwar keine schriftlichen Zeugnisse, aber seine Ergebnisse, die noch heute feststellbar sind, sprechen für sich. Bis zum Ende der 4. Dynastie waren die ägyptischen Könige in der Reichsideologie mit dem Falkengott Horus identisch, sie waren also Götter.

Von da an bezeichneten sie sich nur noch als Söhne eines Gottes, und zwar des Sonnengottes Rê. Was damals vorgegangen ist, läßt sich kaum ahnen. Der Übergang von der Gleichsetzung mit einem Gott zur Gottessohnschaft ließe sich zur Not auch als Ausfluß einer geläuterten Theologie begreifen. Der Wechsel von Horus zu Rê beweist aber, daß hier mehr geschehen sein muß. Da die königlichen Bauten zur gleichen Zeit immer bescheidener, die Tempel des Rê aber immer prächtiger wurden, spricht vieles dafür, daß es damals zu einer grundsätzlichen Verlagerung der Gewichte kam. Wahrscheinlich baute sich die Priesterschaft des Rê als zweite Machtsäule des Pharaonenreiches neben der Krone auf.

Auch in Mesopotamien muß es zu handfesten Konflikten zwischen den weltlichen Herrschern und den Tempeln gekommen sein, und zwar in dem Augenblick, in dem die schon besprochenen Versuche der Großreichbildung in Gang kamen. Nunmehr mußten die lokalen Tempelhierarchien befürchten, daß sie durch die entstehende Zentralmacht des Königs Schritt für Schritt ihres Einflusses beraubt würden. Einerseits konnte sich der König, wenn ihm die Reichsbildung wirklich gelang, mit der ihm dann verfügbaren Macht über ihre Interessen und ihre politischen Forderungen ohne weiteres hinwegsetzen, und andererseits war er für sie natürlich auch aus räumlichen Gründen nicht mehr jederzeit ansprechbar, was beim Stadtkönig zweifellos der Fall gewesen war.

Daß es diesen Konflikt gegeben haben muß, kann man sich an den fünf Fingern einer Hand abzählen. Zusammenhängende geschichtliche Berichte gibt es über ihn aber nicht, so wenig wie aus der Zeit Echnatons. Dazu sind die Nachrichten zu spärlich und dazu waren wohl auch die Zeitgenossen zu sehr in ihren relativ engen Verhältnissen befangen. Nur einzelne, eher zufällig erhaltene Tatsachen passen in den Kontext und bekommen durch ihn auch einen politischen Sinn.

Dazu gehört etwa der Bericht, daß Lugalzagesi von Uruk (2435–2410 v.Chr.) bei seinen Kriegszügen zum Entsetzen seiner Umwelt mehrere Tempel zerstört habe. Das kann natürlich auch ein Akt besonderer, nur individuell erklärbarer Barbarei gewesen sein. Aber Lugalzagesi war einer der ersten Herrscher, von denen wir wissen, daß sie ein mesopotamisches Einheitsreich zu schaffen suchten. Von hier aus ergäbe eine so ungewöhnliche Maßnahme jedenfalls einen politischen Sinn (wie immer man zu ihr menschlich stehen mag). Lugalzagesi hätte damit gewissermaßen seine lokalen Hauptkontrahenten ausgeschaltet.

Grundsätzlicher scheint Naramsuen von Akkad (2334–2297 v.Chr.) den Konflikt angepackt zu haben. Er war nämlich der erste mesopotamische Herrscher, von dem aus historischen Quellen bekannt ist, daß er sich schon zu seinen Lebzeiten als Gott behandeln ließ. Auf zahlreichen Inschriften ist seinem Namen das sogenannte Gottesdeterminativ beigefügt, das heißt ein Zeichen, das anzeigt, daß nunmehr der Name eines Gottes folgt; Privaturkunden bezeichnen ihn als den «Gott von Akkad», und auf der berühmten Siegesstele, die ihn als Sieger in der Schlacht darstellt, trägt er die Hörnerkrone, die normalerweise den Göttern vorbehalten war. Auch hier kann es sich natürlich um den Größenwahn eines mächtigen und vor allem auch erfolgreichen Herrschers gehandelt haben. Sollte die Vergöttlichung aber einen politischen Sinn gehabt haben, so kämen dafür zwei Erklärungen in Frage: erstens daß er sich der Göttin seiner Residenzstadt Akkad mindestens gleichrangig, wenn nicht gar überlegen fühlte, und zweitens wohl auch, daß er als Gott das Recht auf Landbesitz beanspruchte, angesichts des sumerischen Bodenmonopols eine handfeste Herausforderung gegenüber allen Tempeln des Landes (Nissen). Ein späteres Gedicht, dessen historischer Wert allerdings zweifelhaft ist, behauptet so gar, daß Naramsuen den Tempel des Enlil zu Nippur, also den Tempel des obersten sumerischen Gottes, zerstört habe. Dafür gibt es zwar im Ausgrabungsbefund bisher keine Hinweise. Sollte dennoch ein geschichtlicher Kern in der Dichtung verborgen sein, so wäre es wohl die Erinnerung, daß Naramsuen sich selbst mit dem Hauptgott Mesopotamiens angelegt habe, was angesichts seiner Stellung und seines Anspruchs als Beherrscher des gesamten Landes nur folgerichtig gewesen wäre. Ein knappes Jahrtausend später ließ Echnaton den Namen Atons mit den Ringen umgeben, die normalerweise den Namen des Pharao kennzeichneten, und dokumentierte damit, daß er der Sohn und Stellvertreter des Götterkönigs sei. Akkaderkönige hatten die Möglichkeit einer so sublimen Ausdrucksweise nicht. Sie mußten schon den Gott selbst attackieren.

Eine gänzlich andere Politik scheint übrigens der schon einmal erwähnte Gudea von Lagasch (etwa 2122–2100 v. Chr.) verfolgt zu haben. Bei ihm ist eine entschiedene Loyalität gegenüber den Tempeln und ihren Interessen festzustellen, die sich nicht nur in Tempelbauten und ähnlichen fürsorglichen Maßnahmen niederschlug, sondern u. a. auch darin, daß er nicht weniger als sechzehn von seinen Regierungsjahren offiziell nach Tempelbaumaßnahmen, nach der Einsetzung von hohen Priestern und nach der Herstellung von Götteremblemen benannte. Das kann auf der einen Seite belegen, wie lange der Streit zwischen «Zentralisten» und «Partikularisten» andauerte. Andererseits muß aber auch bedacht werden, daß Gudea in der Zeit regierte, in der die Gutäerherrschaft zu Ende ging. Damals kam es sicher nicht auf die Aufspaltung der sumerisch-akkadischen Kräfte an, sondern genau umgekehrt auf ihre Konzentration.

«Internationale» Heiligtümer

Mit der Erwähnung des Enlil-Tempels von Nippur ist ein weiteres Stichwort gefallen. Diesem Tempel, der wie gesagt dem obersten Gott gewidmet war, entsprach nämlich kein weltlicher Herrscher. Er war gewissermaßen ein

«Heiligtum an sich». Dafür war er aber in ganz Mesopotamien als besonders hervorgehobenes Heiligtum anerkannt. Menschen aus allen Teilen des Landes beteten dort an, vollzogen ihre Opfer, deponierten ihre Geschenke, und man wird annehmen dürfen, daß nicht nur das Ansehen der Institution, sondern auch ihre geistige Autorität und ihr wirtschaftliches Gewicht beträchtlich waren. So muß sie auch nach der Gründung der Zentralstaaten von Akkad, Ur, Babylon und Assur eine bedeutsame Rolle gespielt haben. Die Zerstörung durch Naramsuen – wenn sie überhaupt geschichtliche Realität sein sollte – kann nur eine Episode gewesen sein.

Zentralheiligtümer dieser Art hat es in vielen Staaten gegeben. Man braucht nur an die Funktionen zu erinnern, die der Jahweh-Tempel von Jerusalem für die Königreiche Israel und Juda wahrgenommen hat. Die Rolle des delphischen Orakels für die Welt der Griechen ist ein weiteres Beispiel.

Welchen Einfluß die Priesterschaft solcher Tempel auf das politische Geschehen ihrer Länder tatsächlich hatte, ist heute nur noch schwer zu ermitteln. Die Macht, die sich aus ihrem Reichtum ergab und ihren Niederschlag sicher auch in der Bildung von Klientelverhältnissen fand, wird nicht gering gewesen sein, könnte durch die räumliche Entfernung vom Regierungssitz aber an größeren politischen Wirkungen gehindert worden sein. Was den geistigen Einfluß auf die Regierenden und das Volk betrifft, so hat es ihn zwar sicher gegeben. Doch muß bedacht werden, daß ihm noch keine der Hochreligionen zugrunde lag, die mit einem geschlossenen theologischen und vor allem auch ethischen Lehrsystem verbunden sind und daher oft ganze Erdteile umgestaltet haben.

Wie mächtig solche religiösen Institutionen dennoch mitunter sein konnten, zeigt eine Episode aus den letzten Jahren der 3. Dynastie von Ur. Ihren ersten Schlag erhielt diese bekanntlich durch die Ausläufer des Indogermanensturms, der um 2000 v. Chr. über den Nahen Osten hinwegging, und endgültig zerstört wurde das Reich durch die Elamiter, die Ur eroberten und den letzten König, Ibbisuen (2039–2015 v. Chr.), gefangen hinwegführten. Dazwischen lag aber der scharenweise Übergang von Provinzstatthaltern (ensis) zu einem Gegenkönig, und dieser Verrat wurde in mehreren erhalten gebliebenen Rechtfertigungsschreiben damit motiviert, daß der Götterkönig Enlil seine Hand vom bisherigen König abgezogen habe. Diese Feststellung kann eigentlich nur durch die Priesterkollegien der Enlil-Tempel getroffen worden sein, möglicherweise sogar durch das Kollegium des Zentralheiligtums von Nippur selbst. Ibbisuen hat also wohl ähnliche Erfahrungen gemacht wie 650 Jahre nach ihm Echnaton.

Um die Zentralheiligtümer, die nicht von vornherein zu einem bestimmten Staat gehörten, haben sich oft Schutzgemeinschaften gebildet, die nach dem griechischen Wort für «Umwohner» als Amphiktyonien bezeichnet werden und in der Geschichtswissenschaft zeitweise als besonders wichtige Embryonalzustände des Staates betrachtet worden sind.

Zu den Funktionen solcher Schutzverbände gehörte zunächst einmal die Unterhaltung des Heiligtums, soweit dieses dazu nicht selbst imstande war. Vor allem aber mußte es natürlich vor den Begehrlichkeiten weiter entfernt lebender Stämme verteidigt werden, besonders wenn es durch Spenden und Stiftungen zu Reichtum gelangte. Tatsächlich waren die näher bekannten Amphiktyonien in erster Linie kollektive Sicherheitssysteme, deren Mitgliedsstaaten sich einerseits zur Unterlassung eigener Übergriffe auf das Heiligtum und andererseits zu seiner Verteidigung gegen fremde Angriffe verpflichtet hatten. Den Schutz der Gemeinschaft genoß allerdings meist nur das Heiligtum selbst und nicht auch der Kreis der Mitglieder. Die Amphiktyonien waren im allgemeinen keine Nichtangriffspakte zwischen den Mitgliedsstaaten.

Das schloß nicht aus, daß der religiöse Charakter des Schutzobjekts und die enge Verbindung zwischen den Amphiktyonen doch auch zu Vereinbarungen führten, die deren gegenseitiges Verhältnis allmählich auf eine etwas humanere Basis stellten. So wird der delphischen Amphiktyonie das Verdienst zugeschrieben, daß sie zwischen ihren Mitgliedern die Anfänge eines Kriegsvölkerrechts geschaffen habe. Der israelitische Zwölf-Stämme-Verband, der sich offenbar um das an wechselnden Orten (Sichem, Gilgal, Silo, Bethel usw.) residierende Nationalheiligtum gruppierte, scheint den ihm angehörenden Stämmen sogar eine allgemeine Friedenspflicht, zumindest aber die Beachtung des Gastrechtes auferlegt zu haben.

Darauf deutet jedenfalls eine Geschichte hin, die im Buch der Richter erzählt wird (Richt. 19-20). Danach brachten die zum Stamme Benjamin gehörenden Einwohner von Gibea unter Verletzung des Gastrechtes die Nebenfrau eines Leviten bestialisch um. Dieser zerstückelte daraufhin die Leiche in zwölf Teile und sandte jeden von ihnen an einen anderen Stamm. Die Folge war eine Bundesexekution der israelitischen Stämme gegen Benjamin, der nahezu sämtliche Männer dieses Stammes zum Opfer fielen. Daß es sich dabei nur um eine besonders makabre Variante des allgemein üblichen Aufgebotsverfahrens handelte, ergibt sich aus 1. Sam. 11,7, wonach Saul, der erste König von Israel, bei einem Angriff der Ammoniter zwei Ochsen zerstückelte und die Teile den Stämmen zusandte, um sie zu den Waffen zu rufen. Dazu sprach er die folgende Drohung aus: «Wer nicht auszieht, um Saul und Samuel zu folgen, dessen Rinder werden genauso behandelt.»

Amphiktyonien hat es nach allem, was wir wissen, auch bei verhältnismäßig unkultivierten Völkern gegeben, zum Beispiel bei den Polynesiern und den nordamerikanischen Indianern. Das zuletzt genannte Beispiel zeigt, daß nicht einmal die Seßhaftigkeit eine unverzichtbare Voraussetzung für ihr Entstehen war. Deshalb ist die Vermutung nicht abwegig, daß schon das älteste Heiligtum von Jericho, das in die Zeit vor der Seßhaftmachung zurückreicht (S. 68), Kristallisationspunkt eines solchen vorstaatlichen Zusammenschlusses gewesen sein könnte.

Aus den meisten Amphiktyonien ist übrigens auch später kein Staat entstanden. Insofern ist das Beispiel Israels wahrscheinlich nicht typisch. Die delphische Amphiktyonie hat bis weit in die Periode der makedonischen Herrschaft hinein bestanden. Aber den inneren Frieden der griechischen Halbinsel hat nicht sie gebracht, sondern das Heer Philipps II. (359–336 v. Chr.).

6. Kapitel

Adelige Herrschaft

In den vorangegangenen Kapiteln ist mehr als einmal das Stichwort «Adel» gefallen. Bei den großen Staatensystemen Mesopotamiens und Ägyptens war aber kaum Gelegenheit, darauf näher einzugehen. Natürlich hat es auch dort vornehme Gesellschaftsschichten gegeben, die nach Lebensstil, Selbstbewußtsein und Einfluß als adelig bezeichnet werden könnten. Die Macht der Könige und der Priester war aber so groß, daß es sich dabei nur um eine Art Amtsadel gehandelt haben kann, nicht um Träger einer eigenständigen, auf sich selbst gestellten Herrschaftsgewalt.

Nun wissen wir aber aus den ersten Kapiteln, daß es in der alten Welt auch kleinere Staaten gegeben hat, beispielsweise in Kleinasien vor dem Indogermaneneinbruch, im mykenischen Griechenland und in den syrischen Städten, und auch der archäologische Befund, den wir wenigstens teilweise geschildert haben, hat immer wieder «Burgen» oder «Herrensitze» ausgewiesen, die auf ähnliche Erscheinungen schließen lassen.

Soweit die Titel solcher kleinerer Herrscher bekannt sind, werden sie im Deutschen meist mit «König» wiedergegeben, obwohl zwischen ihnen und dem ägyptischen oder persischen König ein ähnlicher Unterschied bestanden haben muß wie heute zwischen dem König von England und dem König von Tonga. Man täte also gut daran, diese Kleinkönige ganz anders zu bezeichnen, vielleicht als «Fürsten» oder auch nur als «adelige Herren». Von den «echten» Königen unterschieden sie sich durch die geringe Größe ihrer Herrschaftsgebiete und auch dadurch, daß sie leicht in ein Abhängigkeitsverhältnis zu ihnen geraten konnten. Dennoch waren sie Herrscher über eine mehr oder weniger große Zahl von Untertanen. Dadurch unterschieden sie sich wiederum von den Angehörigen des bloßen Amtsadels in größeren Reichen.

Die adelige Herrschaft, die wir hier meinen, war also «Staat», wenn auch nur «Kleinstaat», und die literarische Parallele, die sich dazu aufdrängt, sind die homerischen Könige wie Menelaos von Sparta, Nestor von Pylos oder Odysseus von Ithaka, die alle miteinander noch nicht einmal den Einfluß eines heutigen Landrats besessen haben können.

Das Interessante an diesem Herrschaftstyp ist, daß er wahrscheinlich die *eigentliche Urform* des Staates war. Die von Tempeln und Priesterkollegien beherrschten Städte, die wir am Indus und in Mesopotamien kennengelernt haben, müssen eher die Ausnahme gewesen sein, ganz abgesehen davon, daß niemand weiß, welche Herrschaftsformen ihnen während ihrer Entstehungsphase vorausgegangen sind. Schon die Vorstufen des Pharaonenreiches können sich aber nur als lokale Herrschaften unter adeligen Kleinkönigen präsentiert haben, und für das europäische Festland wie für die Vorstufen der chinesischen Königreiche, aus denen sich erst spät der kaiserliche Zentralstaat entwickelt hat, gilt mit Sicherheit dasselbe.

Wir tun also gut daran, uns diese ganz anders geartete, zweite Urform des Staates genau anzusehen.

Ein Modell: Herrschaft aus wilder Wurzel

Es ist nicht ungefährlich, bei historischen Untersuchungen von erdachten Modellen auszugehen. Trotzdem mag es für den Augenblick einmal sinnvoll sein, sich eine Gesellschaft von Ackerbauern vorzustellen, in der jede Familie ein für sie ausreichendes Stück Land bewirtschaftet und in der vor allem keine Bewässerungsprobleme auftreten, weil sie sich – wie etwa in Mitteleuropa oder im nordöstlichen China – im geographischen Bereich des Regenfeldbaus befindet. Setzen wir weiter voraus, daß diese Gesellschaft in ruhigen Zeiten lebt und daher auch keine nennenswerten Sicherheitsprobleme hat, dann *könnte* sie eigentlich das klassische Beispiel einer herrschaftsfreien, demokratischen Gesellschaft sein, in der Rechtsstreitigkeiten in nachbarschaftlicher Selbstverwaltung erledigt werden und in der es im übrigen nur Gleiche unter Gleichen gibt.

Warum, so lautet dann die Frage, etablieren sich auch in einer solchen Gesellschaft im Laufe der Zeit Herrschaftseinrichtungen und vor allem Herrscher, die Macht über ihresgleichen besitzen und sich von ihren Stammesgenossen alsbald auch durch einen anderen, «aristokratischen» Lebensstil unterscheiden?

Das Geheimnis besteht darin, daß «Gleiche» auch im ungefährdeten Idealzustand nicht lange gleich bleiben, weil sie in Wirklichkeit gar nicht gleich sind und weil sich ihr Geschick auch ohne menschliche Einwirkung nicht gleich entwickelt.

Der eine bewirtschaftet seinen Boden und dessen Erträgnisse klüger als der andere. Er vermeidet – absichtlich oder unabsichtlich – die Probleme wiederholter Erbteilungen und erbt vielleicht selbst noch hinzu, während in einer anderen Familie das einzelne Anwesen schon durch einige Erbteilungen an die Grenze des Existenzminimums gerät. Unterschiedliche Beteiligung an der Erschließung neuen Bodens mag hinzukommen. Jedenfalls wird es auch im Idealfall nur wenige Generationen dauern, bis aus der Gesellschaft der Gleichen eine Gesellschaft mit merklicher sozialer Differenzierung geworden ist.

Dann beginnt sich die Entwicklung zu beschleunigen. Der Schwächere braucht die Hilfe des Stärkeren, weil er mit den Erträgnissen seines Bodens nicht mehr auskommt, weil ihm ein Unwetter die Ernte zerschlagen hat, weil ihm in einem langen Winter kein Saatgut für das nächste Jahr mehr geblieben ist oder was auch immer. Also wird er sich mit seiner verbliebenen Habe entweder in die Herrschaft eines anderen, Glücklicheren begeben, künftig alle Ernährungssorgen los sein, dafür aber auch dessen Arbeitsmann und Befehlsempfänger sein, oder er wird bei ihm «Kredit» aufnehmen, was in dieser frühen Zeit vor allem den leihweisen Empfang eines zusätzlichen Grundstücks oder fehlender Lebens- und Saatmittel bedeutet.

Das Ende vom Lied ist beide Male fast dasselbe: Er arbeitet einen Teil seiner Zeit nicht mehr für sich selbst und seine Angehörigen, sondern für den Reichen, und es ist dabei ziemlich gleichgültig, ob er als Knecht oder Taglöhner unmittelbar auf dessen Feldern oder in dessen Werkstätten arbeitet oder ob er ihm nur einen Teil der selbst erwirtschafteten Ernte abliefern muß. Der Unterschied zwischen einem Leibeigenen, einem Arbeitnehmer und einem «nur» Zinspflichtigen ist in einer rein agrarischen Gesellschaft viel geringer, als es nachträgliche juristische Unterscheidungen nahelegen möchten. Jedenfalls ist auf dieser Entwicklungsstufe unserer theoretisch konstruierten Gesellschaft die soziale Differenzierung schon *erheblich* fortgeschritten.

Es kommt der Tag, an dem der erste von den Bessergestellten so viele Menschen für sich arbeiten lassen kann, daß er selbst nicht mehr in der Landwirtschaft zu arbeiten braucht. Er wird sich also mit anderen Dingen beschäftigen. Dabei wird zunächst sicher die Verwaltung seines Vermögens eine Rolle spielen, der zweckmäßigste Einsatz der Arbeitskräfte, die Aufsicht über ihre Arbeit, die Entscheidung über die richtigen Termine für Aussaat und Ernte, die Diversifikation der anzubauenden Nutzpflanzen, die Vorsorge für ausreichende Lagerräume. Vielleicht sind die Aufgaben, die in den «Bonanza»-Filmen der alte Ben Cartwright wahrnimmt, ein plastisches Beispiel einer solchen Wirtschaftsführung.

Nur: Daß Ben Cartwright Landwirt bleibt und seine Zeit nicht als Kaufmann, Bürgermeister oder Bataillonskommandeur verbringen will, ist seine eigene Entscheidung (bzw. die des Drehbuchautors). Erreichen könnte er das alles, und genau das müssen seine prähistorischen Vorgänger auch getan haben. War ein Gutsherr einmal so weit, wie wir es hier geschildert haben, so konnte er daran denken, die landwirtschaftlichen und handwerklichen Produkte, die er nicht für sich und seine Leute brauchte, an andere zu verkaufen. Er konnte Bodenschätze, die es anderswo nicht gab, zusätzlich für den Handel fruchtbar machen. Er konnte sich aber auch auf das Waffenhandwerk und die zahlreichen weiteren Einnahmequellen verlegen, die ihm dieses eröffnete.

Dazu brauchte er wiederum Menschen, im Klartext: er brauchte Soldaten. Natürlich konnte er auch insoweit auf seine Hörigen und seine Klientel zurückgreifen. Nach allem, was wir wissen, bevorzugte er aber «Spezialisten», die das Waffenhandwerk also zum alleinigen oder doch hauptsächlichen Beruf machten und die ihrem Führer dann auch mit besonderer Treue und

Ergebenheit anhingen. Es entstand die *Gefolgschaft,* die wir vor allem aus der germanischen Heldensage und der «Germania» des Tacitus kennen, die aber fast in allen aristokratischen Gesellschaften der Welt nachweisbar ist und damit zu den wesentlichen Elementen der Adelsherrschaft gehört. Ihre hervorragendsten Merkmale sind die Pflicht des Gefolgsmannes zur Treue gegenüber dem Gefolgsherrn, das heißt zum Gehorsam und zu seiner Unterstützung, und die Pflicht des Gefolgsherrn zur Ausstattung des Gefolgsmannes mit «Prestigegütern» (S. 72) und zu seiner standesgemäßen Unterhaltung, die entweder durch Aufnahme in den Haushalt des Herrn oder durch die Verleihung von Gütern sichergestellt wird, aus denen sich der Gefolgsmann ernähren kann.

Es mag solche Gefolgschaften auch in einfacherer Form gegeben haben, zum Beispiel als Freundeskreise, die je nach Bedarf im buchstäblichen Sinne des Wortes zusammengetrommelt wurden, wenn es darum ging, eine bestimmte Absicht durchzudrücken. Die Grenzen zur Klientel der wirtschaftlich Abhängigen, die ein wohlhabender und einflußreicher Mann natürlich hatte (S. 107 f.), sind sicher an vielen Orten sehr fließend gewesen, und man tut überhaupt gut daran, hier nicht allzusehr im starren Schema zu denken.

Aber eine Gefolgschaft, die sich *nur* in friedlicher Zusammenarbeit und Unterstützung erschöpfte, hat es doch wohl nur im Ausnahmefall gegeben. War einmal eine echte Gefolgschaft freier (und meist junger) Männer entstanden, so ging es immer auch um den Kampf, um das, was man so schön umschreibend das Waffenhandwerk nennt, und die Hoffnung, die den Gefolgsmann beseelte, richtete sich nicht nur auf die Achtung des Herrn und die Ernährung durch ihn, sondern auch auf den Ruhm des Kriegshelden und – auf Kriegsbeute.

Es ist ziemlich müßig, über die Gründe zu philosophieren, die zu einem solchen Gefolgschaftsdenken geführt haben können, und sie gar noch ethisch bewerten zu wollen. Man kann sich hier alle möglichen Varianten vorstellen, von der puren Machtgier gegenüber dem eigenen Stamm bis zu seiner Verteidigung vor den Raubzügen anderer und von der Raublust (die sich auch wieder gegen den eigenen Stamm oder gegen andere richten konnte) bis zu der Absicht, von einer angestrebten Machtposition aus eine Politik zu treiben, die wirklich im Interesse der Beherrschten war. Die Wahrheit wird in den meisten Fällen – wie es auch heute noch in der Politik ist – in der Mitte gelegen haben. Es ist ziemlich wahrscheinlich, daß der Raub oder zumindest der sanfte Druck mit der leise klirrenden Waffe auch schon bei der frühesten Vermögensansammlung eine Rolle gespielt hat, und genau so wahrscheinlich ist es, daß die einfachen Menschen die Gefolgsleute des Mächtigen während ruhiger Jahre für eine Räuberbande hielten und ihnen beim ersten Angriff von außen trotzdem laut zujubelten, weil es ihnen ohne ihren Schutz noch schlechter ergangen wäre.

In dem Augenblick, in dem der erste Gefolgsherr den ersten fremden Stamm oder das erste fremde Dorf auszuplündern begann, hatte sein erster «Kollege» den Nimbus des Schutzherrn und Verteidigers, und da sie dieses Rollenspiel gewiß nicht vorher miteinander absprachen, ist darin noch nicht einmal sehr viel Unmoralisches zu erblicken – ganz abgesehen davon, daß die Bedrohung der seßhaften Bauerngesellschaften durch nomadische Räuber oder auch durch landsuchende Völker in der Geschichte ja nicht die Ausnahme, sondern die Regel war. Den eigenen Adel brauchte man in den alten Zeiten bestimmt nicht, um sich vor Ausplünderung und Verschleppung zu fürchten.

Trotzdem gibt es eine Art von Kettenreaktion, die man bei der Bewertung dieser Vorgänge nicht ganz aus dem Auge verlieren darf: Der erste Räuber machte den ersten Verteidiger, und ohne das wäre wahrscheinlich auch der erste Verteidiger nur ein Räuber und Unterdrücker geblieben.

Jedenfalls waren es diese ersten Aristokraten, die uns bei unseren Streifzügen durch die vor- und frühgeschichtlichen Jahrtausende immer wieder begegnet sind, wenn die Rede von sozialer Differenzierung oder von hervorgehobenen Gräbern und Grabbeigaben war oder wenn irgendwo Ruinen entdeckt wurden, die die Wissenschaftler kurzerhand als «Herrensitze» bezeichneten. Hier steckt, wie schon gesagt, eine zweite, außerordentlich starke Wurzel des Staates.

In historischen Darstellungen wird oft die kriegerische Tätigkeit dieser ersten Aristokraten ganz besonders betont, und meist klingt dabei die Vorstellung an, als ob sie sogar von so etwas wie einer ritterlichen Gesinnung bewegt worden seien. Das ist gewiß nicht völlig falsch, sonst wären die Lobpreisungen von Heldentum, Edelmut und Opferbereitschaft nicht zu erklären, die sich in den ältesten Dichtungen aller Völker finden. Aber man darf die Idealisierung doch auch wieder nicht übertreiben. Diese frühen Adeligen waren keine preußischen Junker. Sie haben es nicht verachtet, aus Manufakturen und Handelsgeschäften Gewinne zu erzielen, und sie konnten es sich oft nicht einmal leisten, sich ganz aus der Landwirtschaft zurückzuziehen.

Nimmt man die letzten Gesänge der Odyssee ernst, so war der «König» Odysseus von Ithaka alles in allem nur ein besserer Gutsbesitzer (freilich einer, dem andere Gutsbesitzer mehr oder weniger freiwillig eine gewisse Vorrangstellung einräumten), und einer seiner Kollegen – Mentes, der König der Taphier – scheute sich nicht einmal, Hafen um Hafen anzulaufen und in den Basaren seine Waren feilzubieten. Jeder Rittmeister Wilhelms I. hätte sich bei diesem Gedanken vor Ekel geschüttelt (und dabei gab es zu seiner Zeit wenigstens keinen Sklavenhandel mehr). Die Adeligen, von denen wir in diesem Abschnitt gesprochen haben, dürften nicht so feinfühlig gewesen sein. Sie werden es genommen haben, wo und wie sie es bekamen.

Ein historisches Beispiel

Die Entstehung des Adels bei einem Volk ist historisch nur schwer zu beobachten. Wenn Völker so groß und mächtig sind, daß sie der Geschichte überhaupt auffallen, stehen sie längst unter dem Kommando bedeutender Führer, so daß also längst auch ein Adel vorhanden ist. Deshalb haben wir ja zur Konstruktion eines Modells gegriffen, um uns ein ungefähres Bild von den Vorgängen zu verschaffen.

Um so interessanter ist es dann aber, die einzige Gesellschaft etwas näher zu betrachten, in der sich aus einer reinen, in Frieden lebenden Bauernkultur sichtbar eine reiche und machtvolle Aristokratie entwickelt hat, und zwar fast schon in historischer Zeit. Sie liegt deshalb zwar verhältnismäßig spät, besonders wenn man sie mit den Hochkulturen der großen Stromtäler oder gar mit den Festungen von Mersin oder Jericho vergleicht. Da es in ihrem Gebiet aber sichtlich keine aristokratischen oder sonst herrschaftlichen Vorgänger gegeben hat, ist sie zuverlässig «auf grüner Wiese» entstanden und kann daher tatsächlich als Modellerscheinung gelten.

Es handelt sich um die frühe *keltische Aristokratie,* die sich – vor allem in Mittel- und Westeuropa – um die Mitte der sogenannten Hallstatt-Zeit (ca. 800-400 v. Chr.) herausgebildet hat. Bis in das siebte vorchristliche Jahrhundert scheint es in diesen Gebieten keine allzu großen sozialen Unterschiede gegeben zu haben. Das Bild der Gesellschaft wurde durch eine breite Schicht mehr oder weniger wohlhabender, aber selbständiger Bauern bestimmt, die in bronzezeitlichen Formen lebten und ihre Toten in geschlossenen Sippenfriedhöfen bestatteten.

Seit etwa 600 v. Chr. wandelt sich dann aber der archäologische Befund und deutet tiefgreifende soziale Veränderungen an, die wohl schon einige Generationen vorher eingesetzt haben.

Lassen wir wieder einmal den Fachmann sprechen: «Ganz offensichtlich setzte um 600 v. Chr. eine spürbare Machtkonzentration in den Händen weniger Familien ein. Waren vorher die durch einen gewissen Reichtum und besonders auffallende Beigaben herausgehobenen Gräber noch innerhalb der Sippenfriedhöfe angelegt worden, so treiben einige Gräber des 6. und 5. Jahrhunderts v. Chr. den Reichtum auf die Spitze und liegen isoliert von den Bestattungsplätzen der einfachen Bevölkerung, und zwar meist ganz in der Nähe... befestigter Höhensiedlungen. Macht und Reichtum bedurften natürlich des Schutzes, und so besteht kein Zweifel, daß die Isolierung und Übersteigerung dieser reichen Gräber und die gleichzeitige Anlage befestigter Plätze zwei Seiten desselben Phänomens darstellen: Es bildete sich eine Adelsschicht heraus...» (Ludwig Pauli).

Die befestigten Höhensiedlungen, die soeben erwähnt wurden, gibt es tatsächlich, und zwar in gar nicht so geringer Zahl. Das Paradebeispiel, das hier immer sofort genannt wird und das im übrigen auch weitaus am besten erforscht ist, ist die bei Sigmaringen an der oberen Donau gelegene *Heuneburg*. Dort etablierte sich irgendwann im siebten Jahrhundert v. Chr. ein keltisches Fürstengeschlecht auf einem dreieckigen Hügelplateau, das in jeder Richtung mehrere hundert Meter mißt. Die Anlage war auf allen Seiten ummauert, zunächst mit einer «keltischen Mauer» aus Holzrahmenwerk, Erde und Steinverkleidung, in die auch eine ganze Reihe von Türmen eingefügt war. Innerhalb des Mauerdreiecks befanden sich zahlreiche Gebäude, die nicht nur die Fürstenfamilie, ihre Gefolgschaft und das Gesinde beherbergten, sondern auch eine Vielzahl von Werkstätten und die dort beschäftigten Arbeiter; einzelne Gewerbe (wie Töpfer, Bronzegießer und Eisenschmiede) sind eindeutig nachzuweisen. Zur Heuneburg gehörte im Umkreis weniger Kilometer fast ein Dutzend Grabhügel, in denen im Laufe der Generationen aller Wahrscheinlichkeit nach die Fürstenfamilie beigesetzt wurde. Leider sind die Gräber schon im Altertum ausgeraubt worden, so daß wirklich aufsehenerregende Funde dort nicht gemacht wurden.

Bemerkenswert ist, daß die ursprüngliche Maueranlage der Burg noch um 600 v. Chr. durch eine repräsentative Mauer aus luftgetrockneten Lehmziegeln (auf einem Kalksteinsockel) ersetzt wurde, das heißt durch ein Bauwerk, das ganz im Stil der südeuropäischen und vorderasiatischen Architektur gehalten war und ohne Zweifel durch einen von dort herbeigeholten Baumeister ausgeführt worden ist. Schon daraus, ebenso aber aus den im Schutt der Heuneburg gefundenen griechischen und italischen Luxusgegenständen erkennt man die weitverzweigten wirtschaftlichen Beziehungen der Burgherren, die wohl überwiegend über die griechische Kolonie Massilia (das heutige Marseille) abgewickelt worden sind. (Die Lehmmauer, die für das mitteleuropäische Klima ja schwerlich geeignet war, hielt sich übrigens runde fünfzig Jahre, da ihre Oberfläche immer wieder sorgfältig verputzt wurde. Ihre Nachfolger wurden dann allerdings wieder in keltischer Technik ausgeführt.)

Die Heuneburg ist die interessanteste und besterforschte Festungsanlage der keltischen Frühzeit. Sie ist aber bei weitem nicht die einzige. In Südwestdeutschland kann mit einer ganzen Reihe anderer, ähnlich bedeutender Anlagen gerechnet werden, so etwa auf dem Marienberg bei Würzburg, auf dem Ipf bei Bopfingen, auf dem Hohenasperg bei Ludwigsburg, auf dem Kapf bei Villingen und auf dem Burgberg von Breisach. Im Fürstengrab von Hochdorf, das zum Hohenasperg gehört haben muß, sind in den letzten Jahren Grabbeigaben entdeckt worden, die die Bedeutung des dort begrabenen Geschlechts in hellstem Lichte erscheinen lassen. Nimmt man hinzu, daß ähnliche Fürstensitze und Gräber auch aus Frankreich (zum Beispiel Mont-Lassois bei Châtillon-sur-Seine und Camp-du-Château bei Salins-les-Bains) und aus Böhmen (Hradišt bei Závist/Tschechien) bekannt sind, dann erkennt man, auf welch breiter Front sich die Adelsbildung in der keltischen Bevölkerung Europas vollzogen haben muß.

Die Herrschaft, die von diesen Fürstensitzen ausging, kann freilich nur ungefähr dem entsprochen haben, was man sich heute unter einem Staat vorstellt. Fraglich ist schon einmal, ob das gesamte keltische Siedlungsgebiet von einem lückenlosen Netz solcher Fürstensitze überzogen war. Es ist durchaus möglich, daß einzelne Gebiete oder Volksteile noch nicht unter der Herrschaft eines Fürsten standen, und selbst die Intensität, mit der die einzelnen Fürstenhäuser ihr Gebiet beherrschten, kann von Fall zu Fall höchst verschieden gewesen sein. An festgefügte und exakt abgesteckte Grenzen darf man wohl nur im Ausnahmefall denken. Jeder Burgherr wird eben so weit geherrscht haben, wie es ihm mit seinen Kräften gerade möglich war und seine benachbarten Konkurrenten es zuließen.

Denn daß es nun nicht mehr nur darauf ankam, die eigenen Reichtümer vor räuberischem Zugriff zu schützen, sondern daß es mehr und mehr auch zu Kämpfen um Handelswege, Herrschaftsgebiete und Interessenzonen gekommen sein muß, ergibt sich aus der Natur der Sache. Die Burgen dienten auch dem Selbstschutz in den nun entbrennenden politischen Auseinandersetzungen zwischen den Fürstenhäusern. Da und dort mögen sie sogar zu Fluchtburgen für die umliegende Bevölkerung, ihr Vieh und ihre fahrende Habe geworden sein, wenn ein Angriff genug Zeit zur Flucht ließ. Ob dabei schon das Gefühl der Verantwortung des Fürsten für die Untertanen eine Rolle spielte oder ob es den Burgherren mehr um die Erhaltung ihrer Steuerbasis ging, kann man nur raten.

Auf Vermutungen sind wir auch bei der Frage angewiesen, ob die Fürsten ihre Burgen nicht gelegentlich auch zum Schutz vor der eigenen Bevölkerung brauchten. Wenn es nämlich richtig ist, daß der keltische Adel «auf grüner Wiese» entstand, dann kann er bei denen, die den Aufschwung vom Bauerntum in den Adelsstand nicht schafften und sich nun unvermutet als Untertanen wiederfanden, nicht nur beliebt gewesen sein. Ob die mehrfachen Zerstörungsspuren, die die Ausgräber an vielen Fürstensitzen (insbesondere auch in der Heuneburg) festgestellt haben, nur auf Kämpfe zwischen den verschiedenen Burgherren oder auch auf Untertanenrevolten zurückzuführen sind, läßt sich heute aber nicht mehr mit ausreichender Wahrscheinlichkeit sagen.

Ein gewisser Hinweis könnte darin liegen, daß die Kelten des ersten Jahrhunderts v. Chr., die wir aus dem «Gallischen Krieg» Caesars verhältnismäßig gut kennen, eine nahezu pathologische Abneigung gegen eine Königsherrschaft hatten. Der mächtige Helvetier Orgetorix konnte damals immerhin mit dem Vorwurf aus dem Sattel gehoben werden, er strebe die Königskrone an. Ehe wir dazu ein Urteil abgeben, müssen wir uns aber die Verhältnisse genauer ansehen, die Caesar im ersten Jahrhundert v. Chr. antraf.

Als Caesar Gallien kennenlernte (58–51 v. Chr.), war das Land in «civitates» aufgeteilt, was oft mit «Stämme» übersetzt wird, aber auch einfach «Herrschaften» oder «Teilstaaten» heißen könnte. Innerhalb dieser civitates spielten adelige Herren (bei Caesar «equites» = Ritter) die alles entscheidende Rolle. «Der zweite Stand (neben den hier nicht interessierenden Druiden) ist der der Ritter. Sie stehen im Feld, sooft es nötig ist und irgendein Krieg ausbricht, und ehe Caesar nach Gallien kam, geschah es fast Jahr für Jahr, daß sie entweder selbst bewaffnete Angriffe unternahmen oder sich solcher erwehren mußten. Je einflußreicher ein Ritter durch seine Abstammung und sein Vermögen ist, desto mehr Abhängige (wörtlich ‹Sklaven›) und Gefolgsleute besitzt er. Das ist die einzige Form von Macht und Einfluß, die sie kennen.» (Caesar).

Über die Stellung des Volkes gibt Caesar nur scheinbar widersprüchliche Auskünfte. Den Kern der Sache treffen wohl die folgenden Sätze: «Der gemeine Mann wird fast wie ein Sklave behandelt. Er wagt nichts auf eigene Faust und wird zu keiner Beratung hinzugezogen. Die meisten werden unter dem Druck von Schulden, hohen Abgaben oder Übergriffen der Mächtigen gezwungen, sich in die Abhängigkeit von Adeligen zu begeben, die ihnen gegenüber dieselben Rechte haben wie bei uns die Herren gegenüber ihren Sklaven.» Diese Behauptung ist aber doch etwas übertrieben; denn Caesar selbst berichtet auch über Volksversammlungen, an denen alle waffenfähigen Männer teilnahmen und die doch sicher auch wichtige Entscheidungen zu treffen hatten.

Wenn allerdings ein mächtiger Adelsherr seine Klienten, die oft in die Tausende gingen, vorher auf eine bestimmte Linie eingeschworen hatte, wird es ihm ein Leichtes gewesen sein, die Volksversammlung für seine politischen Absichten zu gewinnen – es sei denn, seine Gegner hätten über eine noch größere und lautstärkere Klientel verfügt. Der Ritter Orgetorix war immerhin imstande, den gegen ihn gerichteten Hochverratsprozeß zunächst dadurch platzen zu lassen, daß er an der Gerichtsstätte fast 10000 Klienten zusammentrommelte. Solche Klientenmassen wirkten nicht nur in der bewaffneten Auseinandersetzung und in der Volksversammlung, sondern sie konnten auch in den zahllosen Einzelgesprächen, die die Menschen gewiß auch damals über politische Fragen führten, für die Meinung ihres Patrons werben. So beeinflußt man ja auch heute noch die «öffentliche Meinung» am wirksamsten.

Die «Senate», die es nach Caesar in den einzelnen civitates gab, können unter diesen Umständen nicht sehr viel mehr gewesen sein als «Koalitionsausschüsse», in denen die adeligen Gefolgschaftsführer zusammentrafen, um über wichtige politische Fragen zu sprechen und womöglich Abmachungen zu treffen. Auch Personalpolitik dürfte dort gemacht worden sein; denn wie Caesar berichtet, bestimmten die Ritter auch die sogenannten Vergobreten, die nominell zwar die höchsten Würdenträger waren, angesichts ihrer nur einjährigen Amtszeit aber nicht sehr viel bestellt haben können.

Auch diese von Adelskoalitionen regierten Staaten haben übrigens erstaunliche zivilisatorische und organisatorische Leistungen zuwege gebracht.

Von ihnen stammen vor allem die gigantischen Ringwälle, die es in Europa noch allenthalben gibt und die sich in den letzten Jahrzehnten mehr und mehr als die Überreste großer, stadtartiger Siedlungen (oppida) erwiesen haben. Sie sind erst gegen Ende der Keltenzeit, im vorletzten und letzten Jahrhundert v. Chr., entstanden. Eine von ihnen, das berühmte Bibracte, hat Caesar beschrieben. Eine andere haben deutsche Archäologen bei Manching (in der Nähe von Ingolstadt) in jahrzehntelanger Grabungsarbeit aus dem Boden geholt.

Diese Stadt, deren keltischer Name unbekannt ist, lag bezeichnenderweise an der Kreuzung zweier vorgeschichtlicher Handelswege, womit ihre «wirtschaftspolitische» Funktion eindeutig bewiesen ist. Sie hatte einen fast kreisrunden Grundriß, der Durchmesser betrug mehr als zwei Kilometer. Damit ist zugleich gesagt, daß die gewaltige, von vier Toren unterbrochene Mauer, die zu ihrem Schutz offenbar notwendig war, runde sieben Kilometer lang war.

Die Mauer ist das Musterbeispiel eines «murus Gallicus», das heißt einer «keltischen Mauer». Grundelement war ein drei Meter breites und über vier Meter hohes Holzkastensystem, das nach außen mit Kalkstein vertäfelt war. Das Holzgestell selbst war mit Steinen aufgefüllt, ähnlich den Steinpackungen, die man – wenn auch in Maschendraht – an den Rändern moderner Autobahnen und Eisenbahnlinien sehen kann. An der Innenseite dieser Mauer waren Unmengen von Erdreich so aufgeschüttet, daß sich eine flache, leicht zu ersteigende Rampe bis zur Höhe der Mauerkrone ergab.

Fachleute haben mittlerweile versucht, die organisatorischen Leistungen zu berechnen, die zum Bau einer solchen Mauer erforderlich waren. Sie sprechen von 420000 Kubikmetern Erdreich, das bewegt werden mußte, von 17000 Kubikmetern Holz, die für den Bau des Holzgestells notwendig waren, und von Tonnen von Eisennägeln, die das Gestell zusammenhalten mußten. Für die Steinverkleidung der Mauer sollen 7000 Kubikmeter bearbeiteter Stein, für die Füllung des Holzgerüstes 70000 Kubikmeter Steingeröll, zusammen etwa 120–130000 Tonnen, verwendet – und das heißt ja zunächst einmal auch: transportiert – worden sein. Und diese Arbeit mußte in den paar Generationen, die Manching bis zu seiner Eroberung durch die Römer um 15 v. Chr. erlebte, sogar zweimal geleistet werden; denn als die erste Mauer schadhaft geworden war, setzte man einfach eine zweite, wenn auch schlichtere Mauer davor und füllte den Zwischenraum mit Erde auf.

Daß solche Leistungen und die ihnen zugrundeliegenden Planungen nur von einem straff organisierten Gemeinwesen bewältigt werden können, bedarf keines Beweises. Dazu kommt, daß, wie man heute weiß, Siedlungen dieser Art ständig bewohnt waren und daher einer permanenten inneren Ordnungsmacht, zumindest einer Stadtgerichtsbarkeit bedurften. Außerdem läßt sich nachweisen, daß die einzelnen Stadtviertel von den Angehörigen bestimmter Gewerbe bewohnt wurden, was ebenfalls auf eine von Anfang an bestehende Stadtherrschaft schließen läßt. Unsere Erfahrungen aus Mesopotamien wiederholen sich im späten keltischen Europa also lückenlos. Fragen wir uns nun, wie die Verhältnisse zur Zeit Caesars mit denen des 6. und 5. Jahrhunderts v. Chr. in Einklang zu bringen sind, so steht jedenfalls fest, daß in beiden Epochen der Adel eine bedeutende Rolle gespielt haben muß. Das wird auch dadurch bestätigt, daß die Kelten während der sogenannten keltischen Wanderung des 4. und 3. Jahrhunderts v. Chr., die einzelne Stämme bis nach Rom, nach Delphi und in das Herz Anatoliens führte, unter dem Befehl adeliger Führer standen. Fraglich ist nur, ob die Besitzer der großen Festungsanlagen vom Typ Heuneburg mit diesem Adel identisch waren oder ob es sich bei ihnen um «Könige» handelte, die jeweils mehrere adelige Herrschaftsbereiche unter ihrer Hoheit zusammenfaßten. Nach unserem heutigen Erkenntnisstand muß diese Frage wohl im letzteren Sinne beantwortet werden.

«Könige» *muß* es unter den Kelten gegeben haben. Sonst wäre die fast pathologische Ablehnung dieser Institution zu Caesars Zeiten nicht zu erklären, und noch weniger die Tatsache, daß er einzelnen Personen ausdrücklich königliche Abkunft attestiert. Und da die Herrensitze vom Typ Heuneburg die *größten* Anlagen ihrer Zeit waren, die uns nach genauer Erforschung des Geländes bekannt sind, bleibt gar kein anderer Schluß möglich als der, daß dort eben die «Könige» Caesars zu Hause waren. Ihr Sturz wird aber doch wohl eher vom Adel als vom Volk ausgegangen sein. Sonst wäre das Volk zu Caesars Zeiten wohl nicht so rechtlos gewesen, wie er es darstellt.

Ob sich die einzelne Königsherrschaft immer auf eine ganze civitas erstreckte oder ob nicht eher das Territorium eines «Königsreichs» später als civitas bezeichnet wurde, läßt sich ohne weitere Forschungsergebnisse nicht sagen. Wahrscheinlicher ist das letztere. Denn die Herrschaftsbereiche der einzelnen Burgherren werden, wie schon ausgeführt, nicht allzu genau abgegrenzt gewesen sein, und andererseits wissen wir zum Beispiel aus der Geschichte der napoleonischen Staatengründungen in Deutschland, wie sehr sich auch künstlich geschaffene Grenzen auf das Zusammengehörigkeitsgefühl der Völker auswirken können.

Diese Überlegung ist deshalb von Interesse, weil sie erklären könnte, warum es in der Geschichte zwei ganz verschiedene Formen adeliger Herrschaft gegeben hat, und zwar auch dort, wo kein Beamtenadel im Spiel war. Auf der einen Seite gibt es Beispiele dafür, daß einzelne Adelsherren ihre eigenen Herrschaften mit eigenem Territorium besaßen, das heißt gewissermaßen kleine Einzelstaaten. So dürften die Verhältnisse anfänglich bei den noch zu erwähnenden reguli der Alemannen und den genealogiae der Bajuwaren gewesen sein (dazu S. 139), mit hoher Wahrscheinlichkeit aber auch schon bei den ersten Adelsherrschaften, deren Spuren wir in Hacilar und Mersin gefunden haben. Erst später dürften sich über diesen ersten Adelsherren größere politische Einheiten etabliert haben, und wie das vor sich gegangen sein könnte, zeigt etwa die Reichsgründung der Hethiter, auf die wir sogleich noch zu sprechen kommen werden (S. 129, 146f.).

Der andere Typ der Adelsherrschaft setzt schon eine solche größere Einheit voraus, innerhalb deren es aber keinen die ganze Einheit beherrschenden König (mehr) gibt, sondern eine *Schicht* adeliger Herren, die auch keine fest abgegrenzten Territorien beherrschen, sondern mit ihrer Gefolgschaft und ihren Klienten «nur» einen Anteil an der politischen Führung des *gesamten* Gemeinwesens beanspruchen. So kennen wir es etwa aus der aristokratischen Zeit des alten Griechenlands, vor allem aus Attika, das auch insoweit ein Musterbeispiel ist, und so verhielt es sich offensichtlich auch in den keltischen civitates zur Zeit Caesars.

Der Begriff «Adelsherrschaft», den die Geschichtsschreibung so oft verwendet, ist also genaugenommen zweideutig. Er kann den – naturgemäß kleinen – Staat eines einzelnen Adelsherrn bedeuten, den dieser dann folgerichtig allein regiert. Er kann sich aber auch auf ein größeres, auf andere Weise konstituiertes Staatswesen beziehen, in dem eine ganze Schicht von Aristokraten – mit oder ohne König – das entscheidende Wort spricht. Ein «Adels*staat*» im strengen Sinne des Wortes ist nur das erste Modell.

Spezielle Kristallisationspunkte der Macht

Eine besondere Rolle muß bei der sozialen Differenzierung der frühen Gesellschaften stellenweise der *Bergbau* gespielt haben. Er war natürlich eine besondere Quelle von Reichtum und zugleich setzte er Organisationsformen und Kapitalpolster voraus, die nicht von jedermann auf die Beine gestellt werden konnten.

Im keltischen Siedlungsbereich muß hier vor allem an den *Salzbergbau* gedacht werden, der in Hallstatt und auf dem Dürrnberg bei Hallein eine besonders markante Ausprägung gefunden hat und dort auch besonders gut erforscht ist. Die ältesten technischen Funde vom Dürrnberg sind mit der sogenannten C14-Methode (die freilich nicht so genau ist, wie man es sich wünschen möchte) auf die Zeit von etwa 800–260 v. Chr. datiert worden, fallen also genau in die Zeit, die uns hier interessiert, und der Hallstätter Bergbau muß eher noch etwas älter sein; denn dort haben sich u.a. auch bronzene Pickel gefunden, während die Halleiner Gruben nur eisernes (also jüngeres) Werkzeug zu Tage gefördert haben.

Die Herrengräber, die man an beiden Orten gefunden hat, gehören mit Sicherheit zu einer adeligen Schicht, deren Reichtum dort eben auf dem Salz beruhte. Dabei soll nicht geleugnet werden, daß diese «Salzherren» nebenbei auch im Kriegshandwerk engagiert waren. Es wird gewiß nicht an Versuchen wohlmeinender Nachbarn gefehlt haben, ihnen den erwirtschafteten Reichtum oder noch besser dessen Quelle abzunehmen. Schon deshalb müssen sie über eine schlagkräftige Truppe und wahrscheinlich auch über beachtliche Verteidigungsanlagen verfügt haben, die allerdings zumeist noch nicht entdeckt worden sind. Jedenfalls gab es an den frühen Bergwerksorten mehr als einen Anlaß, staatliche Macht zu entwickeln.

Das sollte uns veranlassen, ganz allgemein einen Blick auf die staatsbildende Funktion des Bergbaus zu werfen. Von den vorgeschichtlichen Feuerstein- und Obsidiangruben haben wir schon einmal kurz gesprochen. Über ihr gesellschaftliches und politisches Ambiente weiß man allerdings so gut wie nichts, so daß sie hier außer Betracht bleiben müssen. Die ägyptischen Goldbergwerke befanden sich von Anfang an im staatlichen Besitz und sind auch sicher nicht ursächlich für die Entstehung des Pharaonenstaates gewesen. Auch sie können wir hier also außer acht lassen. Dagegen weiß man über den *Kupferbergbau* einiges, was sich für unsere Zwecke fruchtbar machen läßt. Obwohl natürlich auch er in Asien und im Mittelmeerraum entstanden ist, soll hier ein Bericht über die Kupfergewinnung zitiert werden, die es in Tirol und im Land Salzburg seit dem zweiten Jahrtausend v. Chr. gab. Auf die älteren asiatischen Kupfergruben (und übrigens auch auf die indischen und britannischen Zinngruben) sind die wesentlichen Fakten ohne weiteres übertragbar.

«Die Untersuchungen des Bergbaues im Salzburgischen und in Tirol ergaben in einer Höhenstaffelung längs der Hänge alte Abbaugänge, Sortierungsplätze und Schmelzöfen. Zum Abbau des Erzes, das hier in Gängen von ein bis zwei Metern Mächtigkeit ansteht, hat man sich weitgehend der Hilfe des Feuers bedient. Auf künstlichen Terrassen wurde das Erz zum Sortieren grob zerschlagen und fein zermahlen, sodann in Holztrögen unter Ausnutzung seines spezifischen Gewichts vom tauben Material geschieden. Die Schmelzen lagen tiefer am Hang: das Erz hat man zunächst mit Holzkohle zusammen «geröstet», so daß ihm in der Rotglut Schwefel entzogen wurde, um es danach in Öfen über Holzkohle zu schmelzen. Abbau und Aufbereitung verursachten einen beträchtlichen Arbeitsaufwand: für einen Bergbau- und Schmelzbetrieb kann man mit etwa 40 Knappen rechnen, dazu etwa 60 Holzfällern und Zimmerleuten, 20 Personen, die in der Aufbereitung, und 30, die im Erztransport tätig waren, sowie noch einer Anzahl für weitere Transportleistungen, Lenkung und Aufsicht, also wohl beträchtlich mehr als 150 Mann. Ein solcher Betrieb dürfte täglich etwa vier Kubikmeter Erz verarbeitet, das heißt mehr als 300 Kilogramm Kupfer erbracht und 20 Kubikmeter Bau- und Feuerholz verbraucht haben. Sicher war dafür eine straffe Organisation nötig, und es darf vermutet werden, daß hier abseits der eigentlichen Siedlungsgebiete vornehmlich Männer tätig gewesen sind und gewohnt haben, ähnlich wie uns das für einige spätere Minen-Kommunitäten belegt ist. Es sollte nicht verwundern, wenn im salzburgisch-tirolischen Kupferbergbau gleichzeitig insgesamt 1000 Personen beschäftigt waren. Sie mußten also von der Urproduktion an Nahrungsmitteln freigestellt und entsprechend versorgt werden. Selbst ein einziger Minen- und Hüttenbetrieb war nicht von einer einzigen Dorfsiedlung zu bewältigen und wird wohl auch nicht auf rein demokratischer Kooperation beruht haben, sondern eher auf Organisation der Arbeitskraft durch eine gehobene Bevölkerungsschicht.» (Karl J. Narr). Diese Vermutung erhärtet sich, wenn man den Kapitaleinsatz mitbedenkt, der zur Führung solcher Betriebe notwendig gewesen sein muß, und auch die Ernährung der Bergleute vermochte am besten ein adeliger Herr zu leisten, der dafür die Naturalabgaben seiner in der Landwirtschaft verbliebenen Untertanen verwenden konnte.

Ähnliche Erscheinungen, wie hier geschildert, gab es auf der ganzen Welt in den Bergbaugebieten der damaligen Zeit, vor allem im Kupfer- und Zinnbergbau. In der südwestiranischen Landschaft Luristan haben sich beispielsweise schon aus der ersten Hälfte des dritten Jahrtausends v.Chr. reich ausgestattete Adelsgräber gefunden, die offenkundig mit dem dortigen Kupferbergbau verbunden und in denen also gewissermaßen «Kupferbarone» beerdigt waren.

Aber es gab noch andere Situationen, in denen sich politische Macht besonders herauskristallisieren konnte. Das bemerkenswerteste Beispiel nennt hier die Geschichte der *Hethiter,* die ebenfalls ein aristokratisch regiertes Volk waren, als sie in die Geschichte eintraten.

An der Handelsstraße, über die im 19. vorchristlichen Jahrhundert der Warenaustausch zwischen Assyrien und Zentralanatolien ablief, lag der Ort Kuschar (genau: Kuschschar), dessen Fürsten von den Durchgangszöllen so reich wurden, daß sie offenbar beachtliche Heere ausrüsten und damit eine langfristige Eroberungspolitik beginnen konnten. Sie überschritten den Halys und gründeten in der Gegend von Alisar eine neue Residenz namens Ankuwa. Pitchanas von Ankuwa besetzte von hier aus die Stadt Nesa (über deren Lage die Gelehrten allerdings uneinig sind) und seinem Sohn Anittas gelang es, eine gegen diese Expansion gerichtete Koalition von Königen niederzuwerfen. Als er später auch noch den König von Sattiwara (am Hassan Dag) besiegte und daraufhin der König von Burus'chanda ihm freiwillig seine eisernen Insignien (Thron und Szepter) auslieferte, war Anittas zum ersten Großkönig der Hethiter geworden. Das hethitische Großreich geht also letztlich auf einen «Paßherrn» und seine Schutzgelder zurück.

Adelsherrschaft und Wanderung

Die historische Erfahrung zeigt nun allerdings, daß sich aristokratische Herrschaftsformen nur selten aus wilder Wurzel in ungefährdeten, ursprünglich bäuerlich strukturierten Gesellschaften herausbilden. Die Adelsbildung bei den Kelten, die wir untersucht haben, ist aufs Ganze gesehen eher eine Ausnahme. Im allgemeinen entstehen adelige Herrschaftsformen häufiger durch den Zerfall (die «Feudalisierung») größerer Herrschaftssysteme, oder sie entstehen in Gesellschaften, in denen Führung und Verteidigung für kleinere Einheiten zur unerläßlichen Existenzbedingung geworden sind.

Wohin man in der menschlichen Geschichte blickt, ist die aristokratische Herrschaftsform vor allem bei *nomadischen Völkern* besonders ausgeprägt. Ohne Übertreibung kann man sagen, daß es Nomadenvölker ohne solche Führungsstruktur nicht gibt und daß seßhafte Völker, die – aus welchen Gründen auch immer – ihre Wohnsitze verlassen, mit einer fast naturgesetzlich erscheinenden Regelmäßigkeit zu aristokratischen Führungsformen übergehen.

Um das zu verstehen, muß man sich das Leben eines solchen auf absehbare Zeit wandernden Volkes nur etwas vor Augen führen.

Da wandert also eine Gruppe von Menschen durch eine Umwelt, die ihr naturgemäß nicht freundlich gesonnen sein kann. Männer und Frauen, Kinder und Greise, Gesunde und Kranke sind auf dem Wege. Nur wenige haben den Vorzug, auf einem Pferd oder Esel zu reiten, und auf den Karren, die ohnehin mit Hausgerät, Zelten und Nahrungsvorräten überladen sind, ist höchstens Platz für die Kleinkinder, die ältesten Greise und für die Kranken. Störrisches und müdes Vieh muß mitgetrieben werden. Die Männer sind schwerbewaffnet. Wenn sie nicht damit beschäftigt sind, steckengebliebene Karren wieder flottzumachen oder auftauchende Feinde zu verscheuchen, gehören sie vielleicht zur Vorhut, die einen Lagerplatz für die kommende Nacht ausfindig machen muß, oder sie sorgen dafür, daß der Zug nicht auseinanderreißt. Abend für Abend muß gelagert und abgekocht werden, Nacht für Nacht sorgen Wachen für das bißchen Sicherheit, das eine solche Lebensweise überhaupt bietet, jeden Morgen muß der ganze mühselige Zug wieder in Gang gesetzt werden. Handelt es sich um Ackerbauern, die in Wanderung geraten sind, so gilt es, rechtzeitig ein Winterlager auszumachen, das dann meist Tag für Tag gegen die eigentlichen Bewohner verteidigt werden muß. Unter Umständen muß im ersten Frühling sogar noch gesät und dann die Ernte abgewartet werden, ehe eine neue Etappe der langen Wanderung beginnen kann, und auch die Felder müssen wieder Tag und Nacht verteidigt werden. Ein mühsameres und gefährlicheres Leben läßt sich kaum denken.

Ein solches Leben lehrt den Menschen zwei Dinge über alles schätzen: die *kleine Gruppe* und die *Führerpersönlichkeit*.

In der Gruppe kennt man sich, vertraut sich und hilft sich gegenseitig. Man ist nie völlig auf sich allein gestellt, man hat – oft im buchstäblichsten Sinne des Wortes – durch sie den Rücken frei, man kann sich, wenn sie nur klein genug ist, mit ihr im Falle eines militärischen Desasters aber auch verkrümeln und vielleicht Anschluß an einen anderen, größeren Stamm suchen. Jeder Landser aus den beiden Kriegen unseres Jahrhunderts kennt den Wunsch, geschehe was da wolle, beim eigenen «Haufen» zu bleiben, und bestätigt damit nur den eminenten Wert der Kleingruppe in unübersichtlichen und gefährlichen Verhältnissen.

Das Beispiel zeigt zugleich, daß es nicht immer die Familie sein muß, die diesen Schutz und diese Geborgenheit sichert. Natürlich nimmt sie im Nomadenleben wie auf erzwungenen Völkerwanderungen diese Aufgabe zuerst wahr. Aber in solcher Lage nimmt der Mensch Hilfe und Verstärkung, wo er sie findet. Die geheime Reichsgeschichte der Mongolen berichtet etwa, wie Temüdschin, der spätere Dschingis Khan, in seiner allerersten, schlimmsten Zeit, als sein Clan nur noch aus drei Brüdern, einigen Frauen und ein paar treuen Sklaven bestand, nach seinem Freund Bogurtschi sandte und ihn mit der Zeremonie der Blutsbrüderschaft in den Clan aufnahm, nur um *einen* zusätzlichen Kämpfer zu gewinnen. So wird es in der Geschichte oft und oft gewesen sein. Die Familie ist nie die einzige Quelle menschlicher Zusammengehörigkeit, am wenigsten in wirklichen Notlagen.

In der Gruppe entsteht dann aber zwangsläufig auch das Führungsproblem. Wenn irgendwo, ist auf Wanderung ein Mann nötig, der die alleinige Verantwortung trägt, dafür aber auch das Sagen hat. In Gefahrensituationen dieser Art verfestigt sich sehr rasch die Erfahrung, daß eine zweifelhafte, ja falsche Entscheidung meist besser ist als gar keine Entscheidung. Alles drängt auf den einzelnen Führer hin, der sagt, was zu geschehen hat, und der auch stark genug ist, dafür zu sorgen, daß es geschieht.

Der Historiker *Ernst Wahle* hat das einmal so ausgedrückt: «Die nomadische Komponente... gibt den Führernaturen oftmals Gelegenheit, vermittels ihrer Fähigkeiten den Gang der Dinge entscheidend zu beeinflussen. Aus der häufigeren Verlegung der Wohnsitze erwachsen Auseinandersetzungen mit den Nachbarn; der sachlichen Notwendigkeit tritt die Rivalität zur Seite, und in einer Welt, welche täglich die Basis ihres gesellschaftlichen Ansehens (gemeint ist das Vieh) gegenüber Bär und Wolf verteidigen muß, welche den Ur jagt und das Jungvieh vor dem Adler schützen muß, greift man sehr rasch zur Waffe. Sodann stellen die Wechselfälle in der Natur, ein ungewöhnlich strenger Winter, ein Steppenbrand oder Seuchen, die Lebenskreise jeweils vor besondere Aufgaben. Damit aber sind die Voraussetzungen für das Wirken von Führergestalten so gut wie ständig gegeben...» Es mag eine rauhe und gewiß nicht immer uneigennützige Art von Führerschaft gewesen sein, die dieses Leben erzeugte. Für die Schwächeren, für Frauen, Kinder und Greise vor allem, war sie aber lebensentscheidend.

Aber selbst in dieser Lage waren es nicht nur Schutz und Verteidigung, die man von einem guten Führer erwartete. Er mußte den besseren Überblick über die politische – und das heißt auf Wanderung oft nur: über die geographische – Situation haben. Er mußte jederzeit über Freund und Feind Bescheid wissen. Er mußte imstande sein, Kundschafter- und Informationssysteme zu schaffen, die Auskünfte über potentielle Feinde geben konnten, aber auch über Furten und Pässe, über mögliche Winterquartiere und natürlich auch über Chancen zum Raub. Denn kein wanderndes Volk hat jemals darauf verzichtet, seine Lebenschancen durch den Raub von Nahrungsmitteln und Vieh, von Waffen, Frauen und Sklaven zu verbessern, und die Bewaffnung, die für die Selbstverteidigung so notwendig war, hat in Wirklichkeit nie *allein* dazu gedient. Die geheime Geschichte der Mongolen, die besser als jede andere Quelle über das Leben nomadischer Völker berichtet, ist voll von Erzählungen über Rauben und Beraubtwerden, gerade aus der Zeit, in der Temüdschin noch nicht zum Dschingis Khan geworden, sondern ein einfacher Clanführer in der weiten asiatischen Steppe war.

Man möchte nun allerdings meinen, daß in solcher Lage stets der die Führung hätte, der sich im Augenblick als der Stärkste und Beste erweist, und daß von ihrer Erblichkeit schon aus diesem Grunde nicht die Rede sein könnte. So wird es oft genug auch gewesen sein. Die Führerstellung bei wandernden Völkern ist nie so gefestigt gewesen wie bei seßhaften, und oft wird ein geglückter «Königsmord» nur als Beweis dafür genommen worden sein, daß der gestürzte Führer eben doch nicht mehr der Stärkste und Beste war.

Dennoch entwickelte sich gerade in solchen Gesellschaften am zuverlässigsten ein erblicher, oft allerdings durch Blutsbrüderschaften ergänzter Adelsstand. Dazu mag das größere Vermögen der Führerfamilien beigetragen haben, das durch größere Beuteanteile auch überproportional wuchs und das sich wieder als Herrschaftsinstrument einsetzen ließ, zum Beispiel durch die Finanzierung einer Gefolgschaft. Auf der anderen Seite mag die Neigung gering gewesen sein, die Kräfte allzuoft durch innere Machtkämpfe zu verschleißen, und das Vertrauen in die göttliche Berufung bestimmter Familien mag noch ein übriges dazu getan haben.

Tatsache ist jedenfalls, daß wandernde und vor allem nomadische Völker in aller Regel einen *erblichen* Adelsstand herausgebildet haben. Die Notwendigkeit, trotzdem einen tüchtigen Führer zu erhalten, führte meist nur dazu, daß sich die Macht nicht automatisch vom Vater auf den Sohn vererbte, sondern daß der eigentliche Führer aus den männlichen Mitgliedern der herrschenden Familie (und zwar meist durch diese selbst) ausgewählt wurde.

Königtum und Adel

Ähnlich wie die Entstehung des Adels muß man sich bei wandernden Völkern auch die Entstehung des *Königtums* vorstellen. Entweder ist die wandernde Menschengruppe so groß, daß über den einzelnen adeligen Führern noch ein höherer, vor allem die kriegerischen Maßnahmen koordinierender Oberführer nötig wird, oder der Ruhm und das Vertrauen in die Leistungskraft eines Stammesführers werden so groß, daß sich andere ihm freiwillig anschließen, um an dem Schutz, den er gewährt, und an den Gewinnaussichten, die man ihm zutraut, teilzuhaben.

Das müssen nicht immer Volksgruppen von gleicher «Nationalität» oder «Stammeszugehörigkeit» sein. Es ist unrealistisch zu glauben, daß sich Stämme und Völker immer nur aus Menschen mit gemeinsamer Abstammung und Sprache zusammengesetzt hätten. Die Nöte und die Hoffnungen des gemeinsamen Wanderlebens waren dafür viel öfter ausschlaggebend. Wir wissen aus der germanischen Völkerwanderung etwa, daß die Kimbern und Teutonen, als sie in das Römische Reich einbrachen, keltische Gruppierungen bei sich hatten. Die Namen der teutonischen Führer sind überwiegend keltischer Herkunft. Die Alanen, die sich an der germanischen Völkerwanderung beteiligten und teilweise bis nach Spanien gelangten, sprachen zwar eine indogermanische, aber keine germanische Sprache. In der Gegend der katalaunischen Felder, auf denen 451 n. Chr. der Römer Aetius den Hunnenkönig Attila schlug, haben sich hunnische Gruppen niedergelassen, die dort bis heute nachweisbar sind. Das alles beweist, daß die Geschichte meist ganz anderen Regeln gefolgt ist, als man sich das im Zeitalter nationaler Identitäten und vor allem nationaler Staaten vorstellen konnte.

In Wirklichkeit herrschte ein König, dem man viel zutraute, auf Grund freiwilliger Loyalitätserklärungen meist über viele Stämme und Gruppen aus allen möglichen Völkern und Rassen. Wendete sich das Blatt, so stand er bald auch wieder allein mit seinem Clan. Dschingis Khan hat dieses Auf und Ab in seinen Anfangsjahren mehr als einmal erlebt und die germanischen Heerkönige hätten seine Erfahrungen durchaus bestätigen können.

Der Historiker *Michael de Ferdinandy* hat dieses Auf und Ab der Macht und das dauernde Fluktuieren der Machtbereiche mit den folgenden Worten beschrieben:

«Die nomadische Lebensordnung ruht auf dem Grunde der Familie in engerem und weiterem Sinne. Zwecks Sicherung des Viehbestandes treten mehrere Familien zu einer Interessengemeinschaft zusammen, der sich auch Einzelindividuen aus der Nachbarschaft anschließen. Das ist ein Aul. Der Aul erweitert sich ständig durch Aufnahme fremder Bestandteile, während zu gleicher Zeit ältere Teilnehmer sich von ihm lösen, um andere Wege zu wandern: so ist er dauernd in Umbildung begriffen. An seiner Spitze steht mit unbeschränkter Gewalt der Sippen-Älteste. Auf dieser Stufe hat der Aul noch einen nur sehr beschränkten politischen Inhalt. Aber im Winter, wenn mehrere Auls sich vereinigen, um auf diese Weise der Entbehrungen und Gefahren besser Herr zu werden, entsteht ein Verband von Aul-Gruppen, der sich in Sommerzeiten wieder zerstreut, aber das im Winter geschlossene Schutzbündnis aufrecht erhält. Hier ist nun bereits eine Persönlichkeit nötig, die auf autoritärer Grundlage die Angelegenheiten des Verbandes wahrnimmt. Das ist der Richter. Meistens wird seine Gewalt innerhalb seiner Familie erblich. Damit ist ein erster Machtmittelpunkt geschaffen. Seine

Beratungen mit den übrigen Familien-Ältesten bilden die Grundlage der nomadischen politischen Ordnung, der Name seiner Familie wird zum Namen der Aul-Gruppe, deren Oberschicht oder sozusagen deren Adel von seiner näheren Verwandtschaft gebildet wird. Diese Aul-Gruppe stellt schon eine größere Einheit vor, die bereits politische Absichten verfolgt. Sind solche Absichten mehreren Aul-Gruppen gemeinsam, so entsteht aus ihnen ein ‹Stamm›. Ein Bund mehrerer Stämme wird dann als ‹Horde› bezeichnet. Sie ist ein militärischer Verband, der nur nach außen, gegenüber dem Feinde eine Einheit bildet. Er entfaltet sich zu einer Organisation, die im ganzen ihren militärischen Charakter beibehält, weil ihr Sinn und Wert, ihr Wohlstand und ihr Wachstum von ihren Kampferfolgen abhängen. Die besiegten Gegner pflegen sich nämlich der siegreichen Horde meist anzugliedern. So sind denn Kampf und Sieg das sicherste Mittel, um den Bestand an Menschen und damit die Macht zu mehren. Ein solcher Militär-Verband erheischt naturgemäß eine leitende Persönlichkeit. Das Oberhaupt des stärksten Stammes wird zum Führer, der, wenn er das nötige Geschick besitzt, aus dem lockeren Verband von Stämmen einen festen autokratischen Staat aufbaut: er wird zum regierenden Fürsten, zum wahren Herrscher des neuen Gebildes. Die weitere Entwicklung verläuft in Richtung auf das nomadische Weltreich: der neue Machthaber schwingt sich zum Herrn über die gesamten Landschaften auf, die der nomadischen Lebensform huldigen. Der Fürst wird zum Groß-Khan, Kagan, zum obersten König, seine Brüder werden zu Fürsten, seine Anverwandten zu Führern, Häuptlingen. Das neue Imperium besteht so lange, als die Persönlichkeit und die Dynastie, die es geschaffen haben, vorhanden sind und genügend Ansehen und Macht verkörpern. Sein Zerfall bedeutet nicht etwa den Untergang der an ihm teilhabenden Völker, sondern nur das Aufhören oder die Verschiebung des ursprünglichen politischen Mittelpunktes und Machtrahmens.»

Diese Darstellung mag in Details etwas zu schematisch sein, und es hat natürlich auch nomadische Reichsgründungen gegeben, die den letzten Schritt, den Kampf um die Beherrschung der ganzen Steppe, niemals versucht haben. Im wesentlichen haben sich die Reichsgründungen der eurasischen Steppe aber gewiß alle nach diesem Schema vollzogen, schon die des T'ouman und des Mao-tun, die noch vor der Zeitenwende ein Großreich der Hsiung-nu an Chinas Grenzen errichteten, ebenso aber auch die Großreichsgründungen des Attila im 5. Jahrhundert n. Chr., des Dschingis Khan an der Wende vom 12. zum 13. Jahrhundert und viele andere mehr.

Das Nomadenvolk, von dessen Königen wir – neben den Mongolen – am meisten wissen, sind die *Skythen,* die in den letzten Jahrhunderten v. Chr. im Westen, Norden und Nordosten des Schwarzen Meeres lebten und dort mit den Griechen in nahen Kontakt kamen. Der Schriftsteller Herodot (ca. 485– ca. 425 v. Chr.), der jahrelang in Olbia am Schwarzen Meer lebte und ihr Gebiet vielleicht sogar selbst bereist hat, hat sie im Vierten Buch seiner

«Historien» beschrieben, und die seitherige Forschung hat so viele von seinen Aussagen bestätigt, daß heute auch die anderen als absolut glaubwürdig angesehen werden.

Herodot kennt eine ganze Königsdynastie der Skythen, die ihnen generationenlang die Herrscher gestellt hat und in der die Krone übrigens auch gelegentlich zwischen den verschiedenen Zweigen gewechselt hat. Über die Wahl und die Rechte dieser Skythenkönige berichtet er nicht viel. Aus anderen Quellen wissen wir aber beispielsweise, daß ihr König Ateas im vierten Jahrhundert v. Chr. über ein Reich herrschte, das sich von der heutigen Dobrudscha bis an den Kuban erstreckte, was in damaliger Zeit nur mit einer großen Anzahl loyaler Unterkönige und Adelsherren möglich war. Neunzigjährig unterlag er im Jahre 339 v. Chr. dem Makedonenkönig Philipp II. und verschwand unter Zurücklassung kostbarer Beute in der südosteuropäischen Steppe, wo sich seine Spur verliert. Herodot hat auch einen detaillierten Bericht über die Bestattungsriten beim Tode eines solchen skythischen Großkönigs hinterlassen (IV 71, 72). Die ganze Wildheit dieser Steppenvölker, aber auch die Weite ihrer Staaten und die Ergebenheit ihrer Menschen gegenüber dem Herrscher werden in seiner Schilderung plastisch.

«Die Gräber der Könige befinden sich in der Landschaft Gerrhos an der Stelle, wo der Borysthenes (= Dnjepr) gerade noch befahrbar ist. Nach dem Tode eines Königs heben sie dort eine große viereckige Grube aus. Sodann wird die Leiche auf einen Wagen gelegt. Der Leib ist vorher mit Wachs überzogen, der Bauch geöffnet, gereinigt, mit gestoßenem Safran und Räucherwerk, Eppich- und Dillsamen gefällt und wieder zugenäht worden. Die Leiche wird dann zu einem anderen Stamm gefahren. Der Stamm, der sie nunmehr aufnimmt, tut dasselbe wie die Königsskythen: Jeder schneidet ein Stück von seinem Ohr ab, schert seine Haare, macht einen Schnitt rund um den Oberarm, ritzt sich Stirn und Nase auf und stößt sich Pfeile durch die linke Hand. Dann fährt man die Leiche des Königs zum nächsten Stamm, den die Skythen beherrschen. Die, die ihn vorher übernommen haben, begleiten den Toten. Nachdem die Leiche bei allen Stämmen war, gelangt der Zug zu den Gerrhern, dem fernsten Stamm ihres Machtbereichs, und zu den Gräbern. Nunmehr betten sie die Leiche im Grab auf ein Lager von Laub, stoßen ihre Lanzen zu beiden Seiten in die Erde, legen Stangen darüber und bauen ein Dach aus Weidengeflecht. An einer anderen Stelle des Grabes erwürgen sie eine Nebenfrau des Königs und begraben sie, ebenso den Mundschenk, Koch, Stallmeister, Diener, Melder, Pferde, ferner die Erstlinge alles anderen Viehes und goldene Schalen; Silber und Bronze verwenden sie dagegen nicht. Darauf türmen sie einen hohen Grabhügel auf und versuchen im Wetteifer, ihn so hoch wie möglich zu machen.

Ein Jahr später tun sie folgendes: Sie nehmen die besten Diener des Königs, die noch leben (und zwar eingeborene Skythen; denn jeder, den der König beruft, wird sein Diener, gekaufte Diener gibt es bei ihnen nicht).

Von diesen Dienern erdrosseln sie fünfzig, dazu die fünfzig schönsten Pferde. Sie nehmen die Eingeweide heraus, reinigen die Bauchhöhle, füllen sie mit Spreu und nähen sie wieder zu. Dann wird die Hälfte eines Radreifens mit der Rundung nach unten an zwei Stangen befestigt, die andere Hälfte an zwei anderen Stangen. Auf diese Weise errichten sie eine ganze Anzahl von Gestellen. Auf je zwei davon wird nun ein Pferd gehoben, durch dessen Leib – der Länge nach bis zum Hals – eine dicke Stange getrieben worden ist. So tragen die vorderen Räder die Schultern der Pferde, die hinteren halten den Bauch bei den Hinterbeinen hoch; Vorder- und Hinterschenkel schweben in der Luft. Sie legen den Pferden auch Zügel und Zaumzeug an, ziehen den Zaum nach vorn und binden ihn an einen Pflock. Dann verteilen sie die fünfzig erwürgten jungen Männer auf die Pferde, und zwar folgendermaßen: Die Leichen werden senkrecht, längs des Rückgrats, mit einer Stange bis zum Hals durchbohrt, so daß unten ein Stück von diesem Holz hervorsteht, und dieses befestigen sie an jener Stange, die durch das Pferd geht. Solche Reiter stellen sie im Kreise um das Grab und dann ziehen sie wieder ab.»

Grabhügel der hier geschilderten Art hat man in den vergangenen Jahrhunderten in großer Zahl gefunden. Sie werden heute als Kurgane bezeichnet. Aus ihnen und aus Adelsgräbern stammt das sogenannte Skythengold, das in den letzten Jahren mehrfach in großen Ausstellungen gezeigt wurde.

Die Entstehung solcher Reiche hat sich bestimmt in den gleichen Formen vollzogen, in denen auch Dschingis Khan sein Steppenreich gründete. Die geheime Reichsgeschichte berichtet darüber folgendes: Als Temüdschin durch ein Bündnis mit dem Khan der Kereit die ersten Stufen der Macht erklommen, die einflußreichen Merkit besiegt hatte und ein Machtkampf mit seinem Konkurrenten Dschamukha, dem Führer der Dschadaran, unausweichlich geworden war, forderte er die Führer der benachbarten Mongolenstämme zur Gefolgschaftstreue auf. Da er von vornehmster Abstammung war und seine Fähigkeiten schon in der ganzen Steppe bekannt waren, sammelten sich viele Stämme und Abordnungen am Ufer des Flusses Kimurkha. Eine Versammlung der Fürsten tagte und bot ihm schließlich die Würde eines Khans über alle ihre Stämme an. Der Etikette entsprechend lehnte er zunächst ab und bot den Oberbefehl jedem der anderen Führer an. Etikettegemäß lehnten auch sie ab. Erst nun nahm er an und legte sich den Titel Dschingis Khan bei, den bis heute niemand recht interpretieren kann.

Interessant ist die Angebotsformel, die die Reichsgeschichte überliefert: «Wir werden dich zum Khan machen. Du sollst an unserer Spitze reiten gegen unsere Feinde. Wie der Blitz werden wir uns deinen Gegnern entgegenwerfen... Wenn wir dir am Tage der Schlacht nicht gehorchen, dann nimm unsere Herden, unsere Frauen und Kinder, und wirf unsere unwürdigen Häupter auf das Steppenland!» Zweieinhalb Jahrtausende vorher hatten die Kinder Israel vor dem Einbruch in das Gelobte Land dem Josua einen ganz ähnlichen Schwur geleistet: «Alles, was du uns geboten hast, das wollen wir tun; und wo du uns hinsendest, da wollen wir hingehen... Wer deinem Mund ungehorsam ist und nicht gehorcht deinen Worten in allem, was du uns gebietest, der soll sterben.» (Josua 1,16,18).

Die Autorität, die solche Könige hatten, war immer prekär und hing vor allem von ihrer Leistung als Führer und von ihrem Fürstenglück, ihrer *fortune* ab. Häuften sich Mißerfolge, so war ihnen der Verlust der Herrschaft so gut wie sicher, und als Samuel dem Saul den göttlichen Segen entzog (1. Sam. 15,28), da ging im Grunde nichts anderes vor, wenn auch mit einer weltanschaulich höherstehenden Begründung.

Das Ansehen der Königsfamilie blieb durch solche Wechselfälle aber im allgemeinen unberührt. Bei vielen Völkern gab es die Vorstellung, daß einer solchen Familie ein besonderes göttliches Charisma, das «*Königsheil*» anhafte. Begründet wurde es in der alten Zeit meist mit Mythen von göttlicher Abstammung oder göttlicher Sendung; die Pharaonen standen da nicht allein. Dahinter verbarg sich aber jenes Geflecht von Genetik und Erziehung, das auch heute noch die Kinder tüchtiger Eltern mit besonderen Erwartungen der Umwelt beglückt und belastet, der Glanz des Reichtums, der – weil es sich meist um Beutestücke handelte – zugleich den kriegerischen Nimbus der Vorfahren wachhielt, und vielleicht auch etwas die Rührseligkeit alter Haudegen, die in Begeisterung gerieten, wenn sie mit dem Sohn oder Enkel irgendeines Steppen-Napoleons ein letztes Mal in den Krieg ziehen durften.

Aber die Vorstellung hatte eine gewaltige Kraft, über viele Jahrtausende. Die Geschlechtsregister der Bibel gehen auf sie genauso zurück wie die Gewohnheit vieler Usurpatoren, wenigstens eine Frau aus der bisherigen Dynastie zu heiraten und mit ihr den Thronerben zu zeugen. Es hat germanische Völker gegeben, die statt eines Stammesgenossen lieber einen Stammesfremden zum König wählten, nur weil er aus einem Königsgeschlecht stammte. Und Temüdschin wäre trotz aller Tapferkeit und aller Führerqualitäten nie zum Dschingis Khan geworden, wenn er nicht der Urenkel des großen Khabul Khan und der Sohn des Helden Yesugai gewesen wäre.

Nach der Niederlassung

Eine aristokratische Verfassung kann, wie unsere Beispiele gezeigt haben, sowohl bei seßhaften als auch bei wandernden Völkern entstehen. Bei den seßhaften ist das aber nicht notwendig so. Hier können sich auch Lebens- und Herrschaftsformen herausbilden, wie wir sie etwa bei den frühen Sumerern kennengelernt und wie sie wahrscheinlich auch bei den Indusleuten bestanden haben. Völker, die sich auf Wanderung befinden, kommen ohne den Schutz und die Führung adeliger Herren aber offenbar nicht aus. Das lehrt die Geschichte aller asiatischen Nomadenvölker, ob es sich nun um

Hunnen oder Amoriter, um Skythen oder Araber, um Mongolen oder Türken handelt.

Geht ein ursprünglich seßhaftes Volk zur Wanderung über, so behält es eine aristokratische Verfassung bei, die es vorher schon hatte. Die keltische Wanderung legt dafür beredtes Zeugnis ab, vielleicht auch die indogermanische Wanderung um 2000 v. Chr., die ja zum Teil auch von Völkern getragen wurde, die vorher schon einmal seßhaft gewesen waren. Geht aber ein Volk auf Wanderung, das vorher keine adelige Herrschaft kannte, dann entwickelt sich diese unverzüglich, wenn auch gelegentlich unter Erzeugung völlig neuer Gruppierungen.

Für uns sind diese Erfahrungen in doppelter Beziehung von Wert. Die eine führt uns vielleicht bei den alten Sumerern einen Schritt weiter, die ja nicht unter einer adeligen, sondern unter einer Tempelherrschaft standen, als sie zum ersten Mal in Mesopotamien auftraten. Wir dürfen jetzt wohl sagen, daß sie nicht sehr lange auf Wanderschaft gewesen sein können; denn sonst hätten sie mit Sicherheit einen kriegerischen Adel ausgeformt, der auch nach der Ansiedlung noch eine Rolle gespielt hätte. Wahrscheinlich handelte es sich bei der Einwanderung der Sumerer also um das Einsickern relativ kleiner Gruppen aus geringer Entfernung. Dem muß allerdings die Niederlassung von Tempeln vorausgegangen sein; sonst wäre das Grundstückmonopol der Heiligtümer nicht denkbar. Wir kennen ähnliche Vorgänge aus der kolonisatorischen Tätigkeit der christlichen Klöster im mittelalterlichen Europa. Auch mit ihnen ist – wie wir es schon mehrfach umschrieben haben – gleich ein kleiner Staat zugewandert.

Die eigentliche Bedeutung dieses Kapitels für unser Buch liegt aber in anderer Richtung. Sie besteht darin, daß die adeligen Herren ihre Macht und ihren Einfluß natürlich nicht aufgegeben haben, wenn sich ihr Volk nach Generationen der Wanderschaft oder gar nach Jahrhunderten und Jahrtausenden des Nomadenlebens irgendwo ansässig machte. Aus der adeligen Führung wandernder Gruppen wurde die Herrschaft adeliger Grundherren, die zwar irgendwann einmal durch einen König relativiert wurde, die aber überall, wo man die Entwicklung genauer beobachten kann, zunächst einmal für einige Jahrhunderte Bestand hatte.

So war es bei den verschiedenen Nomadenvölkern, die in Babylonien nacheinander das Heft in die Hand nahmen. So läßt es sich in der Frühgeschichte des Hethiterreiches und der arischen Reiche Indiens beobachten und ebenso bei Medern, Persern und Parthern. Die germanischen Alemannen, die seit etwa 250 n. Chr. ins heutige Baden-Württemberg einwanderten, wurden noch Generationen später von «reguli» (= Kleinkönigen) regiert, die Caesar wahrscheinlich kurz und bündig als equites bezeichnet hätte. Die Bajuwaren kannten noch 300 Jahre nach ihrer Landnahme die fünf «genealogiae» (= Adelsgeschlechter), unter denen wohl einzelne – zufällig zusammengetroffene und zusammengewachsene – Volksteile eingewandert waren. Je mehr wir über die Siedlungsgeschichte der Germanen erfahren, um so deutlicher wird auch, daß die einzelnen Adeligen sich jeweils inmitten ihrer Klienten, Gefolgschaftsleute und Hörigen niederließen. Die Führungsstrukturen der Wanderung wurden unmittelbar in die seßhafte Lebensweise übergeleitet. Überraschen kann das nicht. Kein Volk, das nach soundsovielen Ansiedlungsversuchen einen neuen Anlauf unternimmt, kann wissen, ob es nicht doch wieder vertrieben wird. Da ist es lebensnotwendig, daß, wie die Landser unseres Jahrhunderts sagten, «der Haufen zusammenbleibt».

Alemannen und Bajuwaren hatten es bei ihrer Landnahme insoweit verhältnismäßig leicht, als sie in weitgehend entvölkerte Gebiete gelangten. Hier trat weder die Frage auf, wie man die alteingesessene Bevölkerung behandeln noch wie man sich gegen die assimilierende Kraft ihrer höheren Kultur absichern sollte. Das Zahlenverhältnis zwischen Eingesessenen und Zuwanderern war also außerordentlich günstig; die Reiche der Franken, Ostgoten, Westgoten, Burgunder und Vandalen hatten da schon größere Probleme.

Die Eroberungen des ersten und zweiten vorchristlichen Jahrtausends scheinen aber auf ganz andere Weise vor sich gegangen zu sein. Hier schob sich über die Bewohner des eroberten Gebietes oft nur eine ganz dünne Schicht von neuen Herren, meist wahrscheinlich nicht mehr als der Anhang einer einzigen oder weniger Adelsfamilien. Der Fachausdruck, den einzelne Historiker für solche Herrschaftsgebilde gefunden haben, heißt «Überschichtungsstaat». So muß die Herrschaft der Arier in Indien ausgesehen haben; sonst hätte sich nicht das indische Denken und die indische Gesellschaftsordnung im Laufe der Zeit so weit von allen anderen indogermanischen Gesellschaften entfernen können. So war es in den Reichen der Meder, Perser und Parther und in den Staaten, die sich in Baktrien, dem heutigen Afghanistan, in hellenistischer Zeit gegenseitig ablösten. Vom Mitanni-Reich wissen wir sogar, daß dort die nichtindogermanische Hurritersprache gesprochen wurde, während die männlichen Namen des Königsgeschlechtes (und nur sie!) ihre arische Herkunft nicht verleugnen können. Die Vermutung, es könnte sich auch anderswo so verhalten haben, ist gewiß nicht zu weit hergeholt.

Unter solchen Umständen ist es noch weniger als sonst verwunderlich, daß die neuen Herren, die ihren Sieg oft nur ihren überlegenen Waffen verdankten, ihre kriegerische, das heißt aber aristokratische Ordnung noch jahrhundertelang beibehielten. Auch das bestätigt wieder unsere Vermutung: Die aristokratische Lebens- und Führungsform stand an der Wiege der meisten Staaten, die die Menschheit im Laufe der Jahrtausende geschaffen hat, und die Staatenbildung, die wir bei den Sumerern kennengelernt haben, ist demgegenüber wohl nur eine Sonderentwicklung.

7. Kapitel

Zentrale und Provinz

Je größer ein Staat wird, desto größer ist meist auch die Sicherheit, die er seinen Bürgern garantiert. Den Einbrüchen fremder Völker kann er mehr Streitkräfte entgegensetzen als ein kleinerer, schwächerer Staat. Ist er einmal nicht imstande, seine Grenzen sofort zu schützen, so bleibt das betroffene Gebiet doch meist relativ klein und kann durch Truppen aus anderen Provinzen auch wieder befreit werden. In ruhigen Zeiten vergrößert sich das Territorium, innerhalb dessen sich der Handel ungestört ausbreiten kann, und das bedeutet meist zugleich größeren Wohlstand des einzelnen und ein breiteres Warenangebot auf den Märkten, also auch kulturelle und zivilisatorische Entwicklung. Aus allen diesen Gründen dürften die Menschen früherer Zeiten dem allmählichen Wachsen ihrer Staaten nicht allzu kritisch zugesehen haben.

Doch das ist wie so oft im menschlichen Leben nur die eine Seite der Medaille. Fast alle großen Staaten der Frühzeit hatten auch einen Zug zum Despotischen (der freilich meist nur die führenden Schichten, nicht aber die ohnehin rechtlose Bevölkerung geschreckt haben dürfte), und die Weite des Raumes konfrontierte die Regierungen auch mit Problemen, die – je größer ein Staat wurde – immer schwerer zu überwinden waren und die oft sogar den eigentlichen Grund für die Entwicklung zum Despotismus bildeten.

Der griechische Schriftsteller Xenophon hat dieses Dilemma sehr plastisch beschrieben, als er – in bezug auf das Perserreich – ausführte: «Wer die Herrschaft des Großkönigs aufmerksam betrachtete, konnte erkennen, daß ihre Stärke in der Menge der beherrschten Länder und Menschen lag, ihre Schwäche aber in der Länge der Wege und in der weiten Verteilung der Truppen.» (Anabasis I 5, 9).

Das Problem des Raumes hat allen wirklich großen Staaten der Geschichte zu schaffen gemacht, und ohne Kenntnis der Schwierigkeiten, die es ihnen bereitete, bleibt vieles an der Geschichte des Staates unverständlich.

Das mag einem modernen Menschen nicht ohne weiteres einleuchten. Aber im Altertum gab es die phantastischen Verkehrs- und Informationstechniken nicht, die uns heute die Überwindung des Raumes möglich machen. Heute erreichen politische Direktiven, die von der Zentrale eines Staates ausgehen, in kürzester Zeit auch die entfernteste Provinzbehörde. Dafür sorgen Post und Telefon, Telegraph und Fernschreiber, Rundfunk und Fernsehen, und in schwierigen Einzelfällen zur Not auch der fliegende Kurier. Auf dem gleichen Wege erfährt natürlich auch die Zentrale, was selbst in weit entfernten Landesteilen vor sich geht, und kann darauf sofort reagieren.

Dasselbe gilt für die Verlagerung von «Verwaltungskraft» in krisenbefallene Regionen. Die Entsendung von Hilfsverbänden und Hilfsmitteln in ein Katastrophengebiet vollzieht sich heute über ausgedehnte Straßensysteme und durch den Flugverkehr ebenso rasch wie die Verlagerung von Truppen oder Polizeiverbänden in Gebiete, die durch einen Aufstand oder durch bewaffnete Angriffe bedroht sind.

In den alten Staaten gab es diese technischen Hilfsmittel nicht. Sie mußten in ganz anderer Weise mit dem Faktor Raum rechnen.

Informations- und Verkehrsnetze

Natürlich ließen auch die Herrscher des Altertums nichts unversucht, um dieses Problem so weit wie irgend möglich zu lösen.

Das trifft vor allem für das *Informationswesen* zu. Hier versuchte man sich durch Nachrichtennetze zu helfen, die man als untechnische Vorstufen des Post- und Telegraphenwesens bezeichnen könnte. So ist aus vielen alten Großreichen, vor allem aus dem Perserreich und seinen Nachfolgestaaten, aber auch aus China und Rom, ein hervorragend aus gebautes Kurierwesen bekannt, das auf dem Schnelläufer, dem berittenen Kurier und einem engmaschigen Netz von Relaisstationen aufbaute.

Herodot schildert zum Beispiel das Nachrichtensystem, das den Perserkönig Xerxes während seines griechischen Feldzuges im Jahre 480 v. Chr. mit seiner Ausgangsbasis Sardes (und von dort aus natürlich auch mit der Reichshauptstadt Susa) verband: «Es gibt nichts Schnelleres auf der Welt als diese persischen Boten. Sie sind eine Erfindung der Perser. Soviele Tagereisen der Weg beträgt, soviele Pferde und Männer, sagen sie, sind verteilt bereitgestellt. Auf jede Tagesstrecke rechnet man einen Reiter und ein Pferd. Weder Schnee noch Regen, weder Hitze noch Nacht halten sie ab, die vorgeschriebene Entfernung so schnell wie möglich zurückzulegen. Der erste Eilbote übergibt den Auftrag an den zweiten, der an den dritten. So geht es weiter, immer von einem zum andern, wie bei den Griechen der Fackellauf am Fest des Hephaistos.»

Den modernen Telegraphen ersetzten ausgeklügelte Systeme der *optischen Zeichenvermittlung*. Das gängigste Beispiel dafür sind die sogenannten Feuertelegraphen, die es praktisch in allen größeren Staaten des Altertums gab. Hier wurden auf sorgfältig ausgewählten Trassen bei Tag Rauchzeichen und bei Nacht Lichtzeichen weitergegeben, in der Regel von Turm zu Turm. Mit ihnen konnten Hunderte, ja Tausende von Kilometern binnen Stunden überwunden werden. Auch andere «Medien» wurden verwendet, zum Beispiel Spiegel und Wimpel, wie sie bis vor kurzem noch in der Seefahrt üblich waren. Wimpel (oder genauer: Segel) verwendeten vor allem die Chinesen, die übrigens sowohl die abgehenden als auch die eintreffenden Signale in einer minutiösen Buchführung registrierten. Die Beobachtung der nächstliegenden Meldetürme wurde bei ihnen durch Röhren erleichtert, die genau auf diese Türme gerichtet waren und durch die man nur zu blicken brauchte, um festzustellen, ob dort gerade eine Meldung abgesetzt wurde. Fernrohre, mit denen man das Netz der Stationen hätte auflockern können, gab es damals allerdings noch nicht.

Die Leistungsfähigkeit solcher Meldesysteme darf man sich freilich auch nicht allzu groß vorstellen. Zwar war die Geschwindigkeit, mit der sie arbeiteten, auch für heutige Verhältnisse außergewöhnlich hoch. Aber die Genauigkeit der Meldungen war doch sehr beschränkt, weil es nur relativ wenige «Morsezeichen» gegeben haben kann, und Rückfragen, für die man heute einfach zum Telefon oder zum Funksprechgerät greift, dauerten selbstverständlich ihre Zeit, ganz abgesehen davon, daß auch sie wieder auf die beschränkte Zahl der Zeichen stießen. Daß ein bestimmter Grenzabschnitt angegriffen wurde, ließ sich mit dem Feuer- oder Wimpeltelegraphen sicher durchgeben. Wenn dann aber ein genauer Lagebericht erstattet werden sollte, blieb wohl nichts anderes übrig als der Rückgriff auf den Kurier, der unter Umständen Wochen kostete.

Über die ältesten *Straßensysteme* weiß man bis heute nur sehr unvollständig Bescheid. Aus den schriftlichen Quellen ist nur ausnahmsweise einmal etwas Konkretes und vor allem Verallgemeinerungsfähiges zu erfahren. Archäologische Funde können nur selten erwartet werden, da es vor der Römerzeit nur in Einzelfällen eine Pflasterung gab, die sich im Boden über die Zeiten retten konnte. Auch außerhalb der Städte bestanden in vorrömischer Zeit zwar durchaus Straßen. Aber es handelte sich doch in aller Regel um Erdstraßen, auf denen sich Fußgänger, Läufer, Reiter, Packtiere und allenfalls noch leichte Wagen, keinesfalls aber schwere Packwagen fortbewegen konnten. Selbst die berühmte Königsstraße der Perser, die von der Reichshauptstadt Susa bis nach Sardes an der ägäischen Küste führte, ist in ihrer Trassierung heute zum Teil noch umstritten, weil sie wegen nur teilweiser Pflasterung oft keine ausreichenden Spuren in der Landschaft hinterlassen hat. Dasselbe gilt für das großzügige Straßensystem, das in China unter der Han-Dynastie (also etwa parallel zum römischen Straßenbau) eingerichtet wurde. Auch hier ist so gut wie nichts erhalten, weil an eine Pflasterung noch nicht zu denken war.

Versucht man etwas weiter in die Geschichte des Straßenbaus vorzudringen, so muß man zuerst bedenken, daß die Stromtalkulturen dafür nicht die günstigsten Voraussetzungen boten. Der Fluß stellte selbst – verstärkt durch besondere Transportkanäle – einen wichtigen Transportweg dar, der zwar verschieden bequem war, je nachdem ob die Reise flußauf- oder flußabwärts ging, der Landstraßen aber doch nicht mehr als unabweisbare Notwendigkeit erscheinen ließ. Sodann waren die großen Überschwemmungen dem Straßenbau nicht nützlich und schließlich mußte dieser auch mit den ausgedehnten Kanalsystemen in Konflikt geraten, die zumindest in Ägypten und Mesopotamien seit ältester Zeit bestanden.

Trotzdem gab es auch im Altertum Verbindungsstraßen in beträchtlicher Zahl und mit beachtlicher Länge. Die römischen und chinesischen Straßensysteme, die bereits erwähnt wurden, sollen hier nicht näher behandelt werden, die Königsstraße der Maurya in Indien, die fast 2000 Kilometer lang gewesen sein soll, soll ergänzend wenigstens erwähnt werden. Im minoischen Kreta, also im zweiten Jahrtausend v. Chr., gab es eine Verbindungsstraße zwischen Knossos und dem Südteil der Insel, deren Reste auf eine Breite von 3,80 bis 4,30 Metern schließen lassen und deren Pflasterung auf Grund von Funden immerhin wahrscheinlich ist. Eine andere Straße führte von Knossos zum Hafen Poros und eine dritte ist südlich von Zakros zwischen den Dörfern Lidoriko und Malamoures zu sehen. Ein englischer Archäologe, der sich Kreta vor einem halben Jahrhundert zu Fuß erwandert hat, glaubte sogar ein ganzes Straßennetz auf der Insel nachweisen zu können. Im mykenischen Griechenland hat es nach allgemeiner Ansicht ein so ausgedehntes Straßensystem gegeben, daß einzelne Forscher die damalige Verkehrssituation für besser halten als tausend Jahre später. Auch im Hethiterreich scheint es ein ganz gut aus gebautes System von Erdstraßen gegeben zu haben.

Mesopotamien, dessen südlicher Teil dem Straßenbau alles andere als günstig war, dürfte diesen Beispielen etwas nachgehinkt sein. Doch ist erwiesen, daß die Assyrer wenigstens im 8. und 7. Jahrhundert v. Chr. größere Straßen benutzt haben, die sie im Rahmen ihrer Großmachtpolitik vor allem für Kuriere und Truppenbewegungen brauchten, die aber – wie gute Straßen fast immer – zugleich den Warenaustausch förderten. Die Perser brauchten dieses Straßennetz später offenbar nur zu übernehmen und auszubauen.

Daß es noch wesentlich früher Straßen gegeben haben muß, lassen zwei zufällig erhaltene Notizen aus dem 18. und dem 21. Jahrhundert v. Chr. vermuten. Aus der Zeit des Königs Hammurabi von Babylon (1792–1750 v. Chr.) ist eine Anordnung erhalten, die eine Fahrt von Larsa nach Babylon (ca. 200 Kilometer) auf zwei Tage ansetzt, und aus der Zeit des Schulgi von Ur (2105–2057 v. Chr.) wird berichtet, daß die Entfernung von Nippur nach Ur (ca. 160 Kilometer) an einem Tage hin und zurück bewältigt worden sei. Ohne eine halbwegs brauchbare Straße wäre weder das eine noch das andere möglich gewesen.

Von den Zuständen auf den großen Straßen berichtet Herodot wenigstens einiges, und zwar im Zusammenhang mit der Königsstraße des Achämenidenreiches. Diese reichte, wie schon einmal gesagt, von Susa bis nach Sardes, also über etwa 2600 Kilometer, und Herodot betont ausdrücklich, daß sie in allen Teilen durch «bewohntes und sicheres Land» führte. An einzelnen Stellen, an denen sie Pässe durchquerte, wurde sie trotzdem durch starke Wachstationen gesichert. Offenbar war sie in durchschnittlich angesetzte Tagesreisen aufgeteilt, die durch «königliche Raststätten» und «vortreffliche Herbergen» markiert waren. Mit «Herbergen» dürfte Herodot die im Orient auch heute noch üblichen Karawansereien für den allgemeinen Reiseverkehr gemeint haben. Die königlichen Raststätten dagegen waren für solche Reisende bestimmt, die im staatlichen Auftrag unterwegs waren. Diese mußten aus den zur Raststätte gehörenden Lagern verpflegt werden; jeder hatte einen «Paß» bei sich, aus dem sich genau ergab, welche Ansprüche er stellen konnte. Nach Herodot haben an der Königsstraße insgesamt 111 Anlagen dieser Art bestanden. Das ergibt eine durchschnittliche Tagesstrecke von etwa 25 Kilometern.

Daß die Stationen, die Herodot nennt, zugleich auch als Relaisstationen für die königliche Post dienten, wird aus seinem Bericht nicht ganz deutlich, ist aber wohl anzunehmen. Dabei ist unter Post im wesentlichen der Kurierdienst zu verstehen, wie er im zweiten Perserkrieg (480 v. Chr.) als Verbindung zwischen dem in Griechenland stehenden Heer und der Ausgangsbasis in Sardes aufrechterhalten wurde, aber natürlich auch – und wahrscheinlich in verbesserter Form – zwischen Sardes und Susa bestanden hat. Wichtig ist, daß diese Reichspost anders als die modernen Postbetriebe dem allgemeinen Publikum nicht offenstand und folglich nur den Bedürfnissen der Regierung diente. Das kann ihrer Leistungskraft nur genützt haben, dürfte größere Handelsunternehmen, wie sie auch zur Perserzeit vor allem noch in Babylonien bestanden, aber zur Unterhaltung eigener Post- und Kurierdienste gezwungen haben.

Der kurze Blick, den wir hier auf die Informations- und Transportsysteme geworfen haben, ist gewiß oberflächlich. Er könnte da und dort auch noch durch weitere Beispiele und vor allem durch technische und organisatorische Details ergänzt werden. Am Gesamtergebnis würde sich dadurch aber nichts ändern. Die Informationssysteme waren für damalige Zeiten hervorragend ausgebaut, hatten ihre Probleme aber höchstwahrscheinlich bei der Vermittlung differenzierter Berichte und Weisungen. Auch der Ausbauzustand der Transportwege war zweifellos für damalige Verhältnisse faszinierend. Das ändert aber nichts daran, daß sich auch auf den besten Straßen ein Kurier nur mit der Geschwindigkeit eines schnellen Pferdes oder Kamels fortbewegen konnte und daß Truppen höchstens in der Geschwindigkeit des Eilmarsches vorankamen; die römischen Legionen, die für ihre Marschleistungen noch heute berühmt sind, schafften etwa 35 bis 40 Kilometer täglich. Die Grenzen dieser Systeme liegen also auf der Hand und müssen gerade heute, wo man ganz andere Verhältnisse gewöhnt ist, sorgsam ins Kalkül gestellt werden.

Unter diesen Umständen muß es für die Herrscher großer Staaten im Altertum nicht ganz leicht gewesen sein, ihren Herrschaftsbereich zu überblicken, einigermaßen einheitlich zu regieren und in allen Teilgebieten die Sicherheit zu garantieren. Sie haben auf diese Herausforderung gelegentlich damit reagiert, daß sie ihren Sitz turnusmäßig von einer Provinz zur anderen verlegten (was sich im übrigen auch empfahl, um die Lasten der Hofhaltung halbwegs gerecht zu verteilen). Doch kann das Problem dadurch nur wenig vermindert worden sein. Die gleichzeitige Anwesenheit an allen wichtigen Punkten war auch mit diesem «Reisekönigtum» nicht zu erreichen.

Folglich kam alles darauf an, den Staat «in der Fläche» so zu organisieren, daß die Koordination seiner Teile möglichst vollständig war. Das hing nicht nur vom Nachrichten- und Transportwesen, sondern vor allem auch von der Bereitschaft der Provinzen – das heißt ihrer verantwortlichen Leiter –zur Loyalität gegenüber der Zentrale ab. Waren in den Provinzen die führenden Leute bereit, die Politik zu machen, die dem Willen des Königs und seiner Regierung entsprach, so «lief die Sache» im allgemeinen auch. Handelten sie der Gesamtpolitik zuwider und versuchten sie sogar eine eigenständige Politik zu treiben, so war die Regierungsfähigkeit der Zentrale in Frage gestellt, ja es waren unter Umständen sogar Zusammenhalt und Fortbestand des Reiches in Gefahr. Große Reiche waren stets davon abhängig, daß die Provinzoberen zur Loyalität bereit waren und dazu gegebenenfalls gezwungen werden konnten.

Wieder ein Modell: Der Adelsstaat

Wenn man sich – wieder einmal rein theoretisch – auszudenken versucht, wie ein größeres Reich überhaupt entstanden und danach strukturiert gewesen sein könnte, so kommt man leicht auf den Gedanken des Zusammenschlusses mehrerer kleinerer Herrschaften (das heißt in der Regel Adelsherrschaften) unter einem gemeinsamen König. Wie dieser Zusammenschluß zustandekam, kann dabei zunächst einmal außer Betracht bleiben. Jedenfalls hatte es der König als Träger der Zentralgewalt in einem solchen Fall mit einer Anzahl von «*Vasallen*» zu tun, die in ihrem Bereich zwar verhältnismäßig selbständig waren, gegenüber den großen Entscheidungen der Krone, vor allem in den Bereichen der Außenpolitik, der Militärpolitik und (natürlich) der Steuerpolitik aber zum Gehorsam verpflichtet waren. Nur in seinem unmittelbaren Machtbereich, den der König selbst eingebracht hatte und in dem er daher – modern gesprochen – sowohl «Bund» als auch «Land» war, stand ihm kein solcher Vasall im Wege und war er daher in seiner Machtausübung auch nicht beschränkt.

Solche Adelsstaaten gab es in der Geschichte in unglaublicher Fülle. Unter Nomaden war eine größere Reichsbildung auf andere Weise gar nicht möglich. Dafür gibt es ungezählte Beispiele, von denen hier nur noch einmal der Skythenkönig Ateas herausgegriffen werden soll (S. 135). Die arischen Königreiche in Indien und die chinesischen Staaten, die vor der Gründung des Kaiserreiches (221 v. Chr.) miteinander konkurrierten, waren genauso aufgebaut. Geht man weiter in die Geschichte zurück, so stößt man auf die keltischen Könige des 6. und 5. Jahrhunderts v. Chr. und auf die mykenische Staatenliga, für die es zumindest Anzeichen gibt und die vor allem in Homers Ilias erkennbar wird. Auch der Staat der Hethiter war ein Adelsstaat, in dem der König sogar nachweislich eine Adelsversammlung neben sich hatte, der er bis zu einem gewissen Grade Rede und Antwort stehen mußte. Nicht sehr viel anders wird es im minoischen Kreta gewesen sein, wenn die Vermutung zutrifft, daß es dort mehrere Staaten nebeneinander gegeben hat, Knossos aber wenigstens zeitweise die Oberherrschaft besaß. Schließlich kann auch die Staatsbildung im vordynastischen Ägypten nicht ohne eine aristokratische Phase abgelaufen sein und auch Mesopotamien wird diese Erfahrung gemacht haben, jedenfalls in den Perioden kurz nach der Machtübernahme eines neuen nomadischen Einwanderervolkes.

Die innere Stabilität eines solchen Adelsstaates hängt natürlich auch davon ab, wie die verschiedenen Adelsherrschaften unter die Oberhoheit des Königs geraten sind. Wenn der Anschluß freiwillig erfolgte, der einzelne Adelige sogar an der Gründung des Reiches und an der Wahl des Königs beteiligt war, wird seine Bereitschaft zur Loyalität größer gewesen sein, als wenn er sich nur unter Zwang beteiligte. Aber zuverlässige Regeln gibt es hier weder in der einen noch in der anderen Richtung. Auch ein adeliger Herr, der freiwillig Vasall eines Königs geworden war, konnte es sich später anders überlegen, vor allem konnten seine Nachfolger die Sache ganz anders sehen als er. Auf der anderen Seite ist es aber auch denkbar, daß ein Fürst, der dem größeren Verband ursprünglich nur gezwungen beitrat, sich später zu einem durch und durch zuverlässigen Vasallen entwickelte. Die Geschichte kennt Beispiele für das eine wie für das andere.

Übrigens wird es in der alten Geschichte kaum einen echten Adelsstaat gegeben haben, der ausschließlich durch militärischen Zwang oder ausschließlich durch freiwilligen Zusammenschluß entstand. Beide Methoden der Politik werden sich stets ergänzt haben, so daß die Gründung des Hethiterreiches (S. 129) für die Entstehung von Adelsstaaten ziemlich repräsentativ sein dürfte.

Macht und Einfluß der Fürsten von Kuschar, von denen die Reichsgründung in ihren frühesten Phasen ausging, beruhten unmittelbar auf der finanziellen Stärke, die aus den Wegzöllen der assyrischen und anatolischen Kaufleute erwirtschaftet wurde. Sie dürften die Herren von Kuschar für ihresgleichen sehr interessant gemacht haben, so daß also zunächst einmal mit freiwilligen Anschlüssen zu rechnen ist. Gleichzeitig machte der Reichtum aber auch die Ausstattung größerer Heere möglich, das heißt eine militärische Expansionspolitik, die u. a. zum Erwerb von Ankuwa und später von Nesa und damit wahrscheinlich zur Gründung einer Sekundogenitur führte, die dem mutmaßlichen Stammhaus im Laufe der Zeit sogar den Rang ablief.

Die Kombination von freiwilliger Loyalitätserklärung und gewaltsamer Unterwerfung, die hier deutlich wird, setzte sich dann in der zweiten, entscheidenden Phase der Reichsgründung fort. Der König von Sattiwara unterlag dem Anittas von Ankuwa militärisch, sein Reich und seine Vasallen wurden, um es in modernen Worten auszusprechen, schlichtweg annektiert. Der König von Burus'chanda aber schloß sich der neuen Macht daraufhin freiwillig an (wenn natürlich auch in realistischer Einschätzung der ihm andernfalls drohenden Risiken) und scheint zu einem der geachtetsten Ratgeber und Vasallen des neuen Großkönigs geworden zu sein.

Die Geschichte bietet ungezählte Beispiele für diese Kombination politischer Methoden. So sind die Großreiche der Assyrer, Perser und Römer entstanden, auch soweit sie keine echten Adelsstaaten waren, so die indischen und chinesischen Großreiche und schließlich auch die Reiche der Karolinger und Ottonen.

Das Verhältnis zwischen dem König und seinen adeligen Vasallen war zwar sicher nicht zu allen Zeiten und bei allen Völkern gleich. In den Grundzügen bestanden aber doch immer die gleichen Probleme, die dann auch in überraschend ähnlichen Formen gelöst wurden.

Die Vasallen schuldeten dem König zunächst einmal die *Heeresfolge,* das heißt, sie mußten im Kriegsfall aus ihrem Gefolge und ihren Untertanen ein Kontingent stellen und dieses im allgemeinen auch selbst befehligen. Das letztere war für den König nicht unwichtig; denn die Loyalität einer solchen Truppe galt primär wohl nicht ihm, sondern dem unmittelbaren Herrn, der die Befehle des Königs daher besser durchsetzen konnte als jeder andere und der im Falle der Insubordination auch mit größerem Recht als jeder andere zur Verantwortung gezogen werden konnte.

Die zweite Pflicht, die die Vasallen in jedem Fall zu leisten hatten, war die *Steuerpflicht.* Sie war meist nicht – wie in modernen Verhältnissen – vom einzelnen Bürger unmittelbar gegenüber dem König zu erfüllen, sondern der König erhob seine Steuern im allgemeinen von den einzelnen Adelsherren oder Provinzstatthaltern, und diesen war es überlassen, wie sie sie bei ihren Untergebenen wieder hereinholten. Ob die Umlage an den König von Fall zu Fall nach unten umgelegt wurde oder ob sie im Steuertarif der einzelnen Vasallenherrschaft gewissermaßen schon eingearbeitet war, ist mehr eine Frage der Rechenmethode als der wirklichen Steuerpolitik und soll hier daher außer Ansatz bleiben.

Neben der Pflicht zur Steuer und zur Heeresfolge gab es dann meist noch eine allgemeine Pflicht zu Loyalität und Gehorsam, die in den meisten Adelsstaaten aber nur sehr wenig greifbar ist. Selbstverständlich durfte kein Vasall Kriege gegen seinen König führen oder außenpolitisch gegen ihn agieren. Bei der Gehorsamspflicht muß aber bedacht werden, daß in den alten Staaten ungleich weniger Direktiven von der Zentrale ausgehen konnten, als man sich das unter dem Eindruck der modernen Gesetzgebung meist vorstellt. Der damalige Staat kümmerte sich um weniger Aufgaben als der moderne, so daß schon sehr viel weniger Gelegenheiten zu einheitlicher Gesetzgebung bestanden; so gab es, um nur ein Beispiel zu nennen, keine Sozialpolitik und damit natürlich auch keine Sozialgesetzgebung modernen Stils. Die alten Gesellschaften boten auch weniger Probleme, die eine einheitliche Regelung verlangten; es fehlten zum Beispiel alle Fragen, die mit dem technischen und medizinischen Fortschritt der beiden letzten Jahrhunderte zusammenhängen. Und schließlich waren die gesellschaftlichen Unterschiede in den Provinzen der alten Reiche viel größer als heute etwa zwischen den Ländern eines modernen Bundesstaates, so daß auch deshalb die Möglichkeiten der Zentrale wesentlich geringer waren. Wenn heute in einer Verfassung bestimmt ist, daß Bundesrecht Landesrecht bricht, so bedeutet das im Klartext, daß die Zentrale fast alles reglementiert, die Gliedstaaten dagegen fast nichts. In den alten Adelsstaaten war das umgekehrt. Dort war die reichseinheitliche Regelung einer Frage die Ausnahme. Den Vasallen blieb meist ein beträchtlicher Spielraum für eine eigene Innenpolitik.

Um die Gefüge solcher Adelsstaaten zu verstehen, muß man sich diese Machtverteilung natürlich auch von der Seite des Königs ansehen. Seine Stellung war vor allem durch die Königsrechte des Truppenaufgebots und der Steuerforderung bestimmt, die ihn normalerweise zu eigener Hofhaltung, vor allem aber zur Außenpolitik befähigten. Dazu kam, wo es nötig war, die Infrastrukturpolitik (zum Beispiel im Wasserbau) und die innere Sicherheitspolitik; zumindest für die erstere brauchte er aber zusätzlich schon Arbeiteraufgebote aus den Provinzen. Schließlich darf der Einfluß auf die Wirtschaftspolitik nicht vergessen werden, den er schon aus seiner Stellung als Großunternehmer ziehen konnte.

Was der König vermochte, hing aber nicht nur von seinen Königsrechten ab, sondern auch davon, was er aus anderen Quellen einbringen konnte, vor allem aus seiner eigenen Stellung als adeliger Herr, die er ja nicht aufgab, wenn er König wurde, und die in der Regel auch wesentlich stärker war als die der einzelnen Vasallen (sonst hätte er es ja gar nicht zum König gebracht). Erst die Summe seiner Königsrechte und seiner eigenen Adelsmacht ergab das eigentliche Gewicht eines Königs im adelsstaatlichen System.

Schlaglichtartig wird die Situation der Könige im adeligen Vasallenstaat klar, wenn man – noch enger – nach ihren *Finanzquellen* fragt, die ja immer das Auf und Nieder der Politik sind.

Unsere modernen Staaten finanzieren sich fast ausschließlich aus den Steuerleistungen der Bürger, andere Quellen spielen daneben fast keine Rolle mehr. Der König des Adelsstaates hatte dagegen drei Finanzquellen, die ziemlich gleichgewichtig nebeneinander gestanden haben dürften: die Steuern, die von den Vasallenfürsten eingingen, die Steuern, die er selbst aus seiner eigenen Adelsherrschaft zog, und die Gewinne aus seinen Wirtschaftsbetrieben (Landgütern, Manufakturen, Bergwerken usw.). Man darf sich nicht vorstellen, daß wegen der Unterschiedlichkeit der Finanzquellen nun etwa verschiedene, voneinander abgeschottete Haushalte geführt worden wären. Wenn es bei großen Bauvorhaben oder im Kriegsfalle darauf ankam, standen alle Budgets und die hinter ihnen stehenden Quellen diesem Zwecke zur Verfügung.

Die beschränkte Macht des Königs führte zwangsläufig zu einem beträchtlichen Mitspracherecht der Vasallen. Da die Reichspolitik ohne ihre loyale Mitarbeit meist nicht durchgeführt werden konnte, war es nur vernünftig, sie schon bei der Entscheidung mitsprechen zu lassen, und das scheint denn auch in den meisten Staaten dieses Typs geschehen zu sein. Wie sich das konkret abspielte, erkennt man vielleicht am besten an den Hoftagen der Karolinger, über die uns genug schriftliche Berichte vorliegen, oder – ein bekannteres Beispiel – an den Fürstenversammlungen, die Agamemnon nach der Ilias durchführen mußte, um zu wichtigen Entscheidungen zu kommen. Bei diesem mykenischen Beispiel ist nicht ganz klar, ob es sich nur um mehr oder weniger formlose Zusammenkünfte der vor Troja liegenden Fürsten oder um ein festes Mitbestimmungsorgan (eine Art Bundesrat) handelte. Die griechische Bezeichnung dafür ist nicht eindeutig, und im übrigen setzt sich hier nur fort, was auch für die Vormachtstellung des Königs von Mykene gilt, bei der ja auch nicht ganz klar wird, ob sie nur auf persönlicher Autorität oder auf einem festen Bündnisvertrag beruhte.

Aus anderen indogermanischen Adelsstaaten liegen zuverlässigere Nachrichten vor. So gab es im jüngeren Reich der Hethiter (seit etwa 1500 v.Chr.) eine Adelsversammlung, die *pankus* genannt wurde und sogar über den König richtete (was im Extremfall bis zu seiner Absetzung führen konnte). Da die Befugnis durch die Verfassungsreform des Königs Telepinus (etwa 1520–1500 v.Chr.) schriftlich verankert wurde und diese Reform das bisherige System der Königswahl durch eine feste Thronfolgeordnung, das heißt durch die Erblichkeit der Königswürde ersetzte, kann man daraus schließen, das der pankus oder eine ähnliche Versammlung vorher sogar den König zu wählen hatte.

Ähnlich muß es in den indischen Königreichen gewesen sein. Die Veden, die etwa die Verhältnisse um 1000 v.Chr. wiedergeben und in einzelnen Fragen sogar bis zur Mitte des zweiten Jahrtausends zurückreichen, gehen davon aus, daß der König (rājan) – der übrigens tatsächlich nur das Recht auf Steuererhebung und auf das Kommando im Krieg hatte – zwei Mitentscheidungsorganen konfrontiert war, deren eines *samiti* hieß und wohl eine Volks-(= Heeres-)Versammlung war, während das andere *(sabha)* mühelos als ein Rat aus Adel und hohen Priestern (Brahmanen) zu erkennen ist. Schon der erste halbwegs gesicherte arische Herrscher Parikshit, der König des nördlich von Delhi gelegenen Kuru-Reiches, der etwa im 11. Jahrhundert v. Chr. anzusetzen ist, hatte es mit diesen Verfassungsorganen zu tun.

Man muß hier mit Nachdruck betonen, daß der Ausgestaltung der Verhältnisse im einzelnen natürlich fast keine Grenze gesetzt war. Der Volkscharakter im allgemeinen wie auch der individuelle Charakter der beteiligten Personen hat stets entscheidenden Einfluß auf sie ausgeübt. Vor allem aber muß das von den politischen Verhältnissen erwartet werden. Lag eine ernsthafte Bedrohung von außen vor und war die Zentrale gerade relativ stark, so dürfte ihre Autorität auch von den einzelnen Vasallen nicht angezweifelt worden sein. War sie in einer solchen Lage dagegen schwach oder auch nur entschlußlos, so ging ihre Autorität sehr rasch verloren. In ruhigen Zeiten werden sich die Dinge meist differenzierter entwickelt haben. Hier kann noch bedeutsam geworden sein, ob eher die Stellung des Königs oder die der Vasallen vererblich war, ob die räumliche Entfernung zwischen Zentrale und Provinz eher der einen oder der anderen Seite in die Hände spielte, ob die Untertanen des einzelnen Vasallen ihrerseits ein spezifisches Verhältnis zum König hatten oder ob sie ihn überhaupt nur auf dem Umweg über ihren adeligen Herrn erlebten.

Wie auch immer: Die Zentralgewalt in einem Staat adeliger Vasallen war auf die eine oder andere Weise ungesichert und hing von den faktischen Machtverhältnissen ab. Ein König, der weiterreichende politische Ziele verfolgte, konnte gar nicht anders als den Versuch unternehmen, seine labile Stellung zu stabilisieren, und so ist die Geschichte aller echten Adelsstaaten eigentlich zugleich eine Geschichte der Versuche zu ihrer Überwindung durch Stärkung der königlichen Gewalt.

Die Hausmacht des Königs

Wenn in einem modernen Bundesstaat die Stärkung der Zentralgewalt versucht wird, geht das selbstverständlich über die Vermehrung ihrer Zuständigkeiten. Mehr ist auch nicht nötig, weil niemand an der Loyalität der Gliedstaaten gegenüber den Bundesgesetzen im geringsten zweifelt. So einfach ging das in den alten Adelsstaaten nicht ab. Hier galt es zunächst einmal, die Loyalität der Provinzgewalten und damit die Durchsetzungsfähigkeit der Zentrale zu sichern. Erst danach war es sinnvoll, an eine Erweiterung der zentralen Aktivitäten zu denken. Die Aufgabe, vor der die Könige standen, war also nicht verfassungsrechtlicher, sondern machtpolitischer Art, und es gab dementsprechend viele Möglichkeiten, ihr gerecht zu werden.

Die primitivste bestand natürlich darin, illoyale Vasallen mit aller Strenge und Konsequenz zur Rechenschaft zu ziehen und so auch ihren Standesgenossen die Lust zu Insubordinationen auszutreiben. Hier haben die wiederholten Hinrichtungen persischer Satrapen auf Befehl des Großkönigs ihre Wurzel, von denen Herodot und andere griechische Schriftsteller berichten. Die ethischen Aspekte einer solchen Politik sollen hier außer Ansatz bleiben, so daß sich auch eine Untersuchung erübrigt, in welchem Umfang der Bruch eines erzwungenen oder doch nur halbfreiwillig gegebenen Treueversprechens wirklich ethisch verwerflich ist.

Jedenfalls brauchte ein König, der eine solche Politik treiben wollte, eine Reihe von Machtinstrumenten, ohne die er keinem seiner Vasallen oder Statthalter imponieren konnte. Sie mußten zwei Aufgaben erfüllen: den König möglichst rasch und zuverlässig über Insubordinationen in der Provinz informieren und ihm ein möglichst rasches und gründliches Zuschlagen möglich machen.

Das erste konnte wiederum offen oder verdeckt sichergestellt werden. Geschah es verdeckt, so muß man wohl von einer *Geheimpolizei* sprechen, die die Zentrale in den Provinzen unterhielt und die sie rechtzeitig über bedenkliche Umtriebe der Provinzgrößen unterrichtete. Solche Agentennetze hat es wahrscheinlich in allen größeren Staaten des Altertums gegeben. Näher bekannt ist ihre Existenz vor allem aus dem Hethiterreich, dem Perserreich und den indischen Reichen der Arier, und zwar schon von der ältesten Zeit an, aus der wir überhaupt halbwegs zuverlässige Nachrichten besitzen.

Aber auch die offene *gegenseitige Kontrolle* von Provinzbeamten entsprach einem verbreiteten System. Kaum einer von den Großstaaten des Altertums leistete sich Provinzverwaltungen, in denen alle denkbaren Aufgaben erledigt wurden. Fast immer standen sich zwei Größen gegenüber: ein Militärbefehlshaber und ein ziviler Statthalter, ein Verwaltungchef und ein Finanzchef usw. Das System ist schon aus dem Alten Reich der Hethiter (das heißt aus der Zeit um 1700 v.Chr.) bekannt, wo dem jeweiligen adeligen Provinzherrn ein oberster Finanzbeamter (agrig) gegenüberstand, der «Sklave» des Großkönigs und diesem daher zu besonderer Loyalität verpflichtet war, und wo es als einmaliger Gunst- und Vertrauensbeweis zu werten war, als König Hattusilis III. (ca. 1283–1265 v.Chr.) einem seiner Neffen ein großes Gebiet als steuerfreies Lehen zuwies und dabei anordnete, daß kein königlicher Beamter es je betreten dürfe. Da das Wort agrig sumerischen Ursprungs ist, wird man vermuten dürfen, daß es auch in Mesopotamien früher schon solche Doppelzuständigkeiten gegeben hat. Denn daß es sich um gewollte Doppelzuständigkeiten handelte, sollte man nicht bezweifeln.

Sowohl bei den Hethitern als auch bei den Makedonen, genauso aber auch bei den Römern und Byzantinern haben die Fachgelehrten bis heute die größten Schwierigkeiten, sich über die Zuständigkeiten der leitenden Provinzbeamten klar zu werden. Der Fehler dürfte darin liegen, daß sie eine so exakte Grenzlinie suchen, wie sie heute zum Beispiel zwischen Regierungspräsident, Oberfinanzpräsident und Wehrbereichskommandeur besteht. Aber genauso wird man wohl nicht fragen dürfen. Vielmehr werden die alten Herrscher Kompetenzüberschneidungen ganz gern in Kauf genommen haben, um die gegenseitige Kontrolle der Provinzoberen sicherzustellen. «Divide et impera» (teile und herrsche) ist ein Satz, der zu Unrecht nur auf die Außenpolitik bezogen wird.

Mit der rechtzeitigen Information über staatsgefährdende Umtriebe von Provinzbeamten war es natürlich nicht getan. Hinzukommen mußte nun, daß in der gefährdeten Provinz so rasch wie möglich Ordnung geschaffen wurde. Das geht im allgemeinen ohne den Einsatz von Truppen nicht ab, und das führt zu zwei weiteren Problemen. Einmal muß ein Straßensystem bestehen, auf dem diese Truppen rasch und zuverlässig bewegt werden können; davon war schon die Rede. Sodann kommt es für die Zentralgewalt aber auch darauf an, solche Truppen möglichst rasch zur Verfügung zu haben.

Damit sind wir beim Thema der *stehenden Einheiten;* denn das Aufgebot von Milizen dauert stets seine Zeit und kann meist auch nur in bestimmten Jahreszeiten ergehen (zum Beispiel nicht zur Erntezeit). Ohne stehende, das heißt stets unter Waffen befindliche Truppenteile war der König gegenüber illoyalen Provinzoberen automatisch im Nachteil, und man wird daher davon ausgehen dürfen, daß die Einrichtung solcher Einheiten, die – wie schon einmal gezeigt – wahrscheinlich bis auf Sargon I. (2414–2358 v. Chr.) zurückgeht, zumindest ebensosehr auf innenpolitischen wie auf außenpolitischen Erwägungen beruhte.

Von hier aus war es dann aber auch nur konsequent, daß die meisten Könige Teile ihrer Kerntruppen aus Ausländern rekrutierten. Solche Ausländer waren keinem anderen als ihnen selbst zur Loyalität verpflichtet und konnten daher in innenpolitischen Auseinandersetzungen ohne Risiko eingesetzt werden. Die Ägypter verwendeten die Medjai, ein sudanesisches Volk, so selbstverständlich als Polizeitruppe, daß sich der Volksname als Bezeichnung für die Polizei überhaupt einbürgerte. Ihre libyschen Söldnerheere, deren vornehmste Führer eines Tages (im 10. Jh. v. Chr.) selbst den Pharaonenthron bestiegen, sind eben dadurch berühmt geworden.

Weniger bekannt ist, daß Ägypten in einer späteren Phase auch skythische Söldner beschäftigte und daß es diese Rekrutierungspolitik fast mit allen Staaten der damaligen Welt teilte: Skythische Söldner beschäftigten die chinesischen Kaiser, die indischen und persischen Könige, die Herrscher Mesopotamiens und Syriens, und selbst die athenische Polis verwendete lange Zeit Skythen als Polizeitruppe.

Bekannt sind auch die Truppen, die die Hethiterkönige aus den Gaschgasch rekrutierten, einem kriegerischen und stets unruhigen Volk im Nordosten ihres Reiches, und sprichwörtlich geworden ist die Elitetruppe König Davids, die dieser aus «Kretern und Philistern» («Krethi und Plethi») zusammensetzte.

Einem modernen Beobachter wird es seltsam vorkommen, daß solche Truppenverbände auch aus Völkern genommen wurden, mit denen der betreffende Herrscher gerade in heftigen Konflikten lag. Man braucht sich aber nur an die ebenso berüchtigte wie legendäre Fremdenlegion zu erinnern, um zu erkennen, daß es solche Erscheinungen durchaus auch noch in unserer Zeit gibt. Wenn im Altertum ein Soldat in feindliche Gefangenschaft geriet, so hatte er damit zu rechnen, daß er entweder über die Klinge springen mußte oder in die Sklaverei verkauft wurde. Wurde ihm stattdessen gewissermaßen eine Anstellung im Staatsdienst angeboten, so wird er sich die Sache nicht lang überlegt haben, und wenn der neue Dienstherr seinen Verpflichtungen nachkam, wird er zu ihm sehr rasch eine besondere Loyalität, ja Treue entwickelt haben. Jedenfalls waren es gerade diese stehenden Söldnertruppen, mit denen die Großkönige des Altertums (und nicht nur sie) äußere Gegner und allzu selbständige Provinzherren in Schach hielten.

Nun hat kein größerer König des Altertums seine Provinzen und ihre führenden Funktionäre allein mit der Androhung bewaffneter Gewalt bei der Stange gehalten. Auch der gewalttätigste Herrscher wird seine Truppen innenpolitisch schon aus Kostengründen immer nur dann eingesetzt haben, wenn es ihm wirklich unvermeidbar erschien. Bequemer und nicht zuletzt auch risikoloser war es, solche Männer an der Spitze der Provinzen zu wissen, auf deren Treue und Ergebenheit man sich bedingungslos verlassen konnte. Das setzte allerdings voraus, daß das System der adeligen Vasallen wenigstens teilweise überwunden wurde und daß an ihre Stelle vom König ernannte Provinzstatthalter traten.

Der Akkaderkönig Sargon I. (2414–2358 v. Chr.) setzte wenigstens in neu eroberten Gebieten beamtete Statthalter ohne jedes Erbrecht ein. Schulgi von Ur (2105–2057 v. Chr.) ging auch in den angestammten Gebieten seines Reiches dazu über, die erblichen Stadtfürsten durch beamtete und vor allem auch jederzeit abrufbare Statthalter zu ersetzen, und da sowohl die einen wie die anderen den Titel ensi führten, ist es heute oft schwer, aus diesem Titel auf die tatsächliche Stellung seiner Inhaber zu schließen, zumal ihn (zum Beispiel in Mari) auch solche Stadtherrscher führten, die überhaupt keinem anderen mehr unterstanden.

Die Maßnahmen Schulgis wurden in Mesopotamien immer wieder nachgeahmt, sobald sich ein König dazu stark genug fühlte. Der letzte, der das System vor der Perserherrschaft auf breiter Front durchführte, war der auch aus der Bibel bekannte Assyrerkönig Tiglatpilesar III. (746–726 v. Chr.). Als beamtete und jederzeit versetzbare Vertrauensleute des Königs waren anfänglich auch die Satrapen gedacht, die der Perserkönig Dareios I. (521–486 v. Chr.) in den Provinzen seines gigantischen Reiches als Statthalter einsetzte. Gerade daß sie jederzeit versetzt werden konnten und das Amt auch nicht vererblich war, sollte sie in ständiger Abhängigkeit vom Großkönig halten. Beamte dieser Art gab es, um noch zwei weitere Beispiele zu nennen, auch in den meisten indischen Königreichen und bei den Hethitern, hier allerdings nur in Form der agrigs, die als Spitzenbeamte der königlichen Steuerverwaltung neben adeligen Provinzherren standen.

Im alten Ägypten läßt sich übrigens ein ähnlicher Wechsel zwischen Vasallen und beamteten Statthaltern beobachten wie in Mesopotamien. In der vordynastischen Zeit beruhte die Herrschaft der Könige, die es auch damals schon gab, höchstwahrscheinlich auf lockeren Vasallenverhältnissen, und hinter den Dezentralisierungsversuchen, mit denen die ersten Dynastien immer wieder zu kämpfen hatten, stand mit Sicherheit auch der Wunsch des Adels, die verlorene Selbständigkeit wiederzuerlangen. Die 3. Dynastie scheint dann aber die Einigung des Reiches vollendet zu haben. Seitdem beherrschte der Beamte, auch der beamtete Gaustatthalter, das Feld, dessen erste Loyalität – trotz aller Selbständigkeit, die auch er genoß – dem Pharao gehörte.

Das änderte sich später allerdings entschieden: Die Erste Zwischenzeit war ja gerade durch den Zerfall des Reiches in Teilstaaten bestimmt und auch den Königen des Mittleren Reiches ist es nie mehr gelungen, die regionalen Tendenzen völlig zu unterdrücken (S. 167 f.). Erst die Pharaonen des Neuen Reiches brauchten mit keinem regionalen Adel mehr zu rechnen, wobei unsicher ist, ob sie ihn in den Befreiungskämpfen gegen die Hyksos liquidiert oder ob diese ihn schon vorher beseitigt hatten (S. 170). Froh werden die Könige dieses Erfolges aber schwerlich geworden sein. Denn statt eines aufmüpfigen Adels saß ihnen nun eine immer mächtiger werdende Priesterschaft im Nacken, der sie Schritt für Schritt das Feld räumen mußten (S. 172).

Eine andere Form, sich die Loyalität der Provinzstatthalter zu sichern, bestand darin, daß der König sie zwar ebenfalls von sich aus ernannte, dafür aber nicht Abhängige oder gar Hörige, sondern Mitglieder seiner Dynastie auswählte. Solche Versuche lassen sich selbstverständlich bei allen Völkern des Altertums feststellen, besonders aber bei den Ägyptern, Babyloniern und Assyrern. Am bekanntesten ist wohl die Verfügung des Assyrerkönigs Assarhaddon (681–669 v. Chr.), der seinen älteren Sohn Assurbanipal (669–627 v. Chr.) zum König von Assur, den jüngeren Schamaschumukin (669–648 v. Chr.) aber zum König von Babylon machte und von dieser Maßnahme doch wohl die effektivste Beherrschung des Gesamtreiches durch seine Dynastie erhoffte. Im Achämenidenreich gehörten ungezählte Satrapen dem Königshaus und seinen verschiedenen Linien an. In den indischen Großreichen des Königs Ashoka (ca. 272–236 v. Chr.) und später auch der Gupta-Dynastie (seit 4. Jhd. n. Chr.) war es gang und gäbe, daß an der Spitze wichtiger Provinzen und vor allem an der Spitze der vier Vizekönigreiche königliche Prinzen standen.

Vizekönige kannten auch die Hethiter, bei denen die Einrichtung allerdings nicht fest installiert war, sondern nur von Fall zu Fall angeordnet wurde. Damit begann schon der erste halbwegs bekannte Großkönig, Labarnas I. (ca. 1670–1640 v. Chr.), der mehrere Verwandte, auch eigene Söhne, zu Vizekönigen im Süden seines Reiches berief. Muwatallis (ca. 1315–1293 v. Chr.) setzte seinen Bruder Hattusilis auf Grund seiner großen militärischen Erfolge gegen die Gaschgasch im Norden und Nordosten des Reiches als Vizekönig eines riesigen Gebietes ein. Wie gefährlich so etwas allerdings für den Inhaber des Thrones werden konnte, zeigt die weitere Abfolge der Ereignisse. Muwatallis' Sohn und Nachfolger Mursilis III. versuchte nämlich konsequent, die Machtstellung seines Onkels zu beschneiden. Als er das übertrieb, setzte ihn dieser kurzerhand ab und bestieg als Hattusilis III. (ca. 1286–1260 v. Chr.) selbst den Königsthron.

Den Hethitern verdanken wir übrigens noch ein weiteres Experiment, das in diesen Zusammenhang gehört. König Suppiluliumus I. (1385–1345 v. Chr.), der eine außerordentlich erfolgreiche Eroberungspolitik betrieb, ging nämlich systematisch zur Gründung erblicher Sekundogenituren über, denen er grundsätzlich volle Selbständigkeit gewährte, von denen er aber gleichwohl Solidarität mit dem Hauptreich erwartete. Einen Sohn namens Telipinus machte er zum «Priester» (und damit mindestens zum Mitregenten) des Landes Kizzuwadna, das ungefähr mit dem späteren Kilikien identisch war, und als er später eine Reihe syrischer Städte eroberte, erhob er ihn außerdem noch zum König des großen Flächenstaates Aleppo. Einen anderen Sohn bestimmte er unter gleichen Bedingungen zum König von Karchemisch. Die von diesem abstammende Dynastie hielt sich dort bis 717 v. Chr., bis zur Eroberung durch die Assyrer, und überlebte das Hauptreich somit um ein halbes Jahrtausend. Chudupijanzas, ein Neffe des Königs, wurde im entfernten ostanatolischen Lande Palaa als Befehlshaber eingesetzt. Eine Dynastie begründete er dort, soviel man weiß, nicht. Aber er hielt sich jahrzehntelang und in voller Loyalität zum Reich auf einer Insel inmitten fremder und feindlicher Völker, nur von Zeit zu Zeit durch erneute hethitische Vorstöße wieder ermutigt.

Eine vierte Dependenz des Hethiterreiches hätte in dieser Zeit bei etwas Glück Ägypten werden können. Denn in die Regierungszeit des Suppiluliumas fällt jene berühmte Episode, in deren Verlauf eine ägyptische Königin – man weiß bis heute nicht genau, ob es die Witwe Echnatons oder die Tutanchamuns war – den Hethiterkönig um die Hand eines seiner Söhne bat. Der Hethiter, der wohl zunächst eine Falle vermutete, verwendete zuviel Zeit auf Recherchen und Überlegungen. Als er endlich einen seiner Söhne auf den Weg nach Ägypten schickte, hatte sich dort eine wirkungsvolle Opposition gegen den Heiratsplan etabliert. Der Prinz Zannanzas wurde ermordet, noch ehe er die ägyptische Grenze erreicht hatte. Daß das ganze Projekt ohnehin abenteuerlich war, wird man aus heutiger Sicht wohl zugeben müssen, auch wenn man sich für den Augenblick einmal vorstellt, der Prinz hätte Ägypten erreicht und die Hochzeit wäre zustandegekommen. Ägypten wäre sicher auch nie eine bloße Sekundogenitur des Hethiterreiches geworden wie Karchemisch und Aleppo. Aber auch eine dynastisch gesicherte Entente cordiale zwischen den beiden Reichen muß für Suppiluliumas ein faszinierender Gedanke gewesen sein. Die friedliche Zusammenarbeit, die später eintrat, hätte um Generationen früher Wirklichkeit werden können.

In Zeiten außenpolitischer Expansion hatten die Könige übrigens noch ein drittes Mittel, ihre Hausmacht zu stärken. Wenn sie nämlich fremdes Gebiet hinzueroberten, hatten sie es verhältnismäßig leicht, dessen Verwaltung unter Umgehung der eigenen Aristokratie so zu gestalten, wie sie es wollten und wie es für sie vor allem politisch günstig war. Außenpolitische Landgewinne hatten für den, der sie bewirkte, jedenfalls bei geschickter Ausnutzung der damit verbundenen Vorteile stets auch einen beträchtlichen innenpolitischen Machtzuwachs im Gefolge.

Deshalb hat die außenpolitische Expansion meist auch innenpolitische Motive. Man hat sich bei uns angewöhnt, sie nur im Ablenken von innenpolitischen Schwierigkeiten zu sehen. Aber das ist zu vordergründig. Viel eher geht es um eine Gewichtsverlagerung im Innern.

Die Machtmittel, die im Ausland erobert werden, gelangen meist nicht im gleichen Maße an die adeligen Vasallen, in dem diese Anteil an der heimischen Macht haben. Damit verschiebt sich das Verhältnis aufs Ganze gesehen, zugunsten der Zentralgewalt und verstärkt sich diese allmählich auch im Ursprungsland, sowohl militärisch als auch ökonomisch. Die Hausmacht des Königs, von der wir hier sprechen, wird also oft im Ausland gesucht.

Vielleicht ist auf diese Weise sogar die merkwürdigste Episode der babylonischen Geschichte zu erklären, von der die Historiker berichten. Sie hat sich in dem von Nabopolassar (626–605 v. Chr.) gegründeten und von Nebukadnezar II. (605–562 v. Chr.) zur Weltgeltung gebrachten neubabylonischen Reich abgespielt. Einer von Nebukadnezars Nachfolgern, Nabonid (556–539 v. Chr.), brachte mehr als zehn von seinen 17 Regierungsjahren nicht in Babylon, ja nicht einmal in seinem Reich, sondern bei den Nomaden der arabischen Wüste zu; die Regierung zu Hause überließ er seinem Sohn, dem aus dem Buch Daniel und aus Heinrich Heines Gedicht bekannten Belsazar.

Was Nabonid in der Wüste wirklich getan und beabsichtigt hat, ist ungewiß. Will man sein Verhalten aber nicht nur als Marotte abtun (was es natürlich auch gewesen sein kann), so bleiben nicht viele Erklärungsmöglichkeiten. Die einleuchtendste ist, daß er dort einen eigenen Herrschaftsschwerpunkt aufbauen wollte. Fraglich mag sein, ob er ihn eines Tages seinem neubabylonischen Adel entgegensetzen wollte, ob er ihn in seiner Auseinandersetzung mit den Priestern des Götterkönigs Marduk benötigte oder ob er eher ein Widerlager gegen die mehr und mehr anschwellende Macht des Perserkönigs Kyros zu schaffen suchte. Jedes dieser Motive könnte – wie die weitere Entwicklung zeigt – für ihn eine Rolle gespielt haben. Denn als

Kyros schließlich Babylon angriff, da tat er es ausdrücklich, um den Gott Marduk vor Nabonid zu schützen, und als er die Stadt eroberte, da säumten jubelnde Volksmassen seinen Weg – und diese waren von den Marduk-Priestern auf die Beine gebracht worden. Nabonid hätte sich, wenn unsere Deutung seiner merkwürdigen Politik richtig wäre, also ganz realistisch verhalten, und daß er erfolglos blieb, besagt ja noch lange nicht, daß er ein Narr war.

Das Dilemma des Raums

Das Raumproblem haben die Großkönige des Altertums (und auch späterer Zeiten) niemals gelöst. Sie konnten es mildern, indem sie den selbständigen und vor allem selbstbewußten Adel Stück für Stück durch eine abhängige und ihnen ergebene Beamtenkaste ersetzten. Aber beseitigen konnten sie es damit nicht. Denn auch der loyalste Provinzstatthalter, den sie zunächst als Beamten einsetzten, konnte sich der Versuchung nicht entziehen, sich in seiner Provinz unentbehrlich und damit auch unversetzbar zu machen und auf lange Sicht sogar das Erblichwerden seines Amtes anzusteuern.

Wir kennen die Unausweichlichkeit dieser Entwicklung am besten aus der Geschichte des Frankenreiches. Den Karolingern gelang es auf west- und mitteleuropäischem Boden wohl als ersten, einen Beamtenadel zu schaffen, dessen Mitglieder Erfüllung in der erfolgreichen Wahrnehmung militärischer und administrativer Reichsämter erblickten und vor allem immer wieder bereit waren, auch einschneidende Versetzungen quer durch das riesige Frankenreich hinzunehmen. Nur: Auf die Dauer wurden sie eben doch wieder in bestimmten Reichsteilen ansässig, und als mit dem ausgehenden 9. und beginnenden 10. Jahrhundert n. Chr. die fränkische Monarchie immer schwächer wurde und in den gefährlichen Jahren der Normannen- und Ungarnstürme ganz erlosch, da übernahmen die Angehörigen dieser «karolingischen Reichsaristokratie» zwar nahtlos die Verantwortung, sie trugen aber auch nicht das geringste Bedenken, sich als souveräne und vor allem erbberechtigte Herren jener Reichsteile zu etablieren, in denen sie und ihre Familien zum Teil schon generationenlang wichtige Reichsämter versehen hatten.

Ein ähnliches Beispiel bieten die persischen Satrapen, deren Ämter im Laufe der Zeit auch mehr und mehr erblich wurden, die sich offensichtlich immer mehr als Unterkönige fühlten, ihre eigene Politik (auch Außenpolitik) trieben und sich zumindest in einzelnen Fällen von der Bindung an die Reichszentrale freimachten. In einem der nächsten Kapitel werden uns aus China weitere Beispiele für die Verfestigung leitender Provinzämter entgegentreten. Wir haben es also mit einer Entwicklung zu tun, die sich weltweit und immer wieder vollzogen hat.

Man wird auch diesen üblichen Geschehensablauf nicht *nur* als Mißbrauch oder als Verfallserscheinung abqualifizieren dürfen. Für die Zentrale eines großen Reiches war es vom Blickwinkel der Loyalität aus natürlich wünschenswert, daß sich ein Statthalterposten, der gerade einem Adelsgeschlecht von fraglicher Zuverlässigkeit aus der Hand gewunden worden war, nicht gleich wieder als erbliches Eigentum einer anderen Familie verfestigte. Auf der anderen Seite konnte ein Statthalter, der seine Provinz in- und auswendig kannte und dort über ein entsprechendes Ansehen verfügte, aber auch von beträchtlichem Nutzen sein.

Mußte in seiner Provinz mit Auseinandersetzungen gerechnet werden, so war es, wenn er auf seiten des Königs stand, auch für diesen ein Vorteil, wenn der Statthalter über eine eigene Hausmacht, das heißt über eigenes Vermögen und eine eigene Klientel verfügte. Beides war für den Statthalter unter Umständen aber auch Anreiz, seine eigene Politik zu treiben und die Loyalitätsstränge zum König zu lockern.

Daraus wird klar, wie prekär die innere Ordnung großer, aristokratisch regierter Reiche naturgemäß war und wie labil ihr inneres Gleichgewicht gewesen sein muß. Es war ein ständiges Auf und Ab zwischen der Zentralgewalt und den regionalen Mächten, ein ständiges Ringen um den Zusammenhalt.

Für einen verständigen König konnte diese Erfahrung sogar Anlaß sein, auf weitere, an sich mögliche Gebietserwerbungen zu verzichten. Tatsächlich erreicht jede Eroberungspolitik einmal einen Punkt, an dem weitere Schritte unsinnig werden, weil sich das eroberte Gebiet auf die Dauer nicht mehr kontrollieren und beherrschen läßt (und übrigens auch, weil es sich nicht mehr verteidigen läßt). Nur ist es für die Geschichtsschreibung nicht leicht nachzuweisen, daß dem Verzicht auf den weiteren Ausgriff im historischen Einzelfall wirklich eine bewußte Entscheidung aus solchen Überlegungen zugrunde liegt. Vom römischen Kaiser *Tiberius* (14–37 n. Chr.) weiß man beispielsweise, daß er die Versuche zur Einverleibung Germaniens *bewußt* abblies. Ob *Alexander der Große* ähnlich hellsichtig war, als er am Hyphasis die Eroberung Indiens aufgab, ist zwischen den Fachleuten bis heute umstritten. Immerhin stand er dort einer Meuterei seiner treuesten Heeresverbände gegenüber und kann sich auch einfach dieser gebeugt haben.

Eine *bewußte* Entscheidung vollzog sein Erbe Seleukos I., als er um 305 v. Chr. mit dem indischen Großkönig Tschandragupta einen Grenz- und Nichtangriffspakt schloß, in dem er ihm die indischen Teile des Alexanderreiches überließ und dafür 500 Kriegselefanten eintauschte. Seleukos stand aber auch vor einer ganz anderen Situation als ein Vierteljahrhundert vorher Alexander. Er brauchte freie Hand im Westen, um sich gegen die anderen Nachfolger des Welteroberers zu behaupten, und er war im Osten mit dem eben erst entstandenen Großreich Tschandraguptas konfrontiert, das ihm ohne gütliche Einigung diese freie Hand nicht gelassen hätte.

Zentrale und Provinz

Den wenigen Fällen, in denen eine bewußte Entscheidung nachzuweisen ist, stehen unzählige gegenüber, in denen man sie nur vermuten kann. Daß China nach wenigen tastenden Versuchen darauf verzichtete, seine Herrschaft auf Indien, Burma oder auch nur auf die Ebene von Ferghana auszudehnen (S. 233), mag mit solchen Überlegungen zusammenhängen, ebenso die Tatsache, daß Thutmosis III. bei seinem Großangriff auf Mitanni (S. 178) nicht auf dem Ostufer des Euphrat blieb und daß Ägypten an seiner Südgrenze offenbar nie auf Dauer über den vierten Nilkatarakt hinaus griff. Hatschepsut und Amenophis III. hatten wohl ähnliche Motive, als sie sich schrittweise aus Syrien und Palästina zurückzogen, und nicht einmal dem religiösen Eiferer Echnaton sollte man unterstellen, daß er diese Politik *nur* aus Weltfremdheit und politischem Desinteresse fortsetzte. Die Einsicht, daß ein Gebiet auf die Dauer nicht zu halten ist und daß man es deshalb gar nicht erobern oder doch zumindest wieder aufgeben sollte, ist innenpolitisch zwar meist riskant; denn die allgemeine Meinung – nicht nur bei den Militärs – kennt in ihrer Begehrlichkeit oft keine Grenzen. Dennoch hat die Selbstbescheidung oft lange Zeiträume der Stabilität und des friedlichen Austausches eingeleitet.

Mangelnde Beherrschbarkeit und mangelnde Verteidigungsmöglichkeiten waren mitunter sogar der Grund dafür, daß Großkönige den Abfall von Vasallen ausdrücklich billigten. Auch dafür bietet die Geschichte des Alexanderreiches ein schlagendes Beispiel.

In den Auseinandersetzungen um das Erbe Alexanders hatten sich die Seleukiden praktisch das alte Perserreich gesichert (freilich ohne Kleinasien und Ägypten und nur mit einem Teil Syriens). Die Situation war aber insoweit grundlegend verändert, als sie im Westen dieses Imperiums immer wieder mit den anderen Erben Alexanders zu kämpfen hatten, während sich die Achämeniden nach der Liquidation der Perserkriege fast ausschließlich auf die Macht ihrer Diplomatie und ihres Goldes hatten verlassen können. Außerdem wurden sehr bald auch die Nomaden Mittelasiens lebendig, die die nordöstlichen Provinzen des Reiches, vor allem Baktrien und Sogdiane (im Norden des heutigen Afghanistan und im angrenzenden Teil der heutigen GUS gelegen), aber auch die Provinzen im Südosten des Kaspischen Meeres von Jahrzehnt zu Jahrzehnt mehr bedrohten.

Um 250 v. Chr. brach das Reitervolk der Parner in die zuletzt genannten Provinzen ein, löste sie praktisch aus dem seleukidischen Reichsverband heraus und machte sie zum Gebiet eines eigenen Reiches. Dabei nahm es den neuen Namen «Parther» an, der vom Namen der Hauptprovinz Parthia abgeleitet wurde.

Für die heute afghanischen und südrussischen Provinzen im Nordosten, die seit den Zeiten Alexanders und der ersten Seleukiden sehr stark hellenisiert waren, bedeutete das, daß sie von allen direkten Verbindungen mit dem Mutterland abgeschnitten waren und zusehen mußten, wo sie blieben. Der

Satrap von Baktrien, Diodotos, zog aus der Lage die einzig denkbare Konsequenz. Soweit man die Vorgänge überhaupt noch aufzuhellen vermag, faßte er die im Osten verbliebenen Provinzen zu einem neuen Reich zusammen und stellte sich an dessen Spitze. Ob er sich dabei schon als souveräner König empfand oder ob er im Geiste noch die Oberherrschaft der Seleukiden anerkannte, wird wohl auf ewig ungeklärt bleiben. Jedenfalls hätten die Seleukiden auch im letzteren Falle kaum eine Möglichkeit gehabt, diese Oberherrschaft faktisch auszuüben. Diodotos und die Griechen seines Machtbereiches waren jedenfalls auf sich allein gestellt und das sollte sich auch nicht mehr ändern.

Sie mögen diese Situation überwiegend als prekär empfunden haben, weil ihnen zu ihrer dringend notwendigen Verteidigung nun die Ressourcen des Gesamtreiches fehlten und weil sie vor allem auch vom kulturellen Austausch mit den asiatischen Hochburgen des Hellenismus abgeschnitten waren. Aber die veränderte Lage hatte doch auch ihre guten Seiten. Die neue Zentrale in Baktra (dem heutigen Balch) konnte ihre Entscheidungen allein nach den Bedürfnissen des Frontstaates treffen und brauchte nicht mehr auf die Gesamtreichsinteressen Rücksicht zu nehmen. Die Entscheidungen, die bisher der Zentralregierung vorbehalten waren, konnten jetzt viel rascher und vor allem aus intimer Kenntnis der Lage an der Nomadengrenze gefällt werden. Schließlich war es auch ausgeschlossen, daß die militärischen und finanziellen Ressourcen des Nordostens von dort abgezogen und irgendwo im Westen verbraten wurden. Sie blieben im Lande und konnten ausschließlich für dessen eigene Sicherheitsinteressen eingesetzt werden.

Auf dieser Grundlage entstand das griechisch-baktrische Königreich, das seine Fühler zeitweise bis in das Tarim-Becken ausstreckte, die Ferghana-Ebene und große Teile Nordindiens hinzueroberte und, als es um 130 v. Chr. durch einen neuen Schub indogermanischer Nomaden (die sogenannten Kuschana) aus dem heutigen Afghanistan verdrängt wurde, als griechisch-indisches Reich bis in die letzten Jahrzehnte vor Christi Geburt weiterbestand.

Das Gesetz, nach dem dieser hochinteressante Staat angetreten war, wurde vierzig Jahre nach seinem Entstehen unter dramatischen Umständen noch einmal ausdrücklich bestätigt. In den Jahren nach 212 v. Chr. versuchte der Seleukide Antiochos III. (223–187 v. Chr.) die von seinen Vorgängern an die Parther und baktrischen Griechen verlorenen Satrapien mit aller Macht wieder zurückzugewinnen. Die militärischen Erfolge, die er dabei erzielte, hatten aber letzten Endes nicht die erwünschten politischen Konsequenzen. Zwar gelang es ihm in jahrelangen Kämpfen, den Partherkönig zur vertraglichen Anerkennung seiner Oberhoheit zu bringen. Die Vertreibung der Parther aus den okkupierten Gebieten glückte ihm jedoch nicht, und so hätte es ihm schließlich wohl selbst klar werden müssen, daß die Anerkennung seiner Oberhoheit das Papier nicht mehr wert sein würde, auf dem sie stand, sobald er dem Partherreich den Rücken gekehrt hatte.

Dennoch zog Antiochos anschließend nach Osten weiter und griff auch den baktrischen König Euthydemos an (208 v.Chr.). Unter schwersten Kämpfen überschritt er den Grenzfluß Areios und schloß die Hauptstadt Baktra ein. Als nach zweijähriger Belagerung immer noch kein Ende abzusehen war, kam es – wenn man dem Schriftsteller Polybios trauen darf – zu einer persönlichen Begegnung der beiden Könige (206 v.Chr.). Wie Polybios berichtet, wies Euthydemos dabei massiv auf die Gefährdung *beider* Reiche durch die Nomaden hin, angesichts deren interne Auseinandersetzungen zwischen den griechischen Staaten nur schädlich sein könnten. Er brauche nur die Nomaden herbeizurufen und das gesamte Land werde vernichtet werden.

Angesichts dieser Argumente scheint Antiochos III. eingelenkt zu haben. Er ließ sich von Euthydemos mit Lebensmitteln und Kriegselefanten versorgen, beließ ihn aber in seiner bisherigen Stellung und zog nach Westen ab. Ob Euthydemos wenigstens der Form nach seine Oberhoheit anerkannte, ist unbekannt (wenn auch nach der militärischen Lage nicht ganz ausgeschlossen). Er konnte sich eine solche Erklärung – ähnlich wie der Partherkönig – aber auch ohne weiteres leisten; denn der Seleukide konnte daraus keinerlei praktische Konsequenzen ableiten. Für diesen war der wichtigste Effekt des Agreements in Wirklichkeit, daß er eine ständige Quelle der Überforderung seines Staates abstoßen konnte, ohne dabei ernstlich das Gesicht zu verlieren.

Ähnliche Entwicklungen mag es im Laufe der Jahrhunderte öfter gegeben haben, ohne daß sie in der Geschichtsschreibung eine Spur hinterließen. Vielleicht ist auch das gallische Sonderreich, das es in der römischen Kaiserzeit (3. Jhd. n.Chr.) einige Jahrzehnte lang gegeben hat, auf diese Weise zu deuten. Es ist allzu billig, solche Insubordinationen *nur* mit dem persönlichen Ehrgeiz der Hauptakteure zu erklären. Auch dieser hat in der Geschichte natürlich keine geringe Rolle gespielt. Aber er war nur selten *allein* ausschlaggebend, schon weil ihn die Umwelt nicht ohne weiteres mitgemacht hätte. Nur wenn die politischen Vorstellungen der Führer sich mit den Wünschen und Bedürfnissen der entscheidenden Schichten decken, setzen sie sich auf die Dauer durch. An der Nomadengrenze aber gab es nur *ein* Bedürfnis, das für die Menschen wirklich zählte: das Bedürfnis nach Frieden und Sicherheit. Wer es befriedigte, *war* der König dieser Menschen, gleichgültig wie seine staatsrechtliche Stellung sein mochte.

Drittes Buch

Modelle der Großraumpolitik

8. Kapitel

Großmachtpolitik im Nahen Osten

Im Nahen Osten hat unser Buch seinen Rundgang durch die Geschichte begonnen. Dort waren die meisten Herrschaften angesiedelt, die wir in unserem «Normaljahr» 2000 v. Chr. feststellen konnten, und von dort aus haben wir uns weiter in die Jahrtausende zurückgetastet. Nunmehr gilt es, den umgekehrten Weg einzuschlagen. Wir sind es unseren Lesern noch schuldig, von der weiteren Entwicklung jener Staaten zu berichten, die wir im «Normaljahr» ausfindig gemacht haben.

Soweit man überhaupt genauer Bescheid weiß, waren Mesopotamien, Anatolien, Syrien und Palästina, aber auch die Balkanhalbinsel damals von einem Geflecht kleiner und mittlerer Herrschaften überzogen, die die indogermanische Wanderung entweder glimpflich überstanden hatten oder die – gerade umgekehrt – aus ihr hervorgegangen waren. Größere Gebilde gab es (wenn man von der Induskultur einmal absieht) bis dahin praktisch nur in Ägypten und Mesopotamien. Aber auch Ägypten hatte im Jahre 2000 v. Chr. gerade eine Periode der Zersplitterung und Kleinstaaterei hinter sich (S. 17), und das Zweistromland befand sich seit Jahrhunderten in einem mächtigen Ringen zwischen der Großreichidee und der althergebrachten Ordnung (oder Unordnung), die mit dem Gedanken des Stadtstaates verbunden war. Wie sich der Staat im Vorderen Orient fortentwickeln würde, stand in unserem «Normaljahr» also auf des Messers Schneide.

Auf die Dauer hat sich – um das Ergebnis vorwegzunehmen – der Großstaat durchgesetzt, zwar nicht in dem Sinne, daß er sämtliche kleineren Herrschaftsgebilde restlos liquidiert hätte, wohl aber so, daß er den Ablauf der Geschichte in die Hand nahm und die kleineren Herrschaften entweder in den Sog eines großen Staates gerieten oder zwischen mehreren großen Staaten hin- und herlavieren mußten, um halbwegs bestehen zu können. Ägypten blieb allen Dezentralisierungstendenzen zum Trotz ein geschlossenes Ganzes. In Mesopotamien wurden die Phasen des Zusammenschlusses immer länger. Im Reich der Hethiter und in Mitanni kamen ganz neue Gebilde hinzu, die jedenfalls in ihren guten Zeiten die Bezeichnung als Großmächte verdienten, und selbst das weit entfernte Kreta scheint sich zu bestimmten Zeiten so weit geeinigt zu haben, daß es auch machtpolitisch eine Rolle spielen konnte.

Daß alle diese Großmächte ihrem inneren Charakter und ihrer Verfassung nach höchst verschieden waren, braucht man wohl nicht besonders zu betonen. Das folgt schon aus der Verschiedenheit der Volksgruppen, denen ihre Träger angehörten, und aus den Kulturresten, die sie hinterlassen haben.

Außerdem haben sie nach innen wie nach außen ganz unterschiedliche Entwicklungen durchgemacht.

Aber es gab im Laufe des zweiten vorchristlichen Jahrtausends doch eine Phase, in der sie nicht nur durch Handel und kulturellen Austausch, sondern auch militärisch und politisch miteinander in enge Berührung kamen. Die Bedingungen, die jede von ihnen erfüllen mußte, um zu diesem Punkt zu gelangen, waren so speziell, daß man bei diesem Zusammentreffen nur von einem großen Zufall sprechen kann. Eingetreten ist dieser Zufall aber, und so ist es in der zweiten Hälfte des Jahrtausends zu einer Epoche *internationaler Großmachtpolitik* gekommen, die man ohne Übertreibung als Weltpolitik bezeichnen kann (wobei man die Welt allerdings auf die damals im Nahen Osten bekannten Regionen beschränken muß). Damit war eine völlig neue Qualität staatlicher Politik und wohl auch des Staates selbst erreicht.

Das folgende Kapitel will diese Geschichte in groben Linien nachzeichnen. Das verlangt eine zweifache Richtung des Blicks: zum einen auf jeden einzelnen Großstaat und seine innere Entwicklung, zum andern auf die Weltpolitik, in die sie alle miteinander verflochten waren. Dem folgt auch der Aufbau des Kapitels.

Ägypten – Koloß auf tönernen Füßen

In Ägypten war kurz vor dem Jahre 2000 v. Chr. die Erste Zwischenzeit zu Ende gegangen. Mentuhotep I. (2061–2010 v. Chr.) und sein gleichnamiger Sohn hatten die zahlreichen Gaufürsten wieder unter die Oberhoheit einer Zentralregierung gebracht und Amenemhet I. (1991–1961 v. Chr.), der Begründer der 12. Dynastie, ging auf dem gleichen Wege weiter. Ägypten befand sich, wie wir es oben ausgedrückt haben (S. 15, 18), auf dem Wege zu neuer, konzentrierter Staatlichkeit.

Aber der alte Zentralstaat war doch offensichtlich für alle Zeiten dahin. So geschlossen, wie es unter den großen Dynastien des Alten Reiches gewesen war, wurde Ägypten nie mehr. Die Inschriften der Gaufürsten betonen viel weniger ihre Loyalität gegenüber dem König als vielmehr die Leistungen, die sie selbst für ihren Gau erbracht hatten, und auch sonst blieben in großer Zahl Elemente des Feudalismus und der lokalen Autonomie erhalten, mit denen die Pharaonen ernstlich zu rechnen hatten. Das erkennt man am besten an den Ämtern der Provinzfürsten. Diese waren erblich geworden, was immer auf eine Schwächung der Zentralgewalt schließen läßt. (Freilich hielt sich gerade diese Schwächung in Grenzen. Denn der Pharao war bei der Vergabe der Ämter zwar an die jeweilige Familie gebunden; zwischen den Nachkommen des einzelnen Fürsten hatte er aber – zumindest von Rechts wegen – die freie Wahl).

Zeittafel 3: Die I. Hälfte des 2. Jt. v. Chr.

	Ägypten		Kleinasien
um 2040	Mentuhotep I. gründet das Mittlere Reich	20.–17. Jh.	Fortbestand des Kleinstaatensystems. Allmähliches Erstarken der Dynastie von Ankuwa.
seit 1991	Die 12. Dynastie setzt das Mittlere Reich fort. Große Bewässerungsbauten. Erstarkende Tempel	19. Jh.	Handelsbeziehungen Assyrien-Anatolien nachweisbar
18.Jh.	Verfall des Mittleren Reiches		
etwa 1730–1580	Zweite Zwischenzeit. Unterägypten unter direkter Herrschaft der Hyksos, Oberägypten tributpflichtig	um 1670–1640	Labarnas I., erster bekannter Hethiterkönig (Altes Reich)
		um 1640–1615	Hattusilis I. Kämpfe in Syrien u. Arzawa. Gesetzbuch
um 1580	Ahmose vertreibt die Hyksos	1595	Mursilis I. plündert Babylon
um 1580–1502	Erste Phase der 18. Dynastie. Syrien/Palästina als Glacis behandelt.		
1502–1481	Hatschepsut. Südorientierung. Friedliche Außenpolitik	um 1500	Telipinus gründet das Neue Reich der Hethiter. Erbkönigtum mit Adelsrat
seit 1481	Zweite Phase der 18. Dynastie. Imperialistische Politik, vor allem unter Thutmosis III. (1481–1448)		
um 1470	Großer Angriff auf Mitanni	um 1470	Erste Konflikte mit Mitanni

	Hurritische Gebiete (Nordirak)		Mesopotamien
21. Jh.	Erste Hurriterkönige nachweisbar.	Seit 21. Jh.	Eindringen der Amoriter. Erste Assyrerkönige nachweisbar.
um 1900	Hurritisches Staatensystem von Syrien bis zum Zagros	20./19. Jh.	Kleinstaaten, meist schon unter amoritischen Königen
		etwa 1830–1750	Neue Versuche der Großreichbildung (Naramsin von Eschnunna, Jachdunlim von Mari, Rimsin von Larsa, Schamschiadad I. von Assur)
		um 1765	Hammurabi von Babylon (1792–1750) gründet ein Großreich. Codex Hammurabi

		Mitte 18. Jh.	Unabhängige Meerlanddynastie im Süden. Beginnende Einwanderung der Kassiten (Kassäer)
16. Jh. (?)	Einzelne Hurriterstaaten unter arischen Königen	1595	Plünderung Babylons. Beginn der Kassiten-Dynastie
nach 1550	Entstehung des Mitanni-Reiches (erster König: Barattarna)		
um 1470	Beginn der Großreichphase unter Sauschtatar		

Als Beweis für die völlig veränderten Verhältnisse wird meist ein Buch angeführt, in dem Amenemhet I. sich aus dem Totenreich an seinen Sohn wendet. Dort berichtet er, wie er in seinem eigenen Palast ermordet worden sei, und hämmert dem Nachfolger ein, daß ein Herrscher ohne Mißtrauen nicht regierungsfähig sei. Die Ägyptologen halten es für möglich, daß dem ein reales Geschehen zugrunde liegt und daß Amenemhet I. letztlich einer Adelsfronde zum Opfer gefallen ist. Das ist durchaus nicht unwahrscheinlich. Doch kann der König natürlich auch von Neidern, von Anhängern der alten Dynastie oder sonst von politischen Gegnern umgebracht worden sein.

Aber es gibt noch andere Indizien dafür, daß es die Könige der 12. Dynastie auf Dauer mit Adelsherren und Gaufürsten zu tun hatten. Den Bauern wurde unter ihrer Herrschaft soviel Aufmerksamkeit geschenkt wie niemals vorher oder nachher, und es ist ohne weiteres möglich, daß dahinter ein ähnliches Motiv stand wie unter den Ch'in-Königen und den frühen Han-Kaisern, nämlich die Einzingelung und Schwächung des Adels zwischen König und Volk (S. 209 f.). Die Pharaonen der 12. Dynastie begannen auch, sich eine Leibgarde aus längerdienenden Soldaten zu schaffen, die sie nicht nur zu ihrem eigenen Schutz, sondern auch zu Kommandounternehmen an der Südgrenze verwendeten; das Thema «Hausmacht des Königs», das in jedem Adelsstaat auftritt, ist damit zumindest angesprochen.

Vor allem aber fällt auf, daß die Pharaonen der 11. und 12. Dynastie das große nubische Kolonialgebiet, das sie wieder eroberten, ihrem Reiche nie völlig einverleibt, sondern unter einer eigenen, besonders loyalen Verwaltung gehalten haben. Das mag seinen Grund auch darin gehabt haben, daß nur eine Eingliederung nach Oberägypten möglich gewesen und dieses dann im Vergleich zu Unterägypten zu groß geworden wäre. Daß als Vizekönige von Nubien nur Kronprinzen und besonders enge Gefolgsleute des Pharao verwendet wurden, zeigt aber doch noch ein zweites Motiv: der König schuf sich wie an vielen anderen Stellen der damaligen Welt durch Eroberung einen Bereich, den er mit keiner selbstbewußten Aristokratie zu teilen brauchte.

Möglicherweise hat auch die größte zivilisatorische Leistung des Mittleren Reiches – zumindest nebenbei – diesen Zweck verfolgt, nämlich der Staudamm in der Landschaft Fayûm. Durch ihn soll ein künstlicher See entstanden sein, der nicht nur zur Regulierung des Nilhochwassers, sondern selbstverständlich auch zur Bewässerung neuer, bisher unfruchtbarer Gebiete diente. Eine fünfstellige Hektarzahl soll auf diese Weise bebaubar geworden sein. Rechnet man das Ansehen, das diese Leistung brachte, und die erhöhten Steuern, die die Pharaonen aus dem bewässerten Land verlangt haben, in ihrem politischen Gewicht zusammen und nimmt man hinzu, daß im neugewonnenen Land wohl kaum ein Adelsherr mitzureden hatte, so kann auch der politische Ertrag der Maßnahme für die Könige nicht ohne Belang gewesen sein.

Ganz allgemein verdichtet sich in letzter Zeit der Eindruck, als ob die künstliche Bewässerung – jedenfalls soweit sie über den reinen Gartenbau hinausging – erst während der Ersten Zwischenzeit und während des Mittleren Reiches zur Staatsaufgabe geworden sei und als ob gerade darin einer der großen strukturellen Unterschiede zwischen dem Alten und dem Mittleren Reich liege. Bis zum Ende der 6. Dynastie gibt es keinerlei Hinweise auf größere Wasserbaumaßnahmen. Erst in der 9. bzw. 10. Dynastie beginnen sie greifbar zu werden (S. 306), und da im gleichen Zeitpunkt auch die frühesten Berichte über größere Hungersnöte auftreten, liegt der Schluß nahe, daß hier klimatische, demographische oder agrartechnische Entwicklungen zusammen mit machtpolitischen Überlegungen zu einem Umbruch in der staatlichen Aufgabenstruktur geführt haben.

Tatsächlich haben die fähigen Herrscher, die die 12. Dynastie hervorbrachte, dem Land zwei Jahrhunderte Ruhe und Wohlstand gesichert. Erst mit Amenemhet IV. (1797–1790 v. Chr.) verfiel die Macht dieses Hauses und da die bald danach auf den Thron gelangte 13. Dynastie nur ein Schattendasein führte und sich in Serien von Thronwechseln erschöpfte, kam es praktisch schon damals zu jenem politischen Vakuum, das man als die Zweite Zwischenzeit bezeichnet.

Über den Staat der Hyksos, die Ägypten ungefähr zwischen 1730 und 1580 v. Chr. beherrschten, ist so wenig bekannt wie über ihre Herkunft und Vorgeschichte. Könige müssen sie besessen haben; denn die spätere ägyptische Geschichtsschreibung wies ihnen die 15. und 16. Dynastie zu und außerdem sind uns auch heute noch einzelne Königsnamen bekannt. Daß ihnen die Eroberung Ägyptens gelang, hängt einerseits mit dem inneren Zustand des Nilreiches, andererseits aber auch mit der überlegenen Bewaffnung der Hyksos zusammen. Pferde und Streitwagen müssen sie – für damalige Zeiten – in Massen besessen haben. Dazu kamen neuartige, den ägyptischen überlegene Schwerter und vor allem die sogenannten Kompositbogen, die den einfachen Bogen an Schußweite und Durchschlagskraft weit übertrafen. Dem hatten die Ägypter, die es bisher kaum mit gleichwertigen, geschweige denn mit überlegenen Gegnern zu tun gehabt hatten, nichts entgegenzusetzen.

Eine mit heutigen Vorstellungen vergleichbare Herrschaft scheinen die Hyksos nicht errichtet zu haben. Oberägypten blieb ohnehin als tributpflichtiger Staat bestehen. Aber auch in Unterägypten scheint es keine administrative oder auch nur rechtliche Durchdringung von seiten der neuen Herren gegeben zu haben. Diese nahmen zwar einige Elemente der überlegenen Kultur ihrer Untertanen an, zum Beispiel die Schrift. Im allgemeinen hielten sie sich aber abseits und begnügten sich damit, daß ihre Herrschaft nicht angetastet wurde und daß die – allerdings erheblichen – Tributleistungen pünktlich eingingen.

Der Großteil der neuen Herrenschicht hat sich nicht etwa in der Fläche des eroberten Landes niedergelassen, sondern er hielt sich in großen Militärlagern auf, wie wir sie in späterer Zeit noch bei den Chinesen kennenlernen werden (S. 228). Reste solcher Lager, in denen sich Tausende von Kriegern mit Familien, Pferden und Streitwagen aufgehalten haben müssen, sind uns aus Unterägypten, vor allem aus dem Nildelta, aber auch aus Palästina bekannt. Auch die Hyksos-Hauptstadt Auaris, das spätere Tanis, lag im Nildelta und war ein solches Militärlager.

Diese betont militärische Organisation des Hyksos-Reiches war zur Aufrechterhaltung einer Gewaltherrschaft besonders günstig. Die Lagerstädte schützten die neuen Herren des Landes fast perfekt vor Angriffen und waren zugleich die ideale Ausgangsbasis für Polizeiaktionen und vor allem für Strafexpeditionen in widerspenstige Landesteile. Lager dieser Art waren, um es anders auszudrücken, nicht nur für eine nach außen gerichtete Eroberungspolitik, sondern auch für eine autoritäre Innenpolitik ein ideales (wenn auch natürlich wenig sympathisches) Instrument.

Als die Herrschaft der Hyksos durch die 18. Dynastie abgelöst wurde, trat Ägypten noch einmal in eine ganz andere Phase der Staatlichkeit ein. Einerseits scheint – aus welchen Gründen auch immer – der Adel als selbständiger Machtträger spätestens in den Befreiungskämpfen ausgeschaltet worden zu sein; das Neue Reich war ungleich mehr Einheitsstaat, als es das Alte Reich unter den großen Dynastien gewesen war. Andererseits kam es nunmehr zu jenen Expansionskriegen in den palästinensischen und syrischen Raum, von denen wir schon einmal gesprochen haben, und zu der damit verbundenen imperialistischen Ausrichtung des ganzen Staates (S. 89 ff.).

Dabei sind wieder zwei Epochen zu unterscheiden. Die ersten Pharaonen der 18. Dynastie – also Ahmose (1580–1550 v. Chr.), Amenophis I. (1550–1528 v. Chr.), Thutmosis I. (1528–1515 v. Chr.) und Thutmosis II. (1515–1502 v. Chr.) – versuchten den syrisch-palästinensischen Raum zwar zu beherrschen. Sie bewirkten das aber durch zeitweise Militäraktionen. Die administrative Einbeziehung des Landes in ihr Staatsgebiet betrieben sie nicht. Das wurde erst unter Thutmosis III. (1481–1448 v. Chr.) anders.

Großmachtpolitik im Nahen Osten 171

Zwar blieben die einheimischen Stadtfürsten auch jetzt in ihren Ämtern. Doch über ihre Loyalität wachte ein ägyptischer Protektor, der seinen Sitz in Gaza hatte und sich auf Sonderbotschafter an den bedeutendsten Fürstenhöfen sowie auf Garnisonen an den strategisch wichtigsten Punkten stützen konnte.

Das ägyptische Reich war unter den cäsarischen Königen der 18. Dynastie ohne Zweifel auf dem Höhepunkt seiner internationalen Macht. Seine Nordostgrenze war weit bis nach Syrien vorgerückt, mitunter sogar bis an die Ufer des Euphrat. Nubien unterstand bis zum vierten Katarakt seiner Verwaltung, Libyen (das allerdings nie eine besondere Gefahr dargestellt hat) wagte sein Haupt nicht mehr zu erheben. Zum Reich Mitanni bestanden verwandtschaftliche Beziehungen, die fast von Generation zu Generation erneuert wurden und die später – unter der 19. Dynastie – durch eine politische Heirat mit einer hethitischen Prinzessin fortgesetzt wurden.

Trotzdem trug dieses Imperium den Keim des Zerfalls in sich. Außenpolitische Mißerfolge wie der Verlust von Syrien und Palästina unter Amenophis III. (1413–1375 v.Chr.) und seinem Sohn Echnaton spielten dabei die geringste Rolle; sie wurden unter ihren Nachfolgern auch verhältnismäßig rasch wieder wettgemacht. Die Gründe waren vielmehr innenpolitischer Natur.

Zunächst scheint in den Wirren um die Amarna-Religion ein allgemeiner Loyalitätsverfall bei Beamten und Bevölkerung eingetreten zu sein. Haremhab (1346–1321 v.Chr.), der die letzten Ausläufer der Echnaton-Krise zu liquidieren hatte, und Sethos I. (1319–1304 v.Chr.), der zweite Herrscher der 19. Dynastie, mußten drakonische Strafgesetze erlassen, um wieder einigermaßen Ordnung herzustellen, und wer einmal darüber nachgedacht hat, ob mit Strafdrohungen wirklich Staatstreue erzielt wird, dem ist klar, daß das Problem so jedenfalls nicht gelöst worden sein kann.

Dazu kam, daß die dauernden Kriege natürlich nicht mehr nur mit dem Aufgebot der eigenen Untertanen geführt werden konnten. Die Elitetruppen, die der syrische Krieg forderte, konnten nur aus Söldnern rekrutiert werden. Diese waren aber in aller Regel Ausländer, deren Loyalität nicht so sehr dem Staat als dem einzelnen Heerführer gehörte. Außerdem verlangten sie ein stehendes Offizierskorps, ohne das solche Truppen nicht geführt werden können. So entstand in der Armee langsam aber sicher ein Staat im Staate, der seinen Anteil an der Herrschaft und den politischen Entscheidungen verlangte. Haremhab, der als Offizier begonnen hatte, ist nur das erste Beispiel für eine Entwicklung, die 500 Jahre später zur Machtübernahme durch eine libysche Generalsdynastie führte.

Entscheidend war aber etwas anderes. In der Priesterschaft des Gottes Amun erwuchs den Pharaonen im Laufe der Jahrhunderte eine Konkurrenz, mit der schon Echnaton nicht mehr fertig wurde (S. 109 f.) und die ihnen bald danach vollends das Heft aus der Hand nahm. Der Vorgang ist so erregend und außerdem so typisch für die Verhältnisse in einem nicht souveränen Staat, daß wir ihn hier etwas genauer betrachten wollen.

Der Aufstieg der Amun-Priesterschaft und vor allem des späteren Zentralheiligtums von Karnak begann schon am Anfang des Mittleren Reiches unter Amenemhet I. (1991–1961 v. Chr.). Bald vereinigte sich der Gott, dem sie dienten, mit dem Bild des frühen Reichsgottes Rê, als dessen Söhne die Pharaonen galten (S. 111), und von da aus ist es nicht verwunderlich, daß die Bedeutung, auch der politische Einfluß seiner Repräsentanten von nun an stetig wuchs. Unter Thutmosis III. und den auf ihn folgenden Militärkönigen flossen ungeheure Reichtümer aus Schenkungen, Beuteanteilen und Tributen in die Kassen des Tempels von Karnak, so daß sein geistiger Einfluß durch wirtschaftliche Macht geradezu potenziert wurde. Zu Beginn des 12. Jahrhunderts v. Chr., unter der Regierung Ramses' III. (1198–1166 v. Chr.), soll Karnak 81000 Menschen, 420000 Stück Vieh, 240000 Hektar Ackerland, 83 Schiffe, 46 Werften und 65 ganze Ortschaften besessen haben und allein die jährlichen Abgaben in Metall sollen über 50 Kilogramm Gold, eine Tonne Silber und 2,4 Tonnen Kupfer betragen haben; dazu kamen, um nur noch eine weitere Zahl zu nennen, etwa 300000 Säcke Korn.

Gegen eine solche Macht – vermittelt durch Klientel und Vermögen – kam auf die Dauer auch der mächtigste Pharao nicht mehr an. Echnaton hat das am eigenen Leibe erfahren müssen, aber auch seinen mächtigeren Vorgängern kann es nicht verborgen geblieben sein. Die Macht Ägyptens war gerade in den Zeiten, als sie nach außen am größten war, nach innen zwischen den Pharaonen und den Hohenpriestern Amuns geteilt, und als mit Ramses III. die Weltreichperiode zu Ende ging, da hatten die Priester am Nil endgültig das Heft in der Hand. Gelegentliche Aufstände vermochten daran nichts mehr zu ändern.

Daß selbst unter den Cäsaren der 18. Dynastie die politische Entscheidungsgewalt zwischen Pharaonen und Priestern gleichmäßig verteilt war (und zwar im Sinne eines *labilen* Gleichgewichts), beweist vielleicht am besten der Dualismus der Methoden, mit denen nach der damals gültigen Theologie gerade auch in politischen Fragen der Wille Amuns ermittelt wurde (was dann ja schließlich die Entscheidung war). Die eine Möglichkeit bestand darin, daß sich der Gott dem Pharao in einem Traum offenbarte. Hier hatte also der König die Entscheidung in der Hand. Im anderen Falle wurde die anstehende Frage im Tempel einem Bild des Gottes vorgelegt, das mit einem Nicken Zustimmung, mit einem Zurücklehnen oder bloßer Unbeweglichkeit aber Ablehnung signalisierte. Niemand weiß, wie beide Effekte erzielt wurden. Sicher ist aber, daß hier die Priester am längeren Hebelarm saßen. Und beide Methoden zusammen drückten das Gleichgewicht der Gewalten drastischer aus als irgendeine andere Tatsache.

Mesopotamien im zweiten Jahrtausend

Der Grundakkord, nach dem sich die mesopotamischen Staaten in den Jahrhunderten nach 2000 v. Chr. fortentwickelten, war in unserem «Normaljahr» bereits angeschlagen. Es ging um den schon lange schwelenden Widerstreit zwischen dem Stadtstaat und dem Großreich (S. 38), der zwar auch in diesem Jahrtausend noch nicht endgültig entschieden wurde, in dem sich die Waagschale der Geschichte aber zunehmend zugunsten des Großreiches senkte. Die Zeiten, in denen das Zweistromland ganz oder doch überwiegend von einer Zentrale aus regiert wurde, wurden immer länger, die Zeiten der Zersplitterung immer kürzer.

Auch der zweite Grundakkord der mesopotamischen Geschichte blieb erhalten: daß im Abstand einiger Jahrhunderte immer wieder neue Nomadenwellen in das Kulturgebiet eindrangen, sich dort niederließen, allmählich die Herrschaft an sich zogen und sich zugleich der überlegenen Kultur der älteren Bewohner anpaßten. Von der amoritischen Einwanderung, die in den letzten Regierungsjahren des Königs Schulgi von Ur (2105–2057 v. Chr.) begann, war auf den ersten Seiten dieses Buches schon die Rede (S. 19). Seit der Mitte des 18. Jahrhunderts machten sich dann die Kassiten bemerkbar, die später eine wichtige Rolle im babylonischen Landesteil spielen sollten, und seit dem 14. Jahrhundert folgten die Aramäer, zu denen u. a. auch das israelitische Volk gehörte (vgl. 5. Mose 26,5: «Mein Vater war ein umherziehender Aramäer»; Luther übersetzt hier allerdings ungenau «Syrer») und von denen seit etwa 1000 v. Chr. erheblicher Druck ausging.

Neu war, daß sich nun zunehmend auch der Norden des Landes zu Wort meldete. Diese Entwicklung verbindet sich zunächst mit dem Namen der *Hurriter,* die seit der Zeit der akkadischen Könige am Oberlauf des Tigris und seiner östlichen Nebenflüsse, sehr bald aber auch schon im Gebiet des Chabur, ja selbst in Ostanatolien nachweisbar sind (S. 31). Schulgi führte heftige Kriege gegen sie und scheint dabei nicht ohne Erfolg geblieben zu sein. Aber schon unter der Regierung seines zweiten Nachfolgers Schusuen (2048–2039 v. Chr.) bezeichnete sich ein Hurriterkönig als Herr von Ninive (S. 31), und als um 2015 v. Chr. die 3. Dynastie von Ur zu Ende ging, da erstreckten die Hurriter ihr Herrschaftsgebiet weit nach Osten und Südosten. Sie dürften zu dieser Zeit also auch das Kerngebiet des späteren assyrischen Reiches in Besitz gehabt haben. Noch später, um die Wende vom 19. zum 18. Jahrhundert v. Chr., spannte sich ein Bogen hurritischer Herrschaften vom Zagros über das östliche Tigrisgebiet und Nordmesopotamien bis nach Nordsyrien, und noch in der Korrespondenz des Echnaton-Hofes tritt ein Stadtfürst von Jerusalem auf, der den hurritischen Namen Abdichepa trägt.

Das zweite neue Element im politischen Geflecht des Zweistromlandes waren die *Assyrer.* Über die ältere Geschichte ihres Landes weiß man so gut wie nichts; das Interesse der Archäologen hat sich begreiflicherweise auf das kulturell höherstehende Babylonien konzentriert. Zu Beginn des zweiten vorchristlichen Jahrtausends treten aber einzelne Herrscher der Stadt Assur aus dem Dunkel der Geschichte hervor und deuten ein völlig neues Kapitel in der Entwicklung Mesopotamiens an.

Woher dieser neue Impuls kam, ist bei der Enge der Quellen schwer zu sagen. Einzelne Historiker meinen, die zur gleichen Zeit eindringenden Amoriter hätten einen Keil zwischen den nördlichen und den südlichen Teil Mesopotamiens gelegt, und dadurch sei eine unabhängigere Entwicklung im Norden möglich geworden. Andererseits hört man immer wieder von assyrischen Angriffen auf den Süden, die schon vor der Jahrtausendwende begannen und sich in lockeren Zeitabständen wiederholten. Es kann also nicht jeder Kontakt unterbrochen worden sein. Wahrscheinlich hat Assyrien aus den ständigen Reibereien mit den Hurritern Kraft und Selbstbewußtsein gezogen. Wir werden noch mehr Beispiele dafür kennenlernen, daß an den Rändern alter Kulturgebiete Staaten entstehen, die den Respekt vor der höherstehenden Kultur des Kernlandes mit größerer Vitalität und Aggressivität verbinden und auf diese Weise zunehmend auch das Schicksal des Kernlandes bestimmen.

In Babylonien befanden sich die wichtigsten Stadtstaaten zu Beginn des zweiten Jahrtausends bereits in amoritischer Hand. Die beiden folgenden Jahrhunderte wurden dort vor allem von den Städten Isin, Larsa und Eschnunna beherrscht. Aber das ist natürlich keine vollständige Liste der politischen Akteure. Daneben traten im Süden des Landes immer wieder das uralte Mari und das erstmals nachweisbare Babylon auf. Im Norden und Osten war mit Hurritern, Assyrern und Elamitern und im syrisch-palästinensischen Raum vor allem mit Qatna, Hazor, Aleppo und Karchemisch zu rechnen. Das 19. Jahrhundert v. Chr. sieht sich, soweit es überhaupt Informationen darüber gibt, wie ein einziges Chaos von kämpfenden und intrigierenden Kleinstaaten an.

Aber dazwischen gab es doch immer wieder größere Reichsbildungen, die dem ganzen Gebiet oder wenigstens einzelnen Teilen für einige Zeit Ruhe brachten. Naramsin von Eschnunna (1825–1815 v.Chr.) vermochte Assur unter seine Hoheit zu bringen. Sein (allerdings früh gefallener) Zeitgenosse Jachdunlim von Mari (1825–1810 v.Chr.) regierte über große Teile Babyloniens und soll sogar bis zum Mittelmeer vorgestoßen sein. Im Anschluß daran beherrschte Rimsin von Larsa (1823–1763 v.Chr.) zeitweise ganz Babylonien mit Ausnahme von Eschnunna und Babylon selbst. Nach Naramsin bemächtigte sich Schamschiadad I. (1815–1782 v.Chr.) der assyrischen Gebiete. Ihm gelang es auch, Mari unter seine Botmäßigkeit zu bringen, so daß sein Reich ebenfalls eine ganz beachtliche Größe annahm. Seine Söhne konnten zwar Assur, nicht aber Mari halten. Dort etablierte sich noch einmal die eingeborene Dynastie unter Zimrilim (1782–1759 v.Chr.), dessen Herrschaftsbereich allerdings nicht allzu groß gewesen sein kann.

Mit dem berühmten König Hammurabi (1792–1750 v. Chr.) schwang sich dann erstmals Babylon zur Hauptstadt eines bedeutenden Reiches auf. Den weitaus größten Teil seiner langen Regierungszeit verbrachte Hammurabi als König eines verhältnismäßig beengten Stadtstaates, und mehr als einmal dürfte er sich zur Anerkennung einer fremden Oberherrschaft gezwungen gesehen haben. Erst in den letzten fünfzehn Jahren erweiterte er sein Reich systematisch und mit durchschlagenden Erfolgen, so daß er seinem Nachfolger praktisch ganz Mesopotamien als Herrschaftsgebiet hinterlassen konnte.

Hammurabi ist übrigens nicht als Reichsgründer eine Ausnahmeerscheinung in seiner Zeit, sondern vielmehr als Gesetzgeber. Obwohl man heute längst weiß, daß er auch in dieser Beziehung bedeutende Vorgänger hatte, gilt sein Gesetzgebungswerk, das zu Beginn unseres Jahrhunderts ausgerechnet in Susa aufgefunden wurde, immer noch als Musterbeispiel früher Rechtssetzung, und seine Korrespondenz mit einzelnen Statthaltern, die zum Teil erhalten ist, läßt tiefe Einblicke in das Selbstverständnis dieses interessanten Herrschers zu. Wir werden ihm daher in den folgenden Kapiteln immer wieder begegnen.

Hammurabis Nachfolger haben wahrscheinlich unmittelbar nach seinem Tode Assyrien eingebüßt. Im übrigen haben sie das Reich aber noch ein Menschenalter in seinem Umfang erhalten können. Dann fiel im äußersten Süden die sogenannte Meerlanddynastie ab, die offenbar bewußt eine sumerische Renaissance auf ihre Fahnen schrieb. Aber ihr Einflußbereich wurde immer wieder zugunsten des Babylonierreiches beschnitten, so daß sie für dieses offenbar keine allzugroße Konkurrenz darstellte. Gefährlicher war, daß wenige Jahre nach dem Tode Hammurabis die Kassiteneinfälle aus dem Osten begannen, die praktisch eine Neuauflage des Gutäer-Problems (S. 18) bedeuteten. Im Norden aber (von dem man allerdings wenig weiß) dominierten von nun an die Hurriter und vor allem ihr mächtigstes Herrschaftsgebilde, das Reich Mitanni.

Beendet wurde die Dynastie des großen Gesetzgebers im Jahre 1595 v. Chr. Damals stieß der Hethiterkönig Mursilis I. (ca. 1610–1580 v. Chr.), der soeben Aleppo erobert und gleich danach die Hurriter entscheidend geschlagen hatte, aus unerfindlichen Gründen bis in den Südteil des Zweistromlandes vor und ließ die Hauptstadt Babylon plündern. Damit waren die Nachkommen Hammurabis erledigt. Des Thrones bemächtigte sich eine kassitische Dynastie, die bis in die zweite Hälfte des 13. Jahrhunderts regierte und dann dem ersten Großreich der Assyrer unterlag. Wir werden darauf zurückkommen, wenn wir die weltpolitischen Verflechtungen Mesopotamiens im Zusammenhang darstellen. Der Rest des Jahrtausends gehörte jedenfalls den Assyrern und nicht den Babyloniern.

Über die innere Ordnung der mesopotamischen Staaten im zweiten Jahrtausend v. Chr. weiß man nur sehr wenig, ganz abgesehen davon, daß es an sich schon absurd ist, die Verfassungsverhältnisse einer so langen Zeitspanne gewissermaßen im Zeitraffer betrachten zu wollen. Es nützt wenig, wenn wir hier mitteilen, daß sich in der Gerichtsbarkeit neben den Richtern «Versammlungen» oder «Kollegien» betätigten; denn es ist nicht einmal bekannt, wie sich diese Gremien zusammensetzten und welche Befugnisse sie besaßen. Daß es unter den neu eingewanderten Semiten ebensowenig ein staatliches Handelsmonopol gab wie schon unter den Akkadern (S. 104 f.), ist jedenfalls keine Überraschung, sagt aber auch wenig über die Verteilung der wirtschaftlichen Macht, und so stößt man bei allen Fragen, die die innere Ordnung dieser Staaten betreffen, sehr rasch auf Grenzen des Wissens.

Erahnen lassen sich nur einige längerfristige Tendenzen, die für diese innere Ordnung allerdings von entscheidender Bedeutung gewesen sein müssen.

Zunächst dürfte die gesellschaftliche Macht der Tempel – anders als gleichzeitig in Ägypten – eher ab- als zugenommen haben. Außerhalb des sumerischen Gebietes hatten sie das Bodenmonopol, das ihnen dort soviel Macht gegeben haben muß, ohnehin nie. Aber nach dem Ende der 3. Dynastie von Ur (2015 v. Chr.) griff auch im sumerischen Kernland privater Grundbesitz um sich und verloren die Tempel auch einiges von ihrem bisherigen Eigentum. Allerdings scheint sich dieser Erosionsprozeß insgesamt in Grenzen gehalten zu haben. Die Masse des Bodens war auch unter den Kassiten im babylonischen Raum noch in der Hand der Priester.

Daß eroberte Städte und Provinzen nicht durch adelige Vasallen, sondern durch beamtete Statthalter verwaltet wurden, scheint sich ebenfalls durchgesetzt zu haben, nachdem Schulgi von Ur die Weichen noch vor der Jahrtausendwende in diese Richtung gestellt hatte (S. 153). Aus der Kassitenzeit gibt es darüber zwar keine Informationen. Die schon einmal erwähnte Korrespondenz Hammurabis mit einigen seiner Statthalter bestätigt unsere These aber nachdrücklich. Er kümmerte sich in seinen Reskripten an sie auch um Kleinigkeiten und ließ ihnen oft nicht einmal mehr die Spur eines eigenen Entscheidungsspielraums. Freilich war Hammurabi ein starker, fleißiger Herrscher und hatte die Verhältnisse in einem engen Herrschaftsbereich während seiner Jahrzehnte als kleiner Stadtkönig selbst kennengelernt, so daß er auch mitreden konnte. Unter anderen Umständen mögen sich die Statthalter rasch wieder selbständiger gefühlt haben, und vielleicht sind ihre Ämter da und dort auch wieder erblich geworden.

Denn jedenfalls ist für unser Jahrtausend sowohl in Babylonien als auch in Assyrien mit einer durchaus feudalistischen Gesellschaftsstruktur zu rechnen, in der adelige Grundbesitzer eine hervorragende Rolle spielten. Dafür spricht schon das militärische Gewicht, das der Streitwagen auch in Mesopotamien hatte. Es ist aber auch eine notwendige Folge der wiederholten Machtübernahmen durch nomadische Völker, bei denen die aristokratische Verfassung eine Selbstverständlichkeit darstellt (S. 132), und bei der Landnahme durch solche Völker ist es durchaus wahrscheinlich, daß sich auch der einfache Krieger eine Untertanenschaft besorgt, über der er selbst als Adelsherr thront. Daß diese Entwicklung im Norden stärker war als im Süden, versteht sich beim kriegerischen Charakter der Assyrer und vor allem beim Fehlen des priesterlichen Bodenmonopols von selbst und wird in den erkennbaren Tatsachen auch allenthalben greifbar.

Mitanni

Im Norden des Zweistromlandes hatten sich schon seit dem Beginn des zweiten vorchristlichen Jahrtausends immer stärker die Hurriter bemerkbar gemacht. Die ältesten namentlich bekannten Könige haben wir früher einmal erwähnt (S. 31 f.). Neben ihnen wird es in den folgenden Jahrhunderten noch viele kleine oder mittlere Herrschaften gegeben haben, von denen nur keinerlei Kenntnis erhalten geblieben ist. Die am besten bekannten Hurriterstaaten aus späterer Zeit sind Alalach im Westen und Arrapcha ganz im Osten (in der Nähe des heutigen Kirkuk). Dort hat man Archive gefunden, die jedenfalls in Teile des politischen und gesellschaftlichen Lebens Einblick gewähren.

Wahrscheinlich im 16. Jahrhundert v. Chr. gerieten, zumindest im Osten des Siedlungsgebietes, hurritische Stämme unter die Herrschaft arischer Clans, die ihrer Entwicklung auf einige Jahrhunderte eine neue Richtung gaben. Wie dieser Herrschaftswechsel vor sich gegangen ist, wissen wir nicht. Sicher ist aber, daß der Vorgang in engem Zusammenhang zum gleichzeitigen Einbruch der arischen Stämme in Nordindien (S. 25) steht. Dafür spricht, daß die Könige Mitannis, des wichtigsten hurritischen Reiches, bis zum Ende arische Namen getragen und noch Jahrhunderte nach ihrer Einwanderung die auch in Indien dominanten Götter Mitra, Varuna und Indra sowie die sogenannten Nasatya verehrt haben. Ihre Vorfahren dürften sich also vom großen Südzug der Arier abgespalten haben. Damit wird auch der Grund für ihre Durchsetzung bei den Hurritern erkennbar. Sie hatten mit ihrer hochentwickelten Pferdezucht und ihren Streitwagengeschwadern die bei weitem modernere Ausrüstung, und sie brachten den ungebrochenen Behauptungswillen und Kampfgeist der Steppennomaden mit.

Der Name des Reiches Mitanni tritt, soweit uns das bekannt ist, erstmals unter dem Pharao Thutmosis I. (1528–1515 v. Chr.) auf. Sehr viel älter dürfte der Staat auch schwerlich gewesen sein. Unter seinem ersten bedeutenderen König, Barattarna, wurde bereits das Königreich Aleppo erobert, zu dem damals auch Alalach gehörte. Damit war einerseits der syrische Kulturraum erreicht und teilweise der Mitanni-Herrschaft unterstellt. Andererseits wurde das junge Reich aber auch in die Auseinandersetzungen um Syrien und Palästina verwickelt, die in der Geschichte niemals aufgehört haben und in die sich mit dem gerade expansiv werdenden Ägypten und dem nach einer Schwächeperiode wieder erstarkenden Hethiterreich gleichzeitig zwei weitere Großmächte einzuschalten begannen. Der Grundakkord der ganzen Geschichte von Mitanni war damit angeschlagen, und als Barattarna bald danach den eigentlichen Erben Alalachs, Idrimi, dort als Vasallen einsetzte, änderte sich dadurch an dieser schicksalhaften Entscheidung nichts mehr.

Als Thutmosis III. (1481–1448 v. Chr.) in seinem 33. Regierungsjahr, also etwa um 1470 v. Chr. (denn hier muß man wohl von seinem formellen Regierungsantritt als Kind ausgehen), zur grundsätzlichen Auseinandersetzung mit Mitanni antrat, drängte er dessen Herrschaftsbereich zumindest für den Augenblick bis an den Euphrat zurück. Am Ostufer (!) des Flusses errichtete er ein Siegesdenkmal, auf dem er sich rühmte, seinen Feind auf dem Euphrat verfolgt und Gebiete östlich des Flusses verwüstet zu haben. Aber der große Mitanni-König Sauschtatar (1470–ca. 1440 v. Chr.) stabilisierte die Lage wieder (zumal der Ägypter an diesem vorgeschobenen Posten ja ohnehin nicht bleiben konnte). Er stellte die Kontrolle über Alalach, Aleppo und Ugarit wieder her und unterstellte sich auch das Land Kizzuwadna (Kilikien) als Vasallenstaat. Im Osten seines Reiches eroberte er Assur und später sogar Arrapcha hinzu, so daß sich sein Herrschaftsbereich vom Ufer des Mittelmeeres bis an den Zagros ausdehnte. Unter seinen Nachfolgern Artatama I. (1440–1415 v. Chr.) und Schuttarna (1415–1390 v. Chr.) änderte sich daran nichts Wesentliches.

Erst Tuschratta (1390–1352 v. Chr.) mußte von den Hethitern solche Schläge hinnehmen, daß sich Assyrien befreien konnte und daß auch Babylonien wieder in das Spiel der Machtpolitik eingriff. Damit war Mitanni auf drei Seiten von Feinden umgeben und zwischen diesen wurde es nun Stück für Stück aufgerieben. Gänzlich untergegangen ist es aber erst in der Seevölkerkatastrophe, in der auch sein Hauptfeind, das Reich der Hethiter, auf der Strecke blieb. Aber das gehört in geschichtliche Zusammenhänge, die erst später erzählt werden sollen.

Über den gesellschaftlichen Aufbau hurritischer Staaten sind wir genauer unterrichtet als über manche Phase aus der mesopotamischen Geschichte. Allerdings stammen die Informationen meist aus dem Teilstaat Arrapcha, der ganz im Osten des hurritischen Siedlungsgebietes lag und nicht unbedingt für alle anderen Gebiete repräsentativ gewesen sein muß. Dennoch geben sie wahrscheinlich ein recht zutreffendes Bild von den Verhältnissen, die auch im Kernland Mitanni geherrscht haben, solange dieses noch keine Großmacht war.

Die eigentlich staatstragende Schicht waren die *marijanni,* die im Kriegsfall die Streitwagentruppe stellten und daher wohlhabend genug gewesen sein müssen, um ein solches Kampfgefährt mit den notwendigen Pferden und der Bewaffnung zu unterhalten. Es hat sich bei ihnen aber wohl nicht um einen Hochadel, sondern um eine Art Edelfreie gehandelt. Das folgt schon aus der großen Zahl der Streitwagenkämpfer, die für die damalige Kriegführung erforderlich waren. Jeder von ihnen wird über ein größeres oder kleineres Lehen verfügt haben, das er entweder mit seiner Familie selbst bewirtschaftete oder durch Untertanen bewirtschaften ließ. Dieses Lehen war, wenn man den erhaltenen Urkunden trauen darf, unveräußerlich; es gehörte ja eigentlich dem König. Vererblich war es aber, und dem Nutzungsrecht des einzelnen Adeligen entsprach in der Regel eine Nutzungspflicht, die mit dem babylonischen Ausdruck ilku bezeichnet wurde. Der König und die Königin, die bei den Hurritern ähnlich wie bei den Hethitern eine eigenständige Rolle spielte, scheinen nur verhältnismäßig wenig Grund und Boden für sich behalten zu haben. Das meiste war offenbar an den Adel ausgegeben, der wahrscheinlich aus den Kriegen der arischen Eroberung hervorgegangen war.

Das Verhältnis der marijanni zu ihrem König dürfte ähnlich gewesen sein wie in jedem anderen Adelsstaat der Welt. Das heißt, daß sie ihm primär einmal nur zur Steuerabgabe und zur Heeresfolge verpflichtet waren. Daß er daneben auch priesterliche Funktionen hatte, ist wahrscheinlich, aus den erhaltenen Dokumenten aber nicht nachzuweisen. Welche Rechte er sonst für sich reklamierte, ist ebenfalls weitgehend unbekannt. Der Altorientalist *Gernot Wilhelm* hat aus den Einzelfällen, die ihm bekannt geworden sind, aber die folgende Aufzählung abgeleitet, die zeigt, daß da und dort auch schon echte Gesetzgebungsrechte ausgeübt wurden:

«In der Rechtsprechung war der König die Appellationsinstanz über den lokalen Gerichten. Unter den Amtsträgern, durch die der König regierte, sind vor allem der šakin māti und der sukkallu, beide eine Art Minister unklarer Zuständigkeit, der ḫalzuḫlu («Festungskommandant»?) mit gleichfalls unklarem Aufgabengebiet und der ḫazannu (meist «Bürgermeister» übersetzt; besser: mudīr) zu nennen. Einige wenige bisher bekannte königliche Edikte und Instruktionen geben einen gewissen Eindruck von der Regierungstätigkeit des Königs. So wird etwa bestimmt, daß die Auslösungssumme für einen in ausländische Sklaverei geratenen und von einem arrapḫäischen Kaufmann zurückgekauften Bürger eine gewisse Summe nicht überschreiten darf, daß die Übernahme der ilku-Verpflichtung eines Bürgers der «Königsstadt» durch einen anderen unzulässig ist und daß Palastbedienstete nicht ohne königliche Erlaubnis ihre Töchter zu Bettlerinnen (?) oder Prostituierten machen dürfen. In einer Instruktion an die ḫazannū werden diese aufgefordert, gegenüber Räubern und feindlichen Übergriffen wachsam zu sein und Flüchtlinge aus Arrapḫa zu verhaften. Schließlich gab es sozialpolitische Edikte, die einen Schuldenerlaß verfügten oder auf andere Weise in die Situation der sozial schwächeren Schichten der Bevölkerung eingriffen.»

Zwischen dem König und dem Streitwagenadel scheint es zunächst keine weitere Schicht (etwa eine Art Hochadel) gegeben zu haben. Das spricht dafür, daß die Zahl der Eroberer verhältnismäßig gering gewesen sein muß, und dieser Eindruck verstärkt sich noch, wenn man den geringen Einfluß in

Rechnung stellt, den die arische Herrenschicht offenbar auf Kultur und Sprache ihrer Untertanen auszuüben vermochte. Auch das Recht, neue marijanni zu ernennen, das der König zumindest in Alalach einmal in Anspruch nahm, könnte ein Argument dafür sein. Andererseits ist es undenkbar, daß die Adelsverfassung in den Zeiten des Großreiches Mitanni so simpel geblieben ist. Auch dort muß es entweder beamtete Statthalter oder adelige Vasallenfürsten gegeben haben, mit denen die Zentrale alsbald die nämlichen Probleme gehabt haben muß wie in jedem anderen Adelsstaat. In der Person des Idrimi von Alalach ist ein solcher Regionalfürst sogar namentlich bekannt. Jedenfalls darf man die Verhältnisse, die die Historiker aus den Urkunden von Arrapcha zu erkennen glauben, nicht ohne weiteres auf Mitanni in seiner Großmachtphase übertragen. Dort mögen eher die Verhältnisse geherrscht haben, die uns aus dem Reich der Hethiter bekannt sind.

Daß die große Zeit von Mitanni nicht ohne Rückwirkungen auf die Schichtung der Gesellschaft geblieben ist, ergibt sich auch noch aus anderen Entwicklungen. So läßt sich zum Beispiel feststellen, daß sich die marijanni, zumindest im Westen, allmählich vom Kriegeradel zum Geburtsadel gemausert haben. Vor allem aber entwickelte sich aus Prinzen des königlichen Clans und einzelnen besonders reichen marijanni im Laufe der Zeit eine Schicht von Großgrundbesitzern, deren Entstehung ohne ein entsprechendes Absinken der Bauernschaft nicht zu denken ist und deren Angehörige sich im öffentlichen Leben durch Gefolgschaft und Klientel einen entsprechenden Einfluß verschafft haben werden. Ob dem König eine Adelsversammlung oder auch nur ein Rat dieser hervorgehobenen Aristokraten zur Seite stand, läßt sich bisher nicht entscheiden. Die hethitischen und indischen Parallelen sprechen aber dafür.

Das Gewicht des Königs wurde natürlich auch bei den Hurritern durch die wirtschaftliche Macht des Palastes erhöht (S. 102 ff.). Wenn es zutrifft, daß der königliche Haushalt selbst nur sehr wenig Boden bewirtschaftete, kann dieser Einfluß allerdings überwiegend nur aus den Manufakturen entstanden sein, die sich vor allem mit Waffenproduktion und Wollverarbeitung beschäftigten, und aus dem Außenhandel, der durch königliche Sklaven abgewickelt wurde. Da diese auch von Privatleuten Aufträge übernehmen konnten, gab es genaugenommen kein staatliches Außenhandelsmonopol, wohl aber ein staatliches Vermittlungsmonopol für den Außenhandel.

Das Reich der Hethiter

Wie das Reich der Hethiter (Hatti) entstanden ist, ist an anderer Stelle schon berichtet worden (S. 129, 147f.). Die Einzelheiten seines weiteren Wachsens interessieren hier nicht und sind übrigens auch nur zum geringsten Teil bekannt. Jedenfalls war Labarnas I. (ca. 1670–1640 v. Chr.) wohl der früheste Hethiterkönig, dessen Herrschaftsgebiet im Norden das Schwarze Meer und im Süden das Mittelmeer erreichte. Sein Nachfolger Hattusilis I. (ca. 1640–1615 v. Chr.) soll bereits in den syrischen Raum vorgestoßen sein und sich außerdem mit dem Staat Arzawa auseinandergesetzt haben, der im Westen Kleinasiens, an der ägäischen Küste, lag.

Hattusilis' Enkel Mursilis I. (ca. 1610–1580 v. Chr.) scheint als erster Hethiterkönig einem wirklich aggressiven Imperialismus nachgegangen zu sein. Jedenfalls geht die Plünderung Babylons im Jahre 1595 v. Chr. auf sein Konto (S. 175). Außerdem soll er Aleppo zerstört haben, und da berichtet wird, daß sich unter seinen Nachfolgern das Land Kizzuwadna wieder selbständig gemacht habe, wird er es wohl auch gewesen sein, der diesen strategisch ungemein wichtigen Pufferstaat dem Hethiterreich angliederte. Die Zeit, um die es hier geht, ist freilich alles andere als durchsichtig, und die Hethitologen sind für ihre historische Durchdringung auf spätere Darstellungen angewiesen, die mit einer gewissen Vorsicht genossen werden müssen. Wir wollen uns also in keine detailliertere Darstellung wagen, zumal das dann folgende Jahrhundert ohnehin weitgehend im Dunkeln liegt.

Notwendig ist es aber, die geopolitische Lage des Reiches Hatti einmal im Zusammenhang darzustellen, da sie sich in vielen Jahrhunderten nicht geändert hat und für die Geschicke des Reiches schlechthin entscheidend geworden ist.

Der Kern des Hethiterreiches war nie sehr groß. Vereinfachend gesprochen wurde er im Süden vom Mittelmeer und im Norden vom Schwarzen Meer begrenzt (dessen Küste aber meist gar nicht erreicht wurde). Die Grenzlinie im Osten dürfte ziemlich genau in nord-südlicher Richtung, von der Mündung des Halys (heute Kizil-irmak) bis zum Golf von Iskenderun, verlaufen sein. Nach Westen aber hat das Reich in aller Regel nur zwei Drittel der Gesamtfläche Kleinasiens umfaßt. Hatti war dementsprechend fast auf allen Seiten von Feinden umgeben.

Im Westen bestand eine jahrhundertelange Feindschaft mit dem Reich Arzawa, die weder durch militärische Siege noch durch gütliche Absprachen je auf längere Dauer behoben wurde; erst gegen Ägypten scheinen beide Staaten einmal Seite an Seite gestanden zu sein (S. 193). Die genauen Grenzen Arzawas lassen sich auch heute noch nicht angeben (und haben sich im Laufe der Zeit wohl auch immer wieder kräftig verschoben). Man weiß nur, daß seine Hauptstadt Apasa hieß, was wohl mit Ephesus gleichzusetzen ist, und daß es in seinen guten Zeiten mehrere Unterfürstentümer beherrschte, die der große Hethiterkönig Suppiluliumas I. (1385–1345 v. Chr.) prompt gegen die Zentrale auszuspielen suchte.

Das Verhältnis zum Nordwesten der Halbinsel, wo u. a. auch Troja lag, scheint weniger problematisch gewesen zu sein. Mit dem König Alaksandus von Wilusa schloß der Hethiter Muwatallis (1315–1293 v. Chr.) sogar einen

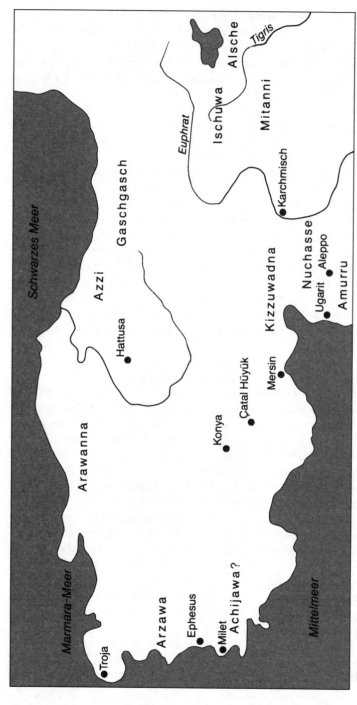

Karte 2: Hethitische und hurritische Geschichte

Vertrag, durch den er dessen etwas zweifelhafte Legitimität durch eine solenne völkerrechtliche Anerkennung verbesserte und sich dafür Heeresfolge gegen Arzawa, aber auch gegen Ägypten, Mitanni, Assyrien und Babylonien versprechen ließ. Die Autoren, die «Alaksandus» mit «Alexandros» übersetzen, haben jedenfalls gute sprachliche Argumente für sich; ob «Wilusa» allerdings – wie auch behauptet wird – gleichbedeutend mit Troja («Ilios») ist, unterliegt doch einigen Zweifeln.

Ein Gegner, mit dem es die Hethiter seit Mursilis II. (1343–1315 v. Chr.) zu tun hatten und der sowohl vom Westen als auch vom Süden (also von der Seeseite her) angriff, waren die Achijawa. Trotz mancher Zweifel, die dagegen angemeldet worden sind, wird man in ihnen wohl frühe Griechen («Achäer») erblicken dürfen, was bei der ersten Entdeckung des Namens Achijawa mit Recht als Sensation empfunden wurde. Nicht zu klären war bisher, wie man sich die kleinasiatische Stellung dieser Griechen vorzustellen hat. Die Deutungsversuche reichen hier von der Annahme, daß es sich um die gezielte Expansion eines mykenischen Staatenbundes gehandelt habe, bis zu der Theorie, es seien nur ein paar hundert Seeräuber unterwegs gewesen. Wahrscheinlich haben wir es aber doch mit den Anfängen der griechischen Kolonisation zu tun, die durchaus mit Seeräuberei und ähnlichen unappetitlichen Erscheinungen verknüpft gewesen sein können. Jedenfalls haben die Achijawa Milet besessen und hatten damit wenigstens einen festen Stützpunkt auf der anatolischen Halbinsel.

Die Nachbarvölker, mit denen es die Hethiter im Norden zu tun hatten, waren nicht weniger gefährlich. Von den Arawanna, die Suppiluliumas I. noch vor seiner Thronbesteigung zur Ruhe bringen mußte, ist so gut wie nichts bekannt. Ständige Auseinandersetzungen gab es mit den Azzi, die ziemlich genau im Norden des Kernlandes von Hatti wohnten, und mit den Gaschgasch, deren Gebiet schon eher im Nordosten lag. Es ist nur eine geringe Übertreibung, wenn man behauptet, daß die Hethiter mit diesen beiden Völkern in dauernden Kämpfen lagen und ihrer auch niemals Herr geworden sind. Nicht einmal der Versuch des siegreichen Suppiluliumas, bei den Azzi einen König seines Vertrauens einzusetzen (dem er noch dazu seine Schwester zur Frau gab), scheint auf die Dauer von Erfolg gekrönt gewesen zu sein.

Noch gefährlicher als sie waren aber die Gaschgasch («Kaskäer»), denen es noch zu den Zeiten des Muwatallis gelang, die Reichshauptstadt Hattusa zu plündern; es hatte also nicht einmal der Festungsgürtel, den Suppiluliumas gegen sie errichtete, einen durchgreifenden Erfolg.

Die Zahl und vor allem die über Jahrhunderte anhaltende Hartnäckigkeit dieser Feinde zeigt schon, daß das Reich Hatti selbst auch kein Staat von jahrhundertelang unveränderter Macht und Größe gewesen sein kann. Mehrfach befand es sich am Rande des Abgrundes. Von der Eroberung und Plünderung der Hauptstadt durch die Gaschgasch war schon die Rede. Noch schwieriger muß die Lage unter Tutchalijas III. (ca. 1400 v. Chr.) gewesen sein, als die Hethiter im Norden von Azzi und Gaschgasch, im Westen von Arzawa und im Osten von dem hurritischen Staat Ischuwa angegriffen wurden. Nur der Entschlossenheit und dem militärischen Können des Prinzen und späteren Königs Suppiluliumas I. (1385–1345 v. Chr.) hatte es Hatti damals offenbar zu verdanken, daß es nicht gänzlich unterging.

Nachdem Suppiluliumas im Norden und Westen einigermaßen Ordnung geschaffen hatte, wandte er sich unverzüglich dem Süden zu, wo inzwischen das Mitanni-Reich kräftig expandiert hatte; schon Tutchalijas II. (ca. 1450 v. Chr.) hatte sich mit diesem erfolgreich auseinandergesetzt und auch den drohenden Übergang von Aleppo zu ihm verhindert. Suppiluliumas seinerseits griff zunächst Aleppo und Karchemisch an. Ugarit und das gleichfalls hurritische Reich Nuchasse wurden tributpflichtig. Kizzuwadna wurde aus dem Lehensverhältnis zu Mitanni, in das es mittlerweile geraten war, herausgelöst; seine wiedergewonnene Selbständigkeit blieb aber gewahrt, so daß es nun für eine gewisse Zeit die Rolle eines Puffers zwischen Hatti und Mitanni spielen konnte. Aber dieser Schwebezustand galt, wie wir bereits wissen, nur vorübergehend; denn später wurde Telipinus, ein Sohn des Suppiluliumas, zum Oberpriester von Kizzuwadna bestellt, was ihm dort zumindest eine erhebliche Mitsprache in politischen Fragen gesichert haben dürfte, wenn er nicht überhaupt ein echter «Priesterkönig» gewesen ist (S. 155).

Von diesem Moment an trieb das Verhältnis zwischen Hatti und Mitanni auf eine grundsätzliche Auseinandersetzung zu. Es bestand nunmehr eine verhältnismäßig lange gemeinsame Grenze, und Mitanni hatte im unmittelbaren Interessenbereich der Hethiter immerhin Städte wie Aleppo, Karchemisch und Alalach samt dem von ihnen beherrschten Hinterland im Griff und hatte, wie sich zeigen wird, auch seine Interessen in Nuchasse noch längst nicht aufgegeben. Die beiden Mächte mußten also aufeinanderprallen, sobald auch nur eine von ihnen den nun erreichten Zustand in Frage stellte. Zwar war am nordsyrischen Raum zu dieser Zeit auch noch Ägypten beteiligt, in dessen Machtbereich die Fürstentümer Amurru und Amka (bei Damaskus) sowie der Stadtstaat Kadesch lagen. Aber das Pharaonenreich verhielt sich, wie wir wissen, unter Amenophis III. und seinem Sohn Echnaton passiv, so daß die Initiative allein bei Hatti und Mitanni lag.

Der fast unausweichliche Angriff ging letztlich von Mitanni aus. Aber das soll erst im Abschnitt über die weltpolitische Verflechtung der Mächte Hatti, Mitanni, Ägypten, Assyrien und Babylonien dargestellt werden (S. 189 ff.). Vorher wollen wir den Staat der Hethiter in der gebotenen Kürze beschreiben.

Es handelte sich bei ihm um einen Adelsstaat, wie wir ihn auch aus Mitanni und den indischen Königreichen kennen. Selbst die Erblichkeit der Königswürde war ursprünglich wohl nicht gegeben, sondern wurde erst durch die Verfassungsreform des Telipinus eingeführt. Neben dem König stand außerdem noch ein Adelsrat (pankus), der ihn bei bestimmten Rechtsverletzungen sogar absetzen konnte. Bemerkenswert ist die selbständige

Stellung der Königin (tawanannas), der bestimmte Verfügungen offenbar zur Genehmigung vorgelegt werden mußten und die in der Epoche der großen internationalen Politik sogar eigene diplomatische Aktivitäten entfaltete.

Die unabhängige Stellung, die der Adel zumindest anfänglich genoß, wird nicht nur in der Existenz des pankus greifbar. Offensichtlich gab es zwischen den einzelnen Vasallen auch ein eigenständiges Fehderecht, das heißt das Recht, gegenseitige Konflikte mit der Waffe auszutragen. Noch unter Mursilis II. (1343–1315 v. Chr.) bedurfte es eines ausdrücklichen Gebotes, ihre Streitigkeiten vom König als Schiedsrichter entscheiden zu lassen. Um die innere Ordnung des Hethiterstaates war es also wohl ähnlich bestellt wie um die des Deutschen Reiches im Mittelalter.

Daß die Könige unter diesen Umständen dauernd damit beschäftigt waren, ihre innenpolitische Stellung zu verbessern, wird man wohl annehmen dürfen. Mit der normalen Ausstattung des Königs in Adelsstaaten – Steuerpflicht und Heeresfolge – dürften sie auf die Dauer nicht ausgekommen sein, und auch die Tatsache, daß die Priestereigenschaft des Königs und der Königin bei den Hethitern eindeutig nachweisbar ist (sie waren beide Priester der höchsten Göttin, der sogenannten Reichsgöttin von Arinna), ändert daran nichts.

Die wichtigsten Mittel der Hethiterkönige im Ringen um mehr innenpolitisches Gewicht haben wir an anderer Stelle schon kennengelernt: die Belehnung von Prinzen des königlichen Hauses mit Vizekönigreichen und die Entsendung beamteter agrigs in die Herrschaftsbereiche der adeligen Vasallen (S. 152, 156). Dazu kamen immer wieder Landverleihungen an treue Gefolgsleute, die sich nicht nur in eroberten Gebieten, sondern auch im alten Kernland abspielten und mit denen sicher auch Rüstungsmaßnahmen wie die Bereitstellung von Streitwagenstaffeln «finanziert» werden sollten.

Die ad hoc aufgebotenen Bauernheere wurden zunehmend durch Söldnertruppen ergänzt, die verständlicherweise dem König als ihrem Soldherrn besonders ergeben waren. Schon Mursilis I. (1610–1580 v. Chr.) heuerte für seine Auseinandersetzung mit den Hurritern sogenannte chapiru an, marodierende Banden aus dem syrischen Raum; dasselbe tat Suppiluliumas mit Freibeutern, die zu ihrer Zeit als suti bezeichnet wurden. Vor allem waren es aber immer wieder die kriegstüchtigen Gaschgasch, von denen sich die Hethiterkönige trotz aller Feindseligkeiten sowohl Söldner als auch – im Wege vereinbarter Militärhilfe – Hilfstruppen holten. Daß es daneben auch hethitische Berufssoldaten gegeben haben muß, zeigt das Amt des Großmesedi, das zu allen Zeiten nachweisbar ist und den Oberbefehl über die königliche Leibwache bedeutete. Wie anderswo dürfte diese auch bei den Hethitern über den Wortsinn hinaus einfach eine Elitetruppe gewesen sein.

Ein Edikt des Königs Telipinus (1520–1500 v. Chr.) zeigt übrigens, daß den Hethiterkönigen auch Maßnahmen der Daseinsvorsorge möglich waren. Telipinus richtete nämlich einige Dutzend Magazinstädte ein, in denen Getreide und andere haltbare Lebensmittel eingelagert wurden. Freilich dürfte der Aspekt der Vorsorge für «magere Jahre» dabei nicht Hauptsache gewesen sein. Im Vordergrund standen wohl Motive der «Finanzpolitik» (denn letztlich handelte es sich ja um Naturalsteuereinkünfte) und daneben solche der Truppenversorgung und des königlichen Haushalts. Dennoch ist nicht auszuschließen, daß diese Vorräte auch einmal der Allgemeinheit zugänglich gemacht wurden. Wie sich so etwas abspielte, zeigt die Josephs-Legende des Alten Testaments (1. Mos. 47). Danach öffnete die ägyptische Regierung in den sieben mageren Jahren zwar ihre Getreidespeicher für die Untertanen, ließ sich dafür im Laufe der Zeit aber deren ganzes Vermögen übertragen. Diese Geschichte stimmt zwar, wie wir wissen (vgl. S. 155, 170), nicht ganz mit der historischen Wirklichkeit überein. Wichtiger ist jedoch, daß ihr Verfasser an dieser Art von Staatskapitalismus nicht das geringste auszusetzen fand. Wahrscheinlich war für ihn schon die Einkaufsmöglichkeit als solche ein riesiger humanitärer Fortschritt.

Über die Gesetzgebungsbefugnisse des hethitischen Königs besteht bis heute so wenig Klarheit wie in den meisten anderen Staaten des Altertums. Immerhin sind vom hethitischen Recht mehr Texte erhalten als fast von allen anderen Rechten des Nahen Ostens (das Gesetzgebungswerk Hammurabis natürlich ausgenommen). Wir kennen nicht nur das Gesetzbuch Hattusilis' I. (1640–1615 v. Chr.), sondern auch seine Novellierung durch Tutchalijas IV. (1260–1230 v. Chr.), das schon erwähnte Verfassungsgesetz des Telipinus, das u. a. auch wichtige strafrechtliche Entscheidungen enthielt, und eine Art Polizeiordnung, die ein König namens Arnuwandas für die Reichshauptstadt Hattusa erlassen hat. Der Inhalt aller dieser Bestimmungen muß nach damaliger Überzeugung zum Zuständigkeitsbereich der Krone gehört haben; sonst wären sie ja gar nicht erlassen worden.

Der Erwähnung ist auch noch wert, daß den Hethitern die ersten größeren Deportationen zuzuschreiben sind, die sich in der alten Geschichte nachweisen lassen. Besonders in den Kriegen mit den Gaschgasch ist es immer wieder vorgekommen, daß Tausende von Menschen einfach in das Reichsgebiet weggeführt wurden. Einige von ihnen – vor allem Handwerker – werden gewiß als Sklaven auf den königlichen Domänen verwendet worden sein. Die Regel war das aber nicht. Mit den Deportierten wurden vielmehr Landstriche wieder besiedelt, die durch Feindeinwirkung oder Seuchen entvölkert waren. Daß das möglich war, ohne daß man sich damit selbst eine Fünfte Kolonne einhandelte, beweist, wie gering nationale Gefühle damals gewesen sein müssen und wie rechtlos das Volk war. Das ist der empfindlichste Punkt der ganzen alten Geschichte. Wir werden darauf noch zurückkommen müssen (S. 247 ff.).

Die Epoche der «Weltpolitik»

Das politische Spiel, das wir hier mit der Weltpolitik unserer Zeit (oder noch besser mit der des 19. Jahrhunderts) vergleichen und das der Geschichte des Staates – wieder einmal – ein völlig neues Kapitel hinzufügte, begann zwischen Ägypten und Mitanni, und zwar im frühen 15. Jahrhundert v. Chr. Mitanni bestand damals – jedenfalls als Großmacht – erst eine oder zwei Generationen und Ägypten schickte sich unter der Führung des kriegerischen Thutmosis III. (1481–1448 v. Chr.) ebenfalls gerade zu einer expansiven Außenpolitik an. Genaugenommen verdankten die weltpolitischen Zusammenhänge, die sich aus dieser Konstellation ergaben, ihr Entstehen also einem historischen Zufall.

Den großen Angriff Thutmosis' III. auf Mitanni und die damit verbundene Überschreitung des Euphrat durch ägyptische Truppen haben wir

Karte 3: Die Akteure der «Weltpolitik» (um 1500 bis um 1200 v. Chr.)

schon kennengelernt (S. 178). Jetzt müssen wir hinzufügen, daß er wahrscheinlich von regen diplomatischen Aktivitäten begleitet wurde. Ägypten hatte nämlich Kontakte zu den Hethitern und Assyrern, die beide durch die aggressive Politik von Mitanni ernstlich bedroht waren. Über konkrete Abmachungen ist zwar noch nichts bekannt. Doch steht fest, daß Thutmosis nach seiner Aktion Geschenke des Hethiter- und des Assyrerkönigs empfing. Außerdem bezieht sich die spätere Nachricht, daß ein Hethiterkönig namens Tutchalijas Aleppo erobert habe, wahrscheinlich auf Tutchalijas II. (ca. 1450 v. Chr.). Die Hethiter haben aus der Schwächung Mitannis durch die Ägypter also Kapital zu schlagen versucht.

Die Konflikte zwischen Ägypten und Mitanni dauerten ein halbes Jahrhundert, bis in die Regierungszeit Thutmosis' IV. (1422–1413 v.Chr.), die weitgehend in die Regierungszeit Artatamas I. von Mitanni (1440–1415 v. Chr.) fiel. Unter diesen Königen trat ein grundsätzlicher Umschwung in den Beziehungen ein. Es kam zur Heirat zwischen Thutmosis IV. und einer Tochter des Artatama, und da eine spätere Quelle ausdrücklich erwähnt, daß sie erst nach siebenmaligem Werben zustandegekommen sei, wird man wohl auf langwierige Verhandlungen schließen müssen. Jedenfalls kam der Ausgleich zwischen den beiden Großmächten zustande und wurde durch eine politische Heirat besiegelt. Der ägyptische Einflußbereich schloß damals im Norden das Land Amurru und Kadesch ein, dann lief die Grenze am heutigen Homs vorbei und erreichte bei Ugarit das Mittelmeer.

Woher auf beiden Seiten die Bereitschaft zu dieser völlig neuartigen Politik kam, ist schwer auszumachen. Die einen glauben den Grund im Erstarken des Hethiterreiches zu erkennen, das für beide Kontrahenten Unsicherheit schuf. Aber die hethitische Geschichte dieser Zeit ist nicht so bekannt, daß dieser Schluß wirklich zwingend wäre. Von Tutchalijas II. (ca. 1450 v. Chr.) glaubt man zwar zu wissen, daß er den Abfall Aleppos zu Mitanni verhinderte und daß er einmal 7000 hurritische Gefangene einbrachte. Ob das aber ausreichte, um Ägypten und Mitanni zum gegenseitigen Einlenken zu bewegen, bleibt zweifelhaft. Vielleicht war es ein weiteres Motiv neben der grundsätzlichen Erkenntnis, daß sich damals in Nordsyrien zwei gleichstarke Mächte gegenüberstanden, von denen keine die andere würde endgültig schlagen können. Diese Erkenntnis stand später noch oft an der Wiege internationaler Abkommen.

Der Heiratsvertrag zwischen Thutmosis IV. und Artatama I. hat zwischen Ägypten und Mitanni eine Politik eingeleitet, die mehrere Generationen lang hielt. Das wird nicht zuletzt darin erkennbar, daß sich die Heiratspolitik systematisch fortsetzte. Nach dem Tode Thutmosis' IV. trat sein Nachfolger Amenophis III. (1413–1375 v.Chr.) in die Ehe mit der Tochter Artatamas ein und nach deren Tod heiratete er um 1404 v. Chr. wieder eine Mitanni-Prinzessin, nämlich Giluchepa, die Tochter Schuttarnas (1415–1390 v. Chr.). Später verehelichte sich Amenophis III. mit Taduchepa, der Tochter des nächsten

Mitanni-Königs Tuschratta (1390–1352 v.Chr.), und da Amenophis IV. (Echnaton) diese Ehe fortführte, kann man getrost behaupten, daß der Ausgleich zwischen Mitanni und Ägypten bis in die Amarna-Epoche wirksam blieb. Dann aber erlosch das Interesse Ägyptens an Syrien und Palästina, sein Einfluß in diesen Ländern ging verloren, und Mitanni war in den Auseinandersetzungen mit dem Hethiterreich allein.

Das Schreiben, das die Prinzessin Taduchepa in die ägyptische Hauptstadt begleitete, ist erhalten und gilt allgemein als Musterbeispiel damaliger diplomatischer Korrespondenz. In langatmigen, immer wiederkehrenden Wendungen führt es die künftige Königin (und übrigens auch ihre Mitgift) ein und beschäftigt sich mit der Behandlung der immer noch zwischen den Residenzen pendelnden Unterhändler. Aber es nennt auch neue Verhandlungsgegenstände, nämlich einen Beistandspakt, den König Tuschratta für den Fall eines Angriffs von dritter Seite anbietet, und seinen Wunsch, ein goldenes und ein elfenbeinernes Porträt seiner Tochter zu erhalten (wobei es ihm vor allem um die in Mitanni seltenen Werkstoffe gegangen sein dürfte). Ob der Beistandspakt zustandegekommen ist, läßt sich nach der Quellenlage nicht sagen. Wegen der Goldlieferungen gab es unter Echnaton aber Reibereien, in denen das schwindende ägyptische Interesse an der ganzen Weltregion und wohl auch an dem immer schwächer werdenden Vertragspartner handgreiflich wird.

Noch in der ersten Hälfte des 14. Jahrhunderts v.Chr. kam es nämlich zu schweren Auseinandersetzungen zwischen Hatti und Mitanni, die fast gleichzeitig unter der Herrschaft bedeutender Könige standen: Tuschrattas (1390–1352 v.Chr.) und Suppiluliumas' I. (1385–1345 v.Chr.). Beide hatten ihren Thron unter nicht ganz einfachen Bedingungen bestiegen: Das Hethiterreich war unter dem Vater Suppiluliumas' durch Angriffe von drei Seiten in schwere Bedrängnis geraten und in Mitanni konnte Tuschratta den Thron nur in heftigen Kämpfen gegen einen anderen Prätendenten namens Artatama erringen.

Um das Folgende zu verstehen, muß man sich daran erinnern, daß es neben Mitanni noch andere hurritische Staaten gab. Von ihnen war es auf mehreren Seiten umgeben: im Westen von Nuchasse, im Norden von Ischuwa und im Nordosten von Alsche. Tuschratta begann die Feindseligkeiten nun mit einem Angriff auf Nuchasse, das sich, wie schon berichtet (S. 184), unter den Schutz der Hethiter begeben hatte. Darauf reagierten diese nicht etwa, indem sie ihre gemeinsame Grenze mit Mitanni überschritten, sondern sie attackierten Ischuwa, wo sie Tuschrattas unterlegenen Konkurrenten als König installierten, und verbündeten sich mit Alsche, so daß Mitanni gewissermaßen im Norden umgangen war. Das Ergebnis muß für Tuschratta ein ziemliches Desaster gewesen sein; jedenfalls wurde sogar seine Hauptstadt von hethitischen Truppen zerstört.

Zeittafel 4: Die «Epoche der Weltpolitik»

Um 1470 v. Chr.	Thutmosis III. greift Sauschtatar von Mitanni massiv an. Diplomatische Vorbereitung durch Kontakte zu Assyrien und Hatti.
bis etwa 1420 v. Chr.	Weitere Kampfhandlungen zwischen Ägypten und Mitanni
seit etwa 1450 v. Chr.	Wiedererstarken des Hethiterreiches
um 1420/1415 v. Chr.	Ausgleichsvertrag zwischen Ägypten und Mitanni. Thutmosis IV. heiratet eine Tochter Artatamas I. Von nun an friedliche Beziehungen zwischen beiden Mächten bis in die Armarna-Epoche (ca. 1360 v. Chr.).
1. Hälfte 14. Jh. v. Chr.	Weiterer Aufstieg des Hethiterreiches unter Suppiluliumas I. (1385–1345 v. Chr.). Scharfe Auseinandersetzungen mit Mitanni, das dabei seine führende Rolle einbüßt. Als Folge davon gewinnt Assyrien unter Assuruballit (1366–1330 v. Chr.) neues Gewicht.
um 1350 v. Chr.	Heiratsverhandlungen zwischen Suppiluliumas und einer ägyptischen Königin. Der als deren Gemahl ausersehene Prinz Zannanzas wird ermordet.
2. Hälfte 14. Jh. v. Chr.	Ägyptische Schwäche infolge der Echnaton-Affäre. Die Hethiter sind mit den sie umgebenden Völkern (Achijawa, Arzawa, Azzi, Gaschgasch) beschäftigt.
1299 v. Chr.	Unentschiedene Schlacht zwischen Ramses II. und Mutawallis bei Kadesch. Im Anschluß daran wohl langjähriger Stellungskrieg in Nordsyrien.
1. Hälfte 13. Jh. v. Chr.	Assyrien expandiert unter Adadnerari I. (1308–1276 v. Chr.) und Salmanassar I. (1276–1246 v. Chr.) weiter.
zwischen 1286 und 1280 v. Chr.	Hattusilis III. schließt einen Beistandspakt mit Babylonien gegen Assyrien.
1280 v. Chr.	Ausgleichsvertrag zwischen Ägypten und Hatti.
um 1270 v. Chr.	Ramses III. heiratet eine Tochter Hattusilis' III. Von nun an freundschaftliche Beziehungen zwischen beiden Mächten.
1246–1209 v. Chr.	Erstes Großreich der Assyrer unter Tukultininurta I. Erfolgreiche Angriffe auf hethitisches Gebiet. Dann allerdings langfristige Bindung an den anderen Grenzen des Assyrerreiches.
seit ca. 1230 v. Chr.	Invasion der sog. Seevölker. Hatti und Mitanni werden vernichtet. Ägypten zieht sich aus der internationalen Politik zurück.

Im Anschluß daran eroberte Suppiluliumas Aleppo, wo er seinen Sohn Telipinus, den «Priester von Kizzuwadna», als König einsetzte, ferner Alalach, Ugarit, Kadesch und die Gegend um Damaskus. Amurru wechselte freiwillig von Ägypten zu ihm über. Als später auch noch in Karchemisch eine hethitische Sekundogenitur errichtet wurde (S. 156), war die politische Landkarte Anatoliens und Nordsyriens grundlegend verändert. Mitanni war – zumindest an seiner Westgrenze – in der Defensive.

Solche Entwicklungen pflegen im internationalen Spiel der Kräfte nicht ohne Folgen zu bleiben. Tatsächlich emanzipierte sich Assyrien, das bisher unter der Hegemonie von Mitanni gestanden hatte, unter seinem König Assuruballit (1366–1330 v. Chr.). In einem militärischen Wettlauf annektierte es die nördliche Hälfte des bisher von Mitanni abhängigen Hurriterstaates

Arrapcha, während die südliche Hälfte an das ebenfalls wach gewordene Babylonierreich ging, und als außerdem ein Bündnis der Assyrer mit Alsche zustande kam, war Mitanni sowohl im Westen als auch im Norden und Osten von Feindmächten umgeben.

In dieser prekären Lage leistete es sich zu allem Überfluß auch noch einen Thronfolgestreit. Nach dem Tode Tuschrattas im Jahre 1352 v. Chr. wurde dessen Sohn Schattiwaza nämlich von Schuttarna III., dem Sohn des von Tuschratta verdrängten Artatama, aus Mitanni vertrieben. Das gab den Nachbarstaaten willkommenen Anlaß zur Einmischung. Die Assyrer stellten sich auf Schuttarnas Seite. Schattiwaza dagegen begab sich in den Schutz des Suppiluliumas, der ihn kurzerhand zum Oberbefehlshaber der hethitischen Truppen machte, ihm seine Tochter zur Frau gab und seinen Sohn, den König von Karchemisch, mit der Wiedereinsetzung des Flüchtlings in Mitanni beauftragte.

Beide scheinen zunächst nicht ohne Erfolg gewesen zu sein. Sogar die Hauptstadt von Mitanni wurde wieder erobert. Schattiwaza schloß mit seinem Schwiegervater noch einen Vertrag, in dem er sich dessen Oberhoheit unterstellte, was für den Augenblick das Ende des selbständigen Reiches Mitanni bedeutete. Aber das war nicht das letzte Wort in dieser Angelegenheit. In den Schwierigkeiten, in die das Hethiterreich kurz danach geriet, scheint Mitanni bald wieder eigenes Gewicht entfaltet zu haben. Doch gingen Teile seines ursprünglichen Gebietes im Westen an die Hethiter, im Osten an die Assyrer verloren, zwischen denen es von nun an hin- und herlavieren mußte. Seine weltgeschichtliche Rolle jedenfalls war ausgespielt.

Die Schwierigkeiten der Hethiter, von denen wir soeben gesprochen haben, hingen mittelbar mit den kriegerischen Auseinandersetzungen zusammen, in die Suppiluliumas mit den Ägyptern geraten war, als er nach Zerstörung der Mitanni-Hauptstadt im ganzen nördlichen Syrien «abräumte» (S. 189 f.). Während des Kampfes um Kadesch erreichte ihn der berühmte Brief der ägyptischen Königin-Witwe, mit dem sie ihn um die Hand eines seiner Söhne bat. Die Sache ging, wie schon berichtet (S. 156 f.), damit aus, daß der Königssohn, der als Prinzgemahl nach Ägypten geschickt wurde, noch vor Erreichen der Reichsgrenze ermordet wurde. Nun war Suppiluliumas nicht der Mann, der solch eine Invektive ungerächt hinnahm. Also griff er die verbliebenen ägyptischen Positionen in Syrien und Palästina an. Ob er dabei wesentliche Erfolge erzielte, wissen wir nicht. Es ist aber auch uninteressant; denn nunmehr schaltete sich ein ganz anderer Gegner ein: Das hethitische Heer wurde von einer Seuche befallen, die es dezimierte und die offenbar auch im Hethiterreich selbst, in das sie von den Resten der Armee eingeschleppt wurde, entsetzlich wütete.

Das beherrschende Thema der folgenden Jahrzehnte lag nun aber auf dem Tisch: der machtpolitische Konflikt zwischen Ägyptern und Hethitern, der mit dem Ausscheiden Mitannis aus dem großen Spiel fast unvermeidlich wurde. Zunächst wurde er freilich einmal um ein halbes Jahrhundert vertagt, weil das geschwächte Hethiterreich unter Mursilis II. (1343–1315 v. Chr.) und in den ersten Jahren von Muwatallis (1315–1293 v. Chr.) mit Gaschgasch und Azzi, Arzawa und Achijawa andere Probleme hatte und weil es auch in Ägypten Jahrzehnte dauerte, bis die Schwächeperiode, die aus der Amarnakrise folgte, wieder überwunden war. Wahrscheinlich haben Ägypten und Hatti in dieser Zeit sogar völkerrechtliche Stillhalteverträge miteinander geschlossen.

Erst Ramses II. (1304–1238 v. Chr.) konnte daran denken, den Faden dort wieder aufzunehmen, wo ihn Thutmosis IV. hatte fallen lassen. Zwar hatten auch Haremhab und Sethos I. schon wieder in Syrien und Palästina gekämpft. Da Ramses II. aber noch Städte wie Askalon und Akko im Süden Palästinas berennen mußte, haben diese beiden Vorgänger jedenfalls keine durchgreifenden Erfolge erzielt und wahrscheinlich auch keine echte Hoheit über das ganze Gebiet angestrebt.

Zeittafel 5: Die an der Großmachtpolitik beteiligten Herrscher

Hethiterreich	Ägypten	Mitanni	Assyrien
	Thutmosis III.	Barattarna (um 1500)	
Tutchalijas II. (um 1450)	(1481–1448) → fällt um 1470 in Mitanni ein	Sauschtatar (1470–1440)	
	Amenophis II. (1448–1422)		
	Thutmosis IV. ⊕ (1422–1413)	Artatama I. (1440–1415)	
Tutchalijas III. (um 1400)	Amenophis III. ⊕ (1413–1375)	Schuttarna I. (1415–1390)	
Suppiluliumas I. (1385–1345)	Amenophis IV. ⊕ Echnaton) (1375–1358)	Tuschratta (1390–1352) Seit 1352 Thronfolgestreit	
unterstützt in Mitanni den Schattiwaza		Schattiwaza-Schuttarna III.	Assuruballit I. (1366–1330) emanzipiert sich von Mitanni
Mursilis II. (1343–1315)	Sethos I. (1319–1304)		
Muwatallis ↔ (1315–1293) Hattusilis III. (1286–1260)	⊕ Ramses II. (1304–1238)		Adadnerari I. (1308–1276) Salmanassar I. (1276–1246) } Eroberer
			Tukultininurta I. (1246–1209) erstes Weltreich der Assyrer

Zeichenerklärung:
→ Angriff; ⊕ politische Heirat; ↔ Schlacht bei Kadesch 1299

Ramses II. scheint also der erste Pharao der 19. Dynastie gewesen zu sein, der das Syrien-Problem wieder grundsätzlich anpackte. Schon in seinen ersten Regierungsjahren ging er offenbar daran, das syrisch-palästinensische Protektorat Ägyptens wieder zu errichten. Dabei stieß er natürlich auf die geschwächte, aber dennoch nicht gebrochene Macht des Hethiterreiches, das damals unter der Herrschaft des bedeutenden Königs Muwatallis (1315-1293 v. Chr.) stand. Dieser hatte kurz vorher seine Hauptstadt Hattusa an die Gaschgasch verloren (S. 183) und konnte einen Erfolg an der Südfront gut brauchen, ja er wäre durch eine erneute Niederlage wahrscheinlich sogar in eine äußerst bedrohliche Lage geraten.

Die Schlacht bei Kadesch, die nach unserer Rechnung im Jahre 1299 v. Chr. stattfand, ist sowohl in ägyptischen als auch in hethitischen Inschriften beschrieben, selbstverständlich so, daß der jeweilige König dabei als Sieger dastand. In Wirklichkeit scheint Ramses in einen Hinterhalt geraten zu sein, aus dem er sich – offenbar auch durch große persönliche Tapferkeit – mit einem blauen Auge wieder herauswinden konnte. Interessant ist, daß die Ägypter nach ihren eigenen Angaben einer ganzen Koalition gegenüberstanden, in der sich älteste Feinde zusammengefunden hatten. Als Hauptgegner erwähnen die Inschriften nämlich die Reiche Hatti, Mitanni und Arzawa.

Ob die Schlacht bei Kadesch kriegsentscheidende Bedeutung hatte, mag hier dahinstehen. Die weitere Geschichte spricht eher dagegen. Wahrscheinlich ist es im nordsyrischen Raum zu einem langjährigen Stellungskrieg gekommen, in dem einmal die eine, ein anderes Mal die andere Partei durch einen Handstreich ihre Position verbesserte und in dem es aufs Ganze gesehen bei einem Patt blieb.

Solche Situationen führen entweder zu einer ganz großen, blutigen Explosion oder zu der Einsicht, daß keine Partei siegen kann und daß es daher besser ist, sich zu einigen. Genau das geschah in unserem Falle. Im Jahre 1280 v. Chr. schlossen Ramses II. und der hethitische König Hattusilis III. (1286-1260 v. Chr.) einen feierlichen Vertrag, der sicher nach langwierigen Verhandlungen zustandekam und territorial auf dem Status quo aufbaute. Denn der entscheidende Punkt war, daß die beiden Großmächte einen Nichtangriffspakt schlossen, das heißt daß sie das künftige Unterbleiben aller gegenseitigen Angriffe vereinbarten. Aber damit nicht genug: Zugleich wurde auch gegenseitiger militärischer Beistand bei Angriffen von dritter Seite abgesprochen und außerdem die Auslieferung aller politischen Flüchtlinge, die sich aus dem einen in den anderen Staat gerettet hatten. Eine solche Vereinbarung war für damalige Verhältnisse nicht unüblich. Absolut neu war aber, daß der Vertrag in einem Anhang für die ausgelieferten Personen eine Art Menschenrechtsschutz vorsah: sie durften zwar in ihren Heimatstaat ausgeliefert, dort aber keinerlei Bestrafung ausgesetzt werden. Wir stehen hier – mehr als drei Jahrtausende vor unserer Zeit – vor dem ersten Ansatz eines humanitären Völkerrechts.

Aber der Vertrag von 1280 v. Chr. ist, was seine rechtliche Seite betrifft, auch sonst noch interessant. Es standen sich ja machtvolle Herrscher gegenüber, die gewöhnt waren, anderen Fürsten entweder als Feinde oder als Oberherren entgegenzutreten; aus Dutzenden, ja Hunderten von Belegen wissen wir, daß sie nicht einmal Handelsgeschäfte mit fremden Staaten zugeben konnten, sondern bei den eingekauften Waren von Tributen und beim Kaufpreis von Geschenken sprachen. Solche Herren hätten es eigentlich als Verletzung ihrer Souveränität betrachten müssen, wenn sie sich in rechtliche Verbindlichkeiten zu anderen Staaten begaben, und tatsächlich scheinen frühere Abmachungen nicht als echte Verträge, das heißt als das Eingehen *gegenseitiger* Verpflichtungen abgeschlossen worden zu sein, sondern dadurch, daß jede Seite ihre Erklärungen nur für sich, das heißt im Wege der *Selbst*verpflichtung abgab. Der Effekt war bei diesem Verfahren zwar derselbe, aber das beiderseitige Souveränitätsbedürfnis wurde mehr geschont.

Der Vertrag von 1280 v. Chr. ging im Grundsatz zwar genau so vor. Aber er zeichnete sich doch durch zwei neue Elemente aus: Er nahm beide Erklärungen in einen einzigen Text auf und die beiden Kontrahenten wiederholten den Kern dieser Erklärungen dann auch noch gemeinsam in der Wir-Form. Sie zogen also ernstliche Konsequenzen aus der – auch früher schon üblich gewesenen – Anrede «Bruder», mit der sie sich gegenseitig bezeichneten und die die Anerkennung eines gleichrangigen Souveräns ausdrücken sollte.

Noch in einer anderen Beziehung ist der Vertrag zwischen Hattusilis und Ramses interessant. Er versuchte die *Kinder* der beiden Kontrahenten in die Bindungswirkung einzubeziehen. In den frühen Rechtsordnungen gab es die Vorstellung nicht, daß *Staaten* miteinander Verträge schließen können, sondern es paktierten immer nur die gerade unterschreibenden *Fürsten* miteinander. Das lag zwar nahe, bedeutete aber, daß der Vertrag erlosch, sobald der erste von ihnen starb. Um diese Wirkung zu mildern, blieb nur der Weg, die voraussichtlichen Erben mit einzubeziehen, und genau das versuchten Ramses und Hattusilis, indem sie vorgaben, auch als Vertreter ihrer Kinder tätig geworden zu sein.

Das Vertragsverhältnis war also auf längere Dauer angelegt und scheint tatsächlich auch gehalten zu haben. Im Laufe der Zeit wurden aus dem Nichtangriffs- und Beistandspakt offenbar freundschaftliche Beziehungen. Etwa zehn Jahre nach seinem Abschluß heiratete der Pharao eine Tochter seines Vertragspartners. Darüber hinaus scheint sich zwischen beiden Höfen sogar so etwas wie eine internationale Courtoisie entwickelt zu haben. Bei Krankheitsfällen in den Königshäusern wurden mehrfach Götterstatuen ausgetauscht (bzw. «ausgeliehen»), um den Genesungsprozeß zu beschleunigen, und als es in Hatti eine Mißernte gab, schickte der Pharao Merenptah (1238–1219 v. Chr.) sogar einige Schiffsladungen Getreide. Das wird zwar die Hungersnot nicht sehr gelindert haben. Aber eine schöne Geste war es doch.

Bei der politischen Lage in seiner näheren Umgebung war Hattusilis III. übrigens sehr gut beraten, als er seinen Vertrag mit Ägypten abschloß. Dieses konnte ihm nicht viel schaden, wenn es eine gewisse Linie nicht überschritt. Andere Gefahren waren dagegen ständig vorhanden. Das galt für die Achijawa, die sich in seinen ersten Regierungsjahren mit Raubzügen bemerkbar machten, von ihm aber rasch besiegt wurden. Vor allem aber galt es von der neuen Großmacht Assyrien. Diese hatte sich, wie schon berichtet, um die Mitte des 14. Jahrhunderts v. Chr. unter dem König Assuruballit (1366–1330 v. Chr.) von der Herrschaft Mitannis emanzipiert und dafür sogar die Anerkennung des ägyptischen Königshofes unter Echnaton gefunden. Adadnerari I. (1308–1276 v. Chr.) hatte dann eine erfolgreiche Eroberungspolitik getrieben und Salmanassar I. (1276–1246 v. Chr.) expandierte nach allen Seiten weiter, so daß Assyrien erstmals in seiner Geschichte ein wirklicher Faktor im Kräftespiel der Großmächte wurde.

Für Hattusilis III. (1286–1260 v. Chr.) war diese Entwicklung so besorgniserregend, daß er in seinen ersten Regierungsjahren mit Babylonien einen Beistandspakt schloß, um die Assyrer in die Zange zu nehmen. Doch scheint dieses Bündnis, das damals auch noch gegen Ägypten gerichtet war (also noch vor 1280 v. Chr. abgeschlossen sein muß), keine großen politischen Wirkungen gehabt zu haben. Die Babylonier ließen es mehr oder weniger auf dem Papier (oder besser auf den Keilschrifttafeln) stehen. Unergiebig blieben auch Verhandlungen zwischen Assur und Hatti, die freilich von vornherein nur einen engen Teilaspekt damaliger Politik betrafen. Salmanassar bat den Hethiter nämlich um die Überlassung von «gutem Eisen», das heißt von Stahl, auf den die Hethiter in jener Zeit praktisch ein Monopol hatten. Aber Hattusilis dachte nicht im Traume daran, seinem gefährlichsten Konkurrenten auch noch bei der Rüstung zu helfen, und so sind die diplomatischen Kontakte wohl bald wieder versickert.

Seinen ersten wirklichen Höhepunkt erreichte Assyrien unter der Herrschaft des Königs Tukultininurta I. (1246–1209 v. Chr.). Er brach zunächst in die hethitischen Gebiete am Euphrat ein und dezimierte ihre Bevölkerung durch Mord und Deportationen. Der König von Ischuwa, der in den ersten Regierungsjahren Tutchalijas' IV. (1260–1230 v. Chr.) bei einem wichtigen staatsrechtlichen Akt noch als einer der vornehmsten Kronvasallen des Hethiterkönigs fungiert hatte, ging daraufhin zu den Assyrern über, während Tutchalijas IV. versuchte, die syrischen Stadtstaaten durch Verträge vom Handel mit Assur abzubringen – der erste bekannte Versuch eines Handelsembargos in der Geschichte. Es ist schwer zu sagen, wie diese Konfrontation zwischen Hethitern und Assyrern auf die Dauer ausgegangen wäre, wenn Tukultininurta auch weiterhin bei seiner Westpolitik geblieben wäre. Das war aber offensichtlich nicht der Fall. Er war nämlich auch im Norden, Osten und Süden seines Reiches sehr engagiert, in Armenien, in Mitanni, im Zagrosgebirge und in Babylonien, wo er sogar der Kassitendynastie vorübergehend ein Ende bereitete.

Das internationale Konzert bestand nun also aus drei Akteuren: Ägypten, Hatti und Assyrien.

Das Reich Tukultininurtas hatte allerdings noch keinen langen Bestand. Noch zu seinen Lebzeiten kam Babylon wieder hoch und scheint Assyrien unter seinen Nachfolgern sogar überflügelt zu haben. Auch mit Elam war wieder zu rechnen. Die beiden westlichen Großmächte aber scheinen sich gegen Ausgang des 13. Jahrhunderts v. Chr. nicht mehr in die Probleme Mesopotamiens eingemischt zu haben.

Wahrscheinlich hatten sie schon andere Sorgen. Rund um sie waren große Völker unruhig geworden und setzten zum Sturm auf die alten Kulturgebiete in Anatolien, Syrien und Ägypten an.

Zeittafel 6: *Geschichte nach der Seevölkerinvasion*

Mesopotamien		Iran	
Seit etwa 1300	Anwachsen der assyrischen Macht, freilich immer wieder durch Schwächeperioden unterbrochen		
1246–1209	Erstes assyrisches Großreich (Tukultininurta I.)		
1117–1078	Assyrien unter Tiglatpilesar I. erneut Großmacht		
912–824	Dritte Großmachtphase (Adadnerari II., Tukultininurta II., Assurnasirpal II., Salmanassar III.)	seit 9. Jh.	Erstes Auftreten der Meder. Sie geraten rasch unter assyrischen und skythisch-kimmerischen Druck
746–627	Weltreich der Assyrer (Tiglatpilesar III., Salmanassar V., Sargon II., Sanherib, Assarhaddon)	um 700	Die Perser besetzen die spätere Landschaft Persis. Das Königtum der Achämeniden entsteht
seit 729	Babylonien in das Assyrerreich integriert		
671–656	Ägypten assyrische Provinz		
seit 629	In Babylonien entsteht das chaldäische bzw. neubabylonische Reich. Nabopolassar (626–605) und Nebukadnezar II. (605–562)	626–585	Kyaxares König der Meder. Er gründet das eigentliche Mederreich, wehrt die Skythen ab, unterstellt die Perser seiner Oberherrschaft. 585 Angriff auf Lydien
um	616–606	Meder (Kyaxares) und Babylonier (Nabopolassar) vernichten das Assyrerreich	
	550	Der Perserkönig Kyros II. d. Gr. (559–530) unterwirft das Mederreich	
	546	Kyros unterwirft das Lyderreich (Krösus!)	
	539	Kyros liquidiert das neu babylonische Reich	
	521–486	Dareios I., der Schöpfer der persischen Reichsverwaltung	
	333–323	Alexander d. Gr. erobert das Perserreich	

Großmachtpolitik im Nahen Osten

Die kriegerische Invasion des Nahen Ostens, die nunmehr – wohl zu Beginn des 12. Jahrhunderts v. Chr. – folgte, ist weder nach ihrem Umfang noch nach der Herkunft der beteiligten Völkerschaften unumstritten. Fest steht aber, daß die Ägypter die anstürmenden Stämme als *Seevölker* bezeichneten und daß es nach ihren Aufzeichnungen mehrere Stoßkeile gab, die im Abstand mehrerer Jahre bzw. Jahrzehnte den ganzen Vorderen Orient verheerten.

Am Ende dieser Seevölkerinvasion mußte die politische Landkarte neu gezeichnet werden. Von den bisherigen fünf Großmächten der Region wurden das Hethiterreich und das – allerdings ohnehin schon schwer angeschlagene – Reich Mitanni vollends aus dem Spiel geworfen: sie hörten einfach zu existieren auf. Gleichzeitig schied Ägypten, das sich der Angreifer zu Wasser und zu Lande gerade noch mühsam erwehren konnte, aus den schon genannten innenpolitischen Gründen aus (S. 171 f.).

Verschont geblieben war Mesopotamien. Dorthin verlagerte sich nun zwangsläufig das Gesetz des Handelns zurück, und zwar zunächst einmal auf den assyrischen Norden.

König Tiglatpilesar I. (1117–1078 v. Chr.) schuf wenige Jahrzehnte nach der Seevölkerzeit ein Großreich, das die Hurriterstaaten, Armenien und Syrien umfaßte, plünderte Babylon und soll sogar auf dem Mittelmeer gesegelt sein. Zwar verfiel das Reich nach seinem Tode wieder. Aber das Grundthema der folgenden Jahrhunderte war damit angeschlagen: das Weltreich der Assyrer.

Bis zum Ende des 7. Jahrhunderts v. Chr. gehörte die Welt des Mittleren Ostens nunmehr den Assyrern, die in mehreren Anläufen und mit ungeheurer Brutalität das erste wirkliche Weltreich der Geschichte etablierten. Auf sie folgte schließlich – nach einem erneuten babylonischen und einem medischen Zwischenspiel – das Weltreich der Perser.

Niemand weiß, wie sich die Geschichte Vorderasiens ohne den Einfall der Seevölker entwickelt hätte. Klar ist nur das Ergebnis: Den ersehnten Frieden brachte nicht die Phase der Weltpolitik, so groß ihre Erfolge zu gewissen Zeiten auch waren. Den Frieden brachte erst das Weltreich der Perser – und am anderen Ende des Kontinents, in China, war es nicht anders.

9. Kapitel

Zweitausend Jahre chinesischer Staat

Für die Zwecke unseres Buches ist der chinesische Staat eigentlich zu spät gekommen. Sieht man von den sagenhaften Kaisern der Frühzeit ab (S. 25 f.), so ist das chinesische Reich erst gegen Ende des dritten vorchristlichen Jahrhunderts entstanden, als Vorderasien schon zwischen den hellenistischen Seleukidenherrschern und den parthischen Reiternomaden umkämpft war, als Ägypten unter den Ptolemäern eine Symbiose zwischen seiner alten, längst erstarrten Kultur und modernen, hellenistischen Impulsen eingegangen war und als sich im westlichen Mittelmeer der Kampf zwischen Rom und Karthago abspielte, der, wie wir heute wissen, nur ein Vorspiel im Kampf um die künftige Weltherrschaft war.

Keiner dieser Vorgänge wird für unser Buch eine Rolle spielen. Seine historischen Darstellungen sollen mit der Seevölkerzeit enden, und nur gelegentlich bietet es Ausblicke auf spätere Zeiten, so etwa hinsichtlich der keltischen Herrschaften und hinsichtlich der persischen Reichsverwaltung, weil sich dort Aspekte zeigen, die für die Geschichte des Staates grundlegend sind und die sich für ältere Epochen nicht nachweisen lassen.

Für China aber muß eine Ausnahme gelten. Die drei Jahrhunderte, in denen die Han-Dynastie ihren Staat wirklich beherrschte (ca. 200 v. Chr. – ca. 100 n. Chr.), sind hervorragend geeignet, die Bedürfnisse und Eigengesetzlichkeiten eines Großreiches noch einmal von einer ganz anderen Weltregion her zu beleuchten, und die anderthalb Jahrtausende, die dieser Epoche vorausgingen, gleichen trotz aller Unterschiede in Kultur und geographischer Lage den bisher behandelten Epochen staatlicher Geschichte so verblüffend, daß die dazu entwickelten Thesen hier, im Fernen Osten, eine höchst überraschende Bestätigung finden.

Freilich müssen dann auch die Besonderheiten herausgearbeitet werden, durch die sich China zu allen Zeiten von den übrigen Kulturräumen der Welt unterschieden hat. Sie lassen sich – mit der unvermeidbaren Simplifizierung – in zwei Komplexen zusammenfassen.

An erster Stelle ist hier selbstverständlich die *Weite des Raumes* zu nennen. Auch in seiner frühesten Ausdehnung ist das chinesische Kulturgebiet stets um ein Vielfaches größer gewesen als alle anderen Zonen der Erde, in denen sich Hochkulturen und – im Zusammenhang damit – Staaten oder gar Staatensysteme entwickelt haben. Fruchtbares Ackerland wechselte mit Steppengebieten, Hochgebirge mit langgestreckten Wüstengürteln, und dieser Wechsel hat seinerseits wieder tiefgreifende Konsequenzen für den Volkscharakter, für die Staatsaufgaben in den einzelnen Gebietsteilen, für die

Überschaubarkeit und damit zugleich auch für die Regierbarkeit des Ganzen. Das Dilemma des Raumes manifestiert sich in China mit einer nicht mehr zu überbietenden Deutlichkeit.

Daneben ist China durch seine *geopolitische Lage* eine Region besonderer Art. Es unterscheidet sich von allen anderen Hochkulturen durch sein Verhältnis zum *Nomadenproblem.* An keiner anderen Stelle der Welt war eine so hoch entwickelte Kultur ununterbrochen mit so weitflächigen Nomadengebieten und damit auch so großen Nomadenvölkern konfrontiert. Mesopotamien hatte eine ähnlich hohe Kultur, doch das Nomadenproblem, mit dem es zu tun hatte, war zahlenmäßig immer wieder zu verkraften (S. 84). Andere Gebiete wie zum Beispiel Baktrien und Ostiran standen ähnlich breiten Nomadenzonen gegenüber, doch war dafür das kulturelle Gefälle zwischen Seßhaften und Nomaden bei weitem nicht so groß.

Noch etwas anderes ist beim Umgang mit der chinesischen Geschichte stets zu bedenken: Trotz der Weite des Raumes machte China in dem Zeitraum, der uns interessiert, nur einen Bruchteil dessen aus, was wir heute unter der Volksrepublik China verstehen. Es hatte nicht einmal das Tal des Yangtse-kiang erreicht, seine Südgrenze (!) war der Unterlauf des Hoang-ho, der damals allerdings 400 Kilometer südlicher als heute, noch südlich der Halbinsel Shantung, in das Gelbe Meer mündete. Im Osten erstreckte es sich zwar nach Shantung hinein, umfaßte es aber noch keineswegs ganz. Westgrenze war wiederum der Hoang-ho, und zwar jener Teil, der den Großen Bogen des Flusses östlich begrenzt (der also in nord-südlicher Richtung fließt), und im Norden reichte das chinesische Kulturgebiet noch nicht einmal bis zum 40. Breitengrad. Alles in allem war das – für europäische Verhältnisse – ein riesiges Gebiet. Gemessen am heutigen China kann aber höchstens von einem Kernland gesprochen werden (was freilich, wie man heute weiß, anfänglich noch nicht einmal eine besondere kulturelle Qualität hat).

Frühzeit und Shang-Dynastie

Das historische Kernland Chinas war seit je von Menschen bewohnt. In der Jungsteinzeit gab es bereits eine kontinuierliche Besiedelung mit mehreren klar voneinander unterscheidbaren kulturellen Ansätzen, und je intensiver die archäologische Forschung arbeitet, desto größer wird die Zahl der bekannten Kulturen auch heute noch.

Wie alle diese Kulturen zueinander standen, läßt sich zur Zeit noch nicht sagen. Sicher ist auch nicht, ob die spätere chinesische Kultur aus einer von ihnen hervorgegangen ist oder ob sie eher das Produkt ihrer Vermischung darstellt. Wichtig ist, daß die Historiker heute nicht mehr auf der Vorstellung beharren, das Gebiet der späteren Shang- und Chou-Dynastie sei seiner

Nachbarschaft kulturell überlegen gewesen und habe deshalb eine Art Zentrum gebildet, um das herum sich gewissermaßen Randkulturen gruppiert hätten. Geht man infolgedessen von annähernder Gleichwertigkeit aller dieser Kulturen aus, so war es wohl die bessere Organisation, auf Grund deren es zum Vorrang der Shang-Dynastie kam (und tatsächlich besaß diese, soweit heute bekannt, die erste Schrift und entwickelte sich auf ihrem Gebiet auch die früheste Bronze-Technologie).

Stellt man erst einmal die Frage nach der Organisation, so gewinnt es natürlich besondere Bedeutung, daß im Osten der chinesischen Tiefebene, auf der Halbinsel Shantung, wo die sogenannte schwarze Keramik zuhause war, eine Siedlung ausgegraben worden ist, die von einem Wall aus gestampftem Lehm umgeben war – nach unseren bisherigen Erfahrungen ein Beweis dafür, daß es zu ihrer Entstehungszeit schon eine Art politischer Organisation gegeben haben muß. Es gibt aber keinen Beweis dafür, daß es sich hier nicht um eine Organisation handelte, die aus anderer Wurzel kam, mit den Anfängen der Shang-Organisation in Konkurrenz trat und dieser schließlich unterlag.

Bestimmte Formen des Knochenorakels, die sich bis in spätere Epochen erhalten haben, sprechen zwar zusätzlich für einen Zusammenhang zwischen der Kultur der schwarzen Keramik und der späteren Shang-Kultur. Sicher ist diese Kombination aber nach wie vor so wenig wie eine andere, die wegen Übereinstimmungen zwischen einer anderen, der sogenannten Longshan-Kultur zur späteren Reichskultur der Shang die befestigten Plätze der erstgenannten mit den Sitzen der sagenhaften Hsia-Dynastie gleichsetzen will. Niemand will heute mehr ganz ausschließen, daß hinter der Sage von diesem Königsgeschlecht irgendeine geschichtliche Wirklichkeit steckt. Sicherheit gibt es aber auch in dieser Frage nicht.

Die Shang-Dynastie, die nach der chinesischen Überlieferung auf die Hsia-Könige gefolgt sein soll, ist dagegen historisch durchaus greifbar. Man tut aber gut daran, die Kultur der Shang-Zeit scharf von der Dynastie der Shang und ihrem Staat zu unterscheiden.

Die *Shang-Kultur* war nach den Ausgrabungsbefunden eine Ackerbauernkultur von überwiegend steinzeitlichem Gepräge, das allerdings da und dort (und je länger desto mehr) von bronzenen Waffen und Geräten ergänzt wurde. Erhalten sind vor allem Mauern aus festgestampftem Lehm, die nach ihrer Anordnung zum Teil als die Reste öffentlicher Gebäude (Tempel bzw. Paläste) gedeutet werden können – mit allen Folgen, die das für die Frage einer Herrschaftsordnung nach sich ziehen kann. Reste von Bewässerungsanlagen, wie sie für das spätere China so charakteristisch waren, sind dagegen bisher noch nicht entdeckt worden.

Der Lebensbereich dieser alten Kultur war beträchtlich. Er reichte vom Gelben Meer bis zum Mittellauf des Hoang-ho, ja darüber hinaus bis in das Tal des Wei hinein, der den Großen Bogen im Süden wie eine Sehne abschließt, und außerdem umfaßte er die Täler der nördlichen Nebenflüsse des Hoang-ho.

Das *Reich der Shang* war, wie die Historiker übereinstimmend vermuten, wesentlich kleiner. Es kann trotz aller Veränderungen, die es sicher auch hier im politischen Auf und Ab gegeben hat, immer nur einen Teil des Kulturraums erfaßt haben (anfänglich vielleicht nur einige Hundert Quadratkilometer um eine burgartige Hauptstadt) und war daher, um es so zu sagen, nicht *der* Staat der Shang-Kultur, sondern lediglich *ein* Staat auf dem Gebiete dieser Kultur, neben dem es gewiß noch andere, weniger straff organisierte und mit Sicherheit weniger bekannte Herrschaften gegeben hat.

Die *Hauptstädte,* die das Shang-Reich nacheinander hatte, sind wenigstens zum Teil bekannt. Aus ihrer Lage läßt sich entweder auf eine beträchtliche spätere Ausdehnung des Reiches oder auf einen mehrfachen Wechsel des Herrschaftsgebietes schließen, aus diesem dann vielleicht auch auf außenpolitische Erfolge und Mißerfolge der Dynastie. Hier müssen vor allem zwei dieser Hauptstädte erwähnt werden, die uns aus Ausgrabungen näher bekannt sind. Die Stadt Ao, beim heutigen Tschengtschou gelegen, hatte bereits eine überbaute Fläche von 3,5 Quadratkilometern (ca. 1700 × 2000 Meter im Rechteck) und war von einer Lehmmauer umgeben, die die phantastische Dicke von 20 Metern erreichte. Was das für die politische Organisation bedeutet, die hinter einem solchen Projekt stand, braucht nach unseren Überlegungen zur mesopotamischen Stadt und zu den Städten der Induskultur wohl nicht besonders betont zu werden.

Noch deutlicher wird dasselbe in der bei Anjang gelegenen letzten Königsstadt der Shang (aus dem 14.–11. Jh. v. Chr.), wo mehr als ein Drittel der Shang-Herrscher residiert haben soll. Dort fanden die Ausgräber eine Zitadelle aus gestampften Lehmmauern, Grabmäler, die offenbar zu Königsgräbern gehörten, Gräber mit den erkennbaren Resten von Menschenopfern, steinerne Grundmauern von Häusern und nicht zuletzt ganze Gruben voller Knochen und Schildkrötenpanzer, die zu Orakelzwecken gedient haben und auf ein machtvolles Kultwesen schließen lassen. Die Überreste bronzener Streit- und Paradewagen, die gefunden wurden, sprechen für eine adelige Herrschaftsstruktur, die Schriftdokumente belegen nicht nur den hohen Entwicklungsstand der ganzen Kultur, sondern sie zeigen auch, daß eine fortgeschrittene Verwaltung immerhin möglich war. Nicht von ungefähr gehören zu den Beamtentiteln, die uns aus der Shang-Zeit geläufig sind, nicht nur die von Offizieren und Orakeldeutern, sondern auch die von Schreibern und Archivaren.

Aus den Resten der sogenannten Knochenorakel sind uns die Namen der meisten Shang-Herrscher und oft sogar ihre Regierungszeiten bekannt. So können wir heute 31 Herrscher aus insgesamt 17 Generationen als gesichert betrachten; spätere Königslisten wurden auf diese Weise glanzvoll bestätigt. Unsicher ist nach wie vor die zeitliche Einordnung der ganzen Dynastie.

Doch ist es am wahrscheinlichsten, daß sie im 17. Jahrhundert v. Chr. begonnen hat und im 11. Jahrhundert zu Ende gegangen ist. Solange aber der Beginn der auf sie folgenden Chou-Dynastie nicht genau bekannt ist, wird sich auch für die Shang keine realistische (absolute) Chronologie herstellen lassen.

Das Reich der Shang war zweifellos ein *Adelsstaat,* wie wir ihn etwa auch aus dem gleichzeitigen mykenischen Griechenland kennen. Dafür gibt es Argumente in ausreichender Zahl. Am augenfälligsten (wenn auch nicht am wichtigsten) ist die Verwendung des Streitwagens, der zur gleichen Zeit die Kriegstechnik des ganzen eurasischen Kontinents bis nach Südeuropa und bis an die nubische Grenze beherrschte und den adeligen Einzelkämpfer voraussetzt, der sich ein solches Gefährt auch leisten kann.

Über den adeligen Herren stand aber, wie schon gesagt, noch ein Herrscher, der den Titel wang (= König) führte und nach allem, was über ihn bekannt ist, gegenüber seinen Vasallen nicht mehr und nicht weniger Rechte hatte als in jedem anderen Adelsstaat der damaligen Welt. Er konnte sie also zu Steuern und zur Heeresfolge heranziehen (S. 148). Im übrigen dürfte er aber auf die Finanz- und Machtmittel angewiesen gewesen sein, die er aus seiner eigenen Herrschaft, aus seinen Eroberungen und aus seinen wirtschaftlichen Unternehmungen zog (S. 149); eine Palastwirtschaft, wie wir sie aus dem Nahen Osten kennen, gab es selbstverständlich auch im alten China. Daß das Verhältnis zwischen dem König und den Vasallen auch in China nicht immer spannungsfrei war, ergibt sich schon aus der Natur der Sache.

Über die *Aufgaben,* die die Herrscher der Shang-Dynastie wahrgenommen haben, ist aus den erhalten gebliebenen Orakelfragen einiges bekannt, was die Erfahrungen aus anderen aristokratisch verfaßten Staaten nur bestätigt. Die Könige waren, soweit das erkennbar ist, vor allem Heerführer und Priester. Daß sie daneben – entweder selbst oder durch Beamte – richterliche Funktionen ausgeübt haben, versteht sich bei der Größe der Shang-Städte jedenfalls für deren Gebiet von selbst. Aufgaben der Daseinsvorsorge können dagegen so lange nicht angenommen werden, wie Bewässerungsanlagen aus ihrer Epoche nicht gefunden werden.

Was die militärische Macht betrifft, die diese Herrscher in die Waagschale zu werfen hatten, so mußten sie sich wohl mit den Aufgeboten ihrer Vasallen begnügen; Söldnerheere hatten sie noch nicht zur Verfügung. Dazu paßt, daß ein Feldzug, über dessen Dauer wir zufällig Bescheid wissen, ganze 260 Tage dauerte, den Soldaten also wohl für die Erntearbeit noch Zeit ließ. Die Heere, von deren Größe wir erfahren, umfaßten im allgemeinen drei- bis fünftausend Mann. Nur in einem ganz außerordentlichen Falle sollen einmal 30 000 Mann auf die Beine gebracht worden sein.

Deutlicher als bei anderen frühen Herrschern treten bei den Shang-Königen (wie übrigens auch bei ihren adeligen Vasallen) die *rituellen Aufgaben* hervor. Ob insoweit ein wirklicher Unterschied zu westlicheren Herrschaftssystemen zu verzeichnen ist oder ob wir hier nur vor den Ergebnissen einer besseren Überlieferung stehen, muß allerdings unentschieden bleiben.

Jedenfalls war die Durchführung der wichtigsten Opfer, von der Aufgabenstruktur her gesehen, neben der Kriegführung das zweite große «Standbein» der Shang-Könige. Die spätere chinesische Übung, daß sowohl dem Herrscher als auch den Chefs der großen Adelsfamilien bestimmte Opfer zur alleinigen und ausschließlichen Durchführung zustanden, hat sich offensichtlich schon unter der Shang-Dynastie entwickelt, und für einen säkularisierten und «aufgeklärten» Menschen des 20. Jahrhunderts n.Chr. ist es wahrscheinlich kaum nachvollziehbar, welches Ansehen, welche Autorität, aber auch welche Macht ein solches «Opfermonopol» seinem Inhaber bei einem Volk einbrachte, das sich auf diese Opfer angewiesen glaubte. «Religiöse Daseinsvorsorge» und Herrschermacht dürften hier nahtlos ineinander übergegangen sein.

Nicht anders dürfte es sich mit der Rolle der Könige im *Orakelwesen* verhalten haben, das bei den Chinesen aller Epochen eine besondere Rolle spielte. Einzelne Autoren meinen sogar, daß die Durchführung des sogenannten Knochenorakels zur Shang-Zeit die Haupttätigkeit des Königs gewesen sei. Bei dieser Form des Orakels wurden Knochenstücke oder Bauchteile von Schildkrötenpanzern mit den jeweiligen Orakelfragen versehen und mit glühenden Stiften durchbohrt. Aus den Rissen und Sprüngen, die sie dabei erhielten, wurde sodann auf die Antwort der Götter geschlossen. Viele der gefundenen Orakelknochen enthalten sogar noch die Kommentare des Zeichendeuters dazu. Die Fragen erstreckten sich auf alle nur denkbaren Lebensbereiche – von der hohen Politik bis ins Geschäftsleben und in die Familienangelegenheiten der einzelnen Untertanen.

Insgesamt bietet das Königtum der Shang-Zeit ein Bild, wie wir es sonst nur aus indogermanischen Gesellschaften kennen, etwa aus dem frühen Hethiterreich (1. Hälfte des 2. Jahrtausends v.Chr.), aus dem mykenischen Griechenland (2. Hälfte desselben Jahrtausends) oder aus dem keltischen Staatensystem (2. Hälfte des 1. Jahrtausends v.Chr.), vielleicht mit dem Unterschied, daß bei den Kelten der internationale Handel und der Bergbau, bei den Chinesen dagegen die priesterlichen Funktionen mehr im Vordergrund standen als bei den eher militärisch orientierten Staaten der Hethiter und Mykener. Aber vielleicht ist selbst dieser Eindruck nur die Folge zufälliger Selektionen im Fundmaterial und in der Überlieferung.

Daß die gleichen Lebens- und Herrschaftsformen in China, am anderen Ende des eurasischen Kontinents und bei einem rassisch ganz anders gearteten Volk, auftreten, zeigt aber, daß wir es hier mit einer bei allen Völkern und Rassen naheliegenden Entwicklungsform der menschlichen Herrschaft zu tun haben. Die Vermutung, daß die Adelsherrschaft der häufigste Urgrund von Staatlichkeit ist und daß Erscheinungen, wie wir sie aus Mesopotamien und dem Industal kennen, eher die Ausnahme bilden, bestätigt sich also auch hier.

Chou-Dynastie und «Kämpfende Reiche»

Ungefähr im 12. Jahrhundert v. Chr. machte sich vom Tal des Wei, also vom westlichen Randgebiet der chinesischen Kultur aus ein neuer, bisher unbekannter Staat bemerkbar, der von den Historikern meist als «halbzivilisiert» bezeichnet wird und an dessen Spitze der Clan der Chou stand. Er machte sich das alte Shang-Reich Stück für Stück botmäßig, bis zur endgültigen Liquidation in der zweiten Hälfte des 11. Jahrhunderts – etwa in der Zeit zwischen 1050 und 1025 v. Chr.

Auch das Reich der Chou war im Prinzip ein Adelsstaat mit einem starken Lehnsherrn und mehr oder weniger einflußreichen Vasallen. Die anfängliche Stärke der Zentralregierung dokumentiert sich vor allem darin, daß die neueroberten Gebiete im allgemeinen an Angehörige des königlichen Clans, nicht zuletzt an Brüder des Königs, oder an verschwägerte Familien als Lehen ausgegeben wurden, wie es z.B. auch die Hethiter gemacht hatten. Doch zeigt gerade die letzte Phase der Auseinandersetzungen zwischen den Chou und den Shang, daß auch das kein unabänderliches Gesetz war. Der siegreiche Chou-König gab den Restbestand des Shang-Reiches nämlich zunächst dem Sohn des durch Selbstverbrennung geendeten Shang-Herrschers zu Lehen. Erst als sich dieser unter Bruch seines Vasalleneides gegen die Chou erhob und die alte Unabhängigkeit seiner Familie wiederherzustellen versuchte, wurden seine Herrschaftsgebiete ebenfalls an Mitglieder und Verwandte des Chou-Clans vergeben.

Das Schicksal der Shang war übrigens auch damit noch nicht völlig besiegelt. Ein Zweig von ihnen hielt sich als Lehensträger der Chou noch geraume Zeit im Teilreich Sung, das nach dem Verfall der Chou-Herrschaft auch wieder faktische Selbständigkeit erlangte. Dauernde Unabhängigkeit bewahrte sich daneben das Reich Ch'i, und wenn die Vermutung mancher Historiker richtig sein sollte, daß es diese Souveränität auch schon in der Shang-Zeit besessen hatte, so wäre das ein weiterer Beleg für unsere Vermutung, daß es im Gebiet der Shang-Kultur von vornherein verschiedene selbständige politische Größen gegeben habe.

In der Ablösung der Shang durch die Chou klingt übrigens ein Thema an, das sich in der chinesischen Geschichte – und nicht nur dort – noch oft wiederholen sollte. Höherstehende Kulturen strahlen ihre Wirkungen zunächst auf weniger zivilisierte Randvölker aus. Das hat zur Folge, daß zwischen ihnen und den gänzlich «barbarischen» Volksgruppen eine Pufferzone «halbzivilisierter» Staaten entsteht, die – ohne es recht zu wollen – zunächst auch einen außenpolitischen Schutzgürtel um das eigentliche Kulturgebiet und seine Staatenwelt bildet. Eines Tages aber beginnen diese «halbzivilisierten» Herrschaften ihre militärische Macht auch gegen das Kerngebiet der Kultur zu wenden, es zu erobern und dort in den meisten Fällen auch politisch «Ordnung zu schaffen».

China hat das im letzten Jahrtausend vor der Zeitenwende noch zweimal erlebt, nämlich in den Großmachtbestrebungen der Königreiche Ch'u und Ch'in. Aber das Modell hat weltweite Geltung. So haben sich die großen Wachablösungen in Mesopotamien vollzogen, so der Machtübergang von den Kanaanitern auf die Israeliten, von den Griechen auf die Makedonen, von den Römern auf die Germanen, von den Byzantinern auf die Slawen. Und genaugenommen ist auch das Ausgreifen Roms in die Welt der griechischen Kultur nur ein besonders großartiges Beispiel für dasselbe historische Muster.

Man pflegt die Erfolge dieser Randstaaten meist mit ihrer «unverbrauchten Kraft» zu erklären, ohne genauer zu sagen, was man darunter eigentlich versteht. Aber die Lösung dieses Rätsels ist verhältnismäßig einfach. Natürlich ist in solchen primitiven Staaten die Einsatz- und Opferbereitschaft der einzelnen Menschen noch größer als in den Kulturzonen mit ihrem Wohlstand und ihrer verfeinerten Lebensweise, die auch den Ärmsten meist noch besser stellen, als es der durchschnittliche Nomade kennt. Vor allem aber funktioniert dort die Herrschaft – jedenfalls was Machtwillen und Machtausübung betrifft – noch direkter; denn sie ist weder durch Aufgaben der Kultur und der Daseinsvorsorge absorbiert noch ist sie durch Luxus, Adelskämpfe und gegenseitige Eifersüchteleien der Mächtigen korrumpiert. Die bedrohten Staaten der eigentlichen Kulturgebiete haben demgegenüber nur die Wahl zwischen zwei Übeln. Entweder sie verzichten auf einen Teil ihres Lebensgefühls und wandeln sich selbst zum Militärstaat (so etwa das Römische Reich in den Diocletianischen Reformen) – oder sie gehen mit mehr oder weniger fliegenden Fahnen unter.

Die inneren Probleme des Adelsstaates sind selbstverständlich auch dem Reich der Chou nicht erspart geblieben. Sobald die Aufbruchstimmung der Eroberungszeit verflogen war, begannen die Vasallen ihre eigene Macht und ihre Unabhängigkeit gegenüber der Krone zu pflegen. Die Beleihungen, die ursprünglich nur auf die einzelne Person bezogen waren, wurden im Laufe der Zeit erblich, so daß eine Tendenz zur Feudalisierung sichtbar wurde, und das beraubte den König naturgemäß seines stärksten Machtmittels gegenüber dem Adel. Er reagierte damit, daß er neu hinzueroberte Gebiete nicht mehr als Lehen vergab, sondern durch beamtete Funktionäre verwalten ließ – die bekannten Muster aus Mesopotamien und Ägypten wiederholten sich also im Fernen Osten.

Das aber hatte wiederum zur Folge, daß sich in verstärktem Maße ein Hof- und Amtsadel herausbildete. In diesen strömten verständlicherweise besonders die jüngeren Söhne der großen Vasallenfamilien ein, und da auch

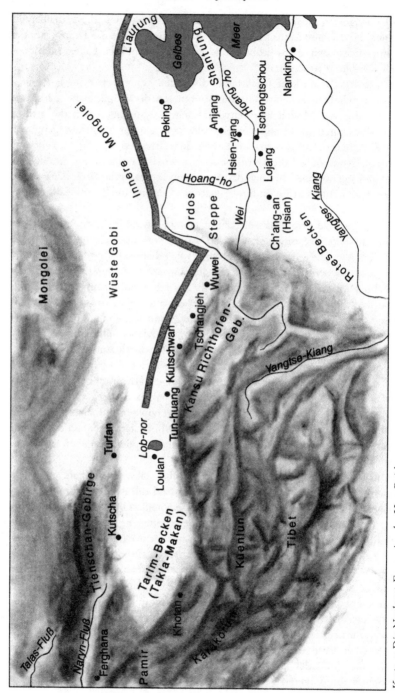

Karte 4: Die Nordwest-Expansion des Han-Reiches

sie in aller Regel durch Übertragung von Landbesitz (oder wenigstens durch Übertragung des Steueraufkommens aus bestimmten Domänen) «besoldet» wurden, begann das übliche Spiel von neuem. Das Dilemma des Adelsstaates (S. 158 f.) konnte sich im China der Chou-Dynastie also in Reinkultur entfalten.

Die ersten Generationen der Chou waren aber noch eine Zeit großer politischer und kultureller Expansion. Es kam zu kraftvollen Eroberungskriegen gegen die unzivilisierten (meist kurz als «Barbaren» bezeichneten) Nachbarvölker im Norden, Westen und Süden des Kernlandes und zu den schon angedeuteten Erweiterungen des Reichsgebietes. Neue Völker traten erstmals in den Gesichtskreis der chinesischen Politik, darunter vor allem die Steppennomaden des Ordos-Bogens, das heißt des Großen Bogens des Hoang-ho. Jedenfalls werden sie in der geschichtlichen Überlieferung des Chou-Reiches erstmals direkt greifbar.

Hinzu kam eine ungewöhnlich weiträumige und vitale Kolonisation, die wohl vor allem durch bäuerliche Auswanderer aus dem übervölkerten Kernland getragen wurde; eines der großen und auch heute noch nicht abgeschlossenen Kapitel der chinesischen Geschichte tat sich auf. Sie führte chinesische Siedler schon während der ersten Hälfte des letzten vorchristlichen Jahrtausends im Osten in die bisher noch nicht kultivierten Teile von Shantung, im Norden bis in die Nachbarschaft des heutigen Peking und im Süden bis an den Unterlauf des Yangtse-kiang. Der Zuwachs an Lebensraum und politischer Macht muß gewaltig gewesen sein. Doch zugleich meldeten sich die Nachteile jeder Expansionspolitik. Es gab energische Gegenangriffe der zurückgedrängten oder zumindest bedrohten Völkerschaften und in den Randzonen bildeten sich weitere «halbzivilisierte» Reiche, die immer wieder einmal das Schicksal des Kernlandes werden sollten.

Vom 9. Jahrhundert an ging es mit der Macht der Chou dann unaufhaltsam bergab. Immer mehr Vasallen kündigten ihnen den Gehorsam auf oder machten sich wenigstens faktisch unabhängig, die verbleibenden Herrschaftsgebiete der Dynastie selbst schrumpften auf das Maß eines mittleren Kleinstaates zusammen, und selbst dort ging die tatsächliche Macht mehr und mehr auf den Hofadel über. Seit die Hauptstadt 771 v. Chr. nach Lojang (also weit in den Osten) verlegt wurde, stand die Oberherrschaft der Chou nur noch auf dem Papier. Manche Fürsten ließen sich ihre Thronbesteigung zwar noch vom Chou-König bestätigen. Aber politisch bedeutete das nichts mehr. Die letzten Chou dürften kaum ein anderes Leben geführt haben als die letzten Merowinger, die ganz von ihren Hausmeiern abhängig waren.

Das große Reich aber wurde von einer unüberschaubaren Zahl von Kleinstaaten beerbt, unter denen nur die Reiche Wei, Sung und Cheng etwas hervorragten. Später wurden diese durch Ch'i, Chin und Ch'in verdrängt und im Süden, am Yangtse-kiang, entstand das «halbzivilisierte» Reich Ch'u, das sich jahrhundertelang als ernste Bedrohung für das Kernland erweisen sollte. Daß es zwischen allen diesen Staaten unaufhörliche Streitigkeiten um Territorien, Einflußzonen und Vorrechte gab, versteht sich angesichts der menschlichen Natur von selbst, und so sind die fünf Jahrhunderte zwischen 700 und 200 v. Chr. mit zu den turbulentesten und blutigsten der ganzen chinesischen Geschichte geworden.

Großmachtbestrebungen

Aus solchen Situationen pflegt fast naturnotwendig die Idee eines einheitlichen, alles beherrschenden und insbesondere alles befriedenden Großreiches zu erwachsen (S. 38 f.); denn in Zeiten großer Unsicherheit empfinden die Menschen mehr als sonst, daß Friede und Sicherheit ihnen höher als alle anderen Güter stehen, und sie sind dann auch bereit, alle sonstigen Interessen und Wünsche hinter diesem großen Ziel zurückzustellen. Nur ist nicht immer gesagt, ob die friedensstiftende Macht von innen oder von außen kommt. In Mesopotamien waren es, wie wir gesehen haben, Kräfte aus dem Lande selbst, die diese politische Leistung erbrachten. Das Griechenland des 4. Jahrhunderts war dafür auf den Randstaat Makedonien angewiesen. Die Pax Romana werden die meisten Völker der Zeitenwende als einen zwar segensreichen, aber von außen oktroyierten Zwang empfunden haben. Im China des letzten vorchristlichen Jahrtausends aber waren es halbzivilisierte Randstaaten, von denen der Impuls zum Großreich ausging.

Zunächst meldete sich der Süden zu Wort. Dort hatte sich, wie schon berichtet, das Reich Ch'u etabliert, das seit dem 8. Jahrhundert eine kontinuierliche, auch gegen das Kernland gerichtete Expansionspolitik trieb. Sie hat nicht zur Bildung eines eigenen Großreiches geführt. Aber sie zwang die Staaten des Kernlandes, sich im Jahre 681 v. Chr. zu einem lockeren Staatenverband zusammenzuschließen, der ungefähr 200 Jahre lang hielt und zunächst unter der Hegemonie von Ch'i, seit 634 v. Chr. unter der Hegemonie von Chin stand. Das Großreich war das zwar nicht, aber doch ein Surrogat dafür, das seine Aufgabe für eine bedeutende Zeitspanne einigermaßen erfüllt zu haben scheint. Der Widerstand dieser Liga hat das chinesische Kernland jedenfalls so lange vor der Annexion durch Ch'u bewahrt, bis dieses selbst durch innere Zwistigkeiten, vor allem aber durch die Konkurrenz des neu entstandenen Staates Wu an weiteren Angriffen gehindert war.

In der ersten Hälfte des 5. Jahrhunderts v. Chr. wurden die Karten dann noch einmal völlig neu verteilt. Wu wurde 473 v. Chr. durch das Reich Yüeh vernichtet und zwei Jahrzehnte danach zerfiel Chin in die Staaten Chao, Wei und Han. Wieder folgte eine zweihundertjährige Periode von endlosen und kaum überschaubaren Konflikten, die sich so tief in das Bewußtsein des Volkes eingeprägt hat, daß sie von den chinesischen Historikern noch heute als die «Zeit der kämpfenden Reiche» bezeichnet wird.

Dieses Mal kam die Großreichidee (und ihre Verwirklichung) vom Westen bzw. Nordwesten des nunmehrigen Kulturgebietes. Dort vergrößerte sich das schon einmal erwähnte Reich Ch'in in einer jahrhundertelangen Entwicklung systematisch. Die Kraft dazu zog es aus seinen ununterbrochenen Auseinandersetzungen mit den Steppennomaden, vor allem den nun in voller Stärke auftretenden Hsiung-nu. Die Eroberungen in der Steppe stärkten die politischen Möglichkeiten des Reiches und die militärische Notwendigkeit bewahrte den kriegerischen Geist seiner bäuerlichen Bevölkerung, die zwar zu ständigem Kriegsdienst verpflichtet war, diesen angesichts der permanenten Bedrohung aber wohl auch innerlich bejahte und die im übrigen offenbar ein verhältnismäßig freies und wenig unterdrücktes Leben führte.

Das hing u. a. damit zusammen, daß sich in China ungefähr seit dem 6. Jahrhundert v. Chr. ein tiefgreifender Umschwung im Militärwesen vollzog.

Der Streitwagen, die klassische aristokratische Waffe des vorhergehenden Jahrtausends, kam außer Gebrauch und wurde teils durch Kavallerie, vor allem aber durch eine gut trainierte und bewaffnete Infanterie ersetzt. Das hatte zur Folge, daß die Führung im Kriegsfall nicht mehr so sehr auf den Adel angewiesen war, der einst die Streitwagenstaffeln gestellt hatte, sondern mehr und mehr auf den Bauernstand, ohne den es aus naheliegenden Gründen keine ausreichenden Fußtruppen gab. Die Entwicklung verlief also – zumindest militärtechnisch – ähnlich wie zur gleichen Zeit in Griechenland, wo der Übergang von der Reiterei zu den schwerbewaffneten Hopliten die ersten Tore zu einer vordemokratischen Entwicklung («Isonomie») aufstieß. An eine Demokratie war in China zwar nicht zu denken; dazu waren seine Staaten schon räumlich gesehen zu groß. Daß der chinesische Bauer aber am Ende der Zeit der kämpfenden Reiche weithin auf eigener Scholle saß, ist wohl nicht zuletzt die Folge dieser Entwicklung. (Übrigens waren natürlich auch in Griechenland die Hopliten noch nicht *die* «Waffengattung der Demokratie». Selbst in Athen kam es erst zur vollen Demokratie, als sich militärisch das Gewicht auf das leichte Fußvolk und die Marine verlagert hatte. So sieht jedenfalls Aristoteles die Sache).

Die Könige (und an ihrer Spitze die Könige von Ch'in) haben die politischen Konsequenzen offenbar rasch erkannt und in ihr politisches Instrumentarium aufgenommen. Nichts lag für sie näher, als sich zunehmend auch für die Innenpolitik auf die Bauernschaft zu stützen und den ewig widerspenstigen Adel so in die Zange zu nehmen.

So ist die Zeit der kämpfenden Reiche gerade in Ch'in zu einer Zeit zurückgehender Adelsmacht geworden. Daß neu eroberte Gebiete nicht als Adelslehen ausgereicht, sondern in die Verwaltung königlicher Beamten gegeben wurden, hatte sich schon im 7. Jahrhundert v. Chr. angedeutet, zunächst in Ch'i und Ch'u. Daß daraufhin irgendwann einmal ein starker

Herrscher auf die Idee kommen würde, dieses Modell auch auf das Innere seines Herrschaftsgebietes zu übertragen, kann nach den mesopotamischen Erfahrungen (S. 153) auch nicht verwundern. In Ch'in wurde diese Chance aber wohl früher erreicht und gründlicher wahrgenommen als anderswo.

Seit der Mitte des 4. vorchristlichen Jahrhunderts bestand dort sogar ein dreistufiges Verwaltungssystem, das wenigstens der Form nach stark an moderne Beispiele erinnert. Zwischen der königlichen Zentralregierung und den von Beamten verwalteten lokalen Einheiten, die unseren Landkreisen entsprochen haben mögen und heute meist als «Präfekturen» bezeichnet werden, gab es noch eine Zwischenstufe, die ebenfalls von Beamten geleitet wurde und deren chinesische Bezeichnung man heute meist mit dem Begriff «Kommandantur» (besser würde man wohl «Bezirksregierung» sagen) wiedergibt. Für beide Seiten war es dabei nicht unwesentlich, daß die Bauern in diesen Verwaltungseinheiten ihre Steuern nicht an irgendeinen Baron, sondern an königliche Behörden zahlten. Der König war damit nicht auf die Zahlungen widerspenstiger Aristokraten angewiesen und die Bauern konnten wenigstens anfänglich auf eine gerechtere Steuereintreibung hoffen.

Der Übergang zur Beamtenverwaltung wurde durch die ausgedehnte Landeskultivierung noch gefördert, die während des 4. und 3. Jahrhunderts besonders im nördlichen China stattfand. In den urbar gemachten Gebieten hatte der König, von dem diese Entwicklung ja ausging, natürlich dieselben Rechte wie in eroberten Territorien, und folgerichtig verschob sich auch dadurch das Gefüge der politischen Macht ständig zu Ungunsten des Adels. Die großen Bewässerungssysteme, die nun ebenfalls entstanden, werden noch ein Übriges dazu getan haben. Einerseits dürften sie das Ansehen der Krone beim einfachen Mann erheblich gestärkt haben, schon weil in ihnen ein zweiter Legitimationsgrund des Staates neben der Landesverteidigung sichtbar wurde. Zum anderen aber wissen wir von Herodot (III 117), daß die Perserkönige das Wasser aus ihren Stauseen selbstverständlich nur gegen Zahlung von Gebühren abgaben, und die Herrscher des Reiches Ch'in werden sicher nicht weniger finanzbewußt gehandelt haben als ihre persischen Kollegen.

Es versteht sich fast von selbst, daß Ch'in mit dieser militärischen und administrativen Macht auch nach Osten und Südosten expandierte und daß es von der Bevölkerung des chinesischen Kernlandes, die unter der Zeit der kämpfenden Staaten entsetzlich gelitten haben muß, weniger als Eroberer denn als Ordnungsfaktor empfunden worden sein dürfte. Gegen Ende des 4. Jahrhunderts hatte es bereits eine Ausdehnung erreicht, die seine Bezeichnung als Großmacht rechtfertigen konnte.

Die Entscheidung führte dann aber in den zwanziger Jahren des 3. Jahrhunderts der Ch'in-König Cheng herbei. 230 v. Chr. eroberte er Han, 228 Chao, 226 Yen, 225 Wei, 222 Ch'u und als er im Jahre 221 v. Chr. auch noch Ch'i seinem Reiche einverleibte, war das chinesische Großreich geschaffen, das praktisch das gesamte damalige Kulturgebiet unter einem Herrscher vereinigte. Cheng nahm daraufhin den Kaisertitel huang-ti an, den die chinesischen Souveräne bis zur Revolution von 1912 führten. Als Shihuang-ti, der «Erste Kaiser», ist er in die Geschichte seines Volkes eingegangen.

Die zehn Lebensjahre, die ihm noch verblieben, verwendete Shi-huang-ti auf die Organisation seines neuen Großreiches, die vor allem in der Übertragung der in Ch'in erprobten Verfassungsprinzipien auf den gesamten Kulturraum bestand.

Machtpolitischen Zwecken diente die Einziehung der vorhandenen Waffen, die ihm zwar sicher nicht lückenlos gelang, die seinen Truppen aber doch für einige Zeit das Übergewicht gegen jede denkbare Revolte gesichert haben muß. Putschgelüsten des bisherigen Adels begegnete er dadurch, daß er zahlreiche Adelsfamilien in seine neue Hauptstadt Hsien-yang umsiedelte, wo er sie einerseits unter Kontrolle hatte und wo sie andererseits von ihren Gefolgsleuten isoliert waren; 120000 adelige Familien sollen von dieser Maßnahme betroffen worden sein. Die Einziehung aller Schriften, die Shihuang-ti ebenfalls verfügte, sollte die Erinnerung an frühere Verfassungsformen so rasch wie möglich tilgen und so auch das Entstehen restaurativer Ideen verhindern. Der Bau eines reichsweiten Straßennetzes schließlich war primär dazu bestimmt, die nun voll auftretenden Probleme des Raumes zu reduzieren, zunächst natürlich für Truppenbewegungen und für das kaiserliche Nachrichtenwesen.

Aber gerade das Thema Straßenbau zeigt, daß die Reformpolitik Shihuang-tis zugleich dem wirtschaftlichen Ausbau (und damit wiederum der Stärkung des Steueraufkommens) dienen sollte. Denn so richtig es ist, daß viele Straßensysteme ursprünglich militärische Zwecke verfolgten, so sehr trifft es doch auch zu, daß ihre wirtschaftsfördernde Kraft zu allen Zeiten erheblich war und daß weitblickende Politiker mit ihnen stets zugleich auch dieses Ziel anstrebten.

Bei Shi-huang-ti ist diese Absicht mit Händen zu greifen; denn auch andere Maßnahmen, die er in die Wege leitete, dienten ersichtlich dem Zweck, das Reichsgebiet zu einem einheitlichen Wirtschaftsraum zusammenzuschweißen. In diesem Zusammenhang ist die Vereinheitlichung der Münzen, Maße und Gewichte zu erwähnen, die er anordnete, und ebenso eine Maßnahme, die uns heute skurril anmutet, die zu ihrer Zeit aber außerordentlich fortschrittlich gewirkt haben muß: die Vereinheitlichung der Spurweite aller Karren. Auch die Revision und Normierung der Schrift gehört hierher. Mit ihr wurden sowohl der Wirtschaftsverkehr als auch die Staatsverwaltung erleichtert. Schließlich wurden Maßnahmen zur Rechtsvereinheitlichung eingeleitet, ohne die auch damals schon ein weiträumiger Handel sehr erschwert gewesen wäre. Daß die neuen Gesetze darauf verzichteten, die alten Vorrechte des Adels zu bestätigen, liegt ganz auf der

Linie der neuen Politik und ist im übrigen ein treffliches Beispiel dafür, daß eine politische Maßnahme auch damals schon ganz verschiedenen Zwecken dienen konnte.

Die fa-chia

Politische Ideen werden oft mit den Namen von Herrschern und führenden Staatsmännern verbunden. Daran ist soviel richtig, daß sie, wenn sie in der Geschichte verwirklicht wurden, das immer den Leistungen großer politischer Führer zu verdanken hatten – wer anders hätte auch sonst die Macht dazu gehabt? Das muß aber noch lange nicht bedeuten, daß es auch die Politiker waren, die solche Ideen zum allerersten Male gedacht, also gewissermaßen «erfunden» haben.

Natürlich gibt es Beispiele dafür, daß *ein* Mann eine neue Idee konzipiert und dann auch selbst verwirklicht hat. Die Idee des von einer einzigen Nation getragenen Weltreiches, von der sich Alexander der Große leiten ließ, und die damit verbundene Idee der Verschmelzung von Persern und Makedonen mag so entstanden sein; sonst hätte sie nicht bei allen seinen Gefolgsleuten soviel Unverständnis hervorgerufen. Im Normalfall werden die Dinge aber anders liegen: Meist sind es politische Denker (die vielgeschmähten «Theoretiker»), in deren Köpfen sich eine Idee zum ersten Mal festsetzt, und wenn sie geeignet ist, die großen, von vielen Menschen empfundenen Probleme ihrer Zeit zu lösen, wenn sie also gewissermaßen «in der Luft liegt», wird sich im allgemeinen auch ein Politiker finden, der sie aufgreift, seinen Einfluß und seine Machtmittel für sie einsetzt und damit entweder zum großen Gestalter seiner Zeit wird oder – untergeht.

So wird es sich auch mit der Idee des *Großreiches* verhalten haben, die in der Geschichte immer dann virulent geworden ist, wenn unaufhörliche Kämpfe zwischen kleinen und mittleren Staaten die Völker an den Rand des Ruins getrieben hatten, und die im China der kämpfenden Reiche prompt wieder auftrat. Der kleine Mann, der stets die Zeche bezahlt (und übrigens auch der wohlhabende Bürger und der kleine Adelige), kommt eines Tages zu jenem Punkt der Verzweiflung, an dem ihn nichts mehr interessiert als die Wiederherstellung von Frieden und Sicherheit und an dem es ihm völlig gleichgültig ist, wer sie bringt und mit welchen Mitteln er das schafft. Keine Unfreiheit der Welt, so sagt er sich (und wohl zu Recht) und keine Gewaltherrschaft kann schlimmer sein als die tägliche Angst vor dem Ausgeplündertwerden, vor Mißhandlung und Tod, die der permanente Krieg aller gegen alle für ihn bedeutet.

In solchen Zeiten ist der Gedanke, nach einem Herrscher zu rufen, der die kriegführenden Parteien samt und sonders zur Ruhe zwingt, noch nicht einmal besonders originell. Er wird von den Verzweifelten tausendfach gedacht, die geistigen Führer greifen ihn auf und eines Tages findet sich auch der Staatsmann, der ihn auf seine Fahnen schreibt und letzten Endes verwirklicht – aus welchen eigenen Motiven auch immer. Im Chaos der französischen Konfessionskriege entwickelte Jean Bodin 1576 seine Lehre vom souveränen Staat, den zwei Generationen später der Kardinal Richelieu verwirklichte; im Chaos des englischen Bürgerkriegs präzisierte Thomas Hobbes hundert Jahre später denselben Gedanken und wurde so zum Mitbegründer des europäischen Absolutismus. Aber die Idee ist, wie wir wissen, älter. Die Parteien, die sich in den Staaten der Zeitenwende für die Unterwerfung unter die Pax Romana aussprachen, werden nicht sehr viel anders argumentiert haben als Bodin und Hobbes, ebenso die makedonischen Parteien in den griechischen Stadtstaaten des 4. Jahrhunderts v. Chr., und auch in den Kämpfen um das mesopotamische Großreich (seit ca. 2500 v. Chr.) und um den ägyptischen Einheitsstaat (vor 3000 v. Chr.) wird es nicht anders zugegangen sein.

Ob hinter *allen* diesen Bestrebungen schon eine ausgefeilte politische Theorie stand, wissen wir freilich nicht. Ihr begegnen wir im Abendland erst vom 16. Jahrhundert n. Chr. an und für die fünf Jahrtausende vorher können wir nur Vermutungen anstellen. Ganz anders in China: Hier konnten der «Erste Kaiser» Shi-huang-ti und vor allem die auf ihn folgenden Kaiser der Han-Dynastie auf eine Theorie zurückgreifen, die schon Generationen vorher entwickelt und seither in immer wiederkehrenden literarischen Diskussionen konkretisiert und verfeinert worden war, und so ist es nunmehr an der Zeit, von der – trotz Aristoteles und Platon – *ersten wirklichen Staatstheorie* zu sprechen, die uns erhalten ist: von der Lehre der fa-chia.

Die fa-chia (wörtlich «Gesetzes-Schule», ungenau auch «Rechtsschule») bestand überwiegend aus Männern, die auch in der Politik ihren Mann zu stehen hatten, und übte in den letzten Jahrhunderten vor Christi Geburt aus diesem Grunde erheblichen Einfluß aus, mehr als die fast gleichzeitig entstandene und später so machtvolle Schule der Konfuzianer. Ihre bedeutendsten Vertreter waren Kung-sun Yang (gest. 338 v. Chr.), der seit etwa 360 v. Chr. maßgebenden Einfluß auf die inneren Reformen des Staates Ch'in ausübte und heute meist unter dem Namen Shang Yang bekannt ist, ferner Han Fei (gest. 234 v. Chr.), der überwiegend als Theoretiker tätig war, für uns aber den großen Vorzug hat, daß das ihm zugeschriebene wissenschaftliche Œuvre – im Gegensatz zum angeblichen Werk Shang Yangs – wirklich größtenteils aus seiner Feder stammen dürfte, und schließlich Li Ssu, der als Kanzler von Ch'in einer der einflußreichsten Berater des «Ersten Kaisers» war. Daß diese Männer weniger an gelehrten theoretischen Disputen über Wesen und Zweck des Staates als an Überlegungen zur Lösung ihrer realpolitischen Aufgaben interessiert waren, darf man vermuten. Die Bezeichnung als «Realpolitiker», mit der sie oft belegt werden, trifft daher durchaus den Kern der Dinge.

Ziel ihres Denkens und Handelns war es kurz gesagt, dem Reiche Ch'in zu jenem Maß an militärischer Stärke und wirtschaftlicher Prosperität zu verhelfen, das ihnen notwendig erschien, um die Unterwerfung aller anderen Reiche des chinesischen Kulturraumes möglich zu machen. In diesem Bestreben sind sie durchaus den absolutistischen Schriftstellern und Politikern im Europa der frühen Neuzeit vergleichbar und wie diesen wird ihnen folgerichtig auch vorgeworfen, daß sie sich nur um die Staatsräson und nicht (oder zu wenig) um das Wohlergehen der Untertanen gekümmert hätten.

Daran ist sicher manches Wahre. Doch muß dabei auch bedacht werden, daß ihnen die Stärkung ihres Staates schwerlich Selbstzweck gewesen ist, sondern Mittel zu dem damals alles andere überschattenden Zweck, die Epoche der kämpfenden Reiche zu beenden und nach Jahrhunderten des Chaos und der Selbstzerfleischung endlich wieder für äußeren Frieden und innere Ordnung zu sorgen, und daß sie damit zugleich den sehnlichsten Wunsch der *Völker* erfüllt haben dürften. Nur war dieses Ziel zu ihrer Zeit wohl so selbstverständlich, daß es kaum noch besonders ausgesprochen werden mußte.

Die militärpolitischen Vorstellungen der Legalisten (wie die Anhänger der Gesetzesschule auch genannt werden) brauchen wir hier nicht in aller Breite darzustellen. Auf ihnen beruhte nämlich die moderne Heeresverfassung von Ch'in, die schon besprochen worden ist. Zentralpunkte waren, wie erinnerlich, der Übergang von der Streitwagenwaffe zu Kavallerie und Infanterie und, damit verbunden, die neue Rolle, die die Bauern in diesem Gefüge spielten. Hinzugefügt sollte hier werden, daß dem Bauern, der sich im Krieg auszeichnete, ein mitunter faszinierender sozialer Aufstieg winkte. Er konnte in einen der neuentstandenen Adelsränge aufgenommen werden, ohne die auch das Ch'in-Reich offenbar nicht auszukommen glaubte – nur daß der Geburtsadel nunmehr, erstmals in der Geschichte, durch einen echten Verdienstadel ersetzt wurde.

Die wirtschaftliche Basis des Kriegswesens hatte nach Ansicht der fa-chia die Landwirtschaft (und nicht etwa das Handwerk oder gar der Handel) zu schaffen. Bei der zentralen Rolle, die dem Bauern insgesamt – sowohl als Krieger wie auch als Steuerzahler – zugedacht war, kann das nicht überraschen. Doch wußte die fa-chia sehr gut, daß das ohne eine tatkräftige Förderung nicht möglich war. Die wirksamste «soziale» Hilfe für die Bauern bestand wohl in der Zerschlagung des alten Adels, die da und dort wie eine Art Bauernbefreiung gewirkt haben mag. Dazu kamen aber positive Maßnahmen zur Steigerung der Agrarproduktion, vor allem die planmäßige Kultivierung bisher unbewirtschafteter Gebiete und im Zusammenhang damit die schon erwähnte Anlage von Bewässerungssystemen. Ernteüberschüsse, die dadurch erzielt wurden, mußten aber im Lande bleiben. Man hätte sonst nur den Gegner miternährt und sich selbst aller Rücklagen für Zeiten der Mißernte und des Krieges beraubt.

Es wäre nun freilich ein Fehler, die Lehren der Gesetzesschule nur in Verbindung mit den militärischen und außenpolitischen Anforderungen der Zeit zu sehen. Dazu waren die innenpolitischen Desiderate (die natürlich auch wieder ihre machtpolitischen Aspekte hatten) zu grundlegend.

Alles in allem richteten sie sich auf einen Staat, in dem es keine echte Aristokratie «aus eigenem Recht» mehr geben sollte, sondern in dem sich nur noch der König und das Volk als Träger des Ganzen gegenüberstehen sollten, ersterer unterstützt durch eine ihm allein verantwortliche Verwaltung aus Beamten und Mitgliedern eines nach Leistung berufenen Verdienstadels. Dem dienten die weitgehende Entmachtung des alten Adels, die Forderung, daß der Bauer seine Steuer unmittelbar an den König zu entrichten habe, und nicht zuletzt ein Gesetzesbegriff, der – modern gesprochen – auf der Gleichheit aller vor dem Gesetz aufbaute. Die Verwaltung sollte, wie sich noch zeigen wird, streng an das Gesetz gebunden sein und vor allem einer lückenlosen Kontrolle durch die Staatsführung unterliegen. Zu diesem Zweck wurde ein penibles System von Dokumentations- und Berichtspflichten, von Kontrollrechten und Verantwortlichkeiten entwickelt, das bis heute ein Charakteristikum chinesischer Bürokratie geblieben ist und das wir in einer seiner Auswirkungen – der «Buchführung» über die ein- und ausgehenden Meldungen an allen Stationen des Feuertelegraphennetzes – schon kennengelernt haben (S. 142 f.).

Das Kernstück der innenpolitischen Forderungen aber bildete, wie schon deutlich geworden ist, der neue und geradezu modern anmutende Begriff des *Gesetzes* (fa), von dem die ganze Schule mit gutem Recht ihren Namen hat.

Man muß sich gewiß davor hüten, in die Vorstellung der fa-chia vom Gesetz allzuviele Ideen von moderner Rechtsstaatlichkeit hineinzulegen; denn weder gab es damals ein demokratisch gewähltes Parlament, an dessen Zustimmung der Ch'in-König beim Erlaß seiner Gesetze gebunden gewesen wäre, noch eine unabhängige Verwaltungsgerichtsbarkeit, die die Beamten beim Vollzug der Gesetze überwacht hätte, und ganz allgemein beschränkte sich die Gesetzgebungstätigkeit auf den Erlaß strafrechtlicher Bestimmungen, die überdies noch mit sehr harten Strafandrohungen arbeiteten.

Daß aber über Strafe und Freispruch nicht mehr ein apokryphes Gewohnheitsrecht, sondern ein öffentlich verkündetes und schriftlich fixiertes Gesetz entscheiden sollte, war doch ein ungewöhnlich fortschrittlicher Gedanke, und dasselbe gilt von der Vorstellung, daß das Gesetz für jedermann gelten und jedenfalls vor den Privilegien des Adels nicht mehr haltmachen sollte. Auch der Gedanke, durch klare und objektive Normen jede Beamtenwillkür beim Gesetzesvollzug auszuschließen, war aller Ehren wert, wenn er auch – wie wir heute wissen – allzu optimistisch war; denn so eindeutig *kann* ein Gesetz gar nicht abgefaßt werden.

Übrigens wußten die Mitglieder der Gesetzesschule genau, daß es in einem straff geführten Staatswesen entscheidend auf den Gesetzesgehorsam der

Untertanen ankommt, und sie hatten auch ganz klare Vorstellungen davon, wie dieser zu erreichen war: durch ein ausgeklügeltes System von Strafen und Belohnungen, die einerseits für gesetzwidriges Verhalten angedroht und andererseits für gesetzestreues Verhalten versprochen wurden. Insofern dachten sie durchaus modern; denn anders als mit Strafdrohungen und der Zusage von Subventionen, Steuerbegünstigungen usw. regieren auch unsere heutigen Staaten im Prinzip nicht.

Nicht so modern war, daß es Belohnungen fast nur für militärische Leistungen gab und daß die Zahl der Strafen die der Belohnungen überhaupt um ein Vielfaches überstieg, und als Abscheulichkeit möchte man heute die «Sippenhaftung» werten, die damals ganz selbstverständlich war und der man sich nur durch die rechtzeitige Anzeige eines geplanten Delikts entziehen konnte. Um das halbwegs zu verstehen, muß man sich klarmachen, daß der chinesische Mensch stets viel mehr in «Kollektive» eingebunden war, als wir das heute für selbstverständlich halten.

Es ist nicht zu leugnen, daß man – alles in allem – die große Neigung verspürt, die Lehren der Legalisten in eine Reihe mit denen des Niccolò Machiavelli zu stellen. Dafür gibt es gewiß Gründe, und zimperlich waren sie alle miteinander nicht. Von dem aber, was man *heute* Machiavellismus nennt, unterschieden sie sich doch in zwei wesentlichen Punkten: erstens darin, daß sie die ganze Machtentfaltung des Staates in den Dienst von Frieden und Ordnung stellten, und zweitens darin, daß sie auch zu diesem Zweck keinen allmächtigen Staat, sondern einen Gesetzesstaat forderten. Es hat lange gedauert, bis die Staatstheoretiker des Westens auf diesen Stand der Rechtsstaatlichkeit nachzogen.

Das Reich der Han-Dynastie

Das Großreich des «Ersten Kaisers» hatte keinen langen Bestand. Kaum war er im Jahre 210 v. Chr. gestorben, da brachen in weiten Teilen seines Imperiums Aufstände aus, die teils vom alten Adel, teils aber auch von einfachen Leuten getragen wurden, denen die Gesetze der Ch'in-Dynastie zu streng waren. Die Nachfolger Shi-huang-tis waren zu schwach, um mit dieser Wiederbelebung zentrifugaler Kräfte fertig zu werden, und so bildete sich im chinesischen Kulturgebiet binnen weniger Jahre wieder einmal eine erhebliche Anzahl selbständiger Herrschaftsgebiete, in denen teils Revolutionsführer, teils Generäle der alten Dynastie schalteten und walteten, wie sie es für richtig hielten. Das System selbständiger, miteinander in heftigen Kämpfen liegender Einzelstaaten erlebte eine Renaissance.

Aber der Gedanke des Einheitsreiches war nun in der Welt und es hatte sich unter den Ch'in auch erwiesen, daß er sich verwirklichen ließ. So ist es nicht zu verwundern, daß sich einige von den neuen Königen seiner Realisierung verschrieben, und einem von ihnen, dem aus einer kleinen Beamtenfamilie stammenden *Liu Pang,* gelang binnen verhältnismäßig kurzer Zeit die Wiederherstellung des Reiches. Im Jahre 202 v. Chr. übertrugen ihm die übriggebliebenen Könige die Kaiserwürde. Er nahm sie an, bestimmte Ch'ang-an, das heutige Hsian, zu seiner Hauptstadt und ging alsbald zur Restaurierung des Ch'in-Reiches unter der Herrschaft seiner eigenen, der Han-Dynastie, über.

Die Grundlagen des Ch'in-Staates übernahm Liu Pang unverändert. Es blieb der Aufbau der Verwaltung, dem wir noch einen eigenen Abschnitt widmen wollen (S. 262 ff.). Es blieb die Institution des geschriebenen und öffentlich verkündeten Gesetzes, an das alle Beamten gebunden sein sollten. Es blieb die prinzipielle Ablehnung des Geburtsadels und die damit gleichbedeutende Abstützung des Staates auf die Masse der Bauern. Das Gesetzbuch der Han aus dem letzten Jahrhundert v. Chr. bestätigte alle diese Entscheidungen noch einmal.

Aber die Geschlossenheit des Reiches war unter den ersten Han-Kaisern doch wesentlich fragwürdiger, als sie es zur Zeit Shi-huang-tis gewesen war. Liu Pang hatte die Kaiserwürde letztlich nur unter Anerkennung der übriggebliebenen Regionalkönige erlangen können und er hatte seine wichtigsten Mitstreiter mit ähnlichen Rängen belohnen müssen. Sie alle waren der Form nach zwar seine Vasallen, aber sie hatten ihre eigenen, weit auseinander liegenden und von außen schwer zu kontrollierenden Gebiete, sie hatten ihren eigenen Rückhalt in der Verwaltung, und auch von den Truppen war es am Anfang noch lange nicht sicher, wem sie im Konfliktsfall die Treue halten würden: dem Kaiser oder ihrem jeweiligen Lehenskönig.

Das Reich war also zunächst ein Feudalstaat, der sich aus einem guten Dutzend Königreichen zusammensetzte, und der unmittelbare Herrschaftsbereich Liu Pangs, in dem er gewissermaßen Kaiser und König in einem war, erstreckte sich anfänglich nur auf ein Drittel des Reichsgebietes. Die Verwaltung der «Königslehen» folgte zwar dem Muster der Ch'in-Verwaltung mit ihren Kommandaturen und Präfekturen. Aber deren Chefs unterstanden dem jeweiligen König und nicht dem Vertreter des Kaisers, der jedem von ihnen beigeordnet war. Und als im Jahre 200 v. Chr. noch hundert Markgrafen ernannt wurden, war es sicher noch nicht ausgemacht, daß diese – wie es dann wirklich geschah – weitgehend bedeutungslos bleiben würden. Sie hätten sich auch als Schlag gegen die kaiserliche Zentralgewalt erweisen können. Das Schicksal des Großreiches stand also immer noch auf des Messers Schneide.

Die Han-Dynastie hat dieses Problem im Laufe zweier Generationen für sich entschieden. Noch Liu Pang gelang es, ein Erblichwerden der Königslehen zu verhindern und die freiwerdenden Teilreiche mit Prinzen des kaiserlichen Hauses zu besetzen. Außerdem wurden die direkten Herrschaftsbereiche des Kaisers zielstrebig ausgedehnt und die Rechte der kaiserlichen

Residenten in den Lehensreichen Stück für Stück erweitert. Bald waren die Königslehen mehr oder weniger nur noch Einnahmequellen für die Vasallen, nicht aber Zentren einer eigenen Machtentfaltung. Ohne Rückschläge ging freilich auch das nicht ab. Je mehr sich im Fortschritt der Generationen die verwandtschaftlichen Beziehungen zwischen den Königen und dem Kaiser wieder lockerten und je mehr dieser die Schrauben der Zentralgewalt anzog, desto größer wurde auch die Neigung der Vasallen, dagegen anzugehen, und als es im Jahre 154 v. Chr. zu einer «Rebellion der sieben Königreiche» kam, da standen nur wenige von ihnen abseits, und auch diese nicht nur aus Gründen der Loyalität. Aber der Aufstand war offenbar schlecht vorbereitet und wurde noch dilettantischer durchgeführt. Kaiser Ching (157–141 v. Chr.) warf ihn in kürzester Zeit nieder und entzog den Lehen im Jahre 146 v. Chr. dann auch noch die letzten Regierungsbefugnisse. Als sein Nachfolger Wu (141–87 v. Chr.) außerdem noch dafür sorgte, daß die Söhne von Vasallen keine zusätzlichen Lehen mehr erhielten, sondern sich aus den Gebieten ihrer Familien ernähren mußten, war die Frage der Lehensreiche endgültig entschieden. Der Einheitsstaat war wiederhergestellt.

Was das *Staatsverständnis* der Han betrifft, so war es aus naheliegenden Gründen zunächst von den Vorstellungen der Gesetzesschule geprägt. Es war also an den Zielen militärischer Schlagkraft und straffer Verwaltungsführung orientiert, hinter denen freilich auch hier das Wunschbild inneren und äußeren Friedens stand. Je stabiler die Verhältnisse aber wurden, desto mehr erweiterte sich der Katalog der staatlichen Ziele und Maßnahmen.

Die wiederholten Volkszählungen, die unter der Han-Dynastie durchgeführt wurden (und bis ins 19. Jahrhundert hinein von keinem Land der Erde an Genauigkeit übertroffen wurden), mögen noch den ursprünglichen Staatszielen gedient haben, obwohl auch die aktive Bevölkerungspolitik, die die Han betrieben, ohne sie sehr viel schwieriger gewesen wäre. Dasselbe mag von den verschiedenen Staatsmonopolen gelten, die die Han einführten, besonders vom Eisenmonopol, das seit 119 v. Chr., also wiederum seit der Regierungszeit des Kaisers Wu, galt. Denn dieses hatte – ähnlich wie das von den Philistern über Israel verhängte Schmiedeverbot (1. Sam. 13,19–20) – zunächst natürlich den Zweck, die Waffenproduktion und den Waffenhandel unter kaiserliche Kontrolle zu bringen; der Zeitpunkt dafür war auch günstig, da das Monopol gerade geschaffen wurde, als China von den Bronze- zu den Stahlwaffen überging.

Daß das nicht das einzige Motiv dieser Politik war, zeigt aber das gleichzeitig verfügte Salzmonopol. Seine Ziele waren zunächst fiskalischer Art. Aber ebenso verfolgte Wu mit ihm auch gesellschaftspolitische Zwecke, vor allem die Eindämmung des von ihm allgemein nicht geschätzten Privathandels und die aktive Gestaltung der Preise, die er – wenn auch mit ganz anderen Methoden – auch hinsichtlich einzelner Grundnahrungsmittel anstrebte.

Wirtschafts- und machtpolitische Motive werden auch bei den ungeheueren Baumaßnahmen der Han-Kaiser zusammengespielt haben, mit denen sie ganz in die Fußstapfen des Shi-huang-ti traten. Nun wurde nicht mehr nur das Straßennetz systematisch ausgebaut. Hinzu traten Kanalbauten, die sich über Hunderte von Kilometern erstreckten, damit zusammenhängend ungezählte regionale Bewässerungsnetze und vor allem auch der erste ernstliche Ausbau eines gegen die Steppe gerichteten Mauersystems, auf das wir in anderem Zusammenhang noch einmal zurückkommen müssen.

Als Bauarbeiter wurden wie eh und je die Bauern der jeweiligen Gegend aufgeboten. Dazu kamen aber zunehmend Sträflinge und die Angehörigen zwangsverpflichteter Grenzvölker. Daß in ruhigen Zeiten schließlich auch unbeschäftigte Truppenteile dazu eingesetzt wurden, versteht sich fast von selbst und zeigt im übrigen auch, daß die staatlichen Aufgebote zu militärischen und zu Baumaßnahmen bei weitem nicht so weit voneinander entfernt waren, wie uns das heute, in Zeiten einer verfassungsrechtlich garantierten Freiheit von Arbeitszwang, erscheinen möchte.

Besonderes Interesse verdienen die *Umsiedlungsmaßnahmen* der Han-Kaiser, von denen Hunderttausende, in einem Fall sogar einmal zwei Millionen Menschen betroffen wurden. Obwohl sie nicht immer nur auf dem freien Willen der Betroffenen beruht haben dürften, verfolgten sie doch ganz andere Ziele als etwa die Deportationen der Assyrer, denen beispielsweise auch die zehn Stämme des israelitischen Nordreiches zum Opfer fielen (722 v. Chr.). Bei den Assyrern wurden Völker deportiert, um ihnen weiteren Widerstand gegen die Sieger unmöglich zu machen und sie für deren wirtschaftliche Interessen auszunutzen. Die Umsiedlungsaktionen der Han dienten dagegen in erster Linie den Umgesiedelten selbst; denn mit ihnen sollte der notorischen Übervölkerung in einzelnen Teilen des Reiches abgeholfen werden, und außerdem sollten Hunderttausende, die durch Überschwemmungen alles verloren hatten, eine neue und sicherere Heimat erhalten. Zugleich sollten natürlich die neu erschlossenen und manche hinzueroberten Gebiete von Chinesen besiedelt werden. Besonders unter Wu kam es zu großangelegten Erschließungskampagnen, nachdem schon die ersten Han-Kaiser in dieser Richtung bedeutende Anstrengungen unternommen hatten.

Aber die Erwähnung der eroberten Gebiete zeigt, daß auch bei diesen Aktionen mitunter Machtpolitik im Spiele war. Die Chinesen haben sich, soweit die Entfernungen es zuließen, nie damit begnügt, eroberte Territorien einfach zu beherrschen, sondern sie haben sie stets auch ethnisch und kulturell zu assimilieren versucht, und es war oft nur vom geschichtlichen Zufall abhängig, wer zuerst in einer Region präsent war, die Siedler oder die Soldaten. Unter den Han (und jedenfalls im Norden) waren es die Soldaten. Aber sie hätten die riesigen, vom Reichsgebiet weit entfernten Räume nicht halten können, wenn sie es auf die Dauer nur mit unzivilisierten und halbgebändigten Steppennomaden zu tun gehabt hätten. Deshalb war es nötig,

Bauern aus dem Mutterland nachzuziehen, die der Armee mit ihrem Potential an Menschen und Nahrungsmitteln unter die Arme greifen konnten und die mit der kulturellen Assimilation der unterworfenen Völker auch deren Widerstandswillen kalmieren konnten. (Daß daneben auch die Zerstörung der Bindungen an Adelsherrn und Großfamilien, die bei solchen Umsiedlungsaktionen nicht ausbleiben konnte, für die Zentralregierung eine Rolle spielte, wird man zumindest vermuten dürfen.)

Das Reich der Han-Dynastie erreichte den Höhepunkt seiner Macht, seiner Leistungen und seiner Blüte zweifellos unter dem Kaiser Wu (141–87 v. Chr.), den man getrost unter die größten Herrscher der Geschichte einreihen darf. Aber wie so oft war mit ihm auch der Kulminationspunkt erreicht. Auf seine autokratische und doch – wie man bei allen Härten hinzufügen muß – weise Regierung folgte eine Phase, in der sich teils sichtbar, teils unsichtbar schon wieder grundlegende Verfassungswandlungen vorbereiteten.

Die erste betraf die Zentralregierung selbst. Nach dem Tode des Kaisers kam es nämlich zu einer Reihe von Regentschaftsfällen und schwachen Herrschern, unter denen es den Familien der jeweiligen Kaiserinnen und mächtigen Ministerdynastien gelang, sich die Zentralgewalt zu sichern, und zwar immer auf längere Zeit. Für die *Rolle* des Staates war das eine Entwicklung von verhältnismäßig geringer Bedeutung. Die Zentralregierung blieb ja bestehen, die Gewalthaber, die auf diese Weise ans Ruder kamen, waren nicht unbedingt schlechter als die von ihnen verdrängten Träger der Krone, und der Nichtachtung der dynastischen Legitimität, die mit dem neuen System verbunden war, wird man heute, im Zeitalter der demokratischen Republik, nur noch geringe Dramatik abgewinnen können.

Andere Entwicklungen gingen dem System dagegen an die Nieren. Einerseits lockerte sich im Laufe der Zeit die anfängliche Strenge des Gesetzesbegriffes. Wäre es nur darum gegangen, daß besonders brutale Strafdrohungen beseitigt wurden (auch das geschah, und zwar schon verhältnismäßig früh), so wäre das dem Staat wohl nur zum Besten angeschlagen. Aber die Aufweichung ging tiefer und betraf einen besonders heiklen Punkt: die grundsätzliche Gleichheit aller vor dem Gesetz. Zunehmend kam es – auch im Gesetz – wieder zur Privilegierung besonders reicher und mächtiger Familien, vor allem auch durch sozial abgestufte Strafdrohungen und durch das Erblichwerden von Besitzständen. Den einfachen Bauern konnte man so gewiß nicht für den Staat gewinnen, und da das System gerade auf seiner Loyalität und seiner Mitarbeit aufbaute, wurde es durch solche Novellierungen ins Mark getroffen.

Dabei beschränkte sich die Entwicklung natürlich nicht auf ein paar Gesetzesänderungen, sondern sie führte allmählich zu einer völligen Umgestaltung der gesellschaftlichen Verhältnisse. Reiche Familien profitierten von der wirtschaftlichen Prosperität der frühen Han-Zeit überproportional, und zwar sowohl in der Landwirtschaft als auch in Handel und Industrie. Es entstanden wieder Großvermögen, die vor allem in Grundbesitz und riesigen Manufakturen investiert waren, und ihre Inhaber entwickelten sich Schritt für Schritt zu einem *Geldadel,* den die Fachhistoriker meist mit dem englischen Wort *Gentry* belegen. Versuche, den Luxus und vor allem den Grundbesitz dieser neuen Herrenschicht zu begrenzen, blieben stecken. Das Reich der Han verlor zunehmend an Überzeugungskraft, und auch der Usurpator Wang Mang (9–23 n. Chr.), der die Rückkehr zu den alten Verhältnissen auf seine Fahne geschrieben hatte, vermochte das Steuer nicht mehr herumzureißen.

Nach seinem Tode etablierte sich ein jüngerer Zweig der Han-Dynastie als neues Kaiserhaus. Aber er stützte sich nicht mehr auf das Volk, sondern auf die Gentry und die Reste des alten Verdienstadels, und als der letzte Han-Kaiser 220 n. Chr. abdankte, zerbrach das Reich in einem Inferno von Aufständen. Das Dilemma des Raumes trug also wieder einmal den Sieg davon. Doch das liegt bereits außerhalb des Zeitraums, mit dem sich unser Buch befaßt.

Chinesischer Imperialismus

Die Regierungszeit des Kaisers Wu (141–87 v. Chr.) war nicht nur eine Phase des inneren Ausbaus und der Stabilisierung. Sie wurde für das chinesische Reich vielmehr auch die Zeit einer unglaublichen Expansion. Unter Wu erreichte China – wenn man von Tibet, der Inneren Mongolei und einigen weniger großen Gebieten absieht – erstmals jene Ausdehnung, die sich bis heute mit seinem Namen verbindet. Im Süden und Südwesten wurden gewaltige Gebiete eingegliedert, die allerdings teilweise schon durch Einwanderung darauf vorbereitet waren, zum Beispiel das Rote Becken, die heutige Provinz Yünnan und sogar ein Teil Vietnams. Im Nordosten geschah dasselbe im südlichen Teil der heutigen Mandschurei. In Nordkorea wurden 108 v. Chr. vier neue Kommandanturen errichtet. Alles in allem handelte es sich also um eine Expansionsbewegung, die keine Himmelsrichtung aussparte und die ohne jede Übertreibung als imperialistisch bezeichnet werden kann.

Für unsere Zwecke ist der Ausgriff nach Norden und Nordwesten, also gegen die asiatischen Steppenvölker, am interessantesten, weil er die Schwierigkeiten wie die Methoden einer großräumigen Nomadenpolitik besonders handgreiflich macht und daher geradezu ein Lehrstück früher Großmachtpolitik bietet. Mit ihm müssen wir uns daher etwas näher befassen.

Die Nomaden der zentralasiatischen Steppe, die für die chinesische Politik mehr als zwei Jahrtausende lang eines der beherrschenden Themen waren, sind in den Überlieferungen schon seit der ersten Hälfte des letzten vorchristli-

Zeittafel 7: Chinesische Geschichte

2952–2598 v. Chr.	Angebliche Regierungszeit der ersten – sagenhaften – Kaiser
2205–1766 v. Chr.	Angebliche Regierungszeit der – nicht nur sagenhaften – Hsia-Dynastie
17. oder 16. Jh. v. Chr.	Beginn der Shang-Dynastie: insgesamt 31 Könige bekannt, mehrfacher Wechsel der Hauptstadt
etwa 12. Jh. v. Chr.	Entstehung des Chou-Reiches im Tal des Wei
um 1050/1025 v. Chr.	Verdrängung der Shang durch die Chou. Im Anschluß daran Erweiterung des Einflußbereichs durch Eroberung und Kolonisation
seit 9. Jh. v. Chr.	Zerfall des Chou-Reiches. Entstehung zahlreicher mehr oder weniger autonomer Staaten
771 v. Chr.	Verlegung der Chou-Hauptstadt nach Lojang
681 v. Chr.	Bund der Kernland-Staaten zur Abwehr des Reiches Ch'u im Süden. Der Bund hält etwa zwei Jahrhunderte.
um 450–221 v. Chr.	Epoche der «kämpfenden Staaten»
um 300 v. Chr.	Das halbzivilisierte Reich Ch'in im Nordwesten hat sich zur Großmacht entwickelt. Moderne Heeres- und Verwaltungsverfassung nach Ideen der sog. Gesetzesschule (fa-chia).
230–221 v. Chr.	König Cheng von Ch'in vereinigt die Staaten des Kulturbereichs und nimmt den Titel Shi-huang-ti an. Erste Eroberungen im Ordos-Bogen.
210 v. Chr.	Shi-huang-ti stirbt. Sein Reich zerfällt.
202 v. Chr.	Liu Pang wird Kaiser und begründet die Han-Dynastie
Beginn 2. Jh. v. Chr.	Mao-tun (209–174 v. Chr.) gründet das Großreich der Hsiung-nu
um 200–130 v. Chr.	Beschwichtigungspolitik gegenüber den Hsiung-nu
2. Hälfte 2. Jh. v. Chr.	Die Kaiser Ching (157–141 v. Chr.) und Wu (141–87 v. Chr.) schaffen den chinesischen Zentralstaat
138–126 v. Chr.	Expedition des Chang-ch'ien nach Mittelasien
seit 133 v. Chr.	Systematische Eroberungskriege gegen die Hsiung-nu
um 127 v. Chr.	Erneute Annexion des Ordos-Gebietes
123 v. Chr.	Kaiser Wu gründet die konfuzianisch orientierte Beamtenakademie
seit 109 v. Chr.	Eroberung des Tarim-Beckens
um 60 v. Chr.	Spaltung der bereits vorher zunehmend schwächeren Hsiung-nu. Die südliche Gruppe unterstellt sich den Chinesen, die Innere Mongolei wird dadurch chinesisch.
36 v. Chr.	Letzter kriegerischer Zusammenstoß mit den Hsiung-nu am Talas-Fluß
9–23 n. Chr.	Der «Usurpator» Wang Mang. Er gibt die Eroberungen im Nordwesten auf.

chen Jahrtausends zunehmend spürbar. Seit dem 5. Jahrhundert scheint von ihnen mehr und mehr Druck auf die nördlichen Zonen des Kulturgebietes ausgegangen zu sein, und man kann sich ungefähr vorstellen, was das in der Wirklichkeit bedeutete: Größere und kleinere Plünderungszüge, Menschenraub und Vergewaltigung, unter Umständen sogar das «Ausmorden» von Landschaften, weil der wandernde Viehzüchter zum Leben ja stets mehr Raum braucht als der seßhafte Ackerbauer. Die Nordreiche Ch'in, Wei, Chao und Yen konnten auf diese Herausforderung nur militärisch reagieren. Soweit sie defensiv bleiben wollten, lag der Gedanke an gut gesicherte Sperrmauern nahe, der Jahrtausende früher schon in Mesopotamien und Ägypten eine Rolle gespielt hatte (S. 18, 20), und in der Tat erstreckte sich, als die Zeit der kämpfenden Reiche zu Ende ging, von der heutigen Provinz Kansu bis in den Süden der Mandschurei eine Reihe solcher Mauern, die die einzelnen Reiche errichtet hatten, zwischen denen infolgedessen aber auch beträchtliche Lücken klafften.

Aber Mauern ohne Soldaten bewirkten auf die Dauer nichts. Die Nordreiche dürften daher auch im Innern militärisch orientiert gewesen sein. Ch'in bezog aus den Erfahrungen der ständigen Grenzkämpfe sogar einen Teil der Kraft, die es zur Eroberung des Gesamtreiches befähigte. Die inneren Reformen, die auch dem Krieg an der Grenze gegolten haben dürften, kamen dazu, und so kam es gewiß nicht von ungefähr, daß die ersten größeren Schlappen, die die Nomaden hinnehmen mußten, von Ch'in ausgingen und in die Jahrzehnte nach den Reformen Shang Yangs fielen (vor allem 314 v. Chr.).

Shi-huang-ti packte auch das Nomadenproblem mit gewohnter Energie an, sobald er das Großreich geschaffen hatte. Das war um so notwendiger, als auch auf der Gegenseite Entscheidendes im Gange war. Unter dem Khan T'ou-man begann nämlich eine politische Einigung der Hsiung-nu, des größten und mächtigsten Nomadenvolkes, das an den Grenzen des chinesischen Kulturgebietes saß, und sein Sohn Mao-tun (209–174 v. Chr.) gründete später auf dieser Basis ein Großreich, das sich vom Baikalsee bis zum Balkaschsee erstreckte, im Süden teilweise den 40. Breitengrad erreichte und insbesondere das strategisch wichtige Tarim-Becken einschloß.

Shi-huang-ti reagierte auf diese Entwicklung mit einer defensiven und einer offensiven Maßnahme. Einerseits vereinigte er die bestehenden Mauern zu einem einzigen, ununterbrochenen Schutzwall. Es entstand die Große Mauer, die vom Süden Kansus bis zur Halbinsel Liautung im Nordosten reichte (und nicht mit der heute noch erhaltenen Mauer der Ming-Dynastie verwechselt werden darf). Daneben griff er mit einer Armee, die 100000 Mann umfaßt haben soll, den Teil der Hsiung-nu an, der in der Ordos-Steppe, also im Bogen des Gelben Flusses lebte, und drängte ihn Hunderte von Kilometern zurück. Hinter den Kampftruppen folgten große Mengen von Bauern und Sträflingen, die das eroberte Land sofort unter den Pflug nahmen und als Wehrbauern zusätzlich für seine Sicherheit sorgten. Fast gleichzeitig setzte der Bau von Heerstraßen ein.

Aber dieser erste Erfolg war von kurzer Dauer. Als sich nach dem Tode des «Ersten Kaisers» herausstellte, daß sein politisches Werk nicht zu halten sein würde, fluteten sowohl die Truppen als auch die Siedler in Massen aus dem Ordos-Gebiet zurück, was im Mutterland beträchtliche Unruhe schuf. Die Hsiung-nu aber rückten unter Mao-tun wieder in ihre alten Gebiete ein, und da die Truppen Liu Pangs ihnen noch vor der Jahrhundertwende mehrfach unterlagen, blieb es auch für geraume Zeit dabei. Grenzlinie zwischen Seßhaften und Nomaden war von nun an mehr als 70 Jahre lang die Große Mauer.

Es folgte eine Phase, in der die chinesischen Kaiser sich die Ruhe an der Nord- und Nordwestgrenze durch eine systematische Beschwichtigungspolitik zu erkaufen suchten. Wichtigster Bestandteil dieser Politik waren umfangreiche Lieferungen an Kupfer, Seide und Alkohol, die den Nomadenfürsten alljährlich zugingen und die für sie die ewigen Raubzüge überflüssig machen sollten. Diese Zahlungen, die in Wirklichkeit nur Tribute waren, nahmen im Laufe der Zeit einen solchen Umfang an, daß sie zu einer empfindlichen Belastung des Staatshaushaltes wurden. Aus der Zeit der früheren Han-Dynastie sind zwar keine Zahlen bekannt. Im zweiten Jahrhundert n. Chr. beanspruchten sie aber rund 35 Prozent des Staatshaushalts, und wenn man die Privateinnahmen des Kaisers miteinbezieht, immer noch 20 Prozent des Gesamthaushalts. Anders wird es unter den ersten Han-Kaisern auch nicht gewesen sein, zumal es damals um die Einkünfte noch nicht so gut bestellt gewesen sein dürfte. Die Seidentribute müssen jedenfalls einen solchen Umfang angenommen haben, daß der Bedarf der Hsiung-nu bald mehr als gesättigt war. Die Experten sind sicher, daß die chinesische Seide, die in dieser Zeit den Westen erreichte, ihr Ursprungsland nicht als Handelsware, sondern als Tribut verließ und erst von den Hsiung-nu auf der damals im Entstehen begriffenen Seidenstraße in den Handel eingeschleust wurde. Ein anderes Mittel der Beschwichtigung bestand übrigens darin, daß immer wieder chinesische Prinzessinnen mit Nomadenfürsten verheiratet wurden.

Hätten die Hsiung-nu unter dem Eindruck dieser Politik an der gemeinsamen Grenze wirklich Ruhe gehalten, so hätte sie sich – volkswirtschaftlich gesehen – wahrscheinlich sogar noch einigermaßen gelohnt. Aber davon konnte keine Rede sein. In Wirklichkeit war die Zeit der Tribute, zumindest wenn man sie von heute aus betrachtet, ein einziges wirres Durcheinander von nomadischen Raubzügen, auf das sich die chinesische Politik bald mit vorsichtigem Zurückweichen, bald mit lokalen Gegenstößen, aber auch mit neuen Vertragsverhandlungen und Heiratsabmachungen einzustellen versuchte.

So ist es nicht zu verwundern, daß diese Art von Politik unter den Beratern am Kaiserhof zunehmend umstritten war. Seit den sechziger Jahren des zweiten Jahrhunderts gab es in der Reichshauptstadt darüber einen regelrechten Schulenstreit, der freilich erst um 133 v. Chr. durch einen Sieg der Falken entschieden wurde. Um diese Zeit scheint Kaiser Wu die Zügel so fest in der Hand gehabt zu haben, daß er auch an riskante (und vor allem ungemein teuere) Feldzüge denken konnte.

Den Auftakt bildete eine Großoffensive in der heutigen Mongolei, die im Jahre 133 v. Chr. unter dem angeblichen Einsatz von 300000 Mann stattfand, und seit 120 v. Chr. verging dann kaum mehr ein Jahr, in dem das kaiserliche Heer nicht gegen die Hsiung-nu angetreten wäre. Um 127 v. Chr. war das Ordos-Gebiet wieder in chinesischer Hand. Zwei neue Kommandanturen entstanden am Hoang-ho. Aber damit begnügte sich der Kaiser jetzt nicht mehr. In der richtigen Erkenntnis, daß der Gegner in seinem Kernland getroffen und vor allem seiner Ernährungsbasis beraubt werden mußte, wenn er irgendwann einmal ganz zur Ruhe gebracht werden sollte, ließ er seine Armeen nun immer weiter nach Westen vordringen. Im Jahre 117 v. Chr. wurden Kommandanturen in Tschangjeh und Tun-huang geschaffen, im Jahre 115 v. Chr. kamen Kommandanturen in Wuwei und Kiutschwan hinzu. Die heutige Provinz Kansu war dem Reich damit einverleibt, die Große Mauer wurde vom Gelben Fluß bis in die Gegend von Tun-huang verlängert. Endlich war die Nordgrenze sicher. Und wieder folgten auf die Soldaten die Siedler. Unter Wu sollen in den hinzueroberten Gebieten nicht weniger als zwei Millionen Menschen aus dem Mutterland angesiedelt worden sein.

Auch mit diesen Erfolgen begnügte sich Wu aber nicht, und konnte es bei der ungebrochenen Schlagkraft seiner Gegner wohl auch gar nicht. Solange diese noch die fruchtbaren Böden an den Rändern des Tarim-Beckens zur Verfügung hatten, war ihre Stellung in Mittelasien zwar erschwert, aber noch lange nicht unmöglich und die Partie war immer noch unentschieden. Deshalb begann im Jahre 109 v. Chr. eine Serie von Feldzügen, die die Eroberung des Beckens zum Ziele hatten. Noch in diesem Jahre wurden die Oasenstädte Loulan am See Lob-nor und Turfan am nordöstlichen Ende des Beckens (und an der Seidenstraße!) besetzt. Weitere Militäraktionen folgten, teilweise unter Einsatz riesiger Heere. Erfolge blieben nicht aus. In einem unglaublich kühnen (allerdings auch ungemein verlustreichen) Vorstoß erreichte eine Expedition sogar die Ferghana-Oase und brachte von dort 2000 Pferde einer besonders kräftigen Rasse zur Verbesserung der chinesischen Zucht mit.

Aber zum Endsieg über die Hsiung-nu reichte es nicht, und die Chinesen mußten zunehmend sogar wieder Niederlagen einstecken. Als Kaiser Wu im Jahre 87 v. Chr. starb, bestand das Patt in Mittelasien immer noch.

Freilich begann ziemlich genau von diesem Zeitpunkt an auch die Kraft der Hsiung-nu deutlich schwächer zu werden. Sie hatten sich nun mit anderen Völkern Zentralasiens auseinanderzusetzen, vor allem aber spielte ihre innere Uneinigkeit wieder eine größere Rolle als bisher. Um 60 v. Chr. spalteten sie sich in eine nördliche und eine südliche Gruppe, deren letztere sich kurz danach der Herrschaft der Han-Kaiser unterstellte. Damit wurde ungefähr das Gebiet der heutigen Inneren Mongolei in den Herrschaftsbereich der Chinesen einbezogen. Mit den nördlichen Stämmen gab es im

Jahre 36 v.Chr. am Talas-Fluß, also im fernsten Nordwesten, noch einmal einen militärischen Zusammenstoß, den die chinesische Armee aber für sich entscheiden konnte. Von da an war an der Nord- und Nordwestgrenze jahrzehntelang Ruhe.

Das Tarim-Becken oder, wie es heute heißt, Ostturkestan (chinesisch Sinkiang) wurde allerdings nie so vollständig in das Siedlungsgebiet und die Administration der Chinesen einbezogen, wie wir das von anderen eroberten Gebieten gewöhnt sind. Dazu waren die Entfernungen zu groß und die Verhältnisse zu schwierig. Denn Ostturkestan ist ja nicht eine einzige und gleichmäßig besiedelbare Ebene, sondern es besteht genaugenommen aus der riesigen Wüste Takla-makan, die auf drei Seiten von hohen Gebirgen umgeben ist, und nur an deren Rändern gibt es fruchtbares, seit je mit reichen Oasen besetztes Land. Eine solche Gegend ist mit normalen Mitteln schwer zu verwalten und noch schwerer zu beherrschen, noch dazu bei dauernder Bedrohung von außen und bei der Aussichtslosigkeit, im Notfall rasch militärische Hilfe aus dem Mutterland zu bekommen.

Die Zentralregierung in Ch'ang-an entschied sich daher für eine andere Form der Herrschaft über das Becken. Man begnügte sich mit einer lockeren Lehenshoheit über die 15–20 Oasenstaaten, mit der Stationierung ausreichender Garnisonen und mit der Anlegung von Militärkolonien, das heißt von Wehrdörfern, in denen die Bauern gleichermaßen Pflug und Schwert handhabten. Zu einer wirklichen kulturellen oder gar administrativen Durchdringung ist es nie gekommen, infolgedessen auch nicht zur Anlegung weiterer Kommandanturen.

Aber die Rechte, die China in diesem schwierigen Gebiet auf sich vereinigen konnte, wurden doch von einem dafür besonders bestimmten Funktionär ausgeübt, dessen Titel man meist als «Protektor» oder «Generalprotektor des Westens» übersetzt. Bis um 70 v.Chr. saß er in Loulan, von da an in einem Ort nördlich von Kutscha, also am nördlichsten Rand des Tarim-Beckens. Die Feuertelegraphenlinie, die zugleich angelegt wurde, führte noch weiter in den Westen, nämlich bis an den Oberlauf des Naryn, wo die Hauptstadt des von den Chinesen umworbenen und mit den Hsiung-nu verfeindeten Volkes der Wu-sun lag.

Die damit erreichte Lage blieb bis zur Zeitenwende im wesentlichen unverändert. Erst der Usurpator Wang Mang (9–23 n.Chr.) gab die Eroberungen im Nordwesten wieder auf oder konnte sie, um es genauer zu sagen, in den Wirren, die schließlich zu seinem Sturz führten, nicht mehr halten. Grenzlinie scheint wieder die Große Mauer geworden zu sein, ja der erste Kaiser der jüngeren Han-Dynastie siedelte sogar innerhalb der Mauer Hsiung-nu an, die sich ihm zwar unterstellt hatten, deren Loyalität aber doch noch ziemlich fragwürdig gewesen sein muß. Wieder entstand daraus eine riesige Binnenwanderung von Chinesen.

Methoden und Motive

Die Formen, in denen die Han-Administration das Tarim-Becken zu beherrschen suchte, setzen voraus, daß der Begriff der *Grenze* im chinesischen Staat eine andere Rolle spielte als in unserer Zeit. Heute stellen Grenzen präzise beschriebene Linien dar, auf deren beiden Seiten verschiedene Staaten liegen. Daß es Zonen einer immer flüchtiger werdenden Beherrschung des Raumes geben und daß an ihrem Ende gar so etwas wie Niemandsland liegen könnte, ist für Europäer völlig undenkbar, obwohl es in Asien und Afrika natürlich auch heute noch Beispiele dafür gibt.

Im China der Han-Dynastie muß man die Dinge gänzlich anders gesehen haben, jedenfalls in den Grenzbereichen zur asiatischen Steppe. Die Große Mauer wird zwar auch dort als eine feste Grenzlinie betrachtet worden sein, deren unerlaubte Überschreitung als Verletzung des Staatsgebietes empfunden und zumindest in normalen Zeiten auch entsprechend geahndet wurde. Jenseits dieser Linie aber begann ein Gebiet, in dem die Dinge nicht mehr ganz so eindeutig waren, dessen Beherrschung nur mit Einschränkungen möglich war und in dem die Regierung infolgedessen zu ganz besonderen Maßnahmen greifen mußte, wenn sie sich einigermaßen behaupten wollte.

In diesen Grenzräumen war zunächst stets mit ganz verschiedenen Bevölkerungselementen zu rechnen. Chinesen und Nichtchinesen lebten dort in bunter Gemengelage nebeneinander. Das wäre an sich schon problematisch gewesen. Besonders erschwerend kam aber hinzu, daß es sich bei den Chinesen um seßhafte Ackerbauern handelte, die zahlenmäßig wie kulturell von starken Expansionstendenzen getragen waren, während die Nichtchinesen sich meist einer nomadischen oder doch halbnomadischen Lebensform befleißigten, sich von den Eindringlingen zunehmend in ihrem Lebensraum bedroht fühlen mußten und meist noch nicht einmal freiwillig in diese Lage geraten waren. Dazu kam die wenig weitschauende Politik der Zentralregierung, die diese Stämme oft gegen ihren Willen zu den niedrigsten Arbeitsleistungen heranzog und ihnen dabei nicht einmal halbwegs menschenwürdige Lebensbedingungen zugestand.

Unter diesen Umständen war es fast von untergeordneter Bedeutung, wie dieses Völkergemisch im Einzelfall zustande kam. In Zeiten der Expansion schoben die Chinesen die Grenzen ihres Interessengebietes von sich aus in die Steppe vor, und die Grenzvölker mußten sich mit der neuen Lage einfach abfinden, wenn sie nicht vollends weichen wollten. Das Beispiel aus der jüngeren Han-Epoche (S. 227) zeigt aber, daß die Entwicklung auch anders verlaufen konnte, nämlich durch die Ansiedlung von Nomaden in Territorien, die bisher zum unmittelbaren Reichsgebiet gehört hatten. Die Römer trieben eine ähnliche Politik, als sie in den letzten Jahrhunderten ihres Reiches in nicht mehr zu haltenden Grenzprovinzen germanische Stämme als sogenannte foederati, das heißt als (höchst zweifelhafte) Verbündete ansiedelten.

Daß solche Pattsituationen auf eine Entscheidung drängen, haben wir bei der Darstellung der Verhältnisse in Mesopotamien und Palästina nach dem Einbruch der semitischen Nomaden schon gesehen (S. 85), und dort ist auch deutlich geworden, daß die kultivierteren Völker diese Entscheidung nur dann für sich buchen können, wenn sie den entbehrungs- und vor allem kampfgewohnten Nomaden militärisch *eindeutig* überlegen sind. Deshalb ist es natürlich von besonderem Interesse zu erfahren, woher die Stärke des chinesischen Elements in jenen Zeiten kam, in denen das System einigermaßen funktionierte.

Hier sind selbstverständlich zuerst die regulären *Grenztruppen* zu erwähnen. Sie bestanden, wie man heute wohl sagen würde, aus Soldaten auf Lebenszeit, also jedenfalls nicht aus gewöhnlichen Wehrpflichtigen, die ja nur zwei Jahre zu dienen hatten, sondern aus Männern, die den größten Teil ihres Lebens in der Armee (und zwar im Grenzdienst) verbrachten und die auch nach ihrer Entlassung in den Grenzgebieten blieben, schon weil der Rückweg in das Mutterland, über Tausende von Kilometern, für sie zu beschwerlich gewesen wäre. Rekrutiert wurden diese Grenzsoldaten wahrscheinlich überall, wo man sie fand: bei den Armen des Mutterlandes, die auf diese Weise zu einer Existenz kamen, bei Bauernsöhnen, die zu Hause nichts zu erben hatten, bei den Strafgefangenen, die sich von der Meldung zur Grenzarmee ihre Rehabilitierung versprachen, und vor allem auch bei den Grenzvölkern selbst, von denen sich die Chinesen nicht nur Hilfstruppen, sondern stets auch hochqualifizierte Söldner holten.

Diese Elitetruppen, die das Rückgrat der Grenzarmee bildeten, waren zumeist in *Militärlagern* stationiert, die sich von den Kastellen des römischen Grenzheeres, die uns verhältnismäßig gut bekannt sind, kaum unterschieden haben dürften. Dort leisteten sie genauso wie ihre römischen Kameraden einen für heutige Begriffe ungemein harten Dienst. Neben ständigen Patrouillen und dem in jeder Armee unumgänglichen dauernden Üben und Exerzieren hatten sie das militärische Signalsystem zu warten und zu bedienen, die Bauwerke ihrer Forts und an den Grenzen instand zu halten, Pfeile zu schnitzen, Reparaturen an ihrer Bewaffnung durchzuführen und nicht zuletzt auch die zahlreichen Erd- und Sandstreifen in Ordnung zu halten, durch die die nächtliche Anwesenheit Unbefugter festgestellt werden konnte, weil diese ihre Fußabdrücke im lockeren Erdreich oder im Sand hinterließen.

Vor allem waren die Grenztruppen aber natürlich dazu da, Angriffe von Nomaden auf die Grenze selbst oder auf einzelne Objekte zu verhindern und sie, wenn das nicht mehr möglich war, durch Strafexpeditionen zu ahnden. Da sich Angriffe in solcher Lage meist sehr rasch vollziehen, wird es oft genug bei der Strafexpedition geblieben sein, die dann selbstverständlich entsprechend hart ausfallen mußte, um dem Gegner die Lust und vor allem auch die

Möglichkeit zur Wiederholung für geraume Zeit auszutreiben. Über die Menschlichkeit solcher Aktionen braucht man sich keinen Illusionen hinzugeben. Ausrottung von Stämmen, Dezimierungen zumindest der Männer, Verreibung aus den Weidegründen, Beschlagnahme der Herden u. ä. wird an der Tagesordnung gewesen sein. So wurde ja selbst mit den Angehörigen «barbarischer» Hilfstruppen verfahren, die sich einen Verrat oder vielleicht auch nur ein größeres Versagen vor dem Feind hatten zuschulden kommen lassen.

Neben den Militärlagern, die der regulären Armee unterstanden, gab es ein weitverzweigtes System von «Militärkolonien» oder, wie man vielleicht besser sagen würde, von *Wehrdörfern*. Die dort lebenden Bauern mußten sich selbst gegen Überraschungsangriffe der Nomaden verteidigen und gegebenenfalls als Milizen das Grenzheer verstärken – ihre Lage war insofern nicht viel anders als die der Grenzer in unseren Wildwestfilmen.

Im Normalfall oblag ihnen aber vor allem die Versorgung der Chinesen in der jeweiligen Region, das heißt die Selbstversorgung und die Versorgung der Armee mit Lebensmitteln und Nutztieren, insbesondere den für den Nomadenkrieg so unentbehrlichen Pferden. Die Grenzgebiete, von denen hier die Rede ist, waren viel zu weit vom Mutterland entfernt, als daß sie von dort aus hätten versorgt werden können. Sie waren also auf sich selbst angewiesen und alles kam darauf an, daß sie jedenfalls in den wichtigsten Fragen so weit wie möglich autark waren. Gelang das auf die Dauer nicht, so waren sie auch nicht zu halten; denn von Beutegut allein kann sich keine Armee längere Zeit ausrüsten und ernähren, schon gar nicht in Nomadengebieten.

Daß in so exponierter Lage scheinbare Kleinigkeiten entscheidend sein können, zeigt der Ablauf der Auseinandersetzungen mit den Hsiung-nu. Ihnen war auf die Dauer nur in der Reiterschlacht beizukommen, und was die Kavallerie betraf, so hatten die Chinesen, als sie den Kampf ernsthaft aufnahmen, einen entschiedenen Bedarf an Nachrüstung. Sie deckten ihn durch mehrere Maßnahmen: erstens durch den Übergang von der Streitwagenwaffe zum Reiterheer, dessen verfassungspolitische Nebenfolgen wir schon kennengelernt haben (S. 209), zweitens durch die Übernahme des Steigbügels von den Nomaden, durch die eine echte Reiterschlacht zu gleichen Bedingungen möglich wurde, drittens durch die Ferghana-Expedition, die einen Durchbruch in der Pferdezucht möglich machte (S. 225). Der vierte Schritt aber war die Übernahme der Luzerne aus Mittelasien, mit der ein hervorragendes Futtermittel gewonnen wurde. Auf den ersten Blick sieht man keinem dieser Vorgänge seine enorme strategische Bedeutung an. Aber sie bestand ohne Zweifel, und da ohne sie die imperialistische Nord- und Nordwestpolitik des Han-Reiches nicht möglich gewesen wäre, liegen hier sogar entscheidende Impulsquellen für die Fortentwicklung des chinesischen Staates überhaupt.

Was wir bisher beschrieben haben, ist bei aller Ausfächerung des Instrumentariums immer noch als Militärpolitik, zumindest aber als Machtpolitik einzustufen. Nun weiß aber jeder Zeitungsleser, daß damit allein nichts zu gewinnen ist, sondern daß Machtpolitik, wenn sie erfolgreich sein will, stets durch die «weicheren» Methoden der Außenpolitik ergänzt werden muß. In der Vor- und Frühgeschichte ist es nur außerordentlich schwer, die Methoden der Außenpolitik zu beobachten oder gar in ihrer Anwendung nachzuweisen. Deshalb ist es auch hier ein Glücksfall, daß das China der Han-Dynastie genug Material bietet, um die Möglichkeiten frühzeitlicher Außenpolitik wenigstens in Umrissen deutlich werden zu lassen.

Daß den Han-Kaisern jener Satz der Außenpolitik bekannt war, nach welchem «meines Feindes Feind mein Freund ist», wird niemand überraschen. Daß sie ihn vor ihrer größten militärischen Offensive bewußt anwandten und daß das bis heute nachweisbar ist, mag aber doch nicht so ohne weiteres zu erwarten sein.

Als in der Umgebung des Kaisers Wu allmählich der Entschluß zur Offensive gegen die Hsiung-nu heranreifte, wurde ein Mann namens Chang-ch'ien auf eine Erkundungsreise nach Mittelasien geschickt, und zwar mit dem Auftrag zu erforschen, ob es hinter den Hsiung-nu andere Völker gebe, mit denen man sich möglicherweise gegen diese zusammenschließen könnte. Chang-ch'ien war über ein Jahrzehnt, von 138 bis 126 v. Chr., unterwegs, weil er bei den Hsiung-nu aufgegriffen und jahrelang festgehalten wurde. Als er zurückkehrte, brachte er auch kein politisches Bündnis mit, wohl aber wichtige Informationen über die Lage in Mittelasien und vor allem auch über die Handelsmöglichkeiten mit den dortigen Staaten, und gerade diese Informationen (die übrigens auf einer zweiten Reise noch vervollständigt wurden) scheinen es gewesen zu sein, die die Regierung des großen Kaisers zu einer wichtigen Präzisierung ihrer außenpolitischen Ziele instand setzten.

Auch gegenüber den Hsiung-nu selbst haben die Chinesen nicht nur die Trümpfe der Machtpolitik, sondern auch die einer breitgefächerten Diplomatie ausgespielt. Selbstverständlich gab es mit einzelnen Stämmen stets Handelsbeziehungen, die auch ihre politischen Folgen hatten, bis zur Indienststellung als Hilfstruppen des chinesischen Reiches. Zur Zeit der Beschwichtigungspolitik unter den ersten Han-Kaisern, aber auch später, scheint es ein eng geknüpftes Netz von Stillhalteabkommen und Grenzverträgen gegeben zu haben, die zwar oft genug nicht eingehalten wurden, die der bedrängten Bevölkerung der Grenzgebiete aber doch auch immer wieder Ruhepausen verschafft haben mögen.

Die Ehen chinesischer Prinzessinnen mit Fürsten der Hsiung-nu waren dabei ein wichtiges Instrument. Sie dürften den jungen Damen zwar einiges abverlangt haben. Doch im allgemeinen haben sie offenbar gehalten und auch ihre politischen Zwecke erfüllt, nicht zuletzt den der allmählichen Zivilisierung des Gastvolkes.

Allmähliche Zivilisierung war offensichtlich auch das zweite große Ziel oder zumindest ein erwünschter Nebeneffekt der enormen Tributleistungen, die in der Zeit vor Wu alljährlich in die hunnische Steppe flossen. Es konnte ja gar nicht ausbleiben, daß sich zumindest der nomadische Adel Schritt für Schritt auf den gelieferten Luxus einstellte und chinesische Lebensgewohnheiten annahm. Die Fürstenfrauen, die in chinesischen Harems aufgewachsen waren, werden ein übriges dazu getan haben, ebenso die chinesischen Gesandtschaften, die sich oft jahrelang in den Lagern der Nomadenfürsten aufhielten, und die politischen Flüchtlinge aus China, die es bei ihnen oft zu hohen Ehren brachten.

Daß sich die führenden Männer wenig zivilisierter Völker bei aller Gegnerschaft und vor allem Raublust von der überlegenen Kultur ihres Gegenübers leicht imponieren lassen, ist eine bekannte Tatsache. So ließen sich die Fürsten der Hsiung-nu zum Beispiel gern hohe chinesische Titel verleihen (und müssen das dann ja wohl auch als Auszeichnung verstanden haben). Ganz begreifbar ist die Logik, die sich auf nomadischer Seite hinter dieser Übung verbirgt, ja nicht. Aber sie war an den großen Kulturgrenzen offenbar allenthalben vorhanden. Sonst hätte sich nicht Theoderich der Große vom byzantinischen Kaiser mit dem Titel patricius auszeichnen lassen und hätte nicht Dschingis Khan, der sich später als die Geißel Gottes bezeichnete, in den Jahren seines Aufstiegs einen ähnlichen Titel vom chinesischen Kaiser angenommen.

Ein besonders wichtiges und auch wirksames Instrument der Außenpolitik war übrigens die Geiselnahme. Wo immer die Chinesen einen Waffenstillstand oder Friedensvertrag aus einer Position der Stärke abschließen konnten, setzten sie durch, daß ihnen einige Fürstensöhne als Geiseln für die Vertragstreue ihrer Partner gestellt wurden. Der unmittelbare Effekt, den das für das Verhalten der Nomadenfürsten hatte, darf sicher nicht unterschätzt werden. Dennoch waren es die *mittelbaren* Folgen, die die *eigentlichen* politischen Wirkungen erzielten.

Die chinesischen Kaiser warfen ihre jugendlichen Geiseln nämlich nicht etwa in den Kerker, sondern sie behandelten sie als das, was sie nun einmal waren: als Fürstensöhne, ließen ihnen die beste chinesische Erziehung angedeihen, die überhaupt denkbar war, und ließen sie später in administrativen oder gar militärischen Laufbahnen bis zu den höchsten Rängen aufsteigen. Kehrten sie dann eines Tages zu ihren Völkern zurück, so war nicht nur der propagandistische Effekt groß, sondern die Heimkehrer erwiesen sich in den hohen Stellungen, die sie auch zu Hause bekleideten, meist als zuverlässige Verbündete des chinesischen Reiches, und gelegentlich wurden sie bei Erbschaftskämpfen von der Reichspolitik sogar als Thronprätendenten favorisiert, um nicht zu sagen vorgeschoben. Die politische Bedeutung dieses Instruments kann man also schwerlich überschätzen.

Übrigens war seine Anwendung keineswegs eine Eigenart der chinesischen Außenpolitik allein. Auch die Römer haben es jahrhundertelang mit größter Virtuosität gehandhabt und oft mit der Verleihung des senatorischen

Ranges oder des Titels «amicus populi Romani» (= Freund des römischen Volkes) kombiniert. Im Walthari-Lied wird berichtet, daß Walther von Aquitanien und Hagen von Tronje in ihrer Jugend als Geiseln eine ähnlich bevorzugte Stellung am Hofe des Hunnenkönigs Attila genossen. Die ältesten Beispiele aber sind, soweit ersichtlich, aus der Regierungszeit Thutmosis' III. (1481-1448 v.Chr.), des Imperators auf dem Pharaonenthron, bekannt. Er suchte auf diese Weise syrische und palästinensische Prinzen an sich und das ägyptische Reich zu binden.

Alles in allem ist China jener Staat, in dem sich am frühesten eine durchdachte und vor allem auch systematisch betriebene Außenpolitik nachweisen läßt. Deshalb besteht hier auch am ehesten die Chance, den *Motiven* seines gewaltigen territorialen Ausgriffs unter den Han-Kaisern auf die Spur zu kommen. Selbstverständlich stoßen wir dabei auf ein ganzes Bündel politischer Ziele und Motive. Denn Politik wurde damals wie heute nicht nur zu einem einzigen Zweck gemacht.

Man muß nicht unbedingt nur an das Gute im Menschen (und gar im Politiker) glauben, wenn man davon ausgeht, daß der chinesische Imperialismus zunächst einmal auf objektiven Notwendigkeiten beruhte.

Was die Expansion nach dem Süden und Südwesten angeht, so folgte sie offenbar einer zunächst nicht organisierten Kolonisationsbewegung, die ihren Grund in der zunehmenden Übervölkerung des ursprünglichen Kulturgebietes hatte und auch durch die großangelegte Binnenkolonisation der Han-Regierungen zu keiner Zeit überflüssig wurde. Waren fremde Gebiete aber erst einmal durch Chinesen erschlossen, so war der Wunsch verständlich, diese dem Reich nicht verlorengehen zu lassen und sie übrigens auch vor den «gastgebenden» Völkern und Regierungen zu schützen, so gut es ging. Daß machtpolitische und finanzpolitische Überlegungen ein übriges dazu taten, um den Gedanken an Eroberungen entstehen zu lassen, sollte darüber nicht ausgeschlossen werden. Vor allem ist nachweisbar, daß es u. a. auch um die Kontrolle über große Handelswege ging, zum Beispiel über die Seidenstraße und über eine Verbindung zwischen der Provinz Yünnan und dem heutigen Burma, auf deren Existenz man deshalb schloß, weil bei einem Kommandounternehmen nach Burma dort chinesische Erzeugnisse aufgefunden worden waren.

Im Norden und Nordwesten des Reiches war es das Nomadenproblem, dessen Liquidation im Vordergrund des politischen Denkens und Planens stand. Die Expansionspolitik scheint dort also in erster Linie Sicherheitspolitik gewesen zu sein, wenn sie natürlich auch mit den schon genannten Zielen kombiniert wurde. Für die Dimensionen, in denen zumindest zur Zeit des Kaisers Wu gedacht wurde, ist es dabei kennzeichnend, daß man sich offensichtlich nicht mehr mit der Abwehr der Hsiung-nu begnügen wollte, sondern daß man wenigstens zeitweise davon träumte, diese gewaltige Völkergruppe, über deren Größe man sich schwerlich im unklaren gewesen sein kann, in einer gigantischen Zangenbewegung ganz aus Zentralasien zu verdrängen.

Es spricht bereits für sich, daß diese Zange, soweit sie mit den Machtmitteln des Reiches allein angesetzt werden sollte, vom westlichen Rand des Tarim-Beckens bis zum Gelben Meer reichen sollte. Die politische Zielsetzung, die mit der diplomatischen Mission des Chang-ch'ien verfolgt wurde, zeigt aber, daß der Kaiser auch eine grundsätzliche Erweiterung seiner Strategie nicht abgelehnt hätte, zumal natürlich auch sonst noch genug Informationen über den Westen vorhanden waren, die man aus der systematischen Ausforschung von Kaufleuten gewonnen hatte.

Die Dimensionen, in denen Wu offenbar plante, berechtigen zu der Frage, ob er nicht wenigstens zeitweise an die Eroberung und Beherrschung der *ganzen Welt* gedacht hat (was immer er sich darunter vorgestellt haben mag). Die Frage ist so schwer zu beantworten wie bei Alexander dem Großen, der den Historikern zweihundert Jahre vor Wu das gleiche, bis heute nicht gelöste Rätsel aufgegeben hat.

Wenn er nur halbwegs die Informationen besaß, die Herodot noch ein Jahrhundert vor Alexander seinen Lesern vermittelt hatte, so durfte Wu auf die Idee einer echten Weltherrschaft gewiß nicht kommen, und sicher hat er von seinen Kaufleuten – wenn auch in umgekehrter Richtung – nicht weniger über die Ausdehnung der Welt erfahren als Alexander. Aber auch dieser hat ja offensichtlich die Entfernungen unterschätzt und mußte erst langsam dazulernen, daß sich hinter jeder eroberten Region eine neue auftat, die noch zu erobern war, und daß der Ozean, der als das Ende der Erde galt, viel weiter entfernt lag, als er ursprünglich wohl angenommen hatte.

Spätestens nach den Reisen Chang-ch'iens und dem militärischen Desaster, das die Ferghana-Expedition trotz ihres Erfolges für die Pferdezucht dargestellt hatte (S. 225), muß dem Kaiser klar geworden sein, daß die Welt nach Westen hin zu groß war, als daß sie sich von China aus beherrschen ließ. Er zog daraus die nämliche Konsequenz, die der Makedone am Hyphasis angesichts der Meuterei seiner Truppen gezogen hatte. Vielleicht ist damals zum ersten Mal jener Gedanke gedacht worden, der die chinesische Politik und den chinesischen Staatsgedanken später nachdrücklicher geprägt hat als jeder andere: die bewußte Beschränkung auf den eigenen Raum.

Viertes Buch

Grundfragen der Staatsführung

10. Kapitel

Bauern – Arbeiter – Soldaten

Man kann die Politik der alten Reiche und damit auch sie selbst nicht verstehen, wenn man nicht ihre Leistungen in das Kalkül einbezieht, gleichgültig ob wir sie heute als positiv oder eher als negativ empfinden, und wer die bisherigen Kapitel dieses Buches aufmerksam gelesen hat, den wird es nicht verwundern, daß es dabei weniger um die künstlerischen Leistungen geht, die auch damals nur von wenigen erbracht wurden, sondern um die Massenleistungen, die ohne Organisation und vor allem ohne Zwang nicht denkbar gewesen wären. Es geht also um militärische Erfolge und um große zivilisatorische Maßnahmen wie die Errichtung von Bewässerungssystemen, Verteidigungsanlagen und Monumentalbauten.

Man kann nun lange darüber streiten, ob sich in der *Art* dieser Leistungen seit den Tagen des Altertums etwas Entscheidendes geändert hat oder ob sie nicht im großen und ganzen das geblieben sind, was sie immer waren. In einem Punkt ist aber unbestreitbar eine grundlegende Änderung der Verhältnisse eingetreten: in der Bedeutung der menschlichen *Arbeitskraft*.

Wenn es heute darum geht, solche Großprojekte durchzuführen, steht die Arbeitskraft des Menschen fast am Ende der Überlegungen. Man muß einmal eine moderne Großbaustelle beobachtet haben, um das zu erkennen. Der Eindruck, den sie bietet, ist nicht mehr von den Arbeitermassen gekennzeichnet, die noch vor dreißig oder vierzig Jahren solch eine Baustelle bevölkert hätten, sondern von einigen großen Maschinen. Die menschliche Arbeitskraft ist durch diese Maschinen zwar nicht ersetzt, aber doch so vervielfältigt worden, daß sie nicht mehr die ausschlaggebende Rolle spielt. Entscheidend ist die Technik und das, was hinter ihr steht: das Kapital, das zur Anschaffung der Maschinen notwendig ist, und die Organisation, die über ihren zweckmäßigsten und letzten Endes auch billigsten Einsatz entscheidet.

In den Kulturen des Altertums war das grundlegend anders. Natürlich ist man immer wieder verblüfft, wenn man erfährt, in welch hohem Maße auch sie schon mit technischen Kenntnissen gearbeitet haben. Aber es ging dabei doch immer nur um die Anwendung *mechanischer* Gesetze, die da und dort den Einsatz der menschlichen Arbeitskraft sinnvoller gestalteten. Ihr Ersatz oder ihre Potenzierung durch Energieträger wie Erdöl und Elektrizität ist erst eine Entwicklung der allerjüngsten Vergangenheit.

Deshalb ist es für das Verständnis der alten Staaten von entscheidender Bedeutung, sich klarzumachen, woher sie die riesigen *Menschenmassen* nahmen, ohne die ihre zivilisatorischen und militärischen Glanzleistungen nicht möglich gewesen wären, wie sie sie behandelten und vor allem auch wie sie sie organisierten. Es ist genauso, wie es eingangs schon gesagt wurde: Wenn man davon keine halbwegs klaren Vorstellungen hat, sind die Reiche des Altertums für uns nicht zu verstehen.

Das Unglück will es nun, daß die damaligen Herrscher viel mehr Dokumente über ihre Feldzüge und Prestigebauten als über die Menschen hinterlassen haben, die diese Leistungen erst möglich machten. Es gibt darüber zwar Erkenntnisse, aber es handelt sich meist nur um vereinzelte Nachrichten, die sich auf ganz verschiedene Räume und vor allem auch auf ganz verschiedene Epochen beziehen. Kein System kann auf diese Weise vollständig beschrieben werden. Aber die vielen Mosaiksteinchen, die wir zusammentragen können, ergeben doch ein verhältnismäßig klares Gesamtbild.

Dienstpflicht und Sklaverei

Betrachtet man die Frage zunächst einmal ganz abstrakt, so kommt man vielleicht auf die Idee, daß die alten Herrscher mit «Profis» gearbeitet haben könnten, also mit Leuten, die ihnen gewissermaßen hauptberuflich als Arbeiter oder Soldaten gedient hätten.

Diese Vermutung ist sicher nicht *völlig* falsch. Selbstverständlich gab es zum Beispiel *Staatssklaven,* die dem König als ihrem Herrn unbegrenzte Dienste leisten mußten, wo immer er sie einsetzte. Die Sklaverei ist eine uralte menschliche Einrichtung, die sich in den meisten Kulturen allerdings zahlenmäßig in engen Grenzen hielt und die meistens auch bei weitem nicht so grausam war, wie man sich das heute oft vorstellt. Die Gründe für den Sklavenstatus waren vielfältig und durchaus nicht überall gleich. Kriegsgefangenschaft kam wohl überall in Betracht, meistens auch strafgerichtliche Verurteilung. Daneben spielten die Schuldknechtschaft und selbstverständlich auch die Abstammung von Sklaven eine Rolle.

Der Leser unseres Buches weiß aber, daß die alten Herrscher ihre Arbeitsbrigaden nicht nur aus Sklaven rekrutiert haben können, übrigens schon deshalb, weil kaum einer der daran interessierten Historiker den Anteil der Sklaven in den hier behandelten Gesellschaften auf mehr als 1–2 Prozent der Gesamtbevölkerung schätzt. Viel wichtiger dürfte das Heer derer gewesen sein, die dem König *dienstpflichtig* waren, weil sie von ihm Grundstücke oder Kredite entgegengenommen hatten oder weil sie sonst als Dienstnehmer zum Betrieb seines Palastes gehörten (vgl. oben S. 105 ff.). Sie und besonders bevorzugte Sklaven werden bei großen Baumaßnahmen wahrscheinlich mit Spezialaufträgen betraut worden sein. Aus ihrer Mitte wird man aber wohl auch die Führungskader genommen haben, die der Masseneinsatz ungelernter Arbeiter natürlich verlangte.

Denn zu solchen Masseneinsätzen ist es in allen Staaten des Altertums bei größeren Projekten immer wieder gekommen, und ohne sie wäre vieles nicht möglich gewesen, was wir aus der architektonischen und zivilisatorischen Hinterlassenschaft der alten Reiche besonders bewundern. Der Gedanke des *Volksaufgebotes* zu öffentlichen Arbeiten ist aus der Politik des Altertums nicht wegzudenken.

Das gilt selbstverständlich auch für den militärischen Sektor. Gewiß hat es in zunehmendem Maße stehende, aus bezahlten oder versklavten Söldnern rekrutierte Heere gegeben. Aber es handelte sich dabei doch meist nur um Leibgarden der Könige, um Palastwachen oder Eliteverbände, die auf den verschiedenen Kriegsschauplätzen als eine Art Feuerwehr eingesetzt wurden. Davon abgesehen wurde aber mit Volksheeren gearbeitet, die durch ein allgemeines Aufgebot im Notfall zusammengetrommelt und nach Kriegsende auch wieder in ihre Dörfer entlassen wurden.

Aus diesem Grunde sollten wir uns nunmehr das Instrument des *Aufgebots* etwas näher ansehen.

Dabei kann der Aufgebots*zweck* nur in zweiter Linie von Interesse sein. Wahrscheinlich hat es für die Menschen des Altertums eine verhältnismäßig untergeordnete Rolle gespielt, ob sie zu einem Feldzug oder zu einer großen Baumaßnahme aufgeboten wurden. Die Entfernung von der Heimat war immer dieselbe, der Verlust ihrer Arbeitskraft im heimischen Anwesen wirkte sich ebenfalls gleich aus, und die Gefahren, die im Krieg vermutlich größer waren als bei einem – sicher auch nicht ganz ungefährlichen – Arbeitseinsatz, wurden durch die Aussicht auf Beute weitgehend ausgeglichen.

Man muß sich sogar fragen, ob die alten Staaten zwischen Kriegs- und Arbeitsdienst wirklich so genau unterschieden haben, wie das uns aufgrund unserer gänzlich anders gearteten Verhältnisse nahezuliegen scheint. In der Literatur über ägyptische Geschichte wird zum Beispiel immer wieder einmal darüber räsonniert, inwiefern die damaligen Soldaten so leicht für Arbeitseinsätze «mißbraucht» werden konnten. Die Antwort könnte durchaus sein, daß sie sich gar nicht mißbraucht fühlten, weil sie gewöhnt waren, alljährlich zu einer bestimmten Zeit auf einige Wochen oder auch Monate eingezogen zu werden, die Art des Einsatzes aber erst an Ort und Stelle zu erfahren.

Für die Betroffenen war es wahrscheinlich viel interessanter, für wie lange sie herangezogen werden konnten, das heißt, mit welchem Prozentsatz ihre Arbeitskraft «besteuert» werden durfte. Darüber gibt es aber quer durch die Staatenwelt des Altertums nur sehr unvollständige Auskünfte, die außerdem daran kranken, daß sie sich meist nur auf bestimmte Bevölkerungsgruppen beziehen und daß auch deren Abgrenzung nicht immer ganz klar ist. Von Lipitischtar, einem König der babylonischen Stadt Isin (1935–1924 v.Chr.), weiß man beispielsweise, daß er für bestimmte Untertanengruppen die Arbeitspflicht auf sechs bis zehn Tage pro Monat verringerte, und da er dafür als sozialer Reformer gepriesen wurde, muß diese Pflicht vor ihm erheblich größer, ja vielleicht sogar überhaupt ganz unbestimmt gewesen sein. Sechs Tage waren immerhin noch eine zwanzigprozentige, zehn Tage sogar eine dreißigprozentige Besteuerung der Arbeitskraft, machten also eine ganz beträchtliche Belastung aus. Aufs Jahr umgerechnet, entsprach das einer Dienstleistungspflicht von 70 bis 120 Tagen, das heißt einem durchschnittlichen Sommerfeldzug.

Die aufgebotenen Menschenmassen mußten, soweit man darüber etwas weiß, vom Staat untergebracht und verpflegt werden. Das dürfte die Einhaltung der Aufgebote erheblich erleichtert haben. Denn auf diese Weise brauchte bei der Einteilung der Lebensmittel in jeder Familie wenigstens ein Esser jährlich auf einige Wochen oder gar Monate nicht eingerechnet zu werden. So weiß man aus dem Alten Reich Ägyptens, daß die großen Arbeitsaufgebote, die beispielsweise beim Pyramidenbau notwendig wurden, während der Überschwemmungszeit ausgerufen wurden, was sowohl für die Regierung wie auch für die Aufgebotenen von Vorteil war. Die Regierung konnte nur während dieser Zeit die großen Bewegungen an Baumaterial vornehmen lassen, weil diese vorwiegend auf dem Wasserweg durchgeführt wurden. Die aufgebotenen Bauern dagegen konnten in dieser Zeit ohnehin nur wenig auf ihren Feldern arbeiten und ihre häuslichen Vorräte waren sicher schon so knapp, daß ein Esser weniger durchaus ein Gewinn war.

Wie sich die Verpflegung der Arbeiter- und Soldatenmassen im einzelnen abgespielt hat, ist unbekannt. Man wird hier aber nicht an Volksküchen oder Gulaschkanonen denken dürfen. Wahrscheinlich erhielten die Beteiligten ihre tägliche Ration Getreide naturaliter verabreicht. So war es ja noch in der Zeit der römischen Legionäre, in deren Lagern die kleine handbetriebene Getreidemühle daher noch heute einer der häufigsten Fundgegenstände ist. Daß das Verpflegungssystem schon in den frühesten sumerischen Zeiten solchen Regeln gefolgt sein könnte, zeigt eine Überlegung, die der schon wiederholt genannte *Hans J. Nissen* angestellt hat:

«Vereinzelt waren bereits in Schichten der Frühuruk-Zeit Keramiknäpfe aufgetaucht, die sich in Form und Material erheblich von der gleichzeitigen Keramik unterschieden. Es handelt sich um Näpfe mit einem schräg abgeschnittenen Rand, die aus einem sehr groben und daher äußerst porösen Material hergestellt worden waren. Sie werden unter Archäologen als «Glockentöpfe» bezeichnet. Überlegungen zur Herstellungsweise dieser Näpfe führten zur Beobachtung, daß sie im Gegensatz zur gesamten übrigen Keramik dieser Zeit in Formen gepreßt wurden. Von Beginn der Späturuk-Zeit an treten diese Näpfe in solchen Mengen auf, daß bisweilen dreiviertel und mehr der gesamten an einem Ort gefundenen Keramik dieser Gattung angehören. Von jeweils kleineren und größeren Varianten abgesehen, gehört die Hauptmasse dieser Näpfe einer Größe mit geringer Variationsbreite an. Damit ist zusammen mit den vorher genannten Aspekten die Besonderheit dieser Gattung so offenkundig, daß man gezwungen ist, für sie eine besondere Funktion anzunehmen. Billige und schnelle Herstellung, millionenfache Zahl, gleichförmige Größe, Eignung nur zur Aufnahme fester Stoffe lassen sogleich an eine Besonderheit der Wirtschaftsorganisation denken, die allerdings erst für Zeiten bezeugt ist, die über sechshundert Jahre später liegen.

Aus diesen späteren Phasen wissen wir aus den Texten, daß die Entlohnung der riesigen Heere von Beschäftigten der großen Wirtschaftseinheiten in Naturalien erfolgte, und zwar in täglichen Rationen. Den Hauptanteil machten dabei die Getreiderationen aus... Immerhin passen nicht nur alle Besonderheiten der Näpfe zu einer Erklärung als Rationsgefäße für die Getreidezuteilungen, sondern der Inhalt eines dieser Gefäße entspricht fast exakt der Menge, die späterhin als die tägliche Ration eines Arbeiters bekannt ist. Zudem wird die Annahme dadurch gestützt, daß das Zeichen für «essen» in den ältesten Texten sich aus den bildlichen Wiedergaben eines menschlichen Kopfes und eines Napfes zusammensetzt, der die Form der genannten Glockentöpfe hat.»

Die *Formen,* in denen das Aufgebot *erging,* mögen von Volk zu Volk verschieden gewesen sein. Solche Randfragen brauchen uns aber auch nicht besonders zu interessieren. *In der Sache* dürften immer die gleichen Probleme aufgetreten sein, vor allem die Frage, ob nur ein Teil der Untertanen aufgeboten werden sollte (und welcher), oder ob es ein Totalaufgebot geben sollte, was sicher nur in extremen Ausnahmefällen geschehen sein wird.

Es gibt auch darüber nicht sehr viele konkrete Aussagen. Die interessanteste stammt aus verhältnismäßig später Zeit, nämlich aus dem zweiten Jahrhundert v. Chr. Der israelische Archäologe *Yigael Yadin,* der als früherer Generalstabschef seines Landes für solche Fragen natürlich besonderes Interesse mitbrachte, berichtet, daß die sogenannte Tempelrolle vom Toten Meer über die Mobilmachung des Volksaufgebots folgende Regeln enthielt: «Wenn der König von irgendeinem Staat oder Volk hört, welches Israel alles dessen, was es besitzt, berauben will, soll er die Befehlshaber der Tausendschaften und die Befehlshaber der Hundertschaften, die in den Städten Israels stationiert sind, rufen und sie sollen diesen Offizieren ein Zehntel des Volkes mitgeben, um mit dem König in die Schlacht zu ziehen. Dringen aber viele Menschen in Israel ein, so soll ein Fünftel der Krieger einberufen werden; zieht aber ein König mit Streitwagen und Pferden und vielen Leuten heran, so sollen sie ein Drittel der Krieger mitbringen und zwei Drittel sollen die Städte bewachen und die Grenzen, damit nicht eine Bande mitten ins Land eindringe. Sollte die Schlacht aber für den König größere Ausmaße annehmen, dann sollen die Offiziere ihm die Hälfte des Volkes, der Männer des Kampfes, zur Verfügung stellen, die andere Hälfte aber darf nicht von ihren Städten genommen werden.»

Das heißt im Klartext, daß von den waffenfähigen Männern zwischen zehn und fünfzig Prozent aufgeboten werden konnten. Der Rest hatte ungefähr die Aufgaben wahrzunehmen, die heute den Heimatschutzbrigaden der Bundeswehr zugedacht sind. Doch wird man sich dessen Organisation wohl eher so vorzustellen haben, wie wir sie aus den Bürgerwehren unserer eigenen Geschichte kennen, also vor allem ohne Aufgebot und Einziehung.

Voraussetzung war in jedem Falle eine annähernde Kenntnis der Bevölkerungszahlen. Dem dienten die fast aus allen Staaten des Altertums überlieferten *Volkszählungen;* in Ägypten sind sie schon für das Alte Reich feststellbar, in China aus der Zeit der Reiche Ch'in und Ch'i. Sie verfolgten natürlich nicht nur militärische, sondern genausogut auch finanzpolitische Ziele und wurden daher meist durch Vieh- und Grundstückserfassungen, ja selbst durch die Registrierung von Edelmetallbeständen vervollständigt. Nur war der Unterschied zwischen den beiden Zwecken in einer Zeit, in der auch die Steuern nur Leistungen in Naturalien und in menschlicher Arbeitskraft waren, viel kleiner, als uns das heute auf den ersten Blick scheinen möchte.

Auch das Aufgebot darf man sich nicht als einen Vorgang vorstellen, der sich unmittelbar zwischen der Regierung und den betroffenen Untertanen abspielte wie etwa bei einer modernen Mobilmachung und dem damit verbundenen Aufruf der Reserven. Ähnlich wie bei der Steuererhebung richtete sich das Aufgebot normalerweise nur an die Untergliederungen des Staates, beispielsweise an Provinzstatthalter, Vasallenfürsten, Stammesälteste oder Dorfbürgermeister. Jedem von ihnen war aufgrund der Zählungsergebnisse bekannt, wie viele Soldaten bzw. Arbeitskräfte er zu stellen hatte, und diese hatte er dann eben auf die Beine zu bringen. So ist zum Beispiel aus dem Hethiterreich bekannt, daß in bestimmten kritischen Lagen zur Verstärkung der königlichen Truppen zusätzliche regionale Landstürme aufgeboten wurden, und auch in den relativ friedlichen Jahrhunderten der ägyptischen Geschichte, vor allem im Alten und Mittleren Reich, wurde nach den erhaltenen Dokumenten mit Heereskontingenten der einzelnen Gaue gearbeitet. Erst sehr spät, mit dem zunehmenden Funktionieren einer geregelten Besteuerungswirtschaft, konnten die Herrscher dazu übergehen, sich von den Untertanen mehr oder weniger permanente Heere durch Steuern finanzieren zu lassen.

Das dürfte übrigens auch für die *Ausrüstung* der Heere gegolten haben. In den frühesten Zeiten wird der einzelne Krieger einfach seine eigenen Waffen zum Aufgebot mitgebracht haben. Später mögen die Vasallenfürsten und die territorialen Verwaltungschefs dafür gesorgt haben, teilweise auch schon die jeweilige Zentralregierung. Für sie war es aus mehr als einem Grunde wichtig, die Kontrolle über die Ausrüstung in der Hand zu haben. Überwiegend geschah das wohl dadurch, daß sie eigene Waffenschmieden unterhielt und aus Steuermitteln bezahlte. Doch sind auch Beispiele dafür bekannt, daß bestimmte Provinzen oder auch bestimmte Berufsgruppen ihre Abgaben überhaupt in Ausrüstungsgegenständen zu bezahlen hatten; man denke etwa an die Schmiede und die Lederarbeiter.

Zwischen dem System der Volksaufgebote und dem der stehenden Heere gab es in einzelnen Staaten auch Zwischenformen, die hier wenigstens kurz erwähnt werden sollen. Zu denken ist insbesondere an das System der *Militärkolonien* bzw. *Wehrbauern*, das wir im Zusammenhang mit der chinesischen Nordwestexpansion kennengelernt haben (S. 229), das aber auch andere Staaten an geeigneten Stellen praktizierten; der Fachausdruck dafür ist der auf spätere byzantinische Modelle zurückgehende Begriff «Stratiotensystem».

Einmalig scheint dagegen die allgemeine Wehrpflicht der Chinesen geblieben zu sein, die jeden waffenfähigen Mann grundsätzlich auf zwei Jahre zum Wehrdienst verpflichtete (S. 228).

Eine interessante Parallele dazu, die sich freilich auf friedliche Arbeitsleistungen zugunsten eines religiösen Establishments bezog, bietet das Recht der Israeliten. Dort scheint ursprünglich jede Familie verpflichtet gewesen zu sein, ihren erstgeborenen Sohn zum Tempeldienst Jahwehs «abzuliefern». Später wurde statt dessen der Stamm Levi ganz zum Tempeldienst abgeordnet. Zu seinem Unterhalt diente von nun an der Zehnte, das heißt eine zehnprozentige Ertrags- oder, wie man heute wohl sagen würde, Einkommensteuer. Nur so ist es zu erklären, daß sich das israelitische Volk in historischer Zeit als «freies Volk» verstehen konnte, das seinen Führungsorganen zu keinerlei Dienstleistung verpflichtet war.

Die Rolle des Volkes

Von hier aus läßt sich auch manches Licht auf die Stellung des einfachen Volkes in den frühen Gesellschaftssystemen werfen.

Zunächst muß man sich einmal vor Augen halten, daß die einfachen Leute auf zwei grundverschiedene Weisen in das Gesamtsystem von Staat und Gesellschaft eingegliedert sein konnten: einmal als Glieder der großen Wirtschaftsorganisationen, die mit den Phänomenen «Palast» und «Tempel» verbunden waren, und zum anderen als mehr oder weniger selbständige Bauern oder Viehzüchter, die aber zumindest im Regelfall noch irgendwie von adeligen Herren, von Tempeln oder von großbürgerlichen Wirtschaftseinheiten abhängig waren. Es kommt also zum Beispiel nicht von ungefähr, daß das Gesetzgebungswerk des Babylonierkönigs Hammurabi (1792–1750 v. Chr.) neben den Sklaven zwei große Bevölkerungsgruppen unterscheidet und auch ganz verschieden behandelt: die «Palasthörigen» und die «Bürger» (vgl. etwa S. 288).

Die Wirtschaftskomplexe der großen Tempel und Paläste waren, wie sich schon gezeigt hat (vgl. S. 102 ff.), genaugenommen nur große Systeme der Güterproduktion und vor allem der Güterverteilung. Sie funktionierten mit

Hilfe mehr oder weniger abhängiger Arbeitnehmer, die im Interesse und im Auftrag ihrer Patrone arbeiteten und dafür teils aus der Produktion des Systems selbst, teils aus den Abgaben der übrigen Untertanen in Naturalien entlohnt wurden. Wie das im einzelnen geschah, ist nicht ganz leicht festzustellen. Aber es gibt nicht sehr viele Möglichkeiten dazu. In Betracht kam entweder die direkte «Bezahlung» in Lebensmitteln, die mit dem Fortschreiten der wirtschaftlichen Entwicklung auch in eine Bezahlung mit kleinen Bronze- oder Silberstücken (als Vorstufe des erst im siebten Jahrhundert v. Chr. aufgekommenen Münzgeldes) übergehen konnte, oder die Überlassung einer Landparzelle, aus der sich der Arbeitnehmer – gewissermaßen als Nebenbetriebslandwirt – mit seiner Familie selbst erhalten konnte. Die rechtlichen Formen dieser «Bezahlung» waren von Land zu Land und übrigens auch von Epoche zu Epoche höchst verschieden. Auf sie kommt es, wie wir schon einmal gezeigt haben (S. 106), aber nicht entscheidend an. Der wirtschaftliche und soziale Effekt war überall der gleiche.

Daneben stand die ebenfalls nicht unbeträchtliche Masse der Bauern und Viehzüchter, die – in welcher rechtlichen Form auch immer – über das verfügten, was man heute einen landwirtschaftlichen Betrieb nennen würde, und die gegenüber dem Herrscher grundsätzlich nur abgabepflichtig waren. Da diese Abgaben aber ebenfalls nur in Naturalien geliefert werden konnten, war der Unterschied zu den Angehörigen der großen Wirtschaftskomplexe wohl nicht allzu groß. Es mußten eben Teile der landwirtschaftlichen Produktion abgeliefert werden, wobei es teilweise zu einer Besteuerung des Ertrages, teilweise aber auch nur zu einer regelmäßig wiederkehrenden Vermögensbesteuerung kam (das letztere vor allem hinsichtlich der Viehherden). Daneben bestanden die schon bestens bekannten Dienstleistungspflichten, die entweder auf Arbeitsleistungen oder auf die Teilnahme an Feldzügen hinauslaufen konnten und praktisch eine Besteuerung der menschlichen Arbeitskraft bedeuteten.

Über die *Steuertarife* ist nicht allzuviel bekannt. Soweit sie sich auf die Arbeitskraft bezogen, haben wir anhand der Gesetzgebung des Lipitischtar von Isin schon einige Berechnungen angestellt (S. 239f.), und was die Ertragsbesteuerung betrifft, so scheint der Zehnte, den wir aus dem Alten Testament kennen, keine israelitische Eigenart gewesen zu sein, sondern in vielen Staaten des Altertums gegolten zu haben. Die Josephs-Geschichte, die in den späteren Kapiteln der Genesis enthalten ist, spricht für das Ägypten des Neuen Reiches zwar von einem Steuersatz von zwanzig Prozent (1. Mos. 47,24 und 26). Doch muß dabei in Rechnung gestellt werden, daß es am Nil im Neuen Reich keine adelige Grundherrschaft mehr gab (S. 170), so daß der Pharao damals sowohl als Herrscher wie auch als Grundherr sein Interesse wahrgenommen haben dürfte. Die Bibel sucht die auffällige Tatsache, daß in Ägypten alles Land, das nicht in der Hand der Tempel war, allein dem König gehörte, ja gerade damit zu erklären, daß der Wesir Joseph beim Verkauf des in den sieben guten Jahren gehorteten Getreides dafür die Viehbestände und das Grundvermögen des Volkes auf den König übertragen ließ. Die *Steuerbasis,* auf die die geschilderten Tarife (Prozentsätze) angewandt wurden, wurde nicht jährlich aufs neue festgestellt wie etwa bei der modernen Einkommensteuer, sondern die Festlegung erfolgte – etwa unseren bisherigen Einheitswerten vergleichbar – im Zusammenhang mit den allgemeinen Zählungen stets für eine längere Zeitspanne. Für die Regierungen hatte das den Vorteil, daß sie sich das gewünschte Abgabenaufkommen in jedem Falle sichern konnten, und zwar ohne Rücksicht darauf, wie gut oder schlecht die Erträge des einzelnen Jahres waren. Die Untertanen müssen das ganz anders gesehen haben: Ihre Steuerlast wurde auch in schlechten Erntejahren nicht geringer.

Neben den Ertrags- und Vermögensteuern waren in einzelnen Staaten auch noch *Kopfsteuern* zu zahlen. Hier mußte also jede Person ohne Rücksicht auf ihren sozialen Status eine gewisse Abgabe entrichten. Besonders ausgeprägt war diese Steuer in China, wo sie sogar für Kleinkinder und Greise gezahlt werden mußte, also für Menschen, die unter keinem denkbaren Gesichtspunkt produktiv waren. China war übrigens auch insoweit besonders «fortschrittlich», als es erhebliche Teile der Steuerleistungen in Seiden- und Metall«geld» verlangte, nicht zuletzt, um damit die Tribute an die Steppennomaden bestreiten zu können (S. 224). Um echtes Geld handelte es sich dabei nicht; dieses wurde auch im Fernen Osten erst später erfunden. Vielmehr ging es um Metall- bzw. Seidenabgaben, die nach denselben Verrechnungseinheiten bemessen wurden, deren man sich sonst zur Erleichterung des Tauschhandels bediente. Das Aufkommen der Seidensteuer wurde zeitweise sogar dadurch gesichert, daß jeder Bauer verpflichtet wurde, einen Teil seines Landes mit Maulbeerbäumen zu bepflanzen.

Eine große Rolle in den Steuersystemen des Altertums spielten die *Steuerbefreiungen* oder *Immunitäten,* mit denen einzelne Tempel und Adelsherrschaften ausgezeichnet wurden. Den Untertanen dürften sie nur sehr bedingt zugute gekommen sein; diese werden nur um so mehr an ihre Grundherren abzuführen gehabt haben. Aber die Schwächung der Regierung – besonders gegenüber den Tempelherrschaften – muß ganz erheblich gewesen sein, und so ist gerade die ägyptische und die mesopotamische Geschichte voll von Versuchen der Krone, diese Privilegien abzubauen. Erfolgreich war sie damit im allgemeinen nicht.

Übrigens waren natürlich auch die Leistungen der Bauern an die Grundherren immer wieder Gegenstand erbitterter Diskussionen und Konflikte. Den königlichen Regierungen konnte es weder gleichgültig sein, wie gut oder wie schlecht es ihren Untertanen unter dem Strich ging, noch konnte es in ihrem Interesse liegen, daß die adeligen und priesterlichen Grundherren sich auf Kosten des allgemeinen Wohlstandes zu einer wirtschaftlichen und damit schließlich ja auch machtpolitischen Konkurrenz für die Krone entwickelten. Insoweit dürften sie das Volk auch eher auf ihrer Seite gehabt haben als bei reinen Konflikten mit den Tempelhierarchien. Die mesopotamische und auch die chinesische Geschichte melden immer wieder mildernde Eingriffe der Regierungen, sei es in Form von Beschränkungen der Abgabepflichten, sei es in Form von einmaligen Schuldbefreiungen. Eine besonders eindrucksvolle politische Diskussion trägt die chinesische Literatur zu diesem Thema bei. Dort wird bei Historikern der letzten vorchristlichen Jahrhunderte berichtet, daß sich das Verhältnis von Bauern und Grundherren in früheren Epochen nach einem Neun-Felder-System gestaltet habe. Immer acht Familien seien damals verpflichtet gewesen, ein neuntes, gleich großes Grundstück kostenlos zu bewirtschaften, das dem Grundherrn gehörte und aus dem sich dieser mit seiner ganzen Familie ernährte. Wirtschaftlich gesprochen hätten die acht Bauernfamilien also jeweils 12,5 Prozent ihrer Arbeitskraft und ihres Arbeitsertrages zur Unterhaltung der Adelsfamilie aufwenden müssen. Die modernen Sinologen glauben freilich nicht, daß dieses System jemals real existiert habe. Wahrscheinlich wurde es in der damals üblichen historisierenden Weise nur als Väterweisheit angepriesen, um eine Reduzierung der ins Kraut geschossenen Abgabenpflichten gegenüber den Gutsherren zu begründen.

Moderne Historiker, die sich mit diesen Fragenkomplexen beschäftigen, verwenden oft viel Fleiß und Phantasie darauf, um die *soziale Schichtung* in den antiken Staaten und die damit verbundene rechtliche Differenzierung zwischen den Bevölkerungsschichten herauszubekommen. Nach späteren Vorbildern wird in diesem Zusammenhang mit Begriffen wie «Freiheit», «Halbfreiheit», «Leibeigenschaft», «Hörigkeit», «Sklaverei» usw. gearbeitet. Die Detailangaben bleiben dann aber meist verhältnismäßig vage, und man muß sich fragen, worauf das letzten Endes zurückzuführen ist.

Natürlich hängt es zunächst einmal damit zusammen, daß die schriftlichen Quellen ziemlich dürftig sind und daß das Tempo des sozialen Wandels, den es sicher auch im Altertum gegeben hat, die Übertragung von Kenntnissen, die für die eine Epoche halbwegs gesichert sind, auf andere Epochen nur bedingt zuläßt. Man muß dem aber mit Nachdruck hinzufügen, daß auch die sprachlichen Bezeichnungen, die die Quellen verwenden, alles andere als eindeutig sind und auch ihrerseits einem raschen Wandel unterlegen haben dürften. Wir haben diese Erscheinung schon kennengelernt, vor allem bei den sumerischen Begriffen des «en» und des «lugal» (S. 87) und bei den griechischen Begriffen «wanax» und «basileus» (S. 79), und es gibt keinerlei Garantie dafür, daß es einen solchen Wandel bei anderen Grundbegriffen der sozialen Schichtung nicht ebenfalls gegeben haben sollte. Vor allem aber muß man sich klarmachen, daß viele Fragen, die für unser modernes, freiheitliches Denken grundlegende Bedeutung besitzen, bei den ganz anders gearteten Verhältnissen der Frühzeit viel geringeres Gewicht besessen haben müssen. Wenn wir aus dem Hethiterreich etwa hören, daß die agrigs, die nach unserem Sprachgebrauch etwa Oberfinanzpräsidenten zu vergleichen wären, königliche «Sklaven» waren, so wird wohl deutlich, was hier gemeint ist. Ähnliche Erscheinungen hat es in allen Staaten des Altertums gegeben. Auch in der mittelalterlichen Geschichte Europas waren die Ministerialen der großen Fürstenhäuser ja «unfrei», obwohl sie in deren Auftrag oft wichtige und machtvolle Funktionen ausübten und einem verarmten Adeligen oder gar einem freien Bauern weit überlegen waren. Auch die «Bindung an die Scholle», die möglicherweise mit einer Leibeigenschaft oder Hörigkeit verbunden war, gehört in die Kategorie dieser schillernden Begriffe. Natürlich beschränkte sie die Freizügigkeit der Menschen. Aber in einer Gesellschaftsordnung, in der es tödlich sein konnte, von der Scholle *vertrieben* zu werden – und nicht umgekehrt –, war das ganz anders zu beurteilen als heute.

Von wirklicher Bedeutung dürften für die Menschen des Altertums nur zwei Rechtsfragen gewesen sein.

Die erste bezog sich auf die Frage der *Sklaverei*. Zwar gab es, wie schon einmal gezeigt, vor der Römerzeit nur verhältnismäßig wenige Sklaven (S. 238), und deren Schicksal war auch durchaus erträglich (wenn sie nicht gerade in die Bergwerke gerieten). In den meisten Gesellschaften, die uns interessieren, konnten sie zum Beispiel heiraten und auch Eigentum erwerben. Aber sie waren, wenn es hart auf hart ging, doch der Willkür ihres Herrn ausgeliefert und wurden vor allem auch von den Strafgesetzen schlechter behandelt: als Täter hatten sie wesentlich schwerere Strafen zu erwarten als die Freien, und als Opfer genossen sie beträchtlich weniger Schutz.

Die zweite Frage, die bei Sklaven natürlich entschieden war, bei anderen Formen der Abhängigkeit aber lebensentscheidend sein konnte, ging dahin, ob die Dienste, die jemand einem Grundherrn oder dem König zu leisten hatte, begrenzt und damit einigermaßen kalkulierbar waren oder ob es sich um «ungemessene» Dienstleistungen handelte, die natürlich sehr viel tiefer in die persönlichen Interessen einschneiden konnten. Eine Rolle mag auch gespielt haben, ob der Anspruch auf die Dienstleistungen beliebig an andere abgetreten oder gar veräußert werden konnte; denn die Frage, *wem* er bei der Erfüllung solcher Verpflichtungen mehr oder weniger ausgeliefert war, dürfte für den Dienstverpflichteten zu allen Zeiten gleich wichtig gewesen sein.

Herrscher und Beherrschte

Wenn wir nun noch einige Blicke auf das allgemeine Verhältnis zwischen den Regierenden und den Regierten in den Staaten des Altertums werfen, so muß am Anfang wieder der Hinweis stehen, daß sich dieses Verhältnis nicht annähernd mit dem vergleichen läßt, was wir in den egalitären Massengesellschaften des 20. Jahrhunderts (und noch dazu unter demokratischen Staatsverfassungen) gewöhnt sind. Der Abstand, den es natürlich auch heute noch gibt, muß damals ein Vielfaches größer gewesen sein, und so wenig es heute meist berechtigt ist, von einer Kluft zwischen Regierenden und Regierten zu sprechen, so berechtigt ist dieser Ausdruck, wenn es um die Verhältnisse in den frühen Gesellschaften geht.

Das dürfte nur auf Wanderungen anders gewesen sein. Zwar weiß man heute, daß es auch dort keine Gleichheit aller gegeben haben kann, sondern daß gerade der Adel seine wichtigste Wurzel in den Verhältnissen großer Wanderungen hatte (S. 129 ff.). Aber im allgemeinen (und abgesehen von der Stellung mitgeführter Kriegsgefangener und Sklaven) wird der Mann dort wert gewesen sein, was er mit seinem Mut und seiner Entschlossenheit, mit Kampfkraft und Durchhaltevermögen für die Gesamtheit einbrachte. Das mag sich in den ersten Jahren oder Jahrzehnten nach einer Ansiedlung noch fortgesetzt haben, besonders wenn diese in einem menschenleeren oder doch fast menschenleeren Raum erfolgte. Dann aber dürfte sich sehr rasch die natürliche Ungleichheit der Menschen bemerkbar gemacht haben, wie wir sie bei den alten Kelten kennengelernt haben (S. 121 ff.).

Wenn sich ein wanderndes Volk aber als Sieger in einem schon bisher besiedelten Territorium niederließ, müssen sich die Dinge von vornherein gänzlich anders entwickelt haben. Zwar ist es eine immer wiederkehrende Erfahrung, daß es in solchen Fällen auf die Dauer zu einer Vermischung der verschiedenen Volksgruppen kam, bei der die Eindringlinge zwar die höhere Kultur der Alteingesessenen übernahmen, diesen dafür aber ihre eigenen Ordnungsvorstellungen überstülpten. Bis es so weit war, wurden die Besiegten aber natürlich nach allen Regeln der Kunst unterjocht und oft wohl auch ausgeplündert.

Wir kennen solche Verhältnisse aus den Jahrzehnten nach der germanischen Völkerwanderung, wo Germanen und Römer in den ehemals römischen (oder besser romanisierten) Gebieten miteinander fertig werden mußten. Die frühen germanischen Herrscher beließen den Eroberten zwar meist ihre eigene städtische Selbstverwaltung und ihr höher entwickeltes Recht. Aber es führte selbstverständlich kein Weg daran vorbei, daß eine gegen die neuen Herrscher gerichtete Politik nicht akzeptiert werden konnte. Vor allem brauchten die Einwanderer Boden, um sich niederlassen und ernähren zu können. Die germanischen Völker, die sich im Gebiet des römischen Reiches niederließen, lösten diese Frage durch erzwungene Landabtretungen, die sich im allgemeinen bei einem Drittel, maximal bei der Hälfte des bebauten Landes bewegten und nur in einem Ausnahmefall (bei den Vandalen) einmal zwei Drittel erreichten. Erst nach einer längeren Phase der gegenseitigen Anpassung und des Verschmelzens kam es dann zu einheitlichen Regierungsverhältnissen und vor allem auch zur Vereinheitlichung der Rechtsordnungen.

Ähnlich wird man sich vergleichbare Vorgänge in der älteren Geschichte vorstellen müssen, beispielsweise das Verhältnis der indogermanischen Einwanderer in Indien (Arier), Baktrien (Kuschana) und Parthien (Parner) zu den «Ureinwohnern». In allen diesen Fällen muß es eine neue eingewanderte Herrenschicht gegeben haben, die gewissermaßen auf der «Basis» der bisherigen Einwohner «schwamm». Der fachwissenschaftliche Ausdruck für solche Staatsordnungen heißt – sehr anschaulich – «Überschichtungsstaaten». Mit am besten bekannt ist der Überschichtungsstaat Mitanni mit seiner hurritischen Basis und der Herrenkaste der mit Streitwagen kämpfenden marijanni (S. 178 ff.). Aber auch die verschiedenen semitischen Machtübernahmen in Mesopotamien können sich nicht sehr viel anders abgespielt haben.

Auf solchen Beobachtungen dürfte es übrigens auch beruhen, daß das Nebeneinander von Patriziern und Plebejern im frühzeitlichen Rom verschiedentlich auf eine Eroberung zurückgeführt wurde. Die moderne Geschichtsschreibung teilt diese Vermutung zwar aus guten Gründen nicht mehr. Es ist aber zuzugeben, daß die früheste römische Geschichte – soweit man über sie Bescheid weiß – durchaus den Eindruck macht, als hätten dort zu bestimmten Zeiten zwei selbständige Völker nebeneinander gelebt, von denen das eine allerdings über das andere geherrscht hätte. Die Einrichtung der Volkstribunen ließe sich durchaus als die politische Spitze der unterlegenen Plebejer interpretieren, der Senat als das Beratungsgremium («Koalitionsausschuß»; vgl. S. 124) der herrschenden Familienclans, von denen der italienische Wirtschaftshistoriker Francesco De Martino einmal treffend sagte: «In der Zeit vor der Ausbildung des Staates bildete die *gens* einen kleinen autonomen Staat; sie verwaltete sich nach eigenem, elementarem Recht, hatte eine eigene Religion und verfügte über eigenen Grundbesitz, auf dem sie die Herden weidete . . .»

Auch die zweifache Verfassung der Volksversammlung könnte ohne weiteres auf diese Weise erklärt werden. Unsere Kenntnisse über die Kelten – die wir allerdings zumeist dem Römer Cäsar verdanken – zeigen aber, daß sich ähnliche Verfassungsformen auch ohne eine Eroberung von außen entwickelt haben können (S. 121 ff.).

In jedem Falle war in den frühen Staaten die Kluft zwischen den Herrschenden und den Beherrschten wesentlich größer, als wir uns das heute auch nur vorstellen können. Entscheidend war dabei, daß diese Kluft nicht nur *wirtschaftlich* begründet war (obwohl natürlich auch die Grenze zwischen Reichtum und Armut sehr viel schärfer gewesen sein dürfte als in unseren Wohlstandsgesellschaften). Auch der geringe Anteil an den *kulturellen* Leistungen und Besitztümern, den die Untertanenschichten für sich buchen konnten, trug zu dieser tiefen Kluft bei.

Die Hochkulturen des Altertums waren ausnahmslos Kulturen einer herrschenden Schicht, die in den großen Wirtschaftsorganisationen der Tempel, der Paläste und mitunter auch der großen Adels- und Bürgerhäuser entfaltet und weiterentwickelt wurden, an denen das Volk aber kaum einen Anteil hatte. Sie boten folgerichtig auch kaum einen Ansatzpunkt für die Selbstidentifikation von Staatsvölkern. Nur so ist es letzten Endes zu begreifen, daß Völker wie die Hethiter und vor allem die Assyrer die Angehörigen besiegter Völker massenhaft in ihrem eigenen Staatsgebiet ansiedeln konnten, ohne befürchten zu müssen, daß sie sich damit Fünfte Kolonnen als Laus in den Pelz setzten.

Damit sind wir aber bei der Frage, wie es die Herrscher des Altertums schafften, ihren politischen Willen bei ihren Untertanen durchzusetzen. Gewalt hat dabei natürlich eine wichtige Rolle gespielt. Wenn man aber bedenkt, wieviel Bereitschaft zu freiwilliger Loyalität gegenüber dem Staat bei uns nicht aus Angst vor der Polizei und den Gerichten, sondern aus Staatsbewußtsein, Vaterlandsliebe, Einsatzfreude für den Mitmenschen und die Gesellschaft, Einsicht in die Notwendigkeit einer Ordnung usw. entspringt, und wenn man weiter bedenkt, daß alle diese Regungen bei den so rechtlosen Völkern der Frühzeit nicht sehr hoch entwickelt gewesen sein können, dann stellt sich doch die Frage, woher deren Bereitschaft zum Gehorsam und zur Loyalität gekommen sein mag.

Selbstverständlich stand hier, wie gesagt, an erster Stelle die Drohung mit dem Einsatz von *Gewalt* gegenüber Ungehorsamen und Widerspenstigen. Darüber sollte man sich keinen Illusionen hingeben. Man würde den alten Staaten zwar Unrecht tun, wenn man sie samt und sonders einfach als brutale Unrechts- und Willkürstaaten abtun wollte. Rechtsstaaten in unserem heutigen, modernen Sinne waren sie aber gewiß auch nicht und die Sanktionen, die sie für den Fall der Illoyalität anzudrohen wußten, waren ganz und gar nicht von Pappe.

Besonders brutal waren nach allgemeinem Urteil die Strafandrohungen des assyrischen Rechts. Die anderen Staaten blieben zwar in der Regel ein Stück dahinter zurück. Aber mit Todesstrafen, die zum Teil auf ganz unappetitliche Weise vollzogen wurden, waren sie doch alle sehr schnell bei der Hand, und ebenso mit Strafen wie der körperlichen Verstümmelung, der Versklavung, der Verbannung in die gefürchteten Bergwerke und nicht zuletzt der außerordentlich beliebten Prügelstrafe. Da mit Sanktionen dieser Art oft noch die Vermögenseinziehung (und das heißt ja schließlich die wirtschaftliche Vernichtung der ganzen Familie) verbunden war und da Sippenhaftung auch sonst keineswegs verpönt war, multiplizierte sich der Schrecken, der von einem solchen Strafrecht ausging, oft noch ganz beträchtlich.

Der Prügel war auch sonst ein wichtiges Attribut der staatlichen Gewalt. Bei der Beweiserhebung im Prozeß hat er wohl überall eine zentrale, wenn auch nicht sehr überzeugende Rolle gespielt. Bilder von Steuereintreibungen, die es fast aus allen Staaten der alten Welt gibt, sind ohne ihn kaum zu denken, und auch militärische Disziplin scheint ohne ihn nicht vorstellbar

Bauern — Arbeiter — Soldaten 251

gewesen zu sein. Den sagenumwobenen Marschallstab verspürten die Soldaten des Altertums wahrscheinlich tausendmal öfter auf dem Rücken als im Tornister.

Trotzdem wäre die Vorstellung, daß die alten Staaten ihre Ziele *nur* mit Brutalität, Folter und Prügelstrafe erreicht hätten, auch wieder verkehrt. Das persönliche Charisma großer Führer hat es mit Sicherheit auch im Altertum gegeben, und auch der Assyrerkönig Assurnasirpal II. dürfte genau gewußt haben, warum er zur Einweihung seiner neuen Residenzstadt Kalach und ihrer Heiligtümer 70000 Menschen aus allen Teilen seines Reiches einlud und wochenlang fürstlich bewirtete — eine populistische Regung, die man dem schreckenerregenden Staat der Assyrer eigentlich gar nicht zutrauen möchte.

Hinzu kam sicher auch die geistige und zivilisatorische *Überlegenheit*, durch die sich die frühen Staaten und ihre Regenten vor ihren Untertanen auszeichneten. Leistungen wie ein imposanter Tempelbau, der Bau der Gizeh-Pyramiden oder die Errichtung eines großen Stausees werden ihren Eindruck auf die Untertanen so wenig verfehlt haben wie militärische Erfolge gegen politische Gegner, an die auch der einfachste Untertan noch eine Menge zu verlieren hatte, wie die gigantische Prachtentfaltung, die zum Instrumentarium aller frühen Staaten gehörte, oder die Vorstellung vom Königsheil, die wir an anderer Stelle schon behandelt haben (S. 137).

Damit sind aber bereits die *mystischen* Vorstellungen berührt, auf denen die Macht und der Einfluß der altertümlichen Staaten ganz gewiß ebenfalls beruhten. Es wird damit zwar nicht überall so üppig bestellt gewesen sein wie in Ägypten, wo es den Pharaonen geglückt war, sich schlechthin als *die* Vertreter der Götter auf Erden zu etablieren (S. 79, 99, 110f.). Die Vorstellung, daß der König unter dem besonderen Schutz der Götter stehe und daß es vor allem auch von ihm abhänge, den göttlichen Segen für das Volk sicherzustellen, war aber doch in allen Systemen verbreitet, die wir uns bisher etwas genauer angesehen haben, und für Menschen, die die Welt sehr viel weniger nüchtern sehen konnten als wir, muß daraus ein gehöriges Abhängigkeitsgefühl entsprungen sein.

Freilich sollte man die politische Kraft, die von solchen Vorstellungen ausging, auch wieder nicht allzusehr überschätzen. Sie spielte gewiß eine nicht unbedeutende Rolle. Aber vielleicht läßt sich doch mancher Gehorsamsakt, der auf sie zurückgeführt wird, auch ganz rational erklären. Das soll an einem Beispiel gezeigt werden, dessen Erklärung uns modernen Menschen immer besonders schwerfällt.

Die großen Pyramidenbauten von Gizeh, durch die sich die 4. ägyptische Dynastie unsterblich gemacht hat, sind für unser heutiges Empfinden eine besondere Provokation. Wir sehen zwar ein, daß sich alle Herrscher der Geschichte durch große Bauten zu verewigen suchten, und wir wissen aus Erfahrung, daß die Völker im allgemeinen, wenn auch sicher knurrend, bereit waren, das Ihrige dazu zu tun. Beim Bau von Kanal- oder Straßensystemen, von großen Befestigungsanlagen und auch noch von Tempeln muß das aber auch den Völkern des Altertums leichter gefallen sein als beim Bau von Pyramiden, die allein dazu dienten, die Leiber einiger Herrscher im wahrsten Sinne des Wortes unsterblich zu erhalten. Daß es hier *nur* um Individualinteressen ging, muß eigentlich auch dem gutmütigsten und gutgläubigsten Untertanen aufgefallen sein, und daß das für ihn die einzige Möglichkeit war, an der Vergöttlichung und dem Weiterleben von Menschen teilzunehmen, wird von modernen Ägyptologen zwar behauptet, kann aber doch wohl nicht das entscheidende Motiv gewesen sein – jedenfalls dann nicht, wenn die Frondienste, die dabei zu leisten waren, wirklich so unerträglich erscheinen mußten, wie wir das heute meinen.

Aber vielleicht waren gerade diese Dienste gar nicht so entsetzlich? Es hat unter den Ägyptologen nicht an Versuchen gefehlt, ausgerechnet den Pyramidenbau als gewaltige Fürsorgemaßnahme für das Volk zu interpretieren, an dem sich dieses dann natürlich ohne weiteres und gern beteiligt hätte. In den Jahren, in denen die europäische Wirtschaftstheorie entscheidend von den Ideen des englischen Nationalökonomen *John M. Keynes* beeinflußt war, ist zum Beispiel allen Ernstes die These vertreten worden, daß es sich beim Bau der Pyramiden lediglich um gigantische Arbeitsbeschaffungsmaßnahmen gehandelt habe.

Diese Theorie hat sicher das Kind mit dem Bade ausgeschüttet, schon weil der Sinn für wirtschaftliche Zusammenhänge in den alten Staaten so gering entwickelt war, daß man schlichtweg an ein nationalökonomisches Wunder glauben müßte, wenn man ihr folgen wollte. Man braucht aber auch gar nicht so weit zu denken, um das Verhalten der ägyptischen Untertanen halbwegs zu verstehen. Wenn man sich ihre Situation und vor allem ihre Erfahrungen vorstellt, findet sich vielleicht eine einfachere und wohl auch realistischere Erklärung.

Die Pharaonen der 4. Dynastie konnten sich den Pyramidenbau nur deshalb leisten, weil sie die Existenz des Nilstaates außer Diskussion gestellt und vor allem die Phase der Reichseinigung beendet hatten, die, wie wir gesehen haben (S. 36), vielleicht sogar mit Abwehrkämpfen gegen äußere Feinde verbunden war. Die Menschen kamen also aus einer Epoche, in der sie immer wieder zu den Waffen gerufen und in den Krieg geschickt worden waren. So bedeutete die Einberufung zum Pyramidenbau für sie wahrscheinlich gar keine besondere Last, sondern nur die Fortsetzung längst eingespielter Belastungen, ja vielleicht sogar eine gewisse Verbesserung, weil die Teilnahme am Bau entschieden weniger gefährlich gewesen sein dürfte als die Teilnahme an einem Feldzug.

Unter *diesen* Umständen mag die Aussicht auf einen molekularen Anteil an der Unsterblichkeit des Königs durchaus ausgereicht haben, um Gefühle der Unlust und der Abneigung zu überwinden.

11. Kapitel

Streiflichter aus der Bürokratie

In den vorangehenden Kapiteln ist immer wieder deutlich geworden, daß schon die ältesten Herrscher der Welt ohne Organisation nicht ausgekommen sein können. Organisation bedeutet aber in erster Linie Bürokratie (ohne daß damit automatisch der negative Beigeschmack verbunden sein müßte, der dem Wort heute meist anhaftet). Der Bürokratie der alten Staaten müssen wir dementsprechend ein besonderes Kapitel widmen. Allerdings ist hier noch mehr als sonst in diesem Buch vor allzu hochgespannten Erwartungen zu warnen. Es wird sich zwar zeigen, daß uns die schriftliche Hinterlassenschaft der alten Völker eine Menge von Informationen über ihren Behördenaufbau und über manche Verfahrensabläufe vermittelt. Aber erstens werden die größeren Zusammenhänge, ohne die eine Organisation nur schwer zu verstehen ist, meist nicht klar, und zweitens sind die Details einer großen Verwaltung zu allen Zeiten so sehr von Zufälligkeiten abhängig gewesen, daß Verallgemeinerungen hier weniger als bei anderen Fragen erlaubt sind.

Nach unseren bisherigen Kenntnissen muß es in den Staaten des Altertums eigentlich fünf Typen von Organisation gegeben haben: 1. eine «allgemeine Verwaltung», die sich auf Polizei und Gerichtsbarkeit, Straßen- und Wasserbau, Steuerwesen u.ä. bezog; 2. die Wirtschaftsverwaltung der großen Palast- und Tempelökonomien; 3. den unmittelbaren Haushalt des Königs, vor allem die damit verbundenen Hofämter; 4. das Heer und 5. die Priesterschaft. In Ägypten mag dazu noch die Verwaltung der großen Pyramiden- und Gräberstädte gekommen sein, die zur Erfüllung ihrer Aufgaben mit eigenem Vermögen ausgestattet waren, eigene Polizeiverbände besaßen und vor allem ohne beträchtliche «Bauhöfe» nicht ausgekommen sein dürften.

Den modernen Betrachter, der in seiner eigenen Umwelt weder eine nennenswerte Staatswirtschaft noch Hofhaltungen vorfindet und der die kirchlichen Bürokratien nicht dem Staat zurechnet, interessieren natürlich die hier so genannte «allgemeine Verwaltung» und das Heereswesen am meisten. Aber gerade darüber ist merkwürdigerweise viel weniger bekannt als beispielsweise über Hofhaltung und Palastökonomie.

Was die sogenannten *Hofämter* betrifft, so ist uns fast aus allen antiken Staaten ein reiches Angebot an Titeln erhalten, die auch über die damit (wenigstens ursprünglich) verbundenen Funktionen Auskunft geben. Nur wenige Beispiele sollen die Richtung angeben, in die man hier denken muß. So sind aus dem Hethiterreich zum Beispiel die Ämter des Mundschenks, des

Kellermeisters und des Kommandanten der Leibwache («Großmesedi») bekannt. Der Großmarschall war für die Gestüte und wohl auch für den Wagenpark zuständig und die verschiedenen «Tafelschreiber» dürften Kanzleichefs mit wichtigen innen- und außenpolitischen Funktionen gewesen sein, die die deutsche Bezeichnung als Kanzler jedenfalls dann rechtfertigen, wenn man dabei nicht gleich an den Regierungschef denkt. Ähnliche Titel sind selbstverständlich auch aus Mesopotamien bekannt. Beispielweise entsandte der Assyrerkönig Sanherib (705–681 v.Chr.) nach dem Bericht der Bibel während der Belagerung der syrischen Stadt Lachis eine Militärexpedition unter drei hohen Beamten nach Juda, um dessen König Hiskia zur Unterwerfung aufzufordern, und Luther hat zwei von ihren Amtsbezeichnungen mit den zu seiner Zeit bekannten Titeln «Erzkämmerer» und «Erzschenk» übersetzt (2. Kön. 18,17). Außerdem haben am assyrischen Hof auch der Chef der Palastverwaltung und der Statthalter der Kernprovinz Assyrien (der allerdings der «allgemeinen» Verwaltung zuzurechnen wäre) nachweisbar eine hervorragende Rolle gespielt.

Besonders ausdifferenziert scheint das ägyptische Hofämterwesen gewesen zu sein, was allerdings auch mit dem langen Bestand des Pharaonenstaates und den daraus entspringenden Möglichkeiten der Modifikation zusammenhängen kann. So sind aus dem Alten Reich zum Beispiel folgende Ämter bekannt: Wedelträger zur Rechten des Königs, Vorsteher der Kleider des Königs, Wäscher des Königs, Oberbleicher, Perückenmacher, Oberperückenmacher und Vorsteher der Perückenmacher, Hüter des Diadems, Vorsteher der Verwaltung des königlichen Schmucks, ferner Schreiber, Metallarbeiter und Künstler aus dieser Verwaltung. Aus dem Neuen Reich kennt man u.a. Funktionäre wie den Obersten der Salben vom Schatzhaus des Königs, den Vorsteher der Königsbinde des guten Gottes (= des Pharao) und außerdem, um nur noch dieses einzige weitere Beispiel zu nennen, den Vorsteher der königlichen Haremsgemächer samt Stellvertreter, Schreibern und Türhütern.

Die Inhaber dieser Titel haben die ihnen entsprechenden Hofdienste wahrscheinlich nicht selbst geleistet, sondern sich auf das Prestige zurückgezogen, das sie offensichtlich mit sich brachten. Auch die Kurfürsten des Heiligen Römischen Reiches Deutscher Nation hatten ja solche Ämter inne (Mundschenk, Truchseß, Marschall, Kämmerer usw.); wer aber Goethes «Dichtung und Wahrheit» gelesen hat, der weiß, wie ungern sie diese sogar bei der feierlichen Krönung eines neuen Kaisers selbst ausübten. In den alten Reichen war das um keinen Deut anders. Auf einem Bild aus der Zeit des Pharaos Haremhab (1346–1321 v.Chr.) trägt beispielsweise der Wedelträger des Königs, einer der höchsten Reichsbeamten, einen winzigen, nur symbolischen Wedel neben dem Pharao her, während die wirklichen, sehr viel größeren Wedel von untergeordneten Chargen geschwungen werden.

«Allgemeine Verwaltung»

Wenn es um Verwaltung und Bürokratie geht, richtet sich das allgemeine Augenmerk zunächst einmal auf die höchsten Chargen, das heißt auf die Ebene, die man heute als die *Regierung* bezeichnet. Man muß hier von allem Anfang an in Rechnung stellen, daß die Regierungsorganisation immer sehr variabel gewesen ist, weil hier vieles von den Interessen und Fähigkeiten der führenden Staatsmänner, vor allem auch von ihrem gegenseitigen Verhältnis abhing. Die Ankündigung, daß dieses Kapitel nur einzelne, mehr zufällige Streiflichter aus den verschiedensten Staaten und Zeitepochen zu bieten vermag, trifft hier also noch mehr als auf anderen Ebenen der Staatsorganisation zu.

Als sicher kann man hier eigentlich nur zweierlei annehmen. Erstens dürfte es an allen Königshöfen so etwas wie eine Spitze von Politik, Verwaltung, Justiz und Heereswesen, also eine Art beamtete Regierung gegeben haben; dazu zwang schon die Fülle der Geschäfte, die der Herrscher unmöglich selbst erledigen konnte, ebenso aber auch die Notwendigkeit der Vertretung im Falle seiner kriegsbedingten Abwesenheit und vor allem im Falle seiner Unfähigkeit oder Interesselosigkeit. Und zweitens dürfte es an jedem Hofe für bestimmte Aufgabenkreise eine Art Ressortchefs («Minister») und eine Art Palastrat oder Hofrat gegeben haben, der den König in wichtigen Angelegenheiten beriet und dem die höchsten Beamten, Prinzen des königlichen Hauses, Repräsentanten des Adels, aber auch beliebige Freunde und Günstlinge des Throninhabers angehört haben dürften.

Vor allem wird es überall den berühmten «zweiten Mann» gegeben haben, der in späteren Geschichtsepochen je nach Geschmack als Hausmeier oder Großwesir bezeichnet wurde und der oft genug die Fäden der Politik allein in der Hand hatte. In der sumerisch-akkadischen Staatenwelt wird schon in den letzten Jahrzehnten der 3. Dynastie von Ur, also noch im dritten Jahrtausend v. Chr., ein Funktionsträger greifbar, der den Titel irnanna führt und eine solche Stellung einzunehmen scheint. Allerdings hatte er offensichtlich noch einen *territorial* abgegrenzten Zuständigkeitsbereich, um den König selbst zu entlasten. Ähnlich verhielt es sich ja auch mit den hethitischen Vizekönigen, die wir schon kennengelernt haben (S. 155).

Wie die Lage an den mesopotamischen Königshöfen selbst war, läßt sich nicht ein für allemal feststellen. Jedenfalls treten dort immer wieder hohe Würdenträger auf, deren Titel mit «Schreiber» übersetzt wird, die aber in Wirklichkeit machtvolle Verwaltungschefs gewesen sein müssen; die Geschichte dieses Titels ist also mit der des deutschen Wortes «Kanzler» zu vergleichen. Bei den Assyrern gab es dann den tartan (= der Folgende, das heißt der zweite Mann), der nunmehr ersichtlich die Stellung eines Großwesirs einnahm. An der assyrischen Expedition gegen Hiskia von Juda nahm auch der tartan des Königs Sanherib teil, der der eigentliche Leiter der Mission gewesen zu sein scheint; jedenfalls wird er pointiert *vor* seinen beiden Kollegen, dem Kämmerer und dem Mundschenk, genannt. Der Titel tartan ist aber wesentlich älter. Schön unter Suppiluliumas I. (1385–1345 v. Chr.) ist er auch bei den Hethitern nachweisbar (tartenu), tritt dort aber eher in militärischem Zusammenhang auf. Doch schließt das eine hier das andere nicht aus, wie gerade das biblische Beispiel zeigt.

Die Regierung des Pharaonenreiches war im Vergleich zu diesen Beispielen komplizierter organisiert, weil dort ja Ober- und Unterägypten staatsrechtlich nebeneinander fortbestanden (S. 37) und in den Zeiten großer Südausdehnung dazu noch das Vizekönigreich Nubien trat, das in der Regel vom jeweiligen Kronprinzen regiert wurde (S. 168). Alle drei Gebiete hatten ihre eigene Regierungsorganisation; allerdings ist nur die von Oberägypten etwas näher bekannt. Dort regierte wenigstens zu gewissen Zeiten ein «Vorsteher» zusammen mit einem Kollegium aus zehn Provinzchefs und vergleichbaren Chargen, die die «Großen der Zehn von Oberägypten» hießen und eine Art Geheimen Rat des Vorstehers darstellten. Aus Unterägypten ist ein solches Gremium nicht bekannt. Doch hat es auch dort – zumindest zeitweise – einen Spitzenbeamten mit dem Titel «Vorsteher» gegeben. Beiden Vorstehern unterstand der gesamte Amtsbereich ihres Staatsteiles. Sie waren also oberste Richter, Finanzbeamte, Vermögensverwalter, Polizeichefs usw. Eine Gewaltenteilung im heutigen Sinne gab es damals selbstverständlich noch nicht.

Erst in der obersten Spitze des ägyptischen Reiches bestanden gewisse gemeinsame Einrichtungen, die die beiden Königreiche zu einer Einheit zusammenführten. Am wichtigsten war in dieser Beziehung der Pharao selbst, der die Kronen von Ober- und Unterägypten auf seinem Haupte vereinigte. Unter ihm dürfte sich ein Rat der höchsten regionalen Würdenträger gebildet haben, dem die «Vorsteher» beider Königreiche sowie der «Königssohn von Kusch», das heißt der Vizekönig von Nubien, angehörten und zu dem in späterer Zeit wohl auch noch der Oberpriester des Amun von Karnak stieß, der ebenfalls unter den höchsten Funktionären genannt wird. Vor allem aber unterstanden die Finanzverwaltungen der Teilreiche einer gemeinsamen Zentralverwaltung, die, wenn man den verstreuten und auch zeitlich weit auseinanderliegenden Nachrichten trauen darf, nicht nur das sogenannte Schatzhaus, sondern u.a. auch die Verwaltung der Acker- und Viehbestände, der Kornspeicher und der sonstigen Magazine in sich vereinigte.

Der Chef dieser zentralen Finanzverwaltung (der übrigens auch noch oberster Richter des Gesamtreiches war), war also ohne Zweifel der zweite Mann hinter dem Pharao. Folgerichtig führte er – wiederum muß man hinzufügen: soweit darüber Nachrichten erhalten sind – den Titel «Leiter der Großen von Ober- und Unterägypten, der Zweite nach dem König im Vorhof des Palastes»; im Alten Reich war er in der Regel gleichzeitig Wedelträger zur Rechten des Königs, womit auch schon die nahe Verbindung von Hof- und Staatsämtern angedeutet ist, auf die wir später noch einmal zurückkommen müssen. Genau dieses höchste Staatsamt reklamiert die Bibel für Joseph, den Sohn des Aramäers Jakob, wenn sie dem ägyptischen König folgende Worte in dem Mund legt: «Du sollst über mein Haus sein, und deinem Wort soll all mein Volk gehorsam sein; *allein um den königlichen Stuhl will ich höher sein als du*... Siehe, ich habe dich über *ganz* Ägyptenland gesetzt.» (1. Mos. 41,40–41).

Mit der Frage, welche regionalen *Mittelbehörden* es in den alten Staaten gegeben hat, haben wir uns in diesem Buch schon wiederholt beschäftigt. Praktisch müssen sie in allen größeren Staaten bestanden haben, weil anders mit den Problemen des Raumes nicht fertigzuwerden war. Fraglich ist nur, wie selbständig der einzelne Provinzchef im Verhältnis zur Zentrale war. In *reinen* Adelsstaaten kann es keine von der Krone abhängigen Provinzbehörden gegeben haben. Dort beherrschte jeder Vasall eben seinen territorialen Bereich und bediente sich dazu, soweit das nötig und üblich war, auch seiner eigenen Verwaltung. Sobald die Provinzen in königliche Verwaltung genommen wurden (vgl. S. 153 f.), änderte sich das Blatt aber. Nun traten beamtete Statthalter an ihre Spitze, die wenigstens zunächst einmal versetzbar waren und ihre Ämter auch nicht vererben konnten.

Das Hethiterreich hat diesen Zustand trotz der Existenz der agrigs, soviel wir wissen, nie erreicht. Wohl aber geschah das in so wichtigen Gebieten wie Ägypten, Mesopotamien und China, obwohl es auch dort ein ständiges Auf und Ab zwischen der Verbeamtung der Statthalter und dem erneuten Erblichwerden ihrer Ämter gab. In Mesopotamien haben sich die Dinge zu oft gewandelt, als daß hier ein zuverlässiges Bild gemalt werden könnte; immerhin haben sich schon aus der Zeit des Urnammu von Ur (2123–2105 v. Chr.) eine Liste der Verwaltungsbezirke und aus der Zeit Hammurabis von Babylon (1792–1750 v. Chr.) ein interessanter Briefwechsel mit Provinzgouverneuren erhalten. Aus Ägypten gibt es eine Liste von 42 Gauen, die von Statthaltern unter den verschiedensten Titeln und unter der Oberleitung des Vorstehers von Ober- bzw. Unterägypten verwaltet wurden. Aber auch hier spielte die Erblichkeit der Gouverneursposten immer wieder eine Rolle und führte während der 6. Dynastie sogar zum Auseinanderbrechen des Alten Reiches. Das Bild ist also außerordentlich vielgestaltig und nicht einmal die Frage, ob es einen *mehrstufigen* Verwaltungsaufbau gegeben hat, läßt sich überall eindeutig beantworten.

Dasselbe gilt für die *Zuständigkeiten* der Provinzstatthalter. Bei den Hethitern ist mit einem Nebeneinander von Vasallenfürsten und Finanzbeamten zu rechnen, in China mit dem Nebeneinander von Verwaltungs- und Kontrollbehörden. In Ägypten dagegen scheint sich die Provinzverwaltung nach denselben Gesichtspunkten gegliedert zu haben wie die Zentralverwaltung, so daß der einzelne «Gaufürst» in seinem Territorium zugleich die höchste

Polizei-, Gerichts- und Finanzgewalt innehatte und zudem auch noch der geborene Führer des Gauheeres war. Ebenso war es im Reich der Perser. Die wirtschaftliche Versorgung dieser Gouverneure vollzog sich wie überall in Zeiten der reinen Naturalwirtschaft. Entweder wurden die Steuerleistungen, die sie für ihre Provinz an die Zentrale abzuliefern hatten, so bemessen, daß ihnen auch nach dem Abzug ihrer eigenen Verwaltungskosten und der Abgaben an die Zentrale noch ein ausreichender Teil des Steueraufkommens der Provinz verblieb, oder es wurden ihnen Landgüter und andere Einnahmequellen verliehen, von deren Erträgnissen sie leben konnten. In diesem Falle bestand allerdings ständig die Gefahr, daß sie nicht genug zwischen ihrem privaten Familienbesitz und der Vermögensausstattung ihres Amtes unterschieden und sich diese allmählich als Privatbesitz unter den Nagel rissen. Doch ist zum Beispiel aus Ägypten bekannt, daß in Zeiten, in denen die Zentralregierung einigermaßen funktionsfähig war, peinlich auf die Abgrenzung beider Vermögensmassen geachtet wurde. Fiel der Beamte in Ungnade, so verlor er mit dem Amt – zumindest – auch dessen materielle Ausstattung, was er wahrscheinlich auch dann als Vermögenskonfiskation empfunden haben wird, wenn ihm sein Privatvermögen nicht gleichzeitig durch Strafurteil entzogen wurde.

Über die *Ortsbehörden* gibt es noch weniger Nachrichten als über die Provinzverwaltungen. Man wird aber davon ausgehen können, daß es zumindest in größeren Dörfern einen Bürgermeister oder Dorfschulzen gab, der im allgemeinen wohl vom Provinzgouverneur eingesetzt wurde. Die Plastik des Dorfschulzen aus der 5. Dynastie, die in jedem besseren Werk über ägyptische Kunst zu finden ist, ist vielleicht der handgreiflichste Beleg dafür. Auch im Gesetzbuch des Babylonierkönigs Hammurabi wird immer wieder von Ortsvorstehern gesprochen und in China gab es ebenfalls Dorfbürgermeister, denen mehrere Hilfsbeamte zur Seite standen.

Die Chinesen kannten aber schon seit der Zeit Shang Yangs (S. 213) noch andere lokale Organisationseinheiten. Vor allem die Erfüllung gesetzlicher Verpflichtungen (Steuerpflicht, Pflicht zur Leistung von Hand- und Spanndiensten usw.) wurde oft Gruppen von fünf, neun oder zehn Familien gemeinsam auferlegt, die die Lasten einerseits unter sich flexibel verteilen konnten, die aber andererseits auch gemeinsam für die pünktliche Erfüllung ihrer Pflichten haftbar gemacht wurden. Daraus mag manche gegenseitige Angeberei und Antreiberei entstanden sein, die gewiß auch dafür verantwortlich ist, daß dem chinesischen Rechtssystem ein besonderer Hang zur «Sippenhaftung» und zu ähnlichen unerfreulichen Erscheinungen nachgesagt wird (S. 216). Aber bei den damaligen Verhältnissen war dieses System jedenfalls praktikabel, ja wahrscheinlich sogar unumgänglich, und so dürfte es wohl auch an anderen Stellen der Welt eine Rolle gespielt haben. Die Perser haben es beispielsweise bei bestimmten Formen der Wasserbeschaffung praktiziert, und die Bestimmung des Codex Hammurabi, nach der die Gemeinden für unaufgeklärte Raubfälle in ihrem Gebiet aufzukommen hatten (S. 288), beruht letzten Endes auf dem gleichen Prinzip.

Einer gewissen Überlegung ist es wert, wie die großen Arbeits- und Kriegsaufgebote, ohne die die alten Staaten nicht auskamen, in die Verwaltungen eingebaut oder – besser – an sie angekoppelt wurden. Wie wir schon öfter angedeutet haben, waren dazu *Kader* notwendig, die die Führung der aufgebotenen Kräfte übernehmen konnten. Dieses Verfahren kennt man ja auch heute noch bei der Einziehung von Wehrpflichtigen und Reservisten, und auch der Reichsarbeitsdienst unseligen Angedenkens kam selbstverständlich ohne ein sogenanntes Führerkorps nicht aus. Mit ähnlichen Organisationsformen ist daher in allen Staaten des Altertums zu rechnen.

Ob diese Kader ständig vorhanden waren oder ob sie im Ernstfall ebenfalls aufgeboten werden mußten, ist dagegen nicht so einfach zu sagen. Es wird wohl auch ganz unterschiedlich gehandhabt worden sein. Noch heute hat ja sogar die Bundeswehr Reserveeinheiten, deren Führungsstellen mit Reserveoffizieren und -unteroffizieren besetzt werden, und solche, wo nur eine stehende Einheit durch Reservisten aufgefüllt wird. Wenn man zum Beispiel liest, daß der Mundschenk und der Kellermeister des hethitischen Königs auch als Heerführer auftraten, so ist man ohne weiteres geneigt, sie zwar als ausgebildete Militärs, aber nach heutigen Maßstäben doch eher als Reserveoffiziere zu verstehen. Das Zitat aus der Tempelrolle vom Toten Meer, das wir oben mitgeteilt haben (S. 241), läßt dagegen durchaus die Deutung zu, daß es sich bei den dort genannten Tausend- und Hundertschaftsführern um Angehörige eines stehenden Kaders handelte.

Die Bürokratie der Achämeniden

Die erste Großreichsverwaltung, die wir etwas genauer kennen und von der sich vor allem ein halbwegs systematisches Bild zeichnen läßt, ist die des Perserreiches, die in ihren Grundlinien wohl auf persönliche Entscheidungen des Großkönigs Dareios I. (521–486 v. Chr.) zurückgeht. Sie ist nicht zuletzt deshalb so interessant, weil sie im China der Han-Dynastie eine weitgehende Entsprechung findet, und da an eine bewußte Rezeption des ganzen Systems durch die Chinesen kaum zu denken ist, läßt sich daraus wohl der Schluß ziehen, daß sie ganz einfach die administrative Antwort auf die objektiven Gegebenheiten des Altertums war und daß die Verhältnisse seinerzeit in anderen, weniger erforschten Großreichsverwaltungen nicht sehr viel anders waren.

An der Spitze der achämenidischen Reichsorganisation stand ein Funktionär, dessen Titel man heute meist mit dem Wort «*Hofmarschall*» übersetzt, den man aber getrost mit dem Majordomus karolingischen Schlages vergleichen kann. Ihm unterstanden nicht nur die übrigen Zentralbehörden und die Provinzbürokratien, sondern er regelte vor allem auch die unmittelbare Regierungstätigkeit des Großkönigs, beispielsweise den Tagesablauf (den «Terminkalender»), den Zugang zum Herrscher (die «Audienzen») und die Umsetzung der königlichen Entscheidungen. Zu diesem Zweck stand ihm ein ausgedehnter Mitarbeiterstab zur Verfügung – Protokollbeamte («Einführer»), Leibwachen, Begleitkommandos, der königliche Wagenpark und der Marstall. Ferner dürfte er im siebenköpfigen *Reichshofrat* des Perserreiches (der übrigens auch in der Bibel zweimal erwähnt wird; vgl. Esther 1,14 und Esra 7,14) eine entscheidende Rolle gespielt haben.

Unter dieser aus Hofmarschall und Hofrat bestehenden «Regierungsebene» gab es drei Hofbehörden, deren wichtigste Positionen doppelt besetzt waren; dem leitenden Beamten war jeweils ein «Vize» beigegeben, meist ein Perser, der wohl den verwaltungserfahreneren medischen oder elamischen Chef auch auf seine Loyalität zu kontrollieren hatte. Die modernen Bezeichnungen dieser Ressorts wechseln in der Fachliteratur verständlicherweise. Nach ihren Funktionen spricht man aber wohl am besten von Schatzverwaltung, Intendanturverwaltung und Hofkanzlei.

Der *Schatzverwaltung* unterstanden nicht nur die Edelmetalle, Edelsteine und sonstigen Wertgegenstände, die entweder aus den Abgaben der Provinzen oder aus den königlichen Manufakturen und Handelsgeschäften stammten, sondern auch diese Wirtschaftsbetriebe selbst, ohne die selbstverständlich auch das riesige Perserreich nicht auskam. Das notwendige Personal, bei dem übrigens die große Zahl von Frauen auffällt, wurde teils aus Eigenleuten der Krone, teils durch zeitlich befristete Dienstverpflichtungen rekrutiert. Die «Bezahlung» erfolgte in der Regel durch genau festgelegte Deputate an Lebensmitteln (vor allem Mehl) und an Getränken. Auch Sondergratifikationen fehlten nicht, zum Beispiel für die Geburt von Kindern (für die es übrigens sogar eigene Ammen oder Kindergärtnerinnen gab).

Die *Intendanturverwaltung* hatte es mit den ungeheueren Mengen von Sachgütern zu tun, die wiederum entweder von den königlichen Gütern und Betrieben erwirtschaftet wurden oder in Form von Abgaben hereinkamen. Sie wurden in der Regel für den königlichen Hof und die zehntausendköpfige Leibgarde, die sogenannten Unsterblichen, verwendet. Überschüsse konnten auf den Basaren verkauft und so in Münzen oder in das damals noch vorherrschende Hacksilber verwandelt werden. Für die wichtigsten Warenformen gab es fünf Unterabteilungen, deren Zuständigkeiten wohl am besten die Probleme aufzeigen, mit denen es die Finanzbehörden des Altertums zu tun hatten. Es gab nämlich Unterabteilungen für Körnerfrüchte einschließlich Mehl und Öle, für Rinder, Kleinvieh und tierisches Fett, für Wein und Bier, für Trockenfrüchte und für Geflügel.

Die *Hofkanzlei* schließlich war für den königlichen Briefverkehr und vor allem für die schriftliche Weitergabe der königlichen Befehle und Erlasse zuständig. Sie stellte also das wichtigste Bindeglied zwischen Zentrale und

Provinzen dar, und in einer Zeit weitestgehenden Analphabetentums verfügte sie dadurch auch über beträchtliche eigene Einflußmöglichkeiten. Verwaltungssprache war bis 448 v. Chr. das Elamische, von da an das Aramäische. Doch mußten die wichtigsten Regierungsakte natürlich schon in der Zentrale in die Volkssprachen des Reiches übersetzt werden, schon um – bewußte oder unbewußte – Übersetzungsfehler «vor Ort» zu verhindern. Deshalb gab es in der Kanzlei Sekretariate für alle halbwegs bedeutsamen Sprachen, die im Großreich gesprochen wurden (auch für das Griechische).

Chefs der *Mittelbehörden* waren die sogenannten *Satrapen*, die in ihren Provinzen die höchste zivile und militärische Gewalt ausübten. Ihre Verwaltung war nach dem gleichen Muster wie die Reichszentrale aufgebaut, beruhte also ebenfalls auf der Einteilung in Schatzverwaltung, Intendantur und Kanzlei. Die Zahl der Satrapien, deren politische Selbständigkeit schon aus räumlichen Gründen sehr groß war, wechselte im Laufe der Zeit. Im allgemeinen rechnet man mit 23 bis 31 Provinzen. Die Zentrallandschaft Persis wurde vom Großkönig selbst regiert; dort war er also gewissermaßen König und Satrap in einer Person.

Unterhalb der Provinzebene gab es Unter-Satrapien, deren Spitzenbeamte vom Königshof ernannt wurden und daher – jedenfalls der Idee nach – eine gewisse Unabhängigkeit von den Satrapen genossen. Wenn man annimmt, daß mit den 127 «Ländern», von denen das Buch Esther im ersten Satz spricht, diese Unter-Satrapien gemeint sind, verfügte jede Satrapie über vier oder fünf solche Unterbehörden, die ihrerseits wieder in sieben Bezirke mit entsprechenden Behörden gegliedert waren. Diesen letzteren waren auch Katasterämter zugewiesen, die es im Perserreich allenthalben gab und die nicht nur die Grundlagen für die Besteuerung, sondern auch für das Heereswesen und die allgemeinen Dienstverpflichtungen zu beschaffen hatten.

Die zentrale *Kontrolle* der Provinzbehörden, die in den Staaten des Altertums ganz allgemein ein beherrschendes Problem war, spielte selbstverständlich auch in der achämenidischen Reichsverwaltung eine große Rolle. Hier wurden – für uns erstmals greifbar – Modelle geschaffen, die später auch im chinesischen Kaiserreich praktiziert wurden und die – mutatis mutandis – eigentlich erst durch die moderne Nachrichtentechnik ersetzt worden sind.

Verantwortlich war für diese Kontrolle einer der höchsten persischen Beamten, der insbesondere ständigen Zugang zum Großkönig und damit auch das Recht des jederzeitigen Vortrages bei ihm hatte; wahrscheinlich war er auch «geborenes» Mitglied des «Reichshofrates». Dieser «Generalinspekteur» erhielt zunächst einmal die Berichte, die die Kanzleichefs der Satrapien regelmäßig bei der Zentrale einzureichen hatten. Ergänzt wurde das Bild, das er so gewann, durch die Berichte anderer Kontrollorgane, die «Späher» hießen und ganz offen in das System der Mittel- und Unterbehörden eingebaut waren, und erst recht durch die Berichte der «Horcher», die eine verdeckt arbeitende Geheimpolizei darstellten und ihm ebenfalls unterstellt waren. Aber damit war es noch nicht getan. Der Generalinspekteur war nämlich verpflichtet, jährlich mehrere Monate lang persönlich in den Provinzen nach dem Rechten zu sehen. Dabei hatte er ein uneingeschränktes Kontroll- und Weisungsrecht gegenüber allen Provinzialbeamten. Um seinen Anordnungen Nachdruck zu verleihen, konnte er sich die regionalen Ordnungskräfte unterstellen. Außerdem begleitete ihn ständig eine starke Abteilung der königlichen Leibgarde, so daß seine Durchsetzungsfähigkeit auch bei Insubordinationen der ortsansässigen Truppen gewährleistet war.

Dareios I. hat bei der Einführung seines Verwaltungssystems gewiß nicht ohne Vorbilder gearbeitet, sondern auf (neu-)babylonische und assyrische Modelle zurückgegriffen. Seine Regierungsmethoden sind aber, seit man die elamischen Texte der persischen Hofkanzlei lesen kann, die ältesten, die uns geschlossen – gewissermaßen «im System» – bekannt sind. Erstaunlich ist, daß sie oft bis ins Detail mit denen der Han-Dynastie übereinstimmen, die Tausende von Kilometern entfernt und drei bis vier Jahrhunderte später zur Ordnung eines ähnlich großen Raumes praktiziert wurden.

Die erste Reichsverwaltung der Chinesen

Dem chinesischen Volk hat die Fachwelt stets eine besondere administrative und organisatorische Begabung nachgesagt. Wer die folgenden Seiten liest, wird geneigt sein, sich diesem Urteil anzuschließen. Trotzdem ist zu bedenken, daß die Chinesen der Han-Epoche schon mehr als tausend Jahre politische Geschichte hinter sich hatten, während die Perser ursprünglich ein Nomadenvolk gewesen waren, das bei der Gründung seines Weltreiches gerade drei oder vier Generationen lang seßhaft war. Die Leistung der Achämeniden ist also entschieden höher einzustufen als die der Han-Kaiser.

Wahrscheinlich haben wir es hier also mit einem objektiven Sachverhalt und nicht mit besonderen Völkerbegabungen zu tun. Staaten von der Größe des Achämeniden- oder des Han-Reiches *kann* man ohne eine gut funktionierende Verwaltung einfach nicht auf Dauer zusammenhalten; dazu ist ihre Bevölkerung zu groß und zu heterogen und dazu sind auch ihre Aufgaben zu vielfältig. Auch bei den Chinesen war eine geordnete Administration letzten Endes also lediglich eine *objektive Existenzbedingung* des Reiches, das bei einer Regierung durch adelige Vasallen sofort wieder auseinandergebrochen wäre.

Unser Überblick über die chinesische Verwaltung soll bei den Kommandanturen (chün) und Präfekturen (hsien) beginnen, unter denen man wohl am besten mit unseren Regierungsbezirken und Landkreisen vergleicht. Ihre

Zahl wechselte natürlich, sowohl wegen innerer Umgruppierungen, die sich im Laufe der Zeit als notwendig erwiesen, als auch wegen der permanenten Veränderungen an den Grenzen. Die Größenordnungen, mit denen dabei zu rechnen ist, lassen sich aber an den Ergebnissen der großen Volkszählungen ablesen. So wird für das Jahr 2 n. Chr. (also genau für den Zeitpunkt, an dem unsere historische Darstellung abbricht) berichtet, daß es damals 83 Kommandanturen und 20 ihnen gleichgestellte Lehenskönigreiche, also insgesamt 103 «Mittelbehörden» gab und daß diesen 1346 Präfekturen und 241 gleichrangige Markgrafschaften, zusammen also 1587 «Unterbehörden», unterstellt waren. Da die Volkszählung dieses Jahres etwas mehr als 57 Millionen Einwohner ergab, hatte die durchschnittliche Kommandantur etwa 550000, die durchschnittliche Präfektur etwa 36000 Einwohner. Das allein rechtfertigt nicht den Vergleich mit heutigen Regierungsbezirken und Landkreisen. Nimmt man aber die durchschnittlich zu bewältigenden Gebietsgrößen hinzu, so ist der Vergleich doch ziemlich lebensnah.

Chef der Kommandantur war ein Statthalter, dem ein Hilfsstatthalter und ein Militär- und Polizeibefehlshaber unterstanden. Ähnlich war die Verwaltungsspitze der Präfekturen aufgebaut; hier wurde der Präfekt von einem Hilfspräfekten und einem Kommandanten unterstützt, der allerdings nur Polizeibefugnisse hatte. Keiner dieser leitenden Beamten durfte aus dem Sprengel stammen, in dessen Verwaltung er tätig war. Das war nur eine der Maßnahmen, mit denen die Han-Regierungen den strikten und vor allem auch unparteiischen Vollzug ihrer Gesetze und Weisungen sicherzustellen versuchten.

Multipliziert man die Zahl der Kommandanturen und Präfekturen mit den drei Leitungspositionen, die in jeder von ihnen zu vergeben waren, so kommt man bereits auf die stattliche Zahl von 5000 Beamtenstellen, die man heute wohl dem höheren Dienst (oder – realistischer – den sogenannten B-Besoldungsgruppen) zuzurechnen hätte. Auch wenn man die Ämter der Zentralverwaltung für den Augenblick einmal beiseite läßt, war das aber natürlich nicht der gesamte «öffentliche Dienst» des Reiches. Einerseits gab es auf lokaler Ebene noch Bürgermeister, Vizebürgermeister und Gendarmen, die von den Chefs der Kommandanturen eingesetzt wurden und ebenfalls in die Tausende gezählt haben müssen. Andererseits darf man nicht davon ausgehen, daß die höheren Beamten alle ihre Aufgaben mit eigener Hand erledigt hätten. Ihnen muß ein Heer von Polizisten, Gehilfen, Schreibern, Registratoren, Boten, Amtsdienern, Pferdeknechten usw. zur Verfügung gestanden haben, die selbstverständlich alle aus der Nähe des Amtssitzes kamen.

Vor allem kann man sich die gewaltigen militärischen und zivilisatorischen Leistungen des Han-Reiches ohne eine weitverzweigte Personalstruktur nicht vorstellen. Die Heere, die nun mit fünf- und sechsstelligen Mannschaftszahlen aufwarteten, bestanden zwar überwiegend aus Wehrpflichtigen, die ihre zweijährige Dienstzeit normalerweise halb in den kaiserlichen Garden (und wohl auch Kampftruppen), halb in den Einheiten ihrer Heimatkommandanturen absolvierten. Aber die Kader dieser Wehrpflichtigenarmee müssen doch auf Dauer angestellt gewesen sein, genauso wie die Eliteeinheiten im Grenzdienst, deren Soldaten auf Lebenszeit Militärdienst leisteten. Dasselbe ist für die Arbeitskolonnen anzunehmen, die die großen Kanäle, Bewässerungsanlagen und Befestigungen errichteten. Auch sie bestanden überwiegend aus aufgebotenen Arbeitspflichtigen. Aber auch sie sind ohne einen Kader von Stammkräften und ohne eine halbwegs erfahrene Bauverwaltung nicht denkbar. Im Schutz des Eisenmonopols entstanden nicht weniger als 48 Eisengießereien, deren jede Hunderte von Arbeitern beschäftigte, und beim Salz- und Alkoholmonopol wird es nicht anders gewesen sein. Dazu kamen noch die Staatshandelsbetriebe, die Verwaltungen der Getreidespeicher und der staatlichen Gestüte, die Seidenproduktionsstätten, Seidenmanufakturen usw.

Alle diese Verwaltungen unterstanden letzten Endes der kaiserlichen Zentralregierung in Ch'ang-an. Regierung im eigentlichen Sinne war der Kaiser selbst, der als absoluter Monarch herrschte und sich des Sachverstandes seines Palastrates und seiner Spezialisten dabei je nach Gutdünken bediente oder nicht bediente. Aber selbstverständlich kamen auch die pflichtbewußtesten und arbeitsfähigsten Kaiser nicht ohne eine leistungsstarke Regierungsorganisation aus. Diese unterschied sich vom Bild einer modernen Regierung durch ihre Zweistufigkeit.

Den heute üblichen Einzelressorts sind am ehesten die neun Departements zu vergleichen, die die niedrigere Stufe bildeten. Hier gab es Chargen, die man bei einiger Großzügigkeit mit einem modernen Finanzminister, einem Landwirtschaftsminister oder einem Beamtenminister vergleichen könnte; auch der oberste Appellationsrichter paßt noch einigermaßen in dieses Schema, obwohl bei uns der Präsident des Bundesgerichtshofes natürlich nicht mit dem Justizminister verwechselt werden darf. Andere Ämter wie den Chef des Palasthaushaltes und den Schatzmeister des kaiserlichen Privatvermögens gibt es heute zwar nicht mehr; sie sind unseren Historikern aber noch aus monarchischen Zeiten bekannt. Würdenträger wie der Gardekommandeur, der für die Verteidigung der Hauptstadt verantwortlich war, oder der Marschall, dem die Gestüte und Stallungen unterstanden, hätten heute aber jedenfalls keinen Ministerrang mehr.

Über allen diesen Ressorts und ihren Leitern gab es – unseren Regierungschefs nur entfernt vergleichbar – eine weitere Führungsebene mit zwei, mitunter auch drei Mitgliedern. An ihrer Spitze stand der Kanzler, der die eigentliche Leitungsfigur des gesamten Beamtenapparates war. Neben ihm gab es, zumindest bis in die ersten Jahre der Regierung von Kaiser Wu (141–87 v. Chr.), das Amt des militärischen Oberbefehlshabers, das dann aber abgeschafft und erst unter der jüngeren Han-Dynastie wieder aktiviert wurde. Außerdem bestand ein Amt, dessen Titel am besten mit «Großer Herr über die kaiserlichen Sekretäre» übersetzt wird und für das in deutschen Darstellungen oft die Kurzform «Groß-Sekretär» verwendet wird. Das Verhältnis zwischen Kanzler und Groß-Sekretär wechselte sowohl in der Aufgabenverteilung als auch im politischen Gewicht, wie das auch heute noch zwischen den Trägern höchster Staatsämter – mit und ohne ausdrückliche Verfassungsänderung – üblich ist. Mitunter war der Groß-Sekretär eine Art zweiter Kanzler, der den eigentlichen Kanzler sogar an die Wand drückte. Mitunter waren die Gewichte aber auch umgekehrt verteilt, und auch Fälle einer guten und fairen Zusammenarbeit hat es durchaus gegeben.

In jedem Falle ist festzuhalten, daß Hauptaufgabe des Groß-Sekretärs die Aufsicht über die gesamte kaiserliche Verwaltung und – im Zusammenhang damit – der Kontakt zu den Mittel- und Unterbehörden und vor allem auch die Weiterleitung der kaiserlichen Erlasse an sie war. Damit sind wir bei einer Eigenart des chinesischen Verwaltungswesens, die sich zwar erst in späteren Jahrhunderten perfektioniert hat, im Reich der Han-Dynastie aber schon deutlich angelegt war: der ungewöhnlich starken Betonung von Kontrollelementen (die natürlich wiederum eine Antwort auf die mit der Weite des Raumes zusammenhängende Insubordinationsgefahr war).

Mehr als jeder andere Staat hat der chinesische seine Provinzbeamten überwacht. Daß eine solche Kontrolle in allen Staaten nötig war, haben wir schon gesehen (S. 140ff.). Aber das System der Chinesen unterschied sich von anderen doch durch zwei Besonderheiten. Erstens ging es bei ihnen nicht nur um die Loyalität zum jeweiligen Herrscher, sondern (jedenfalls dem Anspruch nach) auch um die Korrektheit der Amtsführung gegenüber den Untertanen, und zweitens gab es – ähnlich wie bei den Persern – eine förmliche *Kontrollbürokratie* und nicht nur eine im verborgenen arbeitende Geheimpolizei.

Allerdings gilt das alles erst vom Jahre 106 v. Chr., also wieder einmal von der Regierungszeit des Kaisers Wu an. Die Ch'in hatten jedem Kommandanturstatthalter einen eigenen Aufpasser beigegeben. Unter den ersten Han-Kaisern scheint man sich mit unregelmäßigen, oft wohl nur aus besonderem Anlaß angeordneten Visitationen begnügt zu haben. Unter Wu aber wurde das Reich erstmals mit einem permanenten und lückenlosen, wenn auch ziemlich weitmaschigen Netz von Kontrollbehörden überzogen. Das Reichsgebiet wurde in 13 Inspektionsbezirke eingeteilt, an deren Spitze je ein hoher Beamter stand, und auch dieser durfte nicht aus seinem Bezirk stammen. Jedem von ihnen waren einige Funktionäre zugeteilt, die jeweils für mehrere Kommandanturen zuständig waren und aus keiner von diesen, wohl aber aus dem Inspektionsbezirk zu stammen hatten. Die Bezirks-Chefs hatten alljährlich der Zentralregierung Bericht zu erstatten. Die Kontrolle der Präfekturen erfolgte von den Kommandanturen aus, wo es selbstverständlich ebenfalls spezielle Kontrollbeamte gab. Der Groß-Sekretär hatte also, wenn man so will, ein zwei- oder (bei anderer Zählart) sogar ein dreistufiges Kontrollwesen unter sich.

Nun weiß jeder, der selbst einmal das Objekt einer solchen Kontrolle gewesen ist, daß es für sie außerordentlich schwierig ist, die Grenze zwischen Aufsicht und Hineinregieren zu erkennen und einzuhalten. Zu groß ist die Versuchung, *vorher* zu sagen, was man nachher zu beanstanden oder nicht zu beanstanden gedenkt, und auf diese Weise die eigentliche Entscheidung an sich zu ziehen. Dieses Dilemma ist auch der chinesischen Bürokratie nicht erspart geblieben. Konflikte sind in den schriftlichen Quellen schon sehr früh belegt, und auf die Dauer konnten es die Han-Kaiser und ihre Regierungen nicht einmal verhindern, daß sich aus den Chefs der 13 Inspektionsbezirke Provinzgouverneure entwickelten, die sich als weitere Behördenebene zwischen die Zentralregierung und die Kommandanturen schoben. Der Gedanke der organisierten Kontrolle ist daran aber nicht zugrundegegangen, sondern es bildeten sich nunmehr ganz neue, zusätzliche Kontrollinstanzen heraus. Doch das liegt jenseits der zeitlichen Grenzen, die wir uns hier gezogen haben.

Bei der Bedeutung, die die Verwaltung auf allen Stufen besaß, ist die Frage nur folgerichtig, wie die Chinesen der Han-Zeit den *Nachwuchs* ihres Beamtenkorps rekrutierten. Das ist eines der faszinierendsten Kapitel der ganzen Verwaltungsgeschichte. Außerdem vermittelt es zusätzliche Erkenntnisse über die Existenzbedingungen früher Staaten, die so oder ähnlich vielerorts bestanden haben müssen, in China aber besonders gut greifbar sind.

Der ursprüngliche Zustand, der wahrscheinlich weit in die Zeit vor der Reichseinigung zurückreichte, bestand darin, daß die Beamten aufgrund zufälliger Personalkenntnis und aufgrund von Empfehlungen und Beziehungen ernannt wurden. In den ersten Jahrzehnten der Han-Dynastie wurden die Bewerberlisten dann überwiegend mit Söhnen und jüngeren Brüdern schon vorhandener Beamter, daneben auch mit Verwandten der jeweiligen Kaiserin bestückt.

Sehr rational mutet ein solches System nicht an. Doch darf man selbstverständlich die Normen einer demokratischen Staatsverfassung nicht als Meßlatte an die damaligen Verhältnisse anlegen. Der Rückgriff auf Söhne und Brüder war außerdem nicht nur aus einem ständischen Patronagedenken geboren, sondern er verband zwei für sich gesehen recht vernünftige Überlegungen miteinander: die Erfahrung, daß im familiären Umkreis eines guten Mannes meist auch noch weitere gute Leute zu finden sind, und die Notwendigkeit der Hinterbliebenenversorgung beim Tod eines Beamten, die damals nicht durch eine Pension, sondern eben durch die Anstellung eines anderen Familienmitglieds geschaffen werden mußte.

Trotzdem wurde dieses merkwürdige System den Anforderungen des Großreiches auf die Dauer nicht gerecht. Zwar ist es in der Zeit, die uns hier interessiert, nie ganz abgeschafft worden. Aber der große Kaiser Wu hat es durch zwei wichtige Maßnahmen ergänzt, und diese sind für den ursprünglichen Geist des Han-Reiches wahrscheinlich typischer als alle anderen historischen Fakten zusammen.

Zunächst verlangte Wu von allen höheren Beamten, daß sie der Zentrale alljährlich zwei geeignete Bewerber für die Beamtenlaufbahn vorschlagen sollten. Das sieht nur auf den ersten Blick wie Ämterpatronage aus. Da der Vorschlagende für die Fehler und Illoyalitäten der Vorgeschlagenen zu haften hatte, dürfte diese Gefahr zumindest anfänglich nicht allzu groß gewesen sein. Nur ist verständlich, daß die höheren Beamten bei diesem Risiko die neue Verpflichtung sehr ungern erfüllten und erst durch respektable Strafdrohungen dazu gezwungen werden mußten.

Vor allem aber schuf Wu im Jahre 123 v.Chr. eine Akademie für die höhere Beamtenlaufbahn, deren Absolventen ebenfalls in die Bewerberlisten aufgenommen wurden. Was das praktisch bedeutete, versteht man am besten, wenn man sich die Wirkung der großen Beamtenschulen unserer Zeit auf die französische Verwaltung oder die des preußischen Generalstabes auf das seinerzeitige Offizierskorps vergegenwärtigt.

Die eigentliche Bedeutung der neuen Akademie bestand darin, daß die jungen Beamten auf ihr nicht mehr nach den Lehren der Gesetzesschule, sondern nach denen des *Konfuzianismus* erzogen wurden, der in der Regierungszeit des Kaisers ganz allgemein zur Reichsideologie wurde. Beides ist kennzeichnend für die Lage, in der sich das chinesische Reich unter Wu befand.

Es ist immer mißlich, wenn man einem Staatsmann bei ideologischen Entscheidungen ausschließlich machtpolitische und utilitaristische Motive unterstellt. Tatsächlich spricht vieles dafür, daß Kaiser Wu – von den Zeiten seines Altersstarrsinns und des damit offenbar verbundenen Verfolgungswahns abgesehen – den Lehren der Konfuzianer wirklich nahestand. Unbestreitbar ist aber auch, daß sie für die Führung des nunmehr geeinten und stabilisierten Reiches passender und nützlicher waren als die Lehren der fachia (die übrigens im zweiten Jahrhundert n.Chr., als die jüngere Han-Dynastie in Konkurs ging und allenthalben Aufstände tobten, sofort wieder auflebte).

Denn nunmehr ging es vor allem darum, das ständig expandierende Reich zusammenzuhalten und die Masse der Bevölkerung so zu behandeln, daß sie – möglichst freiwillig – bei der Stange blieb. Dazu war zweierlei nötig: absolute Loyalität der oft weit entfernt agierenden Funktionäre und eine halbwegs gerechte und fürsorgliche Verwaltung der Provinzen. Beides gewährleistete der Konfuzianismus mit seiner von hohem Ernst getragenen Pflichtethik in ganz besonderer Weise.

Wir wollen dieser Erscheinung, die zeitlich wie thematisch am Rande unseres Interessenbereiches liegt, nicht weiter nachgehen. Aber wir müssen wenigstens festhalten, daß wir es hier mit einem besonders interessanten Versuch zu tun haben, das Dilemma des Raumes zu überwinden. Daß die Verwaltung der Provinzen durch adelige Vasallen nicht funktionieren würde, wußte man in China aus bitterer Erfahrung. Die Gefahr aber, daß beamtete Statthalter sofort wieder regionalistische Tendenzen verfolgen und sich selbst als Könige etablieren würden, war bei den gewaltigen Entfernungen sehr groß, auch wenn man die schon geschilderten Kontrollmechanismen in Rechnung stellt. Nichts lag daher näher, als die Kontrolle zwar auszubauen, den künftigen Beamten aber durch Erziehung und Korpsgeist noch zusätzliche Korsettstangen der Pflichttreue und Loyalität einzuziehen.

Erfunden wurde das Beamtenethos übrigens weder von den Konfuzianern noch von Kaiser Wu. Schon im Alten Reich der Ägypter, also 2000 Jahre vor Wu und über 1500 Jahre vor Konfuzius selbst, gab es am Nil eine ganze Literatur, die die Loyalität und Gerechtigkeit des guten Beamten mit lauten Worten zu preisen wußte (übrigens oft mit Beispielen, die wir heute als Liebedienerei bezeichnen würden), und die Ägyptologen sind sich darüber einig, daß es sich dabei ebenfalls um eine standesspezifische Literatur handelte.

Man mag versucht sein, das allein mit dem unkriegerischen Charakter des Staates zu erklären, den sich die Ägypter fast ein Jahrtausend lang leisten konnten (S. 88 f.) und der dazu führte, berufliche Leitbilder nicht im militärischen, sondern eben im administrativen Raum zu entwickeln. Wenn man sich aber die Landkarte Ägyptens ansieht und vor allem die langgestreckte, in Nord-Süd-Richtung mehr als 1000 Kilometer überspannende Form seines Staatsgebietes in Rechnung stellt, könnte man durchaus auf den Gedanken kommen, daß auch damals schon die Verführungen des Raumes durch ein gesteigertes Beamtenethos eingedämmt werden sollten.

Das ägyptische Gerichtssystem

Ein paar Worte sollten noch auf das *Gerichtswesen* verwendet werden. Hier ist vorwegzuschicken, daß es im Altertum natürlich keine Gewaltenteilung und damit auch keine richterliche Unabhängigkeit gab. Sprach der König nicht selbst Recht, so judizierten die Gerichte in seinem Auftrag und gegebenenfalls auch nach seinen Weisungen. Außerdem gibt es über Gemeinsamkeiten in der Gerichtsorganisation der uns interessierenden Staaten nur wenige Informationen, ja selbst für die einzelne Gerichtsorganisation sind die Historiker meist auf zufällige Nachrichten und auf Kombinationen angewiesen. Deshalb wollen wir uns hier darauf beschränken, an einem halbwegs bekannten Gerichtssystem zu zeigen, wie Organisationen dieser Art ausgesehen haben könnten.

Wie schon einmal berichtet, kennen wir die Verhältnisse des Staatsapparates in *Oberägypten* relativ gut. Dort scheint die Gerichtsbarkeit lange Zeit sechs Gerichtshöfen anvertraut gewesen zu sein, deren amtliche Bezeichnung «Großes Haus» war. Die Mitglieder dieser Gerichtshöfe wurden in der Regel dem Kreis der hohen Würdenträger des Teilreiches entnommen. Von den «Großen der Zehn» scheint jeder wenigstens einem Gerichtshof angehört zu haben, der Vorsteher selbst war bei allen Mitglied. Die Zuständigkeitsverteilung zwischen den sechs Gerichtshöfen selbst ist nicht völlig klar. Am nächsten liegt aber doch die Vermutung, daß sie nach räumlichen Gesichtspunkten vorgenommen wurde. Dann wäre also jeder von ihnen für einige Provinzen oder Gaue Oberägyptens zuständig gewesen.

Neben diesen Gerichtshöfen scheint es auch noch Einzelrichter gegeben zu haben. Unklar ist aber schon, ob diese eine untere Instanz waren, die vielleicht in Bagatellangelegenheiten selbst entscheiden konnte, oder ob es sich bei ihnen eher um Hilfsbeamte handelte, die nur gewisse Beweiserhebungen an Ort und Stelle durchzuführen hatten. Man kann das letztere nicht ganz ausschließen. Aber man muß als sicher davon ausgehen, daß zu den «Großen Häusern» nicht jede Bagatellstreitigkeit kam, sondern daß der «Kleinkram» schon bei örtlichen Stellen, etwa den Dorfbürgermeistern, geschlichtet und nötigenfalls entschieden wurde, die entweder keine Akten führten oder deren Akten verständlicherweise nicht auf uns gekommen sind.

Es gibt zu dieser Frage eine hübsche Geschichte in der Bibel. Kurz nach dem Auszug aus Ägypten besuchte der midianitische Priester Jethro seinen Schwiegersohn Moses, und am Tag nach seiner Ankunft erlebte er mit, wie dieser von Sonnenaufgang bis Sonnenuntergang die Streitigkeiten im Volk Israel schlichtete. Da hielt ihm Jethro eine lange Rede, die – modern gesprochen – darauf hinauslief, er solle mehr delegieren. Die entscheidenden Sätze lauten: «Sieh dich aber um unter allem Volk nach redlichen Leuten, die Gott fürchten, wahrhaftig und dem Geiz feind sind; die setze über sie, etliche über tausend, über hundert, über fünfzig und über zehn, daß sie das Volk allezeit richten. Wo aber eine große Sache ist, sollen sie diese an dich bringen, und sie sollen alle geringen Sachen richten.» (2. Mos. 18,21–22). Wenn das schon bei einem kleinen Nomaden- oder Bauernvolk so war, wieviel eher dann in den großen Staaten an Nil, Euphrat und Tigris.

Typisch für die alten Gerichtssysteme ist übrigens auch der Gedanke, daß ein unteres Gericht eine Sache, durch die es sich überfordert fühlte, einfach «nach oben» abgeben durfte oder sogar mußte. Heute ist das nur noch möglich, wenn das Gericht ein Gesetz, das es anwenden müßte, für verfassungswidrig hält. Früher war es aber gang und gäbe, auch in unserem eigenen Kulturkreis. Wahrscheinlich waren auch die «Großen Häuser» Ägyptens nur mit wichtigeren Prozessen befaßt, für deren einen Teil sie wohl von vornherein zuständig waren, weil er ihnen vorbehalten war, und deren anderer Teil ihnen «von unten» vorgelegt wurde.

In Strafprozessen bestand sogar für die «Großen Häuser» selbst eine empfindliche Vorlagepflicht. Sie waren nämlich nur dazu berechtigt, die ihnen unterbreiteten Strafsachen zu untersuchen, die erforderlichen Beweise zu erheben und schließlich über Schuld und Nichtschuld des Angeklagten zu befinden. Die Festsetzung der Strafe selbst aber erfolgte dann durch den Pharao, das heißt praktisch wohl durch Beamte der Zentralregierung. In diesem Zusammenhang drängt sich natürlich die Frage auf, ob sich auch der Bürger, der mit einem Gerichtsurteil nicht einverstanden war, mit einem Rechtsmittel an ein höheres Gericht oder sogar an den König wenden konnte. Das muß grundsätzlich der Fall gewesen sein; denn da die Gerichte an die Weisungen des Königs gebunden waren, kann es auch nicht verboten gewesen sein, diesen im einen oder anderen Falle um sein Eingreifen zu bitten. Tatsächlich gibt es auch Beispiele für solche aufsichtlichen Entscheidungen; die Korrespondenz des Babylonierkönigs Hammurabi etwa greift immer wieder auf Beschwerden zurück. Der König war aber nicht verpflichtet, solchen Hilfegesuchen nachzugehen, sondern es stand in seinem freien Ermessen, ob er sich darauf einlassen wollte oder nicht. Deshalb ist es vielleicht sachgerechter, hier nicht von Rechtsmitteln im heutigen Sinne zu sprechen. Der Vergleich mit einer Aufsichtsbeschwerde liegt um einiges näher.

In den Akten des Neuen Reiches fällt übrigens auf, daß die Zusammensetzung der «Großen Häuser» viel öfter und rascher wechselte als in älteren Zeiten. Es bildete sich sogar der Ausdruck «Gericht des Tages» heraus, der ja immerhin vermuten läßt, daß über die Besetzung der Gerichtsbank von Tag zu Tag (oder zumindest in sehr kurzen Zeitabständen) neu entschieden wurde. Wir kennen in unserer modernen Gerichtsbarkeit etwas Ähnliches bei den Schöffen- und Geschworenenlisten, aus denen die ehrenamtlichen Richter ja ebenfalls in einem rasch wechselnden Turnus ausgewählt werden müssen. Ob es solche Listen auch im alten Ägypten gegeben hat, läßt sich nicht mehr feststellen. Immerhin ist die Zusammensetzung einzelner «Gerichte des Tages» bekannt. Man kann daraus schließen, daß zu den «gerichtsfähigen» Personen nun auch recht untergeordnete Beamte des Hofes und der Priesterschaft, ja selbst Dorfbürgermeister gehört haben. Ob sie zur Entscheidung der einzelnen Prozesse ausgewählt wurden (und bejahendenfalls von wem) oder ob man etwa das Los entscheiden ließ, ist unbekannt. Es wäre aber reizvoll, das zu wissen; denn davon hing es ja u. a. ab, welche Manipulationsmöglichkeiten für die Staats- oder zumindest die Provinzspitze bestanden.

Personalpolitik

Wer einmal mit Verwaltung zu tun hatte, der weiß, daß es nicht nur darauf ankommt, wie sie organisiert ist und welche Ämter es in ihr gibt. Mindestens genauso wichtig ist es, welche Menschen auf die verschiedenen Sessel gelangen und nach welchen Kriterien sie ausgewählt werden. Davon hängt nicht nur die fachliche Qualität und das Selbstverständnis (das «Standesethos») der Beamten ab, sondern vor allem auch die Antwort auf die entscheidend wichtige Frage, wem sie sich zur Loyalität verpflichtet fühlen, und davon kann der Zusammenhalt und damit der Fortbestand eines ganzen Staates abhängig sein. Die Personalpolitik ist daher ein fundamentales Element jeglicher Politik, und es lohnt sich durchaus, den Prinzipien nachzugehen, denen sie in den Staaten des Altertums folgte.

Bei der Durchleuchtung der aristokratisch aufgebauten Reiche haben wir bereits gesehen, daß es zwei Methoden gab, sich die Loyalität der hohen Funktionäre zu sichern: entweder die Ernennung von Mitgliedern der Königsfamilie, die dem König schon aus Gründen des Clan-Interesses verpflichtet waren, oder die Ernennung von sozial abhängigen Personen, das heißt von echten «Beamten», die ihren Aufstieg dem König verdankten und mit ihm jederzeit auch wieder fallen konnten; schlagendstes Beispiel sind hier – zumindest bei Persern und Chinesen – die berüchtigten Eunuchen.

In der uns bekannten Geschichte wechselten diese beiden Modelle immer wieder ab. Aufs Ganze gesehen ging der Trend aber doch eindeutig vom Prinzenmodell zum Beamtenmodell.

Das haben wir an der Geschichte der mesopotamischen Staaten und in Umrissen auch an der Geschichte des Perserreiches immer wieder beobachten können, und die Entwicklung Chinas unter den Kaisern Ching und Wu gibt sogar einen klassischen Beweis für die Richtigkeit unserer Behauptung ab. Auch die ägyptische Entwicklung haben wir schon verschiedentlich gestreift, zumindest was das Verhältnis der königlichen Zentralregierung zu den adeligen Gaufürsten anging. Jetzt muß aber doch noch einiges angefügt werden.

Zum Beispiel ist zu bemerken, daß die wichtigen Wesirämter des Pharaonenstaates praktisch während des ganzen Alten Reiches nur an Prinzen des königlichen Hauses vergeben wurden und daß sich diese Übung, wenn auch bei weitem nicht so regelmäßig, bis in die Zeit des Neuen Reiches fortsetzte, wo auch die Führungsränge der nun in den Vordergrund tretenden Armee mehrfach in der Hand von Angehörigen der Königsfamilie lagen. Die Verwaltung des nubischen Protektorats war so regelmäßig in der Hand des Kronprinzen, daß sich für den Großprotektor oder Vizekönig sogar der Titel «Königssohn von Kusch» (= Nubien) herausbilden konnte.

Dennoch ist gerade Ägypten zum Musterbeispiel eines Beamtenstaates geworden. Der zeitweise vorhandene Vasallenadel wurde immer wieder zu einem Beamten- oder Hofadel umgeschmolzen und je länger desto mehr wurden in der Staatsverwaltung auch königliche Sklaven – in aller Regel also sogar Ausländer – verwendet, die vom Pharao nicht nur in ihrer sozialen

Stellung, sondern mit ihrer ganzen Persönlichkeit abhängig waren. Diese Entwicklung verlief selbstverständlich von unten nach oben und hat gewiß bei dem Heer der Palastbediensteten, Läufer, Büttel, Gerichtsdiener, Stallburschen und Sänftenträger begonnen. Aber sie setzte sich nach oben fort und erreichte auch die höchsten Ränge. Der Heerführer Haremhab, der aus dem Volke kam und ohne jede ersichtliche Revolution auf den Pharaonenthron gelangte, ist nur *ein* Beispiel für diese Behauptung. Die Praxis der Hethiterkönige, die Finanzchefs der Provinzen aus dem Kreise ihrer «Sklaven» zu nehmen, war also nicht so ungewöhnlich, wie es dem einen oder anderen erscheinen möchte.

Daß sich der Aufstieg kleiner Leute in der Ämterhierarchie oft über Generationen erstreckt haben muß, wird man wohl annehmen dürfen. Damit sind wir aber bei der Frage der *Beamtenfamilien,* ja der Beamtendynastien. Die Chinesen der Han-Zeit bauten auf diesem Prinzip ganz bewußt auf; sonst hätten sie nicht Beamte mit Strafen bedroht, wenn sie sich weigerten, Verwandte für die Beamtenlaufbahn vorzuschlagen (S. 267). Aus der ägyptischen Geschichte sind solche Zwangsmaßnahmen nicht bekannt. Jeder Ägyptologe kann aber Beispiele dafür nennen, daß Vater, Sohn und Enkel oder Onkel, Neffe und Großneffe nacheinander die höchsten Ämter in Verwaltung, Priesterschaft und Heer bekleideten, und das braucht nicht immer nur ein Zeichen bewußter Ämterpatronage zu sein. Wenn man bedenkt, wie lange es gedauert haben muß, bis ein junger Mann die komplizierte Hieroglyphenschrift und das nicht weniger schwierige Hofzeremoniell der Pharaonen gelernt hatte, braucht man sich nicht darüber zu wundern, daß junge Leute, die mit diesen Dingen praktisch aufwuchsen, nachher einen Konkurrenzvorsprung hatten – und außerdem ist es ja nicht ganz ungewöhnlich, daß ein tüchtiger Vater auch tüchtige Söhne hat.

Übrigens gab es in den Staaten, mit denen wir uns hier vorzugsweise befassen, auch eine blühende Praxis der *Ämterhäufung.* Man muß sich hier allerdings vor allzu raschen Urteilen in acht nehmen. Einmal kannten die alten Staaten den Gedanken der Gewaltenteilung nicht, so daß ihnen die Verbindung mehrerer Ämter in einer Hand nicht von vornherein als verdächtig erscheinen mußte. Sodann gibt es auch *scheinbare* Formen der Ämterhäufung. Wenn zum Beispiel die hethitischen Mundschenken und Kellermeister gelegentlich als Heerführer auftraten, so lag das im System. Sie waren eben Adelige, zum Kriegshandwerk herangebildet, und das Hofamt dürfte für viele von ihnen nicht mehr als ein Ehrentitel gewesen sein. Auch die Wahrnehmung priesterlicher Funktionen durch staatliche Würdenträger war, wie wir schon wissen, normalerweise keine Häufung mehrerer Ämter, sondern nur ein anderer Aspekt ein und desselben Amtes – das gehörte im Altertum «einfach dazu».

Trotzdem gibt es – gerade aus Ägypten – auch Beispiele, die selbst nach diesen Prämissen nicht mehr einleuchten. Die langen Listen der Ämter, die manche ägyptischen Beamten bis zu ihrem Lebensende ausübten und die sie dann auch minutiös in ihren Grabinschriften mitteilten, erstrecken sich oft auf so heterogene Gebiete, daß es wirklich keine andere Erklärung als Ämterhäufung – im Klartext: Macht- und Pfründenhunger – mehr gibt. Am bedenklichsten erscheint uns heute die Verbindung des obersten Wesiramtes mit dem Amt eines Oberpriesters, etwa des Gottes Ptah von Memphis oder gar des Amun von Karnak. Während des Neuen Reiches waren solche Kombinationen aber gar nicht so selten, und wenn man die Fälle aufzählen wollte, in denen bestallte Priester zugleich Verwaltungspositionen einnahmen, ließe sich der Rahmen dieses Kapitels ohne weiteres sprengen.

In fast allen antiken Staaten kam die Skala der *Ämter* und *Titel* dem unausrottbaren Bedürfnis der Menschen nach Auszeichnung und Belobigung weit entgegen. Es gab unzählige Ränge, was natürlich zur Folge hatte, daß der einzelne Dienstnehmer auch entsprechend oft befördert werden konnte. Dieses System ist den Historikern schon aus dem römischen Heer und aus vielen hellenistischen Organisationen bekannt. Ähnlich verhielt es sich aber auch in den Heeren der Ägypter und der Chinesen, und außerdem wurde es dort nicht nur in der Armee, sondern auch in der Verwaltung praktiziert. Wiederum mag ein Beispiel genügen. In der ägyptischen Finanzverwaltung gab es während des Mittleren Reiches nicht nur den Vorsteher der Beamten des Schatzhauses sowie einen Stellvertreter und einen Gehilfen des Vorstehers der Schatzmeister, sondern daneben auch noch einen Schreiber und einen Oberschreiber des Schatzhauses, und das war – wohlgemerkt – nur die «Ministerialstufe»; man kann sich also vorstellen, wie sich diese Schlange in die Provinzverwaltungen und die einzelnen Magazinverwaltungen hinein fortsetzte. Nicht anders war es in China, noch ehe das vielstufige System der Mandarine und ihrer Untergebenen eingeführt wurde. Schon der Verdienstadel des Ch'in-Reiches hatte volle neun Stufen.

Ansätze zu dieser Erscheinung gibt es auch schon in den frühen sumerischen Staaten. Vom Ende der Späturuk-Zeit (ca. 3200 v. Chr.) bis weit in die Zeit der akkadischen Dynastie hinein – also über volle 700 Jahre hinweg – haben sich Listen von Amts- und Berufsbezeichnungen erhalten, wie sie sich in der damaligen Palast- und Tempelverwaltung eben ergaben, und diese sind nicht nur untereinander hierarchisch gegliedert, sondern sie sind auch in sich gestuft, so wie es heute neben dem Feldwebel noch den Ober-, Haupt-, Stabs- und Oberstabsfeldwebel gibt; drei- und vierstufige Beförderungsgänge innerhalb einer einzigen Berufsbezeichnung sind in diesen Listen keine Seltenheit.

Auch Ehrentitel ohne bestimmtes Amt scheint es in reichem Maße gegeben zu haben. Der Titel «Freund des Königs» wurde in Ägypten zu bestimmten Zeiten ähnlich vergeben wie bei uns früher der «Geheimrat», und dasselbe entwickelte sich im Laufe der Zeit sogar beim Titel «Wedelträger des Königs», der doch ursprünglich einmal dem Regierungschef vorbehalten war, und beim «Siegelbewahrer», der ursprünglich eine ähnliche Rolle spielte. Im Reiche Ch'in kann es sich mit den unteren Adelsrängen nicht anders verhalten haben. Sonst wäre es nicht zu erklären, daß sie sich gelegentlich sogar bei einfachen Soldaten finden.

Ein mykenischer Adelsstaat

Die bisher behandelten Organisationen gehörten, wie der Leser sicher bemerkt haben wird, ganz überwiegend zu den großen Staaten des Orients. Das braucht niemand zu verwundern; denn in diesen waren die Verwaltung und vor allem auch das Archivwesen so ausgebaut, daß sich Spuren verhältnismäßig leicht über die Jahrtausende erhalten konnten. Ganz anders lagen die Dinge natürlich bei den kleinen Adelsstaaten, mit denen in vielen Gegenden der Welt zu rechnen ist. Sie hatten eine wesentlich kleinere und einfachere Organisation, und schon aus diesem Grunde ist es auch ungleich weniger wahrscheinlich, daß sich heute, nach drei oder vier Jahrtausenden, noch halbwegs klare Vorstellungen von der Verwaltung eines solchen Kleinstaates gewinnen lassen.

Deshalb ist es ein einmaliger Glücksfall, daß sich auf den sogenannten Linear B-Tafeln, die sich auf der Insel Kreta in Knossos und auf der Peloponnes in Pylos gefunden haben, wenigstens Momentaufnahmen mykenischer Adelsstaaten erhalten haben. Wir wollen hier unser Wissen über den Kleinstaat von Pylos darstellen, weil dieser auch im Vergleich zu Knossos weitaus besser dokumentiert ist.

Um eine Momentaufnahme handelt es sich deshalb, weil die Tontafeln sämtlich aus dem Zeitraum eines, höchstens zweier Jahre stammen. Überwiegend dienten sie nämlich nur der Aufnahme kurzfristiger Notizen, die offenbar später in zusammenfassenden Jahresabrechnungen aufgehen sollten. Deshalb begnügte man sich damit, sie an der Luft trocknen zu lassen, und nach Erstellung der Gesamtabrechnung wurden sie offenbar weggeworfen. Nur aus dem letzten Jahr vor der Zerstörung des pylischen Palastes (die aller Wahrscheinlichkeit nach auf die Seevölker zurückzuführen ist und daher um 1200 v. Chr. erfolgt sein muß) sind sie erhalten. Während alle anderen Unterlagen, die vielleicht auf Holz oder Papyrus geschrieben waren, im Feuersturm untergingen, wurden sie von diesem gebrannt und dadurch – gewissermaßen versehentlich – der Nachwelt erhalten.

Der pylische Staat vereinigte, wenn die Berechnungen der Historiker einigermaßen zutreffen, ungefähr 100 000 Personen in sich, von denen etwa 3000 in der Hauptstadt Pylos gelebt haben dürften. An seiner Spitze stand der König, dessen mykenische Bezeichnung (wanaka bzw. wánax) wir bereits kennen und den wir uns wohl so vorstellen dürfen, wie Homer – allerdings wesentlich später – seine Kleinkönige gezeichnet hat. Der wánax ist übrigens auch für das nachminoische Knossos bezeugt. Daß er kultische und bestimmte administrative Funktionen hatte, ergibt sich aus den erhaltenen Tafeln klar. Neben seinem sicher nicht geringen Familienvermögen stand ihm eine Art Krongut zur Verfügung, das offenbar mit dem Amt verbunden war und die Bezeichnung temeno trug. Militärische Kommandofunktionen des wánax haben sich bisher nicht eindeutig nachweisen lassen. Doch zeigen die fieberhaften Verteidigungsmaßnahmen, von denen wir später noch reden müssen und die offenkundig vom Königspalast ausgingen, daß er – wie alle indogermanischen Könige – auch oberster Führer des Heeres gewesen sein muß.

Zweiter Mann nach dem König war der rawaketa oder lawagétas, was soviel wie «Volksführer» heißt. Auch er hatte einen temeno, der allerdings sehr viel kleiner als der des Königs war; trotzdem wird seine hervorgehobene Stellung gerade dadurch handgreiflich. Nicht ganz unumstritten sind seine Aufgaben. Die meisten Fachleute weisen darauf hin, daß das griechische Wort «laos» (vgl. lawa-) das «Volk in Waffen» bezeichnete, und halten ihn daher für den eigentlichen Oberbefehlshaber des Heeres. Dafür sprechen in der Tat alle Wahrscheinlichkeiten, und die davon abweichende Meinung, die ihn als den Exponenten des Adels gegenüber «der Dynastie» einstuft, ist damit nicht unvereinbar. Denn natürlich waren die Heere der mykenischen Zeit zunächst einmal Adelsheere, und daß der lawagétas dann aufgrund seines hohen Ranges auch im Adelsrat (vgl. S. 149) das Wort führte, wäre nur folgerichtig.

Unter diesen beiden Spitzenfunktionären scheint es eine mehrspurige Organisation gegeben zu haben.

Zunächst läßt sich aus den gefundenen Texten ableiten, daß das pylische Gebiet in zwei Provinzen unterteilt war, die wohl durch einen Höhenzug getrennt waren und an deren Spitze je ein Funktionär mit der Amtsbezeichnung duma stand. Die «diesseitige» Provinz war sodann in neun, die «jenseitige» in sieben bzw. acht Distrikte aufgegliedert; an deren Spitze stand je ein korete. Sowohl diesem als auch dem duma scheint ein Stellvertreter zugeordnet gewesen zu sein, wie wir das auch aus der persischen und chinesischen Verwaltung kennen. Dafür sprechen jedenfalls die Amtsbezeichnungen poroduma und porokorete, die sehr an die späteren römischen Prokonsuln und Proprätoren erinnern.

Welche Funktionen die Provinzen und Distrikte hatten, ist nicht ganz klar. Sicher ist ihre beherrschende Rolle bei der Steuererhebung. Hier läßt sich sogar feststellen, daß für jedes Gebiet von vornherein eine bestimmte, auf Vorausschätzungen beruhende Gesamtsumme festgelegt war (S. 245). Die Prinzipien der Verteilung auf die einzelnen Distrikte und die Steuertarife haben sich ungefähr ermitteln lassen, und es gibt sogar Anhaltspunkte dafür, daß der Tarif in Pylos und Knossos derselbe war. Unsicher ist jedoch, ob die Provinzen und Distrikte über die Steuerverwaltung hinaus noch weitere Aufgaben hatten. Gerade das wäre aber von höchstem Interesse, weil sich nur daraus ablesen ließe, welche Funktionen dem pylischen Königtum überhaupt zugeschrieben wurden.

Eine zweite Säule der Staatsorganisation waren die Priesterschaften der verschiedenen frühgriechischen Götter. In den Linear B-Tafeln werden Dutzende von Personen genannt, die den Titel ijereu (= Priester) oder ijereja (= Priesterin) tragen. Auch Bezeichnungen wie teojo doero (theoú doulos = Diener des Gottes) kommen vor und betreffen offenbar nicht nur das niedere, vielleicht sogar unfreie Tempelpersonal, sondern auch ziemlich hochgestellte Persönlichkeiten.

Daß die Tempel dem Zugriff des Königs nicht völlig entzogen waren, ergibt sich aus den erhaltenen Nachrichten ebenfalls. In Erwartung des Angriffs, der schließlich zum Untergang des ganzen Staates führte, wurde nämlich jedem Schmied eine bestimmte Menge «Tempel-Erz» zur Herstellung von Lanzen- und Speerspitzen zugewiesen. Das bedeutet vor allem: es wurde in dieser Notstandssituation auch Zugriff auf die Depots der Heiligtümer genommen.

Je weiter man in der pylischen Organisation nach unten geht, desto mehr stößt man auf Erscheinungen, die an Selbstverwaltungseinrichtungen erinnern, wie man sie auch heute noch kennt. Natürlich darf man sich darunter keine moderne kommunale oder berufsständische Selbstverwaltung vorstellen; das ergibt sich schon daraus, daß die Spitzenfunktionäre dieser Einrichtungen offenbar nicht gewählt, sondern von der Staatsspitze bestellt wurden. Andererseits läßt sich aber denken, daß sie sehr rasch in ihre Umgebung, deren Denken und Interessen, «eingebunden» waren und sich dafür nach Kräften eingesetzt haben.

Mit diesen Maßgaben wird man wohl nicht weit danebengreifen, wenn man sich den damos, der in den pylischen Dokumenten greifbar wird, als eine Art *kommunaler* Körperschaft vorstellt, so wie es später ja auch der attische demos war. Wie groß diese Körperschaften im pylischen Reich waren, läßt sich allerdings nicht mehr feststellen, und deshalb ist es auch kaum möglich, über ihre Aufgaben zu philosophieren. Örtliche Rechtsprechung und Ortspolizei haben aber sicher dazugehört. Bekannt ist, daß der Vorsteher eines solchen damos die Amtsbezeichnung damokoro führte, und sehr wahrscheinlich ist es, daß er vom wánax eingesetzt wurde (doch ist hier die sprachliche Bedeutung des in den Tafeln verwendeten Zeitworts nicht ganz klar).

In den mykenischen Dokumenten finden sich auch Anhaltspunkte dafür, daß es eine Art *berufsständischer* Selbstverwaltung gegeben hat, das heißt die Zusammenfassung bestimmter Handwerker in Körperschaften, die man etwa mit Zünften oder Innungen vergleichen könnte. Spuren einer solchen Organisation gibt es auch in anderen Staaten des Altertums, beispielsweise in Babylonien. Im pylischen Staatswesen wird vor allem die Erfassung der Schmiede handgreiflich, die unmittelbar vor entscheidenden Kämpfen natürlich eine besondere Rolle spielten und daher in den erhaltenen Tontafeln auch besonders auffallen.

Die Schmiede hatten, wenn diese Eindrücke nicht täuschen, schon im allgemeinen eine Sonderstellung im pylischen Gesellschaftsgefüge, da sie einerseits keine Steuern bezahlen, dafür aber offenbar bestimmte Handwerksleistungen für den Staat erbringen mußten; man könnte natürlich auch sagen, daß sie ihre Abgaben in Produkten ihrer beruflichen Tätigkeiten zu leisten hatten. Vor allem aber wird ihre berufsständische Organisation in den erhalten gebliebenen Tafeln verhältnismäßig klar, und ebenso wird deutlich, daß die Schmiedezünfte unter der Leitung von Funktionären standen, die den zukunftsträchtigen Titel qasireu (= basileús) führten.

Man wird bezweifeln dürfen, daß die qasireu nur eine Art Zunftmeister oder Innungsvorstände waren. Die pylischen wie auch die knossischen Texte zeigen nämlich, daß es sich bei ihnen um verhältnismäßig hochgestellte Persönlichkeiten, wahrscheinlich sogar um Adelige handelte, und die Parallele zu den oben erwähnten Kommunalbeamten (damokoro) legt den Gedanken ziemlich nahe, daß auch sie nicht von den Zunftmitgliedern gewählt, sondern vom Palast ernannt wurden. Nimmt man das alles zusammen, so liegt die Vermutung nahe, daß sie den Schmiedezünften als eine Art «Staatskommissare für Rüstungsfragen» vorstanden. Von hier aus wäre es durchaus folgerichtig, daß ihre Amtsbezeichnung in den stürmischen Zeiten, die auf die Seevölkerkatastrophe folgten, auf die Spitzenfunktionäre der frühen griechischen Staaten überging.

Auch die Heeresorganisation läßt sich in den pylischen Linear B-Täfelchen wenigstens erahnen. Daß der lawagétas Oberkommandierender war, ist bereits ausgeführt worden, und aus den Verhältnissen in einem normalen Adelsstaat läßt sich wohl erschließen, daß er über ein Bauernheer verfügte, dessen Kontingente ihm von den einzelnen adeligen Vasallen zugeführt wurden (S. 239ff.). Das wird in den erhaltenen Quellen nicht ausdrücklich gesagt, sondern gewissermaßen vorausgesetzt. Erhalten ist dagegen ein Einsatzbefehl für eine Spezialtruppe, deren Soldaten als epikowo bezeichnet wurden. Was das bedeutet, ist unter den Fachleuten zwar heftig umstritten. Am wahrscheinlichsten ist aber doch die Interpretation als «Späher» oder «Nachrichtentruppe». Der epikowo war also wohl eine Art vorgeschobener Beobachter, der in der Seevölkergefahr vor allem die Küsten zu überwachen und das Nahen von Feinden den eigentlichen Verteidigungstruppen zu melden hatte. Jeder Abteilung solcher Beobachter (oka) war außerdem ein eqeta beigegeben. Auch seine Funktionen sind unter den Mykenologen sehr umstritten. Aber wahrscheinlich war er eine Art Verbindungsoffizier, der die Beobachtungsergebnisse an das Hauptquartier weiterzuleiten hatte. Daß ihn andere Deutungen als «Trabanten» oder «Gefolgsmann» (dann doch wohl des Königs) verstehen, bestätigt diese Vermutung eher, als daß es sie widerlegt.

Bleibt noch der Begriff tereta zu erwähnen, auf dessen Interpretation sich die Fachleute bisher am allerwenigsten einigen konnten. Er wird einmal einem Priester, ein anderes Mal einem Lehensmann oder gar einem Diener zugewiesen. Wenn man aber bedenkt, welch große Rolle auch im mittelalterlichen Europa die unfreien Ministerialen (= Diener) von großen Dynasten gespielt haben, so erkennt man auch hier, daß die Unterschiede zwischen den angebotenen Erklärungen vielleicht gar nicht so groß sind, wie es auf den ersten Blick erscheint.

Schrift und Sprache in der Verwaltung

Daß Verwaltung ohne Akten nicht möglich ist, braucht wohl nicht besonders bewiesen zu werden, und es versteht sich eigentlich auch von selbst, daß es auf die schriftliche Tätigkeit um so mehr ankommt, je geringer die Möglichkeiten der mündlichen oder fernmündlichen Übermittlung von Weisungen und Entscheidungen sind (S. 141 ff.). Deshalb kann ein noch so kursorisches Kapitel über die antike Verwaltung nicht abgeschlossen werden, ohne daß wenigstens noch ein Blick auf die Möglichkeiten schriftlicher Nachrichtenspeicherung und -übermittlung fällt. Auf die *Unterlagen,* auf denen geschrieben wurde (Tontafeln, Papyrus, Holztafeln, Leder usw.), kommt es dabei weniger an. Sie sind nur insofern interessant, als sie natürlich für die Erhaltung der Akten und damit für unsere heutigen Kenntnisse wichtig sind. Für die Verwaltungsbehörden des Altertums entscheidend war dagegen die *Schrift.*

Soweit die Dinge heute zu überblicken sind, hat sich die Schrift meist sogar unmittelbar aus den Bedürfnissen der Verwaltung entwickelt. Dabei ging es allerdings nicht so sehr um das, was wir heute als die allgemeine Verwaltung bezeichnen, sondern um die Wirtschaftsverwaltung der großen Tempel und Paläste, vor allem um ihre *Buchführung,* ob sie sich nun auf Warenlieferungen oder Opfer, auf das Eigentum an Waren oder an Grundstücken, auf den Eingang von Abgaben oder den Bestand von Viehherden bezog. Für die sumerische Keilschrift läßt sich das durch mehrere Stufen genau beobachten. Aber es kann an anderen Stellen der alten Welt nicht anders gewesen sein. Die Linear B-Täfelchen der mykenischen Kultur enthalten praktisch nur solche Buchführungstexte und an der Seidenstraße, einer der großen Handelsadern des Altertums, haben sich, wie die Fachleute bekunden, sogar Dutzende von Schriften entwickelt, die zum Teil bis heute noch nicht gelesen werden können. Nur aus Ägypten wissen wir, daß es von Anfang an – neben den dort fast im Übermaß aufgefundenen Verwaltungstexten – auch historische Texte gab (S. 34), und im frühen China spielte die Schrift im Orakelwesen eine heute noch nachweisbare Rolle (S. 203).

Bei dieser Sachlage ist davon auszugehen, daß die menschliche Schrift im Augenblick ihres Entstehens für anspruchsvollere Zwecke oft noch gar nicht geeignet war. Das ist zwar in Ägypten nicht zu beobachten, weil dort mit dem Beginn der Reichsgeschichte auch eine voll ausgebildete Schrift zur Verfügung stand. In Mesopotamien dagegen erreichte sie diesen Entwicklungsstand erst um die Mitte des dritten Jahrtausends v. Chr., also zu einer Zeit, in der die semitischen Akkader längst ein gewichtiges Wort in der kulturellen Entwicklung mitzusprechen hatten. Wie auch immer – erst von dieser Stufe an eignete sich die Schrift dort auch zur Abfassung anderer als rein buchhalterischer Texte. Nunmehr wurde eine geschriebene Literatur möglich, gleich ob sie religiöser, politischer oder dichterischer Natur war. Es entstanden die ersten propagandistischen Texte, die ersten Vertragsurkunden und Geschäftsbriefe, auch im internationalen Verkehr, und die Zeit war nicht mehr weit, in der es auch diplomatische Noten geben sollte. Vor allem aber wurde es nun denkbar, Rechtsnormen ein für allemal schriftlich niederzulegen. Das geschriebene *Gesetz* stand vor der Tür und mit ihm eines der wichtigsten Instrumente staatlicher Ordnung und Politik. Das Thema wird uns im folgenden Kapitel näher beschäftigen (S. 284 ff.).

Mündliche und schriftliche Weisungen der Zentrale an die untergeordneten Behörden und entsprechend auch mündliche und schriftliche Berichterstattung der nachgeordneten an die vorgesetzten Behörden waren als Grundlagen einer halbwegs geregelten Staatsführung ausreichend, solange kein *Sprachproblem* hinzukam, das heißt im wesentlichen, solange die Staaten nicht allzu groß waren und infolgedessen nicht allzu viele verschiedene Völker in sich zusammenfaßten. Mit dem Übergang zu Großreichen, wie wir sie im Dritten Buch geschildert haben, entstanden in dieser Beziehung völlig neue Probleme. Nunmehr galt es Dutzende, ja Hunderte von Völkern und Stämmen mit noch mehr Sprachen und Dialekten unter einen Hut zu bringen und sie vor allem – wenn auch nur in den wesentlichsten Punkten – zentral zu steuern.

Dieses Sprachproblem wurde meist dadurch überwunden, daß sich die Staaten eine einheitliche *Reichssprache* zulegten, die zumindest in den größeren Kanzleien der Provinzen verstanden wurde.

Reichs- oder Verwaltungssprachen dieser Art waren nacheinander das Sumerische, das Akkadische, das Elamische, das Aramäische, das Griechische und das Lateinische. In der historischen Literatur wird oft nur auf die große kulturgeschichtliche Bedeutung dieser Sprachen hingewiesen, etwa darauf, daß das Sumerische für die vorderasiatische Literatur jahrhundertelang dieselbe Rolle gespielt hat wie das Latein für die europäische Kultur des Mittelalters oder daß das sogenannte Keilschrift-Akkadische die Diplomatensprache des Vorderen Orients in der Zeit der Weltpolitik war. Daß nur mit so allgemein anerkannten Sprachen auch die Verwaltung der antiken Großreiche einigermaßen gleichmäßig zu führen war, wird viel seltener gesehen, und trotzdem ist es wahr.

Es ist auch keineswegs so, als ob immer das herrschende Volk allen anderen seine Sprache als Verwaltungssprache aufgedrängt hätte. Das Sumerische beherrschte auch unter den semitischen Akkadern noch lange die Amtsstuben, so wie später auch die Kanzleien der Germanenreiche wie selbstverständlich lateinisch schrieben. Die Sprachen der Eroberer waren oft noch viel zu unentwickelt, als daß sie den Erfordernissen einer doch schon recht differenzierten Verwaltung hätten gerecht werden können. Als das persische Reich das sogenannte Reichsaramäische zur Verwaltungssprache erhob, mag hinzugekommen sein, daß diese Sprache in der Zeit der assyrischen Gleichmacherei längst zur lingua franca des Nahen und Mittleren Ostens geworden war.

Nur *ein* politisches System beschritt – vielleicht notgedrungen – einen gänzlich anderen Weg: das chinesische. Zwar dehnte sich auch die Sprache der sogenannten Han-Chinesen immer weiter aus, aber zu keiner Zeit konnten ihre Träger erwarten, daß ihre Sprache zur einzigen des riesigen Reiches werden könnte, geschweige denn zur überall verstandenen und verwendeten Verwaltungssprache. Die Reaktion war – jedenfalls aus heutiger Sicht – typisch chinesisch. Man verzichtete auf die Sprache als Medium der Reichseinheit und entschied sich statt dessen für ein ganz anderes «Zeichensystem»: für die *Schrift*. Noch heute kann die chinesische Schrift bekanntlich in Ländern mit unterschiedlichsten Sprachen verwendet werden. Der geschriebene Text wird überall phonetisch anders gelesen, Sinn und Inhalt sind aber stets identisch (so wie etwa in Europa dasselbe Zeichen «4» bald wie «vier», bald aber auch wie «four», «quatre» oder «quattro» gelesen wird und trotzdem überall das gleiche bedeutet).

Der Preis für diese Systementscheidung war hoch und ihre Folgen waren außergewöhnlich weitreichend. China wurde in höherem Maße als alle anderen ein «schriftlicher», ein bürokratischer Staat. Aber dabei blieb es nicht. Sollte die Schrift wirklich das allumfassende, überall verständliche Zeichensystem bleiben, so durfte sie sich nicht zur Buchstaben-, ja noch nicht einmal zur Silbenschrift weiterentwickeln, sondern mußte Wortschrift bleiben. Das aber bedeutete, daß ihre Beherrschung und damit der Zugang zu den Staatsämtern ein jahrelanges Studium voraussetzte, das normalerweise nur die Söhne arrivierter Familien durchstehen konnten, und da die Einübung der Schrift unendlich viel Übungsmaterial verlangte, wurde die chinesische Verwaltung mehr als jede andere zur Literatenverwaltung. Ansätze dazu hat es wohl überall gegeben, vor allem auch in Mesopotamien und Ägypten, wo die Rolle des Schreibers in der Verwaltungshierarchie ebenfalls beträchtlich war. Aber dort vereinfachte sich die Schrift zunehmend, was zugleich den zahlreicheren und leichteren Zugang zu den Schreiber- und Verwaltungsberufen bedeutete, und man kann sich sogar fragen, was am Anfang dieser Entwicklung stand: die Vereinfachung der Schrift oder der wachsende Bedarf an Schreibern. China allein nahm an dieser Verwaltungsevolution nicht teil, und das bis in unser Jahrhundert.

12. Kapitel

Frühe Rechtssysteme

Ein Buch über den vor- und frühgeschichtlichen Staat kann nicht darauf verzichten, auch auf das frühe Recht einen Blick zu werfen. Staat und Recht sind zwar nicht immer so unlösbar miteinander verbunden gewesen, wie uns das heute als unvermeidlich und richtig erscheint. Sobald man die Rechtsprechung aber als eine der klassischen Staatsaufgaben anerkennt, kann man auch zwischen Staat und Recht keine unübersteigbare Grenzlinie mehr ziehen; denn schließlich ist es ja das Recht, das die Gerichte anwenden und das seinerseits ihre Tätigkeit steuert. Wer über das Recht verfügt und wer es vor allem als Gesetzgeber zu gestalten vermag, hat also einen wichtigen Teil der Staatstätigkeit in der Hand, ganz abgesehen davon, daß er so natürlich auch auf die Menschen und ihr Verhalten Einfluß gewinnt.

Apodiktisches Recht – konditionales Recht

Wenn es um den Charakter früher Rechtsbestimmungen geht, unterscheiden Historiker wie auch Theologen gern zwischen apodiktischem und konditionalem Recht.

Was konditionales Recht ist, läßt sich verhältnismäßig leicht erklären; denn dabei handelt es sich um den Gesetzesaufbau, der auch heute noch gebräuchlich ist. Eine Vorschrift unseres Strafgesetzbuches lautet beispielsweise: «Wer einen Menschen tötet, wird... mit Freiheitsstrafe nicht unter fünf Jahren bestraft.» Hier wird das Strafurteil also von der *Bedingung* (lat. conditio) abhängig gemacht, daß ein Mensch einen anderen getötet hat – deshalb «konditionales Recht». Die Form, in der solches Recht abgefaßt ist, heißt auch Wenn-dann-Schema. Denn die genannte Bestimmung könnte auch in die folgende, allgemeinere Fassung gebracht werden: «*Wenn* jemand einen anderen tötet, *dann* wird er mit einer Freiheitsstrafe nicht unter fünf Jahren bestraft.» Die Tötung ist in der Sprache der Juristen der *Tatbestand*, die Freiheitsstrafe die *Rechtsfolge*, und nur, wenn der Tatbestand gegeben ist, tritt die Rechtsfolge ein.

Apodiktisches Recht steht auf einer ganz anderen Ebene. Es verlangt vom Menschen ein bestimmtes Verhalten, «unbedingt, durchdringend und gebieterisch», wie ein moderner Historiker sagt, und man könnte hinzufügen: mit enormem ethischem oder religiösem, ja oft sogar prophetischem Pathos. Die Zehn Gebote sind apodiktisches Recht – man erkennt es an ihrer Kürze und Gedrängtheit, an der Unbedingtheit, mit der sie uns ansprechen und – eben

– an der prophetischen Sprache. Das Strafgesetzbuch unseres Staates, aber auch die jüdischen Gesetzbücher, die im Alten Testament verarbeitet sind, sind konditionales Recht.

Kein Zweifel: Zwischen den beiden Formen des Rechts besteht ein Qualitätsgefälle wie zwischen Tag und Nacht. Der Schwung und die Rückhaltlosigkeit des apodiktischen Rechtes spricht uns an, der Gedanke, daß es die Herzen bewegt und die Gewissen bindet, berührt uns noch mehr, und wenn wir uns dann noch einen der alttestamentlichen Propheten vorstellen, der ihm gegen einen ungläubigen oder auch nur halbherzigen König Geltung verschafft, glauben wir allzu leicht das Feuer einer solchen Persönlichkeit in uns zu verspüren.

Aber der Schein trügt – zumindest wenn man auch ein bißchen an den Alltag des Rechtsvollzuges denkt. In diesem Alltag kann das Recht nur durchgesetzt werden, wenn seine Verletzung entweder mit Strafen oder mit Schadensersatzpflichten geahndet wird. Fehlt in einem solchen Falle eine halbwegs klare Aussage über die Rechtsfolge, so ist der Willkür des Richters und seiner politischen Vorgesetzten Tür und Tor geöffnet, und das gilt erst recht, wenn es zum Tatbestand nur ganz allgemeine und vage Floskeln gibt und ihre Konkretisierung wiederum dem Richter und seinen Vorgesetzten überlassen wird. Man stelle sich nur einmal vor, wie unsere moderne Strafjustiz aussähe, wenn sie das fünfte Gebot unmittelbar anwenden müßte und dabei die freie Wahl zwischen der Wortinterpretation («Du sollst nicht töten!») und der Auslegung durch die Bergpredigt (Matth. 5,22) hätte und außerdem noch beliebige, inhaltlich völlig unbegrenzte Strafmaßnahmen zudiktieren könnte. Da verdienen Wenn-dann-Bestimmungen, wie wir sie zitiert haben, eindeutig den Vorzug, und das natürlich besonders in Rechtssystemen, in denen die Vollstreckung von Gerichtsurteilen noch weitgehend in der Hand des Geschädigten selbst liegt.

Deshalb braucht es nicht zu verwundern, daß sich auf die Dauer der Typ des konditionalen Rechtes durchgesetzt hat. Er beherrscht noch heute die gesetzgeberische Tätigkeit unserer Parlamente (obwohl es bei der Kompliziertheit moderner Gesetze oft recht schwierig ist, sie auf das Wenn-dann-Schema zurückzuführen). Selbstverständlich ist auch das einzige Gesetz des Altertums, das einem modernen Leser halbwegs zugänglich ist, nämlich das mosaische Gesetz, konditionales Recht; hier ist also gewissermaßen konditionales Recht zum Vollzug apodiktischen Rechtes entstanden. Aber das Muster ist noch wesentlich älter. Der Codex Hammurabi, die Gesetzessammlung Hammurabis von Babylon (1792–1750 v. Chr.), die man 1901 in Susa gefunden hat, verwendet es durchgehend, und schon die zwanzig Paragraphen, die Urnammu von Ur (2123–2105 v. Chr.) im Zusammenhang mit einer Art Regierungserklärung erließ, sind nach diesem Schema aufgebaut. Wir haben es also mit einem ganz alten, weil unvermeidbaren Baustein der Rechtskultur zu tun.

Die Entdeckung des Gesetzes

In den letzten Absätzen sind wir unversehens dazu übergegangen, statt vom Recht von Gesetzen zu sprechen. Das hat seinen guten Grund. Wir haben nämlich auch begonnen, von *geschriebenem* Recht zu reden, und das geschriebene Recht bezeichnet man – im Gegensatz zum Gewohnheitsrecht – meist als Gesetz; denn es ist nicht «gewachsen», sondern eben «gesetzt». (Daß das moderne Staatsrecht eine Norm nur dann als Gesetz gelten läßt, wenn sie vom Parlament kommt, steht auf einem ganz anderen Blatt und hat mit dem Sprachgebrauch der Historiker, dem wir hier folgen, nichts zu tun.)

Am Anfang der Rechtsentwicklung steht das geschriebene Gesetz nicht. Es hat längst ein Recht und übrigens auch eine Rechtsprechung gegeben, ehe der erste sumerische König seinen Schreiber den Griffel spitzen ließ und ihm die ersten Paragraphen diktierte. Wurzel des Rechtes war das *Gewohnheitsrecht*, eine gesellschaftliche Konvention, die in einem solchen Grade als allgemeinverbindlich betrachtet wurde, daß man ihre Erzwingung durch das Gericht und vor allem durch die gemeinsam ausgeübte Zwangsgewalt aller für geboten hielt. Das klingt wahrscheinlich demokratischer, als es in Wirklichkeit war, und ist von den Demokraten unter den Rechtshistorikern des 19. Jahrhunderts demgemäß auch gebührend idealisiert worden. Aber so wenig wir bisher in den Gesellschaften des Altertums wirklich demokratische Verhältnisse gefunden haben, so sicher dürfen wir doch annehmen, daß bei der Ausgestaltung gesellschaftlicher Bräuche und Sitten und damit auch bei der Konkretisierung des Gewohnheitsrechtes jedermann soviel Einfluß genommen hat, wie es nur irgend ging – die Mächtigeren und Gerisseneren mehr, die anderen auch, aber doch entsprechend weniger.

Es hat Staaten gegeben, die gut und gern mit einem ausgefeilten System gewohnheitsrechtlicher Normen ausgekommen sind. So nimmt man heute wieder an, daß die Nilkultur das geschriebene Gesetz zwar kannte, daß es dort aber keine wesentliche Bedeutung hatte, sondern sich das Rechtsleben nach ma'at abspielte, das heißt nach der Sitte, die die Götter in die Welt gebracht hatten und für deren Verwirklichung der Pharao zuständig war (S. 79, 99). Zwar glaubte man früher, auf einer Gerichtsszene aus der 18. Dynastie vierzig Gesetzesrollen erkennen zu können, was natürlich eine stattliche Rechtskodifikation bedeutet hätte. Heute hält man die fraglichen Gegenstände aber eher für Riemen oder Prügel, die man in der damaligen Justiz bekanntlich auch gut brauchen konnte, und das paßt auch besser zu der Tatsache, daß in keiner der erhalten gebliebenen schriftlichen Quellen Reste oder auch nur Erwähnungen einer Rechtskodifikation aufzufinden sind.

Eine ähnliche Rolle wie ma'at in Ägypten dürfte in China li gespielt haben, was dort der Inbegriff von Sitte und Brauch war. Nur wurde der Einfluß dieser Größe durch die Jahrhunderte unterbrochen, in denen der Gesetzesbegriff der fa-chia eine Rolle spielte. Die Gesetze des Reiches Ch'in und das Gesetzbuch der Han-Dynastie haben wir schon erwähnt. Hier gilt es nachzutragen, daß andere Gesetze, vor allem solche des Strafrechts, bereits gegen Ende des 6. Jahrhunderts, ja möglicherweise sogar schon im 7. Jahrhundert v. Chr. nachweisbar sind. In dem Maße, in dem die Gesetzgebung unter dem Einfluß der fa-chia in den Vordergrund trat, verlor li an Bedeutung. Sobald sich im politischen Denken dann aber der Konfuzianismus nach vorn schob (S. 267), büßte der Gedanke des geschriebenen Gesetzes sein Gewicht wieder ein. Die Gewohnheit trat wieder in ihr Recht ein, und da sie stets konservativ ist, kommt es wohl auch daher, daß uns der chinesische Staat über die Jahrtausende hinweg einen ähnlich starren Eindruck macht wie der altägyptische.

Wir lernen aus dieser Vermutung etwas ungemein Wichtiges: daß eine Rechtsordnung, die auf geschriebenem Recht aufbaut, im allgemeinen beweglicher und fortschrittlicher ist als eine Rechtsordnung, die nur mit Gewohnheitsrecht arbeitet. Selbstverständlich hat es in der Geschichte auch erzkonservative, ja restaurative Gesetze gegeben. Gewohnheit aber ist, wie schon der Name sagt, *immer* konservativ. Sie kann überhaupt nur durch Befragung der ältesten Menschen festgestellt werden, ihre Geltungskraft ist um so größer, je länger sie beachtet worden ist, und bei wirklich alten Gewohnheiten fehlt es meistens nicht einmal an Mythen über göttliche oder heroische Ursprünge, so daß auch ihre Durchbrechung leicht einen Beigeschmack des Gottlosen und Lästerlichen bekommt.

Das geschriebene Gesetz ist also meist das modernere, den augenblicklichen Bedürfnissen besser angepaßte Recht. Seine Entstehung setzt einerseits eine voll ausgebaute Schrift voraus, ohne die es gar nicht aufgeschrieben werden könnte, und andererseits Richter, die bereit sind, sich über das Gewohnheitsrecht hinwegzusetzen und nach dem Wort des Gesetzgebers zu urteilen. Ein König, der geschriebene Gesetze erließ und ihre Anwendung durch die Richter erwartete, muß also das Gemeinwesen schon ziemlich straff in der Hand gehabt haben, und die Vermutung ist sicher nicht unbegründet, daß er sich einen solchen revolutionären Schritt überhaupt erst leisten konnte, wenn er sich gewiß war, daß er auch die *Gerichte* in der Hand hatte. Die Existenz geschriebener Gesetze in einem alten Staat beweist also nicht nur, daß seine führenden Politiker die Möglichkeiten dieser neuen Staatsfunktion erkannt hatten, sondern sie trifft zunächst eine zentrale Aussage über den Grad der Organisation und Machtkonzentration, der bereits erreicht war.

Die Praxis des geschriebenen Gesetzes hat selbstverständlich nicht mit den großen, zusammenfassenden Gesetzbüchern oder Kodifikationen begonnen, wie wir sie etwa im mosaischen Gesetz oder im Codex Hammurabi kennen. Auch hier waren die Anfänge verständlicherweise klein. Die ersten geschriebenen Gesetze, über deren Inhalt wir halbwegs unterrichtet sind, hatten nur

Einzelfragen zum Gegenstand, deren verbesserte Regelung der jeweilige Gesetzgeber offenbar für besonders wichtig hielt. Urukagina von Lagasch (2440–2430 v.Chr.) ordnete in seinen Gesetzen u. a. die Rückgabe entfremdeten Tempelbesitzes, die Verringerung zahlreicher Gebührensätze (zum Beispiel auch für Ehescheidungen und Bestattungen) und vor allem eine nachdrückliche Milderung der Zwangsvollstreckungsmaßnahmen an. Der schon einmal erwähnte Lipitischtar von Isin (1935–1924 v.Chr.) erließ Bestimmungen, die eine Schuldbefreiung und die Reduzierung der öffentlichen Dienstleistungen zum Gegenstand hatten, und außerdem regelte er die rechtliche Stellung der Sklaven. Eine dritte, keinem bestimmten König zuweisbare Sammlung von Paragraphen, die etwa ein halbes Jahrhundert vor dem Codex Hammurabi entstanden sein dürfte, beschäftigte sich mit der Festlegung von Preistarifen, auch von Zinstarifen. Ihr hervorstechendstes Merkmal aber war der Versuch, die drakonischen Strafdrohungen älterer Rechte erheblich zu mildern; das Talions-Prinzip, nach welchem als Strafe immer der durch die Straftat bewirkte Schaden zuzufügen war («Auge um Auge, Zahn um Zahn»), wurde in diesem Gesetz weitgehend durch die Androhung von Vermögensstrafen ersetzt.

Man sieht also, daß am Anfang der schriftlichen Gesetzgebung das sogenannte *Maßnahmegesetz* stand, das einen bestimmten Mißstand aufgriff und durch neue, vom bisher geltenden Recht abweichende Vorschriften zu beheben oder doch wenigstens zu mildern suchte. Derartige Gesetze gab es praktisch in allen Staaten des Altertums. Selbst die Ägypter konnten sie nicht ganz vermeiden. Jedenfalls war Haremhab, als er nach der Echnaton-Krise auf den Pharaonenthron gelangte, offensichtlich zum Erlaß eines ziemlich drakonischen Gesetzes gezwungen, um die innere Ordnung des Staates wiederherzustellen, und auch Sethos I., einer seiner Nachfolger, kam nicht darum herum, in dieser Richtung noch einmal nachzufassen (S. 171).

Erst mit dem Gesetzgebungswerk Hammurabis von Babylon (1792–1750 v.Chr.) beginnt allerdings die Epoche der *Kodifikationen*. Davon spricht man nur bei größeren, ganze Rechtsgebiete erfassenden Gesetzgebungsakten. Auch sie sind natürlich immer nur Stückwerk und neben ihnen hat oft noch jahrhundertelang Gewohnheitsrecht weitergegolten, eben für die Fragen, die nicht schriftlich geregelt waren. Gewiß verbergen sich auch in den Kodifikationen einzelne politische Maßnahmen; so kann man im Codex Hammurabi beispielsweise eine Verschärfung der Strafmaße, vor allem die weitgehende Wiedereinführung des Talions-Prinzips feststellen, außerdem eine grundsätzliche Neuregelung der Preistarife. Aber es kommen bei diesen großangelegten Gesetzgebungswerken nun auch neue Motive des Gesetzgebers hinzu.

Hier wird man zunächst mit der größeren *Klarheit* und *Verläßlichkeit* des Rechtes zu rechnen haben, zwei Anforderungen, die um so dringender geworden sein müssen, je größer die Staaten wurden und je reger sich das wirtschaftliche Leben entfaltete, und die durch geschriebene Gesetze natürlich viel besser befriedigt wurden als durch das immer vage Gewohnheitsrecht.

Es kommt hinzu, daß es bei der Entstehung größerer Reiche nun zunehmend auch Bedürfnisse der *Rechtsvereinheitlichung* gegeben haben muß. Wirtschaftsbeziehungen leiden nämlich entschieden darunter, wenn in jedem Ort und vor allem auf jedem Markt andere Vorschriften gelten. Deswegen ist es noch im 18. und 19. Jahrhundert unserer Zeitrechnung zu den großen Kodifikationen des bürgerlichen und des Handelsrechts gekommen und von daher ist es auch ohne weiteres erklärlich, daß es im Altertum gerade die großen Reichsgründer waren, die auf die Vergrößerung ihrer Herrschaftsgebiete fast unverzüglich die Rechtsvereinheitlichung folgen ließen.

Hammurabi ist nur *ein* Beispiel für diese Politik. Tiglatpilesar I. (1117–1078 v. Chr.) hat eine ähnliche Kodifikation für das assyrische Reich seiner Zeit geschaffen und auch dem frühen Hethiterkönig Hattusilis I. (ca. 1640–1615 v. Chr.) wird ein großes Gesetzgebungswerk zugeschrieben, das allerdings auch zahlreiche Maßnahmebestimmungen wie die Milderung der Strafmaße, die Beseitigung örtlicher Immunitäten und die Festsetzung von Preisen zum Gegenstand hatte.

Zum Charakter früher Gesetze

Auf Inhalt und Eigenart frühzeitlicher Rechtsordnungen ist in diesem Buch gelegentlich schon das eine oder andere Streiflicht gefallen. Eine genauere Würdigung war aber noch nicht möglich, weil dazu bisher noch nicht genug Material eingeführt werden konnte. Der Codex Hammurabi, bei dem unser Bericht jetzt angelangt ist, macht es nun aber möglich, wenigstens *ein* größeres Gesetzgebungswerk des Altertums etwas näher abzuklopfen.

Das Gesetz Hammurabis ist wie gesagt keine *allumfassende* Kodifikation oder gar Neugestaltung des damals in Kraft befindlichen Rechtes, sondern es beschränkt sich auf einige Rechtsgebiete, deren schriftliche Fixierung damals offenbar als besonders notwendig angesehen wurde und die übrigens auch nicht immer so präzise voneinander getrennt sind, wie sich ein moderner Systematiker das wahrscheinlich wünschen würde.

Die verschiedenen *Preisbestimmungen,* die das Gesetz wie viele seiner Vorgänger enthält, sollen hier nur erwähnt werden. An ihnen ist eigentlich nur auffällig, daß sie in keinem eigenen Abschnitt zusammengefaßt, sondern dem Abschnitt über den jeweiligen Beruf vorangestellt sind. So beginnen die berufsrechtlichen Vorschriften für Ärzte mit einigen Tarifklauseln für Operationen, und bei den Architekten bzw. Bauunternehmern läßt sich genau das gleiche beobachten.

Breiten Raum nehmen sodann Bestimmungen ein, die man heute dem Ehescheidungsrecht und dem ehelichen Güterrecht zuordnen würde. Sie sollen hier nicht genauer behandelt werden, da sie mit dem Thema unseres Buches kaum etwas zu tun haben. Als zusammenfassender Eindruck sei immerhin mitgeteilt, daß es um die Stellung der Frau unter Hammurabi zwar nicht immer gut, aber doch auch bei weitem nicht so schlecht bestellt war wie später etwa im assyrischen oder im mosaischen Recht.

Interessanter sind für uns schon jene Vorschriften, die *Schadensersatzverpflichtungen* begründen. Daß Fehlleistungen beim Bau eines Hauses und Verletzung von Haustieren zu Zahlungspflichten in Silber führen, braucht uns nicht zu verwundern, und dasselbe trifft auch für die meisten anderen Bestimmungen dieses Typs zu. Bemerkenswert ist aber eine Vorschrift, die sich mit der Vernachlässigung von Bewässerungsdämmen befaßt. Versäumte es ein Grundstückseigentümer, die auf seinem Feld liegenden Teile eines Dammes zu überwachen und gegebenenfalls zu reparieren, so hatte er im Falle des Dammbruchs alle Nachbarn und Unterlieger zu entschädigen, soweit ihr Getreide durch die übertretenden Wassermassen vernichtet wurde. Die Vorschrift zeigt sehr schön, wie die laufenden Reparaturlasten an den Bewässerungssystemen (und ähnlich wohl auch an den Straßen) des Altertums verteilt waren. Das läßt zugleich vermuten, daß die staatlichen Stellen, die es in diesem Aufgabenbereich sicher auch gegeben hat, nicht allzu groß gewesen sein dürften. Sie hatten wohl nur eine allgemeine Aufsichtspflicht und daneben die Reparaturaufgaben, die dem König selbst, nämlich als Grundstückseigentümer, oblagen.

Über den Charakter eines Staates sagt natürlich sein *Strafrecht* mit am meisten aus. Hier ist zunächst zu wiederholen, daß das Gesetz Hammurabis in seiner Strenge über etwas ältere Gesetze wieder hinausging, wahrscheinlich deshalb, weil die allgemeinen Sitten inzwischen so verwildert waren, daß es sinnvoll erschien, den Zügel wieder etwas straffer anzuziehen. Jedenfalls gibt es nach wie vor Verstümmelungsstrafen wie das Abhacken einer Hand oder das Abschneiden eines Ohrs, und Strafen dieser Art spielen insbesondere innerhalb des Talions-Prinzips eine Rolle, wo beispielsweise das biblische «Auge für Auge» wörtlich wiederkehrt und ein weiterer Paragraph in die biblische Sprache mit «Knochenbruch für Knochenbruch» übersetzt werden könnte. Wichtig ist aber, daß solche Delikte nur mit Silber bezahlt werden mußten, wenn sie gegenüber einem Untergebenen des Palastes oder einem Sklaven begangen wurden.

Besonders unangenehm wirkte sich der Talions-Gedanke in den berühmten Fällen aus, in denen er auf dem Rücken dritter, ganz unbeteiligter Personen ausgetragen wurde. Hierher gehört die berüchtigte Vorschrift, nach der der Sohn des Baumeisters hinzurichten war, wenn dieser ein Haus so schlampig gebaut hatte, daß es einstürzte und den Sohn des Bauherrn erschlug. Eine andere Vorschrift folgte dem gleichen noblen Prinzip:

Schlug jemand eine Schwangere und starb diese daran, so wurde die Tochter des Schlägers hingerichtet. Es hat keinen Sinn, solche Bestimmungen kommentieren zu wollen. Wir werden uns nie in eine Gedankenwelt hineinfinden können, die solche Scheußlichkeiten für richtig hielt. Aber wir verstehen ja auch die Blutrache nicht, deren letzte Relikte sie historisch natürlich darstellten und die zur Ausrottung der ganzen Familie führen konnte.

Daß bei dieser Mentalität die *Todesstrafe* häufig zum Zug kam, wird niemand überraschen. Bei Tötungsdelikten und beim Diebstahl von Kindern (der gleichbedeutend mit ihrem Verkauf als Sklaven war) mag dieses Strafmaß ja noch einleuchten, soweit man die grundsätzlichen Bedenken gegen die Todesstrafe für den Augenblick einmal außer Betracht läßt. Weniger überzeugend wirkt es jedenfalls bei reinen Vermögensdelikten, wie zum Beispiel beim Diebstahl und der Hehlerei von Tempelgut, beim Verbergen entflohener Sklaven, beim Einbruchsdiebstahl, beim Raub und bei der wirtschaftlichen Schädigung von Soldaten durch ihre Vorgesetzten (!). Auch die Verbrennung als besonders qualifizierte Todesart gab es, zum Beispiel bei Diebstählen, die im Brandfalle unter der Vorspiegelung der Hilfeleistung verübt wurden, gegenüber Priesterinnen, die sich in einer Bar sehen ließen, und beim Inzest zwischen Mutter und Sohn. Ehebrecher wurden dagegen «nur» ertränkt.

Man mag diese Krudelitäten am Ende damit erklären, daß die Gesetzgeber des Altertums ihr Geschäft natürlich in sehr rauhen und gewalttätigen Zeiten zu betreiben hatten und daß sie deshalb nicht zimperlich sein konnten. Für diese Entschuldigung spricht die Existenz ganz vernünftiger Bestimmungen in ihren Kodifikationen, die offensichtlich mit allen Mitteln für den inneren Frieden zu wirken suchten. Drei von ihnen, die mit völlig verschiedenen Mitteln arbeiten, mögen hier als Beispiele genannt werden:
1. Denunziationen und Falschaussagen vor Gericht, die den Bezichtigten in die Gefahr einer Bestrafung wegen Mordes, das heißt in die Gefahr der Todesstrafe brachten, wurden ihrerseits mit dem Tode bestraft. Mordprozesse dürften auf diese Weise selten geblieben sein.
2. Ein Richter, der ein einmal erlassenes Urteil wieder umstieß, wurde aus seinem Amt entfernt und mußte außerdem noch das Zwölffache des Streitwerts bezahlen. Damit wurde die *Rechtskraft* der Gerichtsurteile zementiert, ohne die auch die Justiz des Altertums keine halbwegs befriedende Wirkung entfalten konnte.
3. Am interessantesten ist aber, daß jede Gemeinde für den Schaden aufkommen mußte, der auf ihrem Gebiet von Räubern verursacht wurde. Notwendig war dafür nur, daß das Opfer seinen Schaden feierlich beschwor und daß der Täter nicht ausfindig zu machen war. Diese Regelung ist nur folgerichtig, wenn die Gemeinden auch für die öffentliche Sicherheit, jedenfalls aber für die Verhütung von Gewaltverbrechen in ih-

rem Gebiet zuständig waren. Wir kennen damit also eine zentrale Aufgabe der Ortsbehörden und sehen außerdem, wie dicht das System der Sicherheitsmaßnahmen damals doch schon war.

Von der Modernisierung des Rechts

Eine permanente Aufgabe der Politik ist die Modernisierung des Rechts. Der Bedarf daran ist manchmal größer, manchmal weniger groß. Überflüssig ist sie nur, wenn weder in den gesellschaftlichen Verhältnissen noch in den Rechtsüberzeugungen der Menschen irgendein Wandel vor sich geht. Aber diesen Zustand gibt es kaum einmal auf der Welt. Neue Auffassungen treten auch in den ältesten und konservativsten Gesellschaften auf; das haben wir gerade bei den Strafdrohungen wieder beobachtet. Und neue Probleme entstehen bei jedem technischen und zivilisatorischen Fortschritt, bei jeder neuen Idee und jeder neuen Ware, die entwickelt oder auch nur eingeführt wird.

Es ist deshalb eine Existenzfrage, ob es einem Staat gelingt, seine Rechtsordnung den immer wieder veränderten Verhältnissen anzupassen, auch wenn diese Aufgabe heutzutage natürlich viel größer und drängender ist als in den Staaten des Altertums.

Das erste Mittel, um mit diesem Problem fertig zu werden, war die Erfindung des geschriebenen Gesetzes selbst. Denn das Gewohnheitsrecht, dem man eigentlich die größere Flexibilität zutrauen möchte, ist in Wirklichkeit äußerst starr, weil seine Änderung von vielen Köpfen gebilligt werden müßte und weil diese Köpfe vor allem in die gleiche Richtung denken müßten, um eine Änderung zu bewirken. Geschriebenes Recht aber verlangt nur ein Umdenken des Gesetzgebers, und das war in den Staaten des Altertums der König, ein einziger Mann.

In manchen Fällen gab es sogar Vorrichtungen, die die ständige Überprüfung des Rechtes auf seine Anpassung an veränderte Verhältnisse sicherstellten. Zwei von ihnen stechen hervor: das klassische Rom und das minoische Kreta. In Rom gab es das Zwölftafelgesetz, das unabänderlich, dafür aber auch sehr kurz war. Was dort nicht festgelegt war, mußte von den Prätoren entschieden werden, die der Rechtsprechung vorstanden und die jedes Jahr, ehe sie ihr Amt antraten, in einem sogenannten edictum mitteilten, nach welchen Grundsätzen sie zu entscheiden gedachten. Das römische Recht konnte also jährlich ergänzt, geändert und neuen Bedürfnissen angepaßt werden, und da das unter Zuhilfenahme der besten Juristen geschah, ergab sich daraus eine permanente Rechtsreform, wie sie kein anderer Staat der Geschichte aufweisen kann.

Ähnlichen Grundsätzen ist offensichtlich nur der sagenhafte kretische Gesetzgeber Minos gefolgt. Platon berichtet in seinen Nomoi, daß Minos jedes neunte Jahr seinen Vater Zeus aufgesucht habe, um neue Weisungen für die Gesetzgebung einzuholen, und eine Stelle in Homers Odyssee weist in die gleiche Richtung (Od. XIX 179). Wenn beides richtig ist, so gab es also auch im minoischen Rechtssystem binnen kurzer Zeitspannen regelmäßige Anlässe zur Überprüfung und Anpassung der Gesetze.

Gegenbeispiele gibt es in der Geschichte allerdings auch, etwa die solennen Verwünschungen, die manche ägyptischen und mesopotamischen Fürsten gegen Nachfolger ausstießen, die es wagen sollten, an ihren Erlassen und Anordnungen etwas zu ändern. Und als Solon den Athenern eine neue Verfassung gegeben hatte, soll er ins Ausland gegangen sein und ihnen den Schwur abgenommen haben, sie würden vor seiner Rückkehr daran nichts ändern – und selbstverständlich blieb er dann im Ausland, bis er starb.

Aber auch über ganz starre und gegen jede Veränderung abgesicherte Rechtsnormen setzt sich schließlich die Notwendigkeit hinweg, teilweise unter fast amüsanten Begleiterscheinungen. Dazu müssen wir etwas weiter ausholen.

Bei sämtlichen Rechtsordnungen des Altertums ist mit einem für heutige Verhältnisse ungewöhnlichen *Formalismus* zu rechnen. Für komplizierte Beweiserhebungen und vor allem für psychologische Finessen hatten sie keinen Sinn. Die Tatbestände waren so abgefaßt, daß relativ leicht festgestellt werden konnte, ob sie gegeben waren oder nicht. Das ist nur auf den ersten Blick ungerecht. Wir mit unserem psychologischen, naturwissenschaftlichen und kriminaltechnischen Wissen haben es leicht, genaue Beweiserhebungen und vor allem auch differenzierte Strafbestimmungen zu verlangen. Die alten Völker konnten sich oft nur an das objektiv Feststellbare und im übrigen noch an Gottesurteile halten. «Die *Tat* tötet den Mann», sagten die alten Germanen und meinten damit: «nicht der *Täter»,* auf dessen Motive und Gemütslage es daher nicht ankam.

Das Gesetz Hammurabis dachte in dieser Frage nicht anders. Auch hier mag ein einziges Beispiel genügen. Einbruchsdiebstahl war, wie schon dargestellt, mit Strafe bedroht. So ist das auch heute noch, und unsere Gerichte haben sich eine aus gefeilte Judikatur darüber zugelegt, wann ein Einbruch vorliegt und wann nicht. Im Codex Hammurabi ist das einfacher geregelt. Dort gilt die Einbruchsstrafe nur, wenn der Täter ein Loch in die Wand eines Hauses gebrochen hat. Die Sache ist also mit einem einzigen Ortstermin zu lösen. Ist ein Loch in der Mauer zu sehen, kostet das Kopf und Kragen; gibt es das Loch nicht, so ist freizusprechen. Die alten Gesetze, auch noch das Gesetz der Bibel, sind voll von solchen Beispielen.

Mit dieser strengen Anwendung des Gesetzeswortlauts wurde nun in manchen Fällen sogar die Anpassung des Gesetzes an grundlegend veränderte Bedürfnisse betrieben. Auch das sollen einige Beispiele erläutern.

In Rom konnte ein Sohn nach unabänderlichem Recht nicht voll geschäftsfähig werden, solange sein Vater lebte; denn dieser hatte die uneingeschränkte Herrschaftsgewalt des Clan-Führers (patria potestas) über ihn. Diese Regelung mag angegangen sein, solange Rom ein Agrarstaat war und innerhalb enger Grenzen lebte. Ein Bankier oder Großhandelskaufmann aber, der in der Weltreichsperiode in Spanien, Gallien oder Syrien Filialen eröffnen und von seinen Söhnen leiten lassen wollte, mußte das anders aussehen. Er brauchte voll geschäftsfähige Söhne und mußte zusehen, wie er dazu kam. Das Zwölftafelgesetz ließ sich wie gesagt nicht ändern. Aber es ließ sich *uminterpretieren*. Auf Tafel IV hieß es u. a.: Si pater filium ter venum duit, filius a patre liber esto (Wenn ein Vater seinen Sohn dreimal in die Sklaverei verkauft, soll der Sohn vom Vater frei sein). Das war natürlich eine Klausel gegen den Mißbrauch der väterlichen Gewalt, und außerdem: Wann kam es schon vor, daß ein Vater, der seinen Sohn in die Sklaverei verkauft hatte, dazu noch ein zweites und gar ein drittes Mal Gelegenheit hatte! Für unseren Bankier sah das ganz anders aus. Er verkaufte den Sohn, den er als Filialleiter nach Syrien schicken wollte, der Form nach dreimal an einen Geschäftsfreund, der ihm den jungen Mann postwendend wieder zurückstellte. Damit war der Form Genüge getan, der junge Mann war voll geschäftsfähig – und die staatliche Justiz sah in aller Ruhe zu, wie ein Gesetz, das sich überlebt hatte und trotzdem nicht geändert werden konnte, dann eben in sein Gegenteil verkehrt wurde.

Solche Umdeutungen sind im Laufe der Jahrtausende häufiger vorgekommen, als man sich träumen lassen möchte. Als das römische Recht im 18. und 19. Jahrhundert n. Chr. von den neuen Kodifikationen abgelöst wurde und die Wissenschaft es nicht mehr als geltendes Recht zu behandeln brauchte, sondern als Gegenstand rein historischen Interesses betrachten konnte, da stellte sich zur Verblüffung der Fachleute heraus, daß Hunderte von Vorschriften ursprünglich etwas ganz anderes bedeutet hatten und daß ihnen der Sinn, den man ihnen zuletzt entnommen hatte, zur Anpassung an veränderte Verhältnisse und zur Lösung neu aufgetretener Probleme erst unterschoben worden war.

Auch aus dem Altertum gibt es noch weitere Beispiele für diese Art der Rechtsanwendung. In Mitanni war beispielsweise der Verkauf von Grundstücken verboten, weil diese genaugenommen alle dem König gehörten (S. 178). Auch diese Bestimmung ließ sich offenbar nicht beseitigen, als man es eines Tages für sinnvoll hielt, einen Grundstücksmarkt zu etablieren, und auch sie wurde im allseitigen Einvernehmen umgangen. Die Vererbung von Grundstücken an Söhne war zulässig, ebenso die Adoption und die Schenkung vom Sohn an den Vater. Also adoptierte der potentielle Verkäufer eines Grundstücks den Kaufinteressenten, übereignete ihm das Grundstück im Vorgriff auf die spätere Erbteilung und ließ sich dafür den Kaufpreis in Form eines Geschenks aushändigen. Wer Großgrundbesitzer werden wollte, bekam auf diese Weise leicht eine kriegsstarke Kompanie an Adoptivvätern zusammen, nicht zu denken an das Heer von Adoptivsöhnen, die — in Einzelfällen nachweisbar — ein Grundstückshändler haben konnte.

Gewaltverbot und Gerichtszwang

Die wichtigste Aufgabe jeder Rechtsordnung ist es heute, den inneren Frieden, das heißt das friedliche Zusammenleben der Bürger sicherzustellen. Dazu ist es vor allem notwendig, daß diese nicht beliebig übereinander herfallen. Körperliche und erst recht bewaffnete Gewalt darf allenfalls der Staat im Rahmen seiner Verteidigungs- und Ordnungsaufgabe einsetzen. Den Bürgern muß beides verboten sein.

Der Leser dieses Buches weiß allerdings bereits, daß das nicht der ursprüngliche Rechtszustand war. Alle Reiche des Altertums, deren innere Verfassung wir einigermaßen kennen, haben in einem Zustand begonnen, in dem jeder sich selbst half und seine Rechte vor allem auch selbst durchsetzen mußte, wenn er sie im Konfliktsfall nicht aufgeben wollte (S. 81). Erst langsam wurde das Ziel des inneren Friedens erreicht, und zwar zunächst dadurch, daß die Selbsthilfe nur noch zulässig war, wenn ein Gericht dazu ja gesagt, dem Betreiber der Selbsthilfe also Recht gegeben hatte.

Fraglich ist allerdings, wie die Streitteile zur Anrufung des Gerichts und, wenn dieses entschieden hatte, zur Befolgung seines Urteils veranlaßt werden konnten. Das kann nur dadurch geschehen sein, daß entweder der jeweilige Herrscher stark genug war, jeden Versuch der Selbsthilfe ohne vorhergehenden Richterspruch sogleich im Keime zu ersticken, oder daß die Streitteile sich auf andere Weise in eine Lage brachten, die für sie tödlich war und die sie daher um jeden Preis vermeiden mußten (Gerichtszwang).

Die Phase der Entwicklung von Recht und Staat, um die es hier geht, ist historisch nur schwer zu beobachten, weil sie sich sehr früh abgespielt haben muß und daher im schriftlichen Erbe der Völker kaum einmal Spuren hinterlassen hat. In Betracht kommt einmal, daß der jeweilige Herrscher den Versuch der Selbsthilfe ohne Richterspruch ganz einfach als das behandelte, als was er auch heute noch gewertet wird: eben als Mord, Körperverletzung, Raub oder Diebstahl, je nachdem was Streitgegenstand war und wie die Selbsthilfe im konkreten Fall vor sich ging. Dann war bei der Härte der damaligen Strafandrohungen das Leben des Täters nicht mehr sehr viel wert. Denkbar wäre aber auch, daß die Gesellschaft einen solchen Menschen ganz einfach als «outlaw» betrachtete, der sich durch die Weigerung, sein Recht vom Gericht zu nehmen, außerhalb der Gesellschaft stellte. Dann war er vogelfrei und konnte von jedermann ohne Risiko ausgeplündert und versklavt, ja sogar erschlagen werden.

Wahrscheinlich hat es in der geschichtlichen Wirklichkeit beide Formen des Gerichtszwangs gegeben, ohne daß sich das im einzelnen nachweisen ließe. Nur gelegentlich werden im späteren Recht der Völker Eigenheiten sichtbar, die hier auf die eine oder andere Wurzel schließen lassen. So begann der römische Zivilprozeß, wenn die Klage einmal erhoben war, noch in historischer Zeit mit der – damals allerdings formelhaften – litis contestatio. Das war die Erklärung der Parteien, sich dem Gerichtsspruch zu unterwerfen, wie immer er auch ausfallen werde. Verweigert wurde diese Erklärung nie; deshalb hatte sie ihre eigentliche Bedeutung längst eingebüßt. Aber es gab doch auch nie einen Zweifel darüber, daß ihre Verweigerung selbstverständlich zur Vogelfreiheit, das heißt zum Ausschluß aus der zivilisierten Gesellschaft geführt hätte.

Schwieriger sind ähnliche Beobachtungen aus der ägyptischen Rechtspflege zu bewerten. Auch dort mußte der Beklagte offenbar versichern, daß er sich im Falle seiner Verurteilung dem Gerichtsspruch unterwerfen werde. Es ist aber heute nicht mehr auszumachen, was zu geschehen hatte, wenn er diese Erklärung nicht abgab. Es gibt zwar Beispiele dafür, daß er sich für den Fall des Ungehorsams einer zusätzlichen Strafe unterwerfen mußte (in einem Fall einmal hundert Stockschlägen), die wohl als Strafe für die Mißachtung des königlichen Gerichts zu interpretieren ist. Ob das aber die ursprüngliche Form der Unterwerfung war und daher Rückschlüsse auf die Entstehung des ägyptischen Gerichtswesens zuläßt, steht auf einem anderen Blatt.

Der Vorhang des Vergessens, der sich im Laufe der Jahrtausende über alle diese Ereignisse gelegt hat, reißt nur ein einziges Mal etwas weiter auf und gibt den Blick auf den Übergang vom Recht der Selbsthilfe zum Gerichtszwang frei, und zwar im Reich der Hethiter. Das schon einmal erwähnte Verfassungsgesetz des Königs Telipinus (1520–1500 v.Chr.), des Gründers der jüngeren hethitischen Herrscherdynastie, legt nämlich nicht nur die erbliche Thronfolge im Königshaus und die Mitbestimmungsrechte des Adelsrates fest, sondern es verkündet auch das *Ende der Selbsthilfe*. Wer eine Bluttat begangen hat, so berichtet der Hethitologe *Friedrich Cornelius,* sollte «vom Blutherrn – das ist der zur Rache berufene Sohn oder Nächstverwandte – vor Gericht gezogen werden. Wurde er des Mordes schuldig befunden, so konnte der ‹Blutherr› seinen Tod fordern oder konnte mildere Buße gewähren, aber Selbsthilfe, wie sie bisher geübt worden war, war künftig verboten; und ebenso wurde die Haftung der übrigen Familie abgeschafft: Niemand sollte die Rache auf den Sohn oder das Haus des Übeltäters ausdehnen, wie das bisher das Gesetzbuch ausdrücklich vorsah.»

Man wird sich fragen müssen, ob die neue Vorschrift wirklich jedermann betraf oder ob sie sich auf Angehörige des Adels beschränkte; denn immerhin bezieht sich das Gesetz des Telipinus in seinen übrigen Punkten auf Gegenstände, die nur König und Adel betrafen, und erinnert insofern stark an die englische Magna Charta Libertatum von 1215 n.Chr. Aber die

Adelsfehden, die dadurch – jedenfalls rechtlich – ausgeschlossen wurden, stellten im Hinblick auf den inneren Frieden natürlich auch den größten Stein des Anstoß es dar, und ihre Beseitigung war daher auch zur Zeit des Telipinus ein Riesenschritt auf dem Wege zu geordneten Verhältnissen im Innern des Reiches.

Es ist schon eine erregende Sache, diesen entscheidenden Schritt wenigstens in *einem* Staate des Altertums unmittelbar beobachten zu können.

Ausblick

Die Frage der Ethik

Zwölf Kapitel dieses Buches liegen hinter uns, ohne daß sehr viele Gedanken auf die ethischen Fragen der Politik verwendet worden wären. Zwar wurde der Staat schon auf den einführenden Seiten als eine zwiespältige Erfindung des menschlichen Geistes bezeichnet und auch in den dann folgenden Kapiteln sind wir nie darauf ausgegangen, nur seine Lichtseiten oder nur seine Schattenseiten aufzuzeigen. Aber die ethischen Grundfragen, die sich bei einem Gang durch die Geschichte allenthalben aufdrängen, sind bisher doch auch nicht beim Namen genannt worden. Das muß nunmehr, am Ende dieses Buches, noch nachgeholt werden.

Existenzgründe des Staates

Frühere Generationen hatten es hier verhältnismäßig leicht. Sie verwiesen einfach auf ihre Überzeugung, daß die Institution Staat auf göttlicher Einsetzung oder, wie man auch sagte, auf göttlicher Stiftung beruhe und daß diese natürlich zum Besten des Menschen erfolgt sei. Man braucht diese These selbst noch gar nicht einmal für falsch zu halten, um zu erkennen, daß sie in der säkularisierten und pluralisierten Welt des 20. Jahrhunderts jedenfalls nicht mehr als alleinige Erklärung genügt, weil sie eben nicht mehr allgemein anerkannt wird. Wer nach der ethischen Berechtigung des Staates fragt, muß sich also schon etwas mehr einfallen lassen.

Ein interessantes Modell in dieser Richtung bieten die sogenannten *Vertragstheorien,* die es in Europa gibt, seit sich die ersten Ansätze zu einer rationalistischen Weltbetrachtung regten. Die Variationen, die sie im Laufe der Jahrhunderte erfahren haben, wollen wir hier getrost unterschlagen; man könnte mit ihnen einen dicken Band füllen. Aber irgendwie laufen sie alle darauf hinaus, daß die Völker eines Tages bestimmten Personen oder auch Familien die Herrschaft übertragen haben und der Staat daher letzten Endes auf einem *Herrschaftsvertrag* zwischen den Regierten und den Regierenden beruht – was immer sich dann aus dieser Konstruktion für die konkrete Politik ergeben mag.

Auf dieser Vorstellung basiert bis zum heutigen Tage zum Beispiel die Staatsform der Demokratie, in der die Übereinstimmung von Regierenden und Regierten regelmäßig und immer wieder hergestellt werden muß, wenn schon nicht in einem Vertrag, so doch jedenfalls in periodisch wiederkehrenden Wahlakten der Regierten. Aber das ist nur *ein* Zweig in der weit verästelten Familie der Vertragstheorien, und zwar ein Zweig, der sich erst vor zwei oder drei Jahrhunderten vom Hauptstamm abgespalten hat. Viel länger stellte man sich den Herrschaftsvertrag ganz anders vor, nämlich als einmaligen Akt, durch den die Herrschaft auf *Dauer* einer Person, einer Dynastie oder ganz einfach der Institution Staat als solcher übertragen wurde.

Für unser modernes, demokratisch orientiertes Denken sind solche abstrakten Erklärungsversuche nicht weniger fragwürdig als die schon erwähnten theologischen Deutungen. Kein Mensch ist heute – zumindest in den westlichen Demokratien – mehr dazu bereit, sich einen Staat nur deshalb gefallen zu lassen, weil zu irgendeiner Zeit einmal irgendeine Generation einem bestimmten Menschen oder gar einer bestimmten Familie eine Herrschaftsgewalt abgetreten hat, die damals überdies noch ganz anders definiert war als heute, im 20. Jahrhundert.

Für uns moderne Menschen wirkt eine so zwiespältige Erfindung nur noch dann überzeugend, wenn sie *Aufgaben* wahrnimmt, deren Berechtigung, ja Notwendigkeit kein vernünftiger Mensch bestreiten kann, und wenn die Erfüllung dieser Aufgaben in einer Weise erfolgt, die erwarten läßt, daß für die Menschen dabei mehr Nutzen als Schaden entsteht. Die *Staatsaufgaben* sind heute der eigentliche (wenn auch vielleicht nicht alleinige) Existenz- und Rechtfertigungsgrund des Staates.

Dazu können wir nach unserem Rundgang durch die Geschichte des frühen Staates nun allerdings ziemlich genaue Angaben machen.

Wollte man auf einer Weltkarte jene Gebiete näher bezeichnen, in denen es am ersten zur Entstehung von Staaten oder staatsähnlichen Herrschaftsformen kommen mußte (und dann tatsächlich auch gekommen ist), so wäre vor allem auf zwei Zonen hinzuweisen: auf die Grenzgebiete zwischen nomadisierenden und seßhaften Völkern und auf die Gebiete, in denen der natürliche Regenfall zwar groß genug war, um den Gedanken an Ackerbau entstehen zu lassen, in denen er aber zugleich begrenzt genug war, um die Notwendigkeit einer ziel- und planmäßigen Wasserbeschaffung zu indizieren. An der Nomadengrenze ging es vor allem darum, die ständigen räuberischen Übergriffe der Steppenvölker auf die fruchtbareren Böden und den größeren Wohlstand der Seßhaften abzuwehren, das heißt es ging um die Staatsaufgabe, die man heute als *Gefahrenabwehr nach außen* bezeichnet. In den Grenzzonen des Regenfeldbaus dagegen stand die Errichtung und Unterhaltung von Bewässerungssystemen im Vordergrund, modern gesprochen also ein Teilbereich der *Daseinsvorsorge*. Nimmt man die ganz anders gearteten Aufgaben des Schutzes und der Führung hinzu, die zur Entstehung von Führungsinstrumenten bei den Nomadenvölkern selbst Anlaß gegeben haben, so ist das Bündel der ursprünglichsten «Staatsaufgaben» schon vollständig. Wo ihre Wahrnehmung auf Grund der objektiven Gegebenheiten notwendig war und von den jeweiligen Herrschaftsinstrumenten halbwegs geleistet wurde, hatte die entstehende Herrschaft folgerichtig auch die ethische Grundlage, nach der wir hier suchen.

Freilich kann man lange darüber streiten, ob der Grad an Rationalität, von dem wir hier ausgehen, wirklich bei allen historischen Staaten Pate gestanden hat. Erstens haben wir bei unseren Recherchen auch Herrschaften kennengelernt, an deren Wiege ersichtlich nur die größere Macht und der Machtwille einzelner Herrscherfamilien stand, und zweitens ist noch nicht einmal mit Sicherheit auszuschließen, daß Staaten, die in historischer Zeit die klassischen Aufgaben erfüllten und dadurch einigermaßen gerechtfertigt waren, ihre Anfänge nicht doch reiner Machtentfaltung verdankten und die rechtfertigenden Aufgaben erst später übernommen haben.

Bei abstrakter Betrachtung können wir also zwei Typen von Staaten unterscheiden: «Aufgabenstaaten», die ihre Entstehung objektiven Notwendigkeiten verdankten, und «Machtstaaten», die gewissermaßen «kraft Gelegenheit», auf Grund einer mehr oder weniger zufälligen Machtkonstellation, entstanden. Bei kaum einem historischen Staat läßt sich aber mit Sicherheit sagen, ob er seine erste Entstehung der einen oder der anderen Quelle oder gar einer Kombination beider verdankte. Vor allem muß auch damit gerechnet werden, daß «Machtstaaten», sobald sie einmal im Leben waren, objektive Funktionen übernahmen und damit nachträglich zu «Aufgabenstaaten» wurden, und selbst in diesem Falle bleibt offen, was nun wirklich zu einer solchen Entscheidung führte: politische Verantwortlichkeit, die einen Herrscher dazu brachte, seine Macht auch zum Besten der Untertanen einzusetzen, oder reines Machtkalkül, das heißt die Überlegung, daß die Bereitschaft der Beherrschten zu Loyalität und Unterordnung um so größer sein werde, je mehr auch sie selbst sich Vorteile von der bestehenden Herrschaftsstruktur erwarten könnten.

Ethisch bleibt die Entstehung des Staates also im Halbdunkel, auch bei später so ausgeprägten «Aufgabenstaaten» wie dem Staat der Pharaonen und dem Tempelstaat der Sumerer.

Dabei war die Entwicklung vom «Machtstaat» zum «Aufgabenstaat» natürlich keine Einbahnstraße. Auch der umgekehrte Geschehensablauf ist ohne weiteres denkbar und läßt sich in der Geschichte sogar vielfach belegen; sonst hätte es beispielsweise die großen Despotien – vom cäsaristischen Staat der 18. und 19. Dynastie über die assyrische Autokratie bis zu den großen Han-Kaisern – nicht geben dürfen.

Aufgaben wie die ständige Verteidigung gegen äußere Feinde oder die großangelegte Beschaffung und Verteilung von Wasser sind ohne eine verhältnismäßig weit ausgebaute und straff geführte *Organisation* nicht zu bewältigen. Die Organisation aber besitzt zwei Eigenschaften, die fast jede Erfindung des menschlichen Geistes charakterisieren: sie besteht, wenn sie einmal geschaffen ist, auf Dauer und sie kann auch zu anderen Zwecken eingesetzt werden als zu denen, denen sie ihre ursprüngliche Entstehung verdankt.

Schon das primitivste Beil konnte ja zu ganz verschiedenen Zwecken verwendet werden, vom Holzfällen bis zur Ermordung von Menschen. Nicht anders verhält es sich mit der Organisation. Um sich gegen äußere Feinde zu schützen, mußte – um dieses eine Beispiel zu nennen – selbstverständlich ein schlagkräftiges Heer geschaffen werden. Bestand es aber einmal und war es vor allem zum stehenden Heer geworden, so konnte es fast zu beliebigen Zwecken eingesetzt werden, auch zum Angriff auf Feinde und auf gänzlich Unbeteiligte und auch zur Unterdrückung innerer Feinde (vom primitiven Friedensbrecher bis zum mißliebigen Konkurrenten). Politische Macht ist, um es mit einer oft verwendeten Redewendung zu sagen, zwar nicht an sich böse, aber sie macht auch das Böse möglich und – vor allem – sie kann zum Bösen verleiten.

Die heutigen Staaten, soweit sie zum Typ des Rechtsstaates gehören, versuchen dieser Gefahr durch ein aus gefeiltes Verfassungswesen zu entgehen, dessen Grundgedanke die Beschränkung, die Verteilung und die Kontrolle der staatlichen Macht sind. Ansätze dazu haben wir auch bei den alten Staaten kennengelernt, zum Beispiel in der Machtverteilung zwischen Palast und Tempel oder zwischen Krone und Adel. Hinzu kamen die Machtbeschränkungen, die sich aus den geringeren Facilitäten der antiken Staaten ergaben – erinnert sei nur an das «Dilemma des Raumes», das wir als einen zentralen Faktor antiker Politik kennengelernt haben. Weiterreichende und wirklich prinzipielle Versuche der Machtkontrolle haben wir bei unseren Untersuchungen aber nirgends entdeckt (wenn sie vielleicht auch da und dort bestanden haben mögen).

Diese nüchterne Feststellung führt uns fast zwangsläufig zu der Frage, ob die Herrscher des Altertums dann nicht wenigstens von *ethischen* Vorstellungen ausgegangen sind, durch die sie sich selbst an ein «Gemeinwohl» gebunden fühlten, wie immer das dann im einzelnen ausgesehen haben mag. Daß nicht jeder von ihnen diese Bindung anerkannt hat und daß viele ganz einfach aus Egoismus und Rücksichtslosigkeit gehandelt haben, soll hier keinen Augenblick bestritten oder auch nur vertuscht werden. Aber es hat sicher auch viele andere gegeben, bei denen das genau umgekehrt war, und in jedem Falle ist es interessant, den Vorstellungen und Überzeugungen nachzugehen, von denen sie und ihre nächste Umwelt sich in dieser Beziehung leiten ließen. Die *Staatsethik* ist also der letzte Gegenstand, dem wir in diesem Buch nachspüren wollen.

An der Wiege der Staatsethik

Wer der Entwicklung der Staatsethik nachgehen will, befindet sich sehr rasch in erheblichen Verlegenheiten. Die heute übliche Methode, zusammenfassende Darstellungen auszugraben, verfängt in den Epochen, mit denen wir

Die Frage der Ethik

es in unserem Buch zu tun haben, nicht. Das älteste zusammenhängende System, das die Geschichte in dieser Beziehung aufzuweisen hat, stammt von den chinesischen Konfuzianern, und wenn Konfuzius selbst auch schon im 6. und 5. Jahrhundert v. Chr. gelebt hat, so ist doch von seinen Schriften so gut wie nichts erhalten und sind auch seine Jünger, wie berichtet, erst Jahrhunderte später zu politischem Einfluß gekommen. Die fa-chia aber, die ihnen zunächst einmal in der politischen Wirkung den Rang ablief, ist schwerlich als ein staatsethisches Denksystem zu bezeichnen. Sie hatte in der Idee der Friedensstiftung, die ihr zugrunde lag, zwar einen eminent ethischen Grundgedanken. Im übrigen war sie aber doch eher eine Lehre vom politischen Know-how und keine Staatsethik (S. 212 ff.).

In den anderen Staaten des Altertums gab es, soviel man weiß, Gedankengebäude von der Dichte des Konfuzianismus überhaupt nicht. Aber es gibt vereinzelte Äußerungen, die Rückschlüsse auf die gängigen ethischen Vorstellungen zulassen und die vor allem auch den Vorzug haben, daß sie nicht irgendwelchen Philosophen, sondern den handelnden Politikern selbst zuzurechnen sind.

Man muß unter diesen Umständen zwar damit rechnen, daß zwischen dem selbstverkündeten Anspruch und den realen Handlungsweisen kräftige Unterschiede bestanden. Aber diese dürften im allgemeinen immer noch kleiner gewesen sein als die Diskrepanzen zwischen der politischen Wirklichkeit und einer reinen Professorenethik, und außerdem gibt auch die schlimmste Selbstbeweihräucherung zumindest noch einen Eindruck davon, womit ihr Verfasser «anzukommen» glaubte – und das haben die Potentaten aller Zeiten doch immer sehr gut gewußt. Auch die verlogenste Propaganda läßt also noch einen Einblick in die ethischen Erwartungen ihrer Zeit zu.

Die ältesten Schriftstücke, die einen gewissen Einblick in das Selbstverständnis frühzeitlicher Herrscher erlauben, stammen aus den ersten Jahrhunderten des zweiten vorchristlichen Jahrtausends. Soweit sie aus der Hand regierender Fürsten stammen, ist ihre Heimat Mesopotamien. Die wichtigsten Urheber sind Schamschiadad I. (1815–1782 v. Chr.), König von Assur und Mari, und sein jüngerer Zeitgenosse Hammurabi (1792–1750 v. Chr.), König von Babylon.

Die Denkweise Schamschiadads wird vor allem in Briefen greifbar, die er an seine Söhne richtete und in denen er diesen eine umfassende Führungsausbildung angedeihen ließ. Viele von diesen Briefen sind im Archiv von Mari erhalten und geben einen eindrucksvollen Einblick in die Regierungsprinzipien des Vaters. Allerdings muß man betonen, daß sich die Lehren, die dort vermittelt werden, in aller Regel auf die Behandlung untergeordneter Beamter und Soldaten beziehen, also gewissermaßen auf die «innere Führung» des Staatsapparates, in denen Gesichtspunkte der Staatsräson möglicherweise gleichrangig neben Überlegungen der Staatsethik stehen.

Dennoch fällt auf, daß sich der Monarch nicht nur um das Wohlergehen der höheren Chargen kümmerte, sondern fast noch mehr um das des kleinen Mannes. Das läßt durchaus auch Rückschlüsse auf sein Verhältnis zum einfachen Bauern und Handwerker zu; denn gerade diese stellten ja zu seiner Zeit noch eindeutig das Gros des königlichen Heeres. Immer wieder schreitet er ein, wenn er das Gefühl hat, daß einfache Soldaten von ihren Offizieren ungerecht behandelt oder gar übervorteilt worden sind, und in anderen Fällen sorgt er sich sogar im Detail darum, daß eine Truppe unter allen Umständen die ihr zustehenden Ruhetage erhält. Seinen Söhnen – vor allem dem jüngeren, der eine Statthalterschaft in Mari zu führen hatte – schärft er auch immer wieder ein, daß von einem König diese Fürsorge für den kleinen Mann zu verlangen sei. Um die Lage der Bauern, aber natürlich auch der Landwirtschaft im Ganzen zu verbessern, führt er zum Beispiel einen neuen Pflug ein und trifft detaillierte Anordnungen darüber, wie die Bauern in einer Art Schneeballsystem im Umgang mit dem neuen Gerät zu unterrichten seien. Man kann also bestimmt nicht sagen, daß seine Fürsorge vor irgendeiner sozialen Schicht halt gemacht hätte.

Noch eindrucksvoller sind die Zeugnisse, die die Erlasse Hammurabis vom Pflichtgefühl dieses Herrschers ablegen. In seinen Briefen an Provinzgouverneure setzt er sich fast mit allen Details auseinander, die damals in einer Verwaltung aktuell geworden sein mögen. In Fällen der Bestechung und vor allem bei der Schädigung Untergebener durch Vorgesetzte greift er mit aller Härte und Entschiedenheit durch. Die unzulässige Heranziehung von einfachen Bauern zu öffentlichen Arbeiten unterbindet er unnachgiebig. Auf Berufungen gegen die Entscheidungen von Untergerichten, die er für falsch hält, reagiert er auch in Einzelfällen, wobei er entweder eine neue Entscheidung des Untergerichts anordnet oder gleich selbst die ihm richtig erscheinende Entscheidung trifft. Als requirierter Boden, der schon an die Soldaten seines Heeres ausgegeben worden ist, aus Gründen der Staatsräson an die ursprünglichen Eigentümer zurückerstattet werden muß, trägt er bis in den Einzelfall Sorge dafür, daß die betroffenen Soldaten entschädigt werden, und stellt sogar königliches Land dafür zur Verfügung. Gerade diese Beispiele, die sich ohne weiteres noch vermehren ließen, sind für das Selbstverständnis Hammurabis besonders beweiskräftig; denn sie erschöpfen sich ja nicht in hochtrabenden Deklamationen, sondern sie stellen reale Regierungsmaßnahmen des Herrschers dar, auch wenn sie «vor Ort» nicht immer ganz so pünktlich beachtet worden sein mögen, wie er sich das wohl selbst gewünscht hätte.

Unter diesen Umständen ist man natürlich auch viel eher geneigt, die hehren Regierungsgrundsätze wörtlich zu nehmen, die Hammurabi in der Präambel und in den abschließenden Passagen seines großen Gesetzgebungswerkes propagierte. Seine Aufgabe als König, so verkündet er dort, sei es, Gerechtigkeit im Lande sichtbar werden zu lassen, die Ruchlosen und Bösewichter zu vernichten und das Land mit Licht zu erfüllen, damit nicht der Starke den Schwachen seiner Rechte beraube. Und er schließt u. a. mit den Worten: «Ich war weder müde noch nachlässig, für die Menschen zu sorgen, über die mir Marduk das Hirtenamt gab. Ich umsorgte sie in Frieden und ließ sie in meiner Weisheit geborgen sein. Um Witwen und Waisen ihr Recht zu verschaffen, schrieb ich meine köstlichen Worte auf diesen Denkstein.»

Aus Ägypten sind solche Selbstaussagen von Königen nicht bekannt. Aber immerhin ist zum Beispiel ein Text erhalten, in dem sich ein Provinzstatthalter Sesostris' I. (1971–1927 v. Chr.) folgendermaßen rühmt: «Es gab keine Bürgerstochter, der ich Gewalt antat, keine Witwe, die ich bedrängte, keinen Bauern, dem ich wehrte, keinen Hirten, den ich vertrieb. Es gab keinen Vorsteher, dem ich seine Arbeitsleute wegnahm. Zu meiner Zeit gab es keinen Armen... und keinen Hungrigen. In Hungerszeiten ließ ich alle Felder meiner Provinz bis an die südliche und nördliche Grenze bestellen, erhielt die Leute am Leben und sorgte für Nahrung, so daß es keinen Hungrigen in der Provinz gab. Ich gab den Witwen ebenso wie den verheirateten Frauen und zog beim Geben nie den Großen dem Kleinen vor.» Wer den Wert der Propaganda im politischen Geschäft kennt, wird natürlich geneigt sein, solche Deklamationen mit großer Vorsicht zu genießen. Aber sie zeigen – um das noch einmal zu wiederholen – doch auch, womit ein Beamter dieser Größenordnung «anzukommen» glaubte, und das beweist nicht nur, was die Allgemeinheit von ihm erwartete, sondern es läßt auch Rückschlüsse auf das zu, was nach den Direktiven des Königshofes zu seinen Pflichten gehörte und was daher allgemein als Staatsaufgabe gegolten haben muß.

Dazu passen übrigens auch die Beinamen, die sich die Pharaonen der 12. Dynastie zulegten, das heißt die Könige genau jener Dynastie, aus der auch der soeben zitierte Text stammt. Amenemhet II. (1929–1895 v. Chr.) nannte sich beispielsweise «Der an Gerechtigkeit Gefallen findet» und «Der mit der gerechten Stimme». Sein Nachfolger Sesostris II. (1897–1878 v. Chr.) führte den Namen «Der die Gerechtigkeit erscheinen läßt». Amenemhet III. (1842–1797 v. Chr.) hieß «Gerechtigkeit hört Rê» und Amenemhet IV. (1797–1790 v. Chr.) «Rê ist von gerechter Stimme». Man braucht die propagandistischen Ziele und Übertreibungen solcher Herrschernamen keinen Augenblick außer Betracht zu lassen, um doch jedenfalls zu erkennen, daß Gerechtigkeit für den einzelnen zu dieser Zeit als ein wesentliches Desiderat politischen Handelns betrachtet und anerkannt wurde.

Texte dieser Art haben sich in Ägypten auch schon aus älterer Zeit erhalten. Vor allem die Erste Zwischenzeit (ca. 2150–2040 v. Chr.) scheint der Nährboden gewesen zu sein, auf dem das frühe Räsonnement über Herrscherpflichten blühte. Von einem der Gaukönige, die zu dieser Zeit Ägypten beherrschten, ist eine Art Weisheitslehre erhalten, in der er seinem Sohn und Nachfolger u. a. den folgenden Rat hinterließ: «Mache keinen Unterschied zwischen dem Sohn eines Vornehmen und dem Sohn eines Armen! Nimm einen Mann wegen seiner Leistungen in deinen Dienst!» Hinter solchen Ratschlägen mag nicht nur der Gedanke an Gerechtigkeit, sondern auch der Egoismus des Herrschers gestanden haben, der auf gute und loyale Beamte angewiesen war. Aber in einer Erzählung, die ungefähr aus der gleichen Zeit stammt, läßt der Autor einen Bauer zu dem Richter, vor dem er als Kläger steht, u. a. folgendes sagen: «Du bist der Vater der Waise, der Gemahl der Witwe, der Bruder der geschiedenen Frau und ein Schirm für den, der keine Mutter mehr hat... ein Führer, frei von Besitzgier, ein großer Mann, frei vom Übel, ein Mann, der den Trug zerstört und ma'at lebendig macht und zu dem kommt, wer um Hilfe ruft.» Und diese Worte sind keineswegs als Schmeichelei gedacht, sondern sie drücken die Erwartungen aus, die der Kläger ungeschminkt an den Beamten richtet, vor dem er steht. Im gleichen Sinne konnte ein König der 12. Dynastie für sich in Anspruch nehmen: «Ich gab den Notleidenden und zog das Waisenkind auf. Ich half dem Niedrigen genauso, sein Ziel zu erreichen, wie dem Hochgestellten.»

Auch von Provinzgouverneuren der 9. bzw. 10. Dynastie, das heißt der Ersten Zwischenzeit, gibt es Selbstdarstellungen, die einen erstaunlichen Pflichtenkodex belegen: Verteidigung nach außen, Kanal- und Schleusenbau, Bewässerung höher gelegener Flächen, Versorgung armer Bevölkerungsteile mit Lebensmitteln, Kleidern und Schuhen (einschließlich der dazu nötigen Vorratshaltung) – und das alles besonders zugunsten der Witwen und Waisen, die im Gerechtigkeitsdenken früherer Zeiten eine so große Rolle spielten. Als höchste Leistung staatlicher Fürsorge aber wird gelegentlich erwähnt, man habe unverheirateten Bürgern eine Frau verschafft! Dazu kommen dann die ethischen Postulate: Loyalität gegenüber dem Gaukönig und Gerechtigkeit gegen jedermann: «Ich habe die Großen nicht denunziert und ich habe die Kleinen erquickt.» Und: «Ich habe keinem seine Tochter oder seinen Acker genommen.»

Die ethischen Vorstellungen, nach denen wir hier fragen, waren also durchaus vorhanden und sind in Ägypten noch ungleich früher festzustellen als etwa in Mesopotamien. Wie weit sie in der Tagespolitik auch realisiert wurden, mag auf einem anderen Blatt stehen.

Wir zeigen in diesen Texten auch nicht nur eine Momentaufnahme aus den Anfängen des Mittleren Reiches. Das beweist zum Beispiel ein Text im Grab eines Mannes, der unter Thutmosis III. (1481–1448 v. Chr.) als Wesir von Ober- und Unterägypten diente. Dort wird die Ansprache wiedergegeben, die der König bei der Amtseinführung an seinen höchsten Beamten richtete, und in dieser heißt es: «Eine parteiische Haltung ist dem Gott ein Greuel. So ist denn dies das Gesetz, dem du folgen sollst: Du sollst Menschen, die du kennst, genauso behandeln wie Menschen, die du nicht kennst, und Menschen, die dir nahestehen, genauso wie solche, die dir nicht nahestehen. Ein Beamter, der danach handelt, wird in seinem Amt gedeihen... Wache über allem, was in der Halle des Wesirs getan wird; denn das ist die Ordnung des ganzen Landes... Wesir zu sein ist nicht süß, sondern bitter; denn er darf nicht auf Fürsten und Beamte Rücksicht nehmen und er darf sich niemand zum Sklaven machen. Seine Pflicht ist es, das Recht einzuhalten. Wenn ein Bittsteller kommt..., so sorge dafür, daß alles getan wird, wie es dem Recht entspricht, und daß alles nach seiner Ordnung getan wird, damit jeder zu seinem Recht kommt. Der Fürst lebt in der Öffentlichkeit. Wasser und Wind berichten über alles, was er tut, und niemals bleibt unbekannt, wie er sich verhält. Aber es ist eine Schutzwehr für ihn, nach den Vorschriften zu handeln und das zu tun, was angeordnet ist.» Wir wissen heute, daß das kein einmaliger Text war, sondern daß es sich um den Standardtext handelt, der bei ähnlichen Amtseinführungen in aller Regel verwendet wurde.

Die Ansätze einer Staatsethik, die wir hier suchen, reichen also mehr als vier Jahrtausende in die Vergangenheit zurück. Wir werden gut daran tun, ihre praktische Wirkung nicht zu überschätzen. Wir haben aber auch kein Recht, sie nur als Propagandalügen abzutun.

So bleibt das Bild des Staates am Ende dieses Buches so zwiespältig, wie wir es am Anfang gezeichnet haben.

Über unendlich viele Menschen hat der Staat im Laufe der Geschichte Leid und Untergang gebracht. Unendlich vielen aber hat er Leben und Wohlstand gesichert und ohne ihn wäre eine geordnete Entwicklung der Menschheit nicht möglich gewesen.

Man kann diese Erfahrung auch noch einfacher ausdrücken: Der Staat ist so zwiespältig wie alles, was Menschen geschaffen haben. Er ist so zwiespältig wie der Mensch selbst. Aber es lohnt sich, für seine guten Seiten zu kämpfen und zu arbeiten.

Anhang

Nachwort

Das Buch, das ich hier vorlege, ist in doppelter Beziehung ein Wagnis. Einerseits überblickt wohl schon der Fachmann die Fülle der oft weit verstreuten Literatur zu Fragen des frühen Staates nicht mehr vollständig. Andererseits (und vor allem) bin ich selbst in Fragen der Vor- und Frühgeschichte trotz langjähriger Befassung kein Fachmann, sondern allenfalls «gebildeter Laie».

Aber die Lektüre der historischen Fachliteratur, die ich über mehr als zwei Jahrzehnte betrieben habe, hat mir doch auch immer wieder gezeigt, daß eine Gesamtschau der Kenntnisse und Probleme von Nutzen sein könnte und daß auch die Erfahrungen eines Staatswissenschaftlers, der noch dazu aus unmittelbarem Erleben die Eigengesetzlichkeiten der Politik einzubringen vermag, dem Gegenstand nicht schädlich zu sein brauchen. Beides, so sagte ich mir schließlich, lohnt einen Versuch.

Das Ergebnis dieses Versuches liegt nunmehr vor. Es wird sich zeigen müssen, ob es vom Leser – dem historisch interessierten und gebildeten «Durchschnittsleser» – angenommen wird und ob es da und dort vielleicht sogar der Fachwissenschaft Anstöße zu geben vermag.

Ich stelle mir vor, daß mancher Leser nach der Lektüre Lust verspürt, sich in der Fachliteratur weiter zu informieren. Das wäre mein eigentlicher Wunsch. Deshalb habe ich auch, so gut es ging, alles vermieden, was solches Weiterlesen erschweren könnte. Daher zum Beispiel die Auswahl der wörtlichen Zitate, deren Fundstellen für einen deutschen Leser samt und sonders leicht zu erreichen sind. Daher aber auch die konsequente Übernahme der Jahreszahlen aus der Propyläen-Weltgeschichte. Ich halte die Chronologie dieses Werkes nicht für richtiger als andere. Aber sie ist dort folgerichtiger durchgehalten als in allen vergleichbaren Darstellungen, und das erleichtert gewiß das «Weiterlesen». Der Leser selbst wird wissen, daß er fast bei jeder verwendeten Jahreszahl mit einer größeren oder kleineren Toleranzspanne zu rechnen hat. Im übrigen werden ihm die folgenden Literaturhinweise das «Weiterlesen» erleichtern.

Thematische und geographische Beschränkungen waren schon aus Raumgründen unvermeidlich. So erklärt sich beispielsweise der strikte Verzicht auf alle Herrschaftsräume, die außerhalb des eurasischen Kontinents liegen. Die Berichte über die Geschichte Ägyptens und des Vorderen Orients, die das Buch umrißweise enthält, enden aus dem gleichen Grunde etwa bei der Seevölkerinvasion, das heißt etwa mit dem 13. Jahrhundert v. Chr. Auf den Versuch, die schemenhaften Kenntnisse über das minoische Kreta und die eindrucksvollen Bauten der westeuropäischen «Megalith-Kultur» für unser Thema fruchtbar zu machen, wurde ebenfalls bewußt verzichtet. Nur die chinesische Entwicklung wurde weiter verfolgt, weil sie mehr Anschauungsmaterial bietet als die westlicher gelegenen Kulturkreise zusammen.

Je weiter die geschichtliche Entwicklung voranschreitet, um so weniger Aufschlüsse gibt sie über die *Gründe,* die zur Entstehung von Staaten geführt haben, um so mehr aber darüber, *wie* der Mensch versucht hat, diesen Gründen, das heißt den Aufgaben des Staates, gerecht zu werden. Das erleichtert von der Seevölkerzeit an den Verzicht auf die Darstellung historischer Abläufe. Mehr und mehr wird es möglich, systematische Ausblicke auf die staatliche Organisation zu geben; die Abschnitte über die pylische, die achämenidische und die chinesische Administration legen davon Zeugnis ab.

Dennoch bleiben für jeden Kulturkreis genug Besonderheiten. Ich erinnere nur an die spezifisch chinesischen Formen der Beherrschung von Steppengebieten, deren persische Parallelen sich bestenfalls ahnen lassen, oder an die Entfaltung einer geradezu modern anmutenden internationalen Politik im Nahen Osten, deren – zweifellos vorhandene – ostasiatische Parallelen nicht annähernd dokumentiert sind. Richtig wäre wahrscheinlich die weltweite Übertragung all dieser Modelle auf vergleichbare politische Situationen. Aber das ist ein weites Feld...

R.H.

Literaturhinweise

Die folgende Literaturübersicht soll dem interessierten Leser das «Weiterlesen» ermöglichen. Jeder der folgenden Abschnitte enthält daher zunächst Hinweise auf allgemeine, auch für den deutschen Leser leicht greifbare Überblickswerke. In einem weiteren Abschnitt folgen dann einige Positionen zu besonders wichtigen Detailfragen. Vollständigkeit ist nicht angestrebt und bei der Fülle des Materials auch nicht erreichbar. Fast allen hier aufgeführten Werken sind aber ausgedehnte Literaturverzeichnisse beigegeben, deren sich der besonders Interessierte bedienen kann.

Allgemeine Hinweise

Zuerst empfiehlt sich natürlich der Griff zu den bewährten großen Weltgeschichten, also insbesondere der *Propyläen-Weltgeschichte,* der *Historia Mundi,* der *Saeculum-Weltgeschichte* und der *Fischer-Weltgeschichte,* deren hier interessierende Teile ausnahmslos gut lesbar sind und aus der Feder hervorragender Sachkenner stammen. Allerdings muß der Leser die Passagen, die sich auf den Staat, seine Funktionen und seine Organisation beziehen, hier selbst aus einer Fülle anderer Informationen herausfiltern. Er wird dabei eine überraschende Erfahrung machen: wie wenig auf den ersten Blick für das Thema «Staat» übrigbleibt, wenn man alles beiseite läßt, was sich auf Kultus, Architektur, bildende Kunst u. ä. bezieht – und wieviel es beim zweiten Hinsehen dann doch wieder ist.

Speziell auf Staat und Politik beziehen sich folgende Werke: H. *Kammler,* Der Ursprung des Staates, 1966; *Ernst Meyer,* Einführung in die antike Staatskunde, ⁴1980 (mit weiteren eingehenden Literaturhinweisen); K. A. *Wittfogel,* Die orientalische Despotie, 1962 (engl. 1957).

Raumübergreifend sind u. a. auch angelegt: *A. Scharff/A. Moortgart,* Ägypten und Vorderasien im Altertum, 1950, ²1959; W. *Helck,* Die Beziehungen Ägyptens zu Vorderasien im 3. und 2. Jahrtausend v. Chr., 1962, ²1971.

Zur Vorgeschichte des Staates

Allgemein empfiehlt sich hier der Rückgriff auf H. *Müller-Karpe,* Geschichte der Steinzeit, ²1976 (nach Bd. 1 und 2 des vom gleichen Autor herausgegebenen Handbuchs der Vorgeschichte, 1966 ff.).

Zu den wichtigsten Ausgrabungsstätten, mit denen unser Buch arbeitet, gibt es folgende Darstellungen: *J. Garstang,* Prehistoric Mersin, 1953; K. M. *Kenyon,* Digging up Jericho, 1957; *J. Mellaart,* Çatal-Hüyük. Stadt aus der Steinzeit, 1967; *J. Mellaart,* Excavations at Hacilar, 1970; *A. Parrot,* Mari – Capitale fabuleuse, 1974; *P. Matthiae,* Ebla. Un impero ritrovato, 1977; E. *Strommenger,* Habuba Kabira. Eine Stadt vor 5000 Jahren, 1980.

Mesopotamien

Hier ist zunächst auf das *Reallexikon der Assyriologie* hinzuweisen, das weit über den eigentlich assyrischen Raum hinaus zuverlässige Informationen vermittelt. Außerdem kommen in Betracht: *B. Meißner*, Babylonien und Assyrien, Bd. 1, 1920 (bes. S. 46 ff. und S. 154 ff.); *C. J. Gadd*, Ideas of Divine Rule in the Ancient East, 1948; *W. von Soden*, Herrscher im Alten Orient, 1954; *H. J. Nissen*, Grundzüge einer Geschichte der Frühzeit des Vorderen Orients, 3. Aufl. 1995 (mit Literaturliste).
Empfehlenswert ferner: *W. Hinz*, Darius und die Perser. Eine Kulturgeschichte der Achämeniden, 2 Bde., 1976.
Mit Detailfragen beschäftigen sich u. a. folgende Autoren: *Hugo Winckler*, Die Gesetze Hammurabis, 1902 (vom Herausgeber übersetzt); *E. Forrer*, Die Provinzeinteilung des assyrischen Reiches, 1920; *G. R. Driver/J. C. Miles*, The Assyrian Laws, 1952/55; *A. Falkenstein*, La cité-temple Sumérienne, in: Cahiers d'Histoire mondiale, 1953/54, 784 ff.; *Th. Jacobsen*, Early Political Development in Mesopotamia, in: Zeitschr. f. Assyriologie 52 (n. F. 18), 1957, 91 ff. Die wichtigsten Passagen des Codex Hammurabi finden sich – in deutscher Übersetzung – übrigens auch in Bd. 1 der Propyläen-Weltgeschichte (S. 590 f.).

Ägypten

Der «Klassiker» ist hier immer noch *J. H. Breasted*, Geschichte Ägyptens (aus dem Englischen übersetzt von *H. Ranke*), 1910, mehrere Nachdrucke. Weiterhin sind zu erwähnen: *A. Erman/H. Ranke*, Ägypten und ägyptisches Leben im Altertum, ^{2}1923 (mit zahlreichen Text- und Bildbelegen); *Sir A. H. Gardiner*, Egypt of the Pharaohs, 1961; *W. B. Emery*, Ägypten. Geschichte und Kultur der Frühzeit, 1961; *J. van Seters*, The Hyksos, A New Investigation, 1966; *W. Schenkel*, Die Bewässerungsrevolution im Alten Ägypten, 1978; aus neuester Zeit vor allem die bahnbrechenden Werke von *J. Assmann*, Ma'at. Gerechtigkeit und Unsterblichkeit im Alten Ägypten, 1996, und Ägypten. Eine Sinngeschichte, 1996.
Mit einigen für unser Buch besonders interessanten Teilaspekten befassen sich *W. Helck*, Untersuchungen zu den Beamtentiteln des ägyptischen Alten Reiches, 1954; *ders.*, Zur Verwaltung des Mittleren und Neuen Reichs, 1958; *ders.*, Die altägyptischen Gaue, Beihefte zum Tübinger Atlas des Vorderen Orients B 5, 1974.

Induskultur

Über Fragen der politischen Organisation ist hier – mangels lesbarer schriftlicher Dokumente – wenig bekannt. Einen allgemeinen Überblick geben die folgenden Werke:
Sir J. Marshall, Mohenjo Daro and the Indus Civilisation, 3 Bde., 1931; *E. Mackay*, Die Induskultur, 1938 (engl. Originalausgabe 1935); *B. Hrozny*, Die älteste Völkerwanderung und die protoindische Zivilisation, 1939; *K. N. Sastri*, New Light on the Indus Civilisation, 1957; *M. Jansen*, Die Indus-Zivilisation, 1986.

Hethiter und Hurriter

An allgemeiner Literatur sind hier zu nennen:
K. Bittel, Grundzüge der Vor- und Frühgeschichte Kleinasiens, 1950; *M. Mayrhofer*, Die Indo-Arier im alten Vorderasien, 1966; *A. Kammenhuber*, Die Arier im Vorderen Orient,

1968; *J. M. Diakonoff,* Die Arier im Vorderen Orient, in: Orientalia Nova Series 41, 1972, 91 ff.; *D. E. Otto/A. Kammenhuber,* Artikel Hurriter, Hurritisch, in: Reallexikon der Assyriologie 4, 1972-75, 507 ff.; *F. Cornelius,* Geschichte der Hethiter, 1973; *G. Wilhelm,* Grundzüge der Geschichte und Kultur der Hurriter, 1982.
Auskünfte über Detailaspekte geben u. a. folgende Arbeiten:
J. Friedrich, Hethitische Gesetze, 1959; *K. A. Kitchen,* Suppiluliuma and the Amarna Pharaohs, 1962; *K. Riemschneider,* Beiträge zur sozialen Struktur des Alten Vorderasiens, 1971; *S. R. Bin-Nun,* The Tawananna in the Hittite Kingdom, 1975; *A. Kammenhuber,* Die Arier im Vorderen Orient und die historischen Wohnsitze der Hurriter, Orientalia Nova Series 46, 1977, 129 ff.; *G. Wilhelm,* Zur Rolle des Großgrundbesitzes in der hurritischen Gesellschaft, in: Revue Hittite et Asianique 36, 1978, 205 ff.

Griechenland und Ägäis

Hier ist das Literaturangebot aus naheliegenden Gründen besonders unerschöpflich. Neben den Griechischen Geschichten etwa von *H. Berve* und *H. Bengtson,* die in ihren einleitenden Kapiteln jedenfalls einen Überblick geben, seien hier in naturgemäß unvollständiger Auswahl folgende Arbeiten genannt:
F. Schachermeyr, Die ältesten Kulturen Griechenlands, 1955; *J. Kerschensteiner,* Die mykenische Welt in ihren schriftlichen Zeugnissen, 1970; *H. G. Buchholz/V. Karageorghis,* Altägäis und Altkypros, 1971; *S. Hiller/O. Panagl,* Die frühgriechischen Texte aus mykenischer Zeit, 1976, ²1986; *W. Helck,* Die Beziehungen Ägyptens und Vorderasiens zur Ägäis bis ins 7. Jahrhundert v. Chr., 1979.

China

Hier ist das literarische Angebot reichhaltiger als auf allen anderen Gebieten – das griechische vielleicht ausgenommen. Um so schwieriger ist es, die richtige Auswahl zu treffen. Mit diesem Vorbehalt seien hier die folgenden Werke als allgemein zu unserem Thema gehörig genannt:
M. Granet, Die chinesische Zivilisation. Familie, Gesellschaft, Herrschaft von den Anfängen bis zur Kaiserzeit, 1976 (1. Aufl. der frz. Originalfassung 1929); *O. Franke,* Geschichte des chinesischen Reiches, 5 Bde., 1930-1952; *K. A. Wittfogel,* Wirtschaft und Gesellschaft Chinas, 1931; *D. Bodde,* China's First Unifier, 1938; *H. H. Dubs,* The History of the Former Han Dynastie, 3 Bde., 1938-1955; *W. Watson,* China Before the Han Dynasty, 1961; *P. J. Opitz,* Chinesisches Altertum und konfuzianische Klassik. Politisches Denken in China von der Chou-Zeit zum Han-Reich, 1968; *B. Wiethoff* Grundzüge der älteren chinesischen Geschichte, 1971; *J. Gernet,* Die chinesische Welt, 1979 (frz. 1972); *D. Kuhn,* Status und Ritus. Das China der Aristokraten von den Anfängen bis zum 10. Jahrhundert nach Christus, 1991; *H. Schmidt-Glintzer,* Das alte China. Von den Anfängen bis zum 19. Jahrhundert, 1995; *ders.,* China. Vielvölkerreich und Einheitsstaat. Von den Anfängen bis heute, 1997.
Zu Detailfragen seien die folgenden Titel empfohlen: *J. J. L. Duyvendak,* The Book of Lord Shang, 1928; *N. L. Swann,* Food and Money in Ancient China, 1950; *A. F. P. Hulsewé,* Remnants of Han Law, 1955 (Bd. 1); *M. von Dewall,* Pferd und Wagen im frühen China, 1964; *L. Vandermeersch,* La Formation du légisme, 1965; *Y. S. Yü,* Trade and Expansion in Han China. A Study in the Structure of Sino-Barbarian Economic Relations, 1967; *M. Loewe,* Records of Han Administration, 2 Bde., 1967; *Ch'ü T'ung-tsu,* Han Social Structure, 1973.

Anhang

Die Nomaden der asiatischen Steppe

Folgende Titel kommen hier insbesondere in Betracht:
J. J. M. DeGroot, Die Hunnen der vorchristlichen Zeit, 2 Bde. (1921, 1926); *T. Talbot-Rice*, Die Skythen. Ein Steppenvolk an der Zeitwende, 1957; *F. Altheim*, Geschichte der Hunnen, 1959; *K. Jettmar*, Die frühen Steppenvölker, 1964; *F. Altheim/J. Rehork* (Hg.), Der Hellenismus in Mittelasien (Sammelband), 1969; *F. Altheim/R. Stiehl*, Geschichte Mittelasiens im Altertum, 1970; *H. W. Haussig*, Die Geschichte Zentralasiens und der Seidenstraße in vorislamischer Zeit, 1983.

An eine andere, oft verkannte Informationsquelle soll hier wenigstens erinnert werden: an die zahlreichen *Ausstellungskataloge* aus den letzten Jahrzehnten. Sie führen in mancher Privatbibliothek ein Mauerblümchendasein, obwohl gerade ihre einleitenden Teile wahre Fundgruben für den interessierten Laien – und nicht nur für ihn – sind.

Dasselbe gilt aber – gewissermaßen am anderen Ende der Skala – auch von den *Autoren des Altertums*, mit denen viele Leser wohl noch im Schulunterricht Bekanntschaft geschlossen haben. Herodot, Xenophon, Polybios – um nur diese wenigen zu nennen – sind voll von aufregenden Details zum Thema unseres Buches und die Lektüre der homerischen Epen sowie des Alten Testaments kann zu einem ganz ungewohnten Erlebnis werden, wenn man sie einmal von diesem Blickwinkel aus betreibt.

Fundstellen der wörtlichen Zitate

S. 44f. Hans J. Nissen, Grundzüge einer Geschichte der Frühzeit des Vorderen Orients, 3. Aufl. 1995, S. 142f., 146f., 147f.
S. 59, 61 Karl J. Narr, Ursprung und Frühkulturen, in: Saeculum-Weltgeschichte, Bd. 1, ²1983, S. 174f.
S. 121 Ludwig Pauli, Das keltische Mitteleuropa vom 6. bis zum 2. Jahrhundert v. Chr., in: Die Kelten in Mitteleuropa. Salzburger Landesausstellung 1. Mai – 30. September 1980 im Keltenmuseum Hallein/Österreich (Katalog), 1980, S. 28.
S. 128f. Karl J. Narr, a. a. O., S. 590f.
S. 131 Ernst Wahle, Die Indogermanisierung Mitteleuropas, in: Bruno Gebhardt/ Herbert Grundmann, Handbuch der Deutschen Geschichte, Bd. 1, ⁹1970, S. 45; abgedruckt auch in: Anton Scherer (Hg.), Die Urheimat der Indogermanen (Sammelband), 1968, S. 352f.
S. 133f. Michael de Ferdinandy, Tschingis Khan. Der Einbruch des Steppenmenschen, 1958, S. 21f.
S. 179 Gernot Wilhelm, Grundzüge der Geschichte und Kultur der Hurriter, 1982, S. 65.
S. 240f. Hans J. Nissen, a. a. O., S. 92f.
S. 241 Yigael Yadin, Die Tempelrolle. Die verborgene Thora vom Toten Meer (dt. Übersetzung Eva Eggebrecht), 1985, S. 225f.
S. 249 Francesco De Martino, Wirtschaftsgeschichte des alten Rom (dt. Übersetzung Brigitte Galsterer), 1985, S. 33.
S. 294 Friedrich Cornelius, Geschichte der Hethiter, 1973, S. 122.

Geographisches Register

Achetaton 109
Ägypten 15ff., 34ff., 38f., 53, 57f., 85, 88–91, 109ff., 154f., 166–172, 187ff., 191ff., 197, 242, 256f., 268ff., 279, 284, 305ff.
 – «Reichsideologie» 78, 99f., 110f., 172
 – vordynastische Zeit 34ff., 116f., 146, 154
Afghanistan 23, 68f., 139, 159f.
Agia Triada (Kreta) 96
Akkad (mesopotamische Stadt) 27, 38, 46, 112
Aladscha Hüyük (Ort in Kleinasien) 28
Alalach (syrische Stadt) 27, 177f., 180, 184, 190
Aleppo (Halab) 27, 104, 155, 174, 177f., 181, 184, 188, 190
Alsche (Hurriterstaat) 189, 191
Amarna 107, 109
Amka (bei Damaskus) 184
Amri (indische Stadt) 68
Amurru (syrischer Staat) 184, 188, 190
Anatolien s. Kleinasien
Anjang (chinesische Stadt) 201
Ankuwa (Ort in Kleinasien) 129, 146f.
Ao (chinesische Stadt) 201
Arrapcha (Hurriterstaat) 177f., 191
Arzawa (Land in Kleinasien) 181, 183f., 193
Assur (assyrische Hauptstadt) 20, 174, 178, 303
Assyrien, Assyrer, 15, 143, 173–177, 183, 190f., 195, 197, 219, 250
Athen 42, 152, 291
Attika 127
Auaris (Stadt der Hyksos) 170

Babylon (Stadt) 20, 96, 143, 157, 174f., 181, 197
Babylonien, Babylonier 15, 44f., 86, 144, 174, 191, 195f., 276
Bahrain-Inseln s. Tilmun
Baktra (Balch) 161f.

Baktrien 85, 139, 158ff., 249
Beludschistan 23, 68f.
Bibracte (keltische Stadt) 125
Bogazköy s. Hattusa
Bukras (Stadt) 63
Burma 232
Burus'chanda (Land in Kleinasien) 29, 129, 147
Byblos (syrische Stadt) 27, 88, 103f.

Çatal Hüyük (Ort in Kleinasien) 56, 64f., 80
Ch'ang-an (chinesische Stadt) 217, 226, 264
Ch'in (chinesisches Königreich) 205, 207, 208–211, 213–216, 223, 242, 265, 273f., 285
China, Chinesen 25f., 33, 85, 88, 146, 198–233, 245, 262ff.
 – Einzelstaaten 204, 207f., 210, 222f., 242

Damaskus 190
Delphi 113ff.
Dorak (Ort in Kleinasien) 28
Dschebel Aruda 58f.
Dürrnberg (bei Hallein) 127f.

Ebla (Tell Marduch) 27
Elam 29f., 56, 113, 174, 196
Elephantine 74
Ephesus (Apasa) 181
Eridu (mesopotamische Stadt) 56f.
Eschnunna (mesopotamische Stadt) 20, 174
Euphrat 37f., 41ff., 44
Eynan (Ort am Hule-See) 65

Fayûm (Region in Ägypten) 169
Ferghana (Oase in Mittelasien) 159f., 225

Gaza (Stadt in Palästina) 171
Gelbes Meer 199f., 233

Geographisches Register

Gilgal (Ort in Palästina) 76, 86, 114
Girsu (mesopotamische Stadt) 44
Griechenland 29, 32f., 209, 274–278
Großer Bogen (Hoang-ho) 199f., 207, 223

Habuba Kabira 58f.
Hacilar (Ort in Kleinasien) 62, 76, 126
Hallstatt 127f.
Harappa (Stadt der Induskultur) 23
Hatti s. Hethiter (Sachregister)
Hattusa (hethitische Hauptstadt) 29, 183, 186, 193
Hazor (syrische Stadt) 174
Heuneburg 103, 122ff.
Hoang-ho (Gelber Fluß) 33, 199f., 207, 225
Hochdorf 122
Homs (syrische Stadt) 188
Horoztepe (Ort in Kleinasien) 28
Hsian (chinesische Stadt) 217
Hsien-yang (chinesische Stadt) 211

Indien 33, 68f., 88, 138, 249
Ischuwa (Hurriterstaat) 184, 189, 195
Isin (mesopotamische Stadt) 20, 174, 239
Israel, Israeliten 79, 82, 86, 101f., 113, 114f., 136, 173, 218f., 243

Jericho 65–68, 70, 76f., 86
Jerusalem 113, 173
Juda 113, 254

Kadesch (syrische Stadt) 184, 188, 190f.
– Schlacht bei Kadesch 21, 89, 193
Kanesch (Kültepe) 104
Kansu (chinesische Provinz) 223, 225
Karchemisch (syrische Stadt) 155, 174, 184, 190f.
Karnak (ägyptische Tempelstadt) 109, 172, 256, 273
Kato Zakros (kretischer Palast) 96
Keftiu s. Kreta
Kiutschwan (chinesische Stadt) 225
Kizzuwadna (= Kilikien) 155, 178, 181, 184, 190
Kleinasien 28f., 32, 64f.
Knossos (kretischer Palast) 30, 96, 143, 146, 274–278

Korea 221
Kot-Didschi (Ort der Induskultur) 68
Kreta 30ff., 83, 96, 103, 106f., 143, 146, 165, 290
Kuru-Reich (Indien) 150
Kuschar, Kuschschar (Ort in Kleinasien) 129, 146
Kutscha (Oase im Tarim-Becken) 226

Larsa (mesopotamische Stadt) 20, 143, 174
Lerna (Stadt in der Argolis) 29
Liautung (chinesische Halbinsel) 223
Lojang (chinesische Stadt) 207
Loulan (Stadt am Lob-nor) 225f.

Mallia (kretischer Palast) 96
Manching (bei Ingolstadt) 125
Mandschurei 221, 223
Mari (Stadt am Euphrat) 20, 27, 153, 174, 303
Massilia (= Marseille) 122
Mehrgarh (Ort der Induskultur) 69
Mersin (Stadt in Kleinasien) 61f., 76, 126
Mesopotamien 15f., 18ff., 29, 31, 37, 40f., 53, 56f., 85f., 111f., 143, 173–177, 197, 199, 279
Milet 183
Mitanni 32, 139, 159, 171, 174, 177–180, 183f., 187f., 190f., 193, 195, 197, 249, 292
Mohendscho Daro (Stadt der Induskultur) 23f., 68
Mongolei 225
Mundigak (Ort der Induskultur) 68
Mykene 32

Naryn (Fluß in Asien) 226
Nawar (hurritische Stadt) 31
Nesa (Ort in Kleinasien) 129, 146
Ninive (assyrische Hauptstadt) 31, 173
Nippur (mesopotamisches Heiligtum) 44, 112f., 143
Norschun Tepe (Ort in Kleinasien) 28
Nubien 91, 171, 271
Nuchasse (Hurriterstaat) 184, 189

Oberägypten 37, 89, 170, 256, 269
Ordos-Bogen s. Großer Bogen
Ostturkestan s. Tarim-Becken

Palaa (Land in Kleinasien) 155
Palästina 65 ff., 170, 177, 193
Parthia 159 ff., 249
Peking 207
Persepolis 96 f.
Phaistos (kretischer Palast) 30, 96
Punt (= Somalia?) 90, 109
Pylos (mykenische Stadt) 32, 79, 274 ff.

Qannas (syrischer Ort) 58
Qatna (syrische Stadt) 104, 175

Rotes Becken (chinesische Landschaft) 221

Sardes (Stadt in Kleinasien) 141 f., 143 f.
Sattiwara (Land in Kleinasien) 129, 147
Shantung (chinesische Halbinsel) 199, 207
Shahr-i-Sokhta (Ort in Iran) 68 f.
Sinkiang s. Tarim-Becken
Sogdiane (persische Provinz) 159
Susa (elamische Hauptstadt) 29, 39 f., 56, 96, 142 ff., 175, 283
Susiana, Susiane (elamische Landschaft) 39 f.
Syrien 26 f., 58 f., 103, 171, 177, 193, 195

Takla-makan (Wüste im Tarim-Becken) 226
Talas (Fluß in Asien) 226
Tarim-Becken 160, 223, 225 ff., 233

Tell Brak (syrischer Ausgrabungsort) 58
Tell-el-Amarna s. Amarna
Tell-es-Sultan s. Jericho
Tepecik (Ort in Kleinasien) 28
Tepe Gaura (Irak) 56 f.
Theben (ägyptische Stadt) 109
Tilmun (= Bahrain-Inseln) 28, 104
Tiryns (mykenische Burg) 29
Troja 28 f., 149, 183
Tschangjeh (chinesische Stadt) 225
Tschengtschou (chinesische Stadt) 201
Tun-huang (chinesische Stadt) 225
Turfan (Oase in Asien) 225

Ugarit (Ras Schamra) 104, 178, 184, 188, 190
Umma (mesopotamische Stadt) 44
Umm Dabaghiya (Irak) 63 f.
Unterägypten 37, 89, 170, 256
Ur (mesopotamische Stadt) 19 ff., 30 f., 143, 173
Urkesch (hurritische Stadt) 31 f.
Uruk (mesopotamische Stadt) 42 ff., 56 f., 95 f.

Vietnam 221

Wei (chinesischer Fluß) 200, 204, 223
Wuwei (chinesische Stadt) 225

Yangtse-kiang 199, 207
Yünnan (chinesische Provinz) 221, 232

Personenregister
(einschließlich Götternamen)

Abdichepa (König von Jerusalem) 173
Adadnerari I. (Assyrerkönig) 195
Agamemnon (König von Mykene) 79, 149
Ahmose (Pharao) 89, 170
Alaksandus (König von «Wilusa») 181, 183
Alexander der Große (König der Makedonen) 100, 159, 212, 233
Amarsuena (König von Ur) 19
Amenemhet I. (Pharao) 18, 38, 166, 168, 172
Amenemhet II. (Pharao) 305
Amenemhet III. (Pharao) 305
Amenemhet IV. (Pharao) 169, 305
Amenophis I. (Pharao) 89, 170
Amenophis II. (Pharao) 89
Amenophis III. (Pharao) 109, 159, 171, 184, 188
Amenophis IV. Echnaton (Pharao) 91, 99, 107, 109, 155, 159, 171 f., 184, 189, 195
Amun (ägyptische Gottheit) 171 f.
Anittas (König von Ankuwa) 129, 147
Antiochos III. (Seleukide) 160
Arnuwandas (König der Hethiter) 186
Artatama I. (König von Mitanni) 178, 188
Artatama (hurritischer Thronprätendent) 189, 191
Ashoka (indischer Großkönig) 154
Assarhaddon (Assyrerkönig) 154
Assurbanipal (Assyrerkönig) 154
Assurnasirpal II. (Assyrerkönig) 251
Assuruballit (Assyrerkönig) 190, 195
Atal-schen (König der Hurriter) 30
Ateas (König der Skythen) 135, 145
Aton (ägyptische Gottheit) 91, 109

Barattarna (König von Mitanni) 178
Belsazar (babylonischer Prinz) 156

Caesar, Caius Julius (römischer Staatsmann) 123 f., 138, 249

Chang-Ch'ien (chinesischer Kundschafter) 230, 233
Ching (chinesischer Kaiser) 218, 271
Chudupijanzas (hethitischer Prinz) 155

Dareios I. (Perserkönig) 153, 259, 262
David (König von Israel) 86, 102, 152
Diodotos (König von Baktrien) 160
Dschingis Khan (Mongolenherrscher) 131 f., 133 f., 136 f., 231

Eannatum (König von Lagasch) 30, 38
Echnaton s. Amenophis IV.
Enlil (mesopotamische Gottheit) 112 f.
Euthydemos (König von Baktrien) 161

Fu-hsi (sagenhafter chinesischer Kaiser) 25

Gilgamesch (König von Uruk) 43, 52
Giluchepa (Mitanni-Prinzessin) 188
Gudea (König von Lagasch) 19, 112

Hammurabi (König von Babylon) 22, 143, 175 f., 243, 257 f., 270, 283, 285 f., 303 f.
Han Fei (chinesischer Schriftsteller) 213
Haremhab (Pharao) 91, 110, 171, 192, 254, 272, 286
Hatschepsut (ägyptische Königin) 90, 159
Hattusilis I. (König der Hethiter) 181, 186, 287
Hattusilis III. (König der Hethiter) 151, 155, 193, 195
Herodot (griechischer Schriftsteller) 134 f., 141, 143 f., 210, 233
Hiskia (König von Juda) 254 f.
Horus (ägyptische Gottheit) 58, 99, 110 f.
Horus-Aha (Pharao) 36
Horus-Narmer (Pharao) 36
Horus-Skorpion (Pharao) 36

Huang-ti (sagenhafter chinesischer Kaiser) 25

Ibbisuen (König von Ur) 20, 30, 113
Idrimi (König von Alalach) 178
Iku-Schamagan (König von Mari) 27
Indra (indische Gottheit) 177
Ipuwêr (ägyptischer Schriftsteller) 31
Jachdunlim (König von Mari) 174
Jethro (midianischer Priester) 269
Joseph (Sohn des Jakob) 257
Josua (israelitischer Feldherr) 136 f.
Kung-sun Yang s. Shang Yang
Kyros II. der Große (Perserkönig) 156 f.

Labarnas 1. (König der Hethiter) 155, 181
Lamgi-Mari (König von Mari) 27
Lipitischtar (König von Isin) 239, 244, 286
Li Ssu (chinesischer Politiker) 213
Liu Pang (chinesischer Kaiser) 217, 224
Lugalzagesi (König von Uruk) 38, 111

Manischtuschu (König von Akkad) 30, 38
Mao-tun (König der Hsiung-nu) 134, 223 f.
Marduk (babylonische Gottheit) 156 f., 305
Mebaragisi (König von Kisch) 30
Menes (Pharao) 34, 49
Mentuhotep I. (Pharao) 17, 166
Merenptah (Pharao) 194
Minos (sagenhafter kretischer König) 96, 290 f.
Mitra (indische Gottheit) 177
Moses (israelitischer Führer) 269
Mursilis I. (König der Hethiter) 175, 181, 185
Mursilis II. (König der Hethiter) 183, 185, 192
Mursilis III. (König der Hethiter) 151, 155
Muwatallis (König der Hethiter) 21, 89, 156, 181, 183, 192 f.

Nabonid (König von Babylon) 156 f.
Naramsin (König von Eschnunna) 174
Naramsuen (König von Akkad) 27 f., 30, 38, 46, 111 ff.

Nasatya (indische Gottheiten, = Dioskuren) 177
Orgetorix (keltischer Ritter) 123 f.

Parikshit (indischer König) 150
Philipp II. (König der Makedonen) 115, 135
Pitchanas (König von Ankuwa) 129
Platon (griechischer Philosoph) 290
Polybios (griechischer Schriftsteller) 161

Ramses II. (Pharao) 21, 89, 192 ff.
Ramses III. (Pharao) 172
Rê (ägyptische Gottheit) 99 f., 172, 305
Rimsin (König von Larsa) 174
Rimusch (König von Akkad) 38

Salmanassar I. (Assyrerkönig) 195
Samuel (israelitischer Richter) 101 f., 106, 114, 137
Sanherib (Assyrerkönig) 254 f.
Sargon I. (König von Akkad) 27, 30, 38, 77, 152 f.
Saul (König von Israel) 101 f., 114, 137
Sauschtatar (König von Mitanni) 178
Schamaschumukin (König von Babylon) 154
Schamschiadad I. (König von Assur und Mari) 174, 303
Schattiwaza (König von Mitanni) 191
Schulgi (König von Ur) 19, 30, 143, 153, 173, 176
Schusuen (König von Ur) 19 f., 31, 173
Schuttarna I. (König von Mitanni) 178, 188
Schuttarna III. (König von Mitanni) 191
Seleukos I. (Seleukidenherrscher) 158
Semenchkare (Pharao) 110
Sesostris I. (Pharao) 305
Sesostris II. (Pharao) 305
Sethos I. (Pharao) 171, 192, 286
Shang Yang (chinesischer Staatsmann) 213, 223, 258
Shi-huang-ti (chinesischer Kaiser) 211, 213, 216 f., 223
Solon (athenischer Staatsmann) 291
Suppiluliumas I. (König der Hethiter) 155 f., 181, 183 f., 185, 191 f., 256
Strabo (griechischer Schriftsteller) 74

Personenregister 323

Taduchepa (Mitanni-Prinzessin) 188 f.
Telipinus (König der Hethiter) 149, 184 ff., 294
Telipinus («Priester von Kizzuwadna») 155, 184, 190, 295
Temüdschin s. Dschingis Khan
Thutmosis I. (Pharao) 170, 177
Thutmosis II. (Pharao) 170
Thutmosis III. (Pharao) 90, 109, 159, 170, 172, 178, 187 f., 232, 306
Thutmosis IV. (Pharao) 188
Tiberius (römischer Kaiser) 158
Tiglatpilesar I. (Assyrerkönig) 197, 287
Tiglatpilesar III. (Assyrerkönig) 153
Tisch-atal (König der Hurriter) 31
T'ou-man (König der Hsiung-nu) 134, 223
Tschandragupta (indischer Großkönig) 158
Tukultininurta I. (Assyrerkönig) 195 f.
Tuschratta (König von Mitanni) 178, 189, 191
Tutanchamun (Pharao) 90, 110, 155
Tutchalijas II. (König der Hethiter) 184, 188
Tutchalijas III. (König der Hethiter) 183
Tutchalijas IV. (König der Hethiter) 186, 195

Urnammu (König von Ur) 19, 38, 257, 283
Urukagina (König von Lagasch) 286
Utuchengal (König von Uruk) 18

Varuna (indische Gottheit) 177

Wang Mang (chinesischer König) 221, 226
Wu(-ti) (chinesischer Kaiser) 218–221, 224 f., 230, 233, 264 f., 267 f., 271

Xenophon (griechischer Schriftsteller) 140
Xerxes I. (Perserkönig) 141

Zannanzas (hethischer Prinz) 155, 191
Zeus (griechische Gottheit) 293
Zimrilim (König von Mari) 174

Sachregister

Achäer 183
Achijawa 183, 192, 195
Ackerbau 54, 73, 300
Adel 79, 121 ff., 134, 176, 209, 215, 248, 294 f.
  Beseitigung des Adels 90, 154, 170, 209 f., 214 f., 217
«Adelsherrschaft» 9 f., 34, 53, 62, 116 ff., 126 f., 130 ff., 145, 202
«Adelsstaat» 9, 127, 145 ff., 179, 184 ff., 202 f., 205, 207, 257, 271, 274–278
Adelsversammlung, Adelsrat 124, 146, 149, 184 f., 249, 275, 294
Adoption 292 f.
Ächtung 293 f.
Älteste 82, 101
Ämterhäufung 272 f.
Ämterpatronage 267, 272
agrig 151, 185, 246, 257
Akkader 18, 104 f., 176, 279 f.
Akkaderreich 27, 38, 46
Alanen 133
Alemannen 126, 138 f.
Amarna-Stil 107
Amoriter 19, 174
Amphiktyonie 113 ff.
Amtsadel 205, 258
Amun-Kult 109 f.
Amun-Priester 91, 99, 110, 172, 273
Aramäer 173
Arawanna (kleinasiatisches Volk) 183
Arbeiter 237–243
Arbeitsaufgebot 52, 98, 148, 219, 239, 264
Arbeitspflicht 23, 118, 239 f.
Arbeitsteilung 57, 75, 105
Arier 25, 33, 139, 145 f., 177–180, 249
Aristokratie s. Adel
«Aufgabenstaaten» 301
Aufgebot 98, 114, 148, 202, 239–243, 252, 254, 259
Aul 133 f.
Aunjetitzer Kultur 32 f.

Auslieferung 193
Ausrüstung 242
Außenhandel s. Handel
Azzi (kleinasiatisches Volk) 184, 192

Bajuwaren 126, 138 f.
Bann 98
basileús 79, 97, 246, 277
Bauern 168, 209 f., 214, 217, 219 f., 223, 237 ff., 244
Bauernheer 152, 185, 202, 209, 239, 241 ff., 277, 304
Beamte, Beamtentum 90, 153 f., 157, 176, 180, 209 f., 257 f., 263, 267, 271, 306
Beamtendynastien 272
Beamtenethos 268, 271
Beamtentitel 201, 273
Beistandspakt 189, 193, 195
Bergbau 127 ff., 203
Beschwichtigungspolitik 85, 224, 230
Bewässerungsanlagen 42 ff., 51, 55, 59, 67 f., 169, 200, 210, 214, 219, 253, 288, 300
Blutrache 81, 289, 294
Blutsbrüderschaft 131 f.
Bodenmonopol (sumerisches) 45 ff., 112, 138, 177 f.
Buchführung 278
Bürgermeister, Dorfschulze 179, 242, 258, 263, 269 f., 276
Bürokratie 10, 253 ff.
Burg 52 f., 61 f., 66 ff., 121 ff., 183, 201

chapiru 185
Chou-Dynastie 199, 202, 204 f., 207
Chronologie (mittlere, kurze) 21 f.
civitas (Gallien) 123 ff.
Clan 131, 133, 204, 249, 292
Codex Hammurabi 175, 243, 283, 285–288, 291, 304

damokoro (mykenischer Titel) 276 f.
damos 276

Sachregister

Daseinsvorsorge 78f., 185, 300
Dekalog 282f.
Demokratie 209, 284, 299f.
Denunziation 289
Deportation 186, 195, 219
Despotie 140, 151, 301
Dienstpflicht 238–243
«Dilemma des Raums» 140ff., 157–161, 268, 302
Dimini-Kultur 29
Diplomatie 185, 187f., 189, 193ff., 279
Dock 25
Dschemdet-Nasr-Zeit 37
duma (mykenischer Titel) 275

Eanna-Tempelbezirk (Uruk) 95f.
edictum 290
Eilmarsch 144
Eisen 28, 195
Eisenmonopol 195, 218, 264
en (sumerischer Titel) 87, 97, 246
ensi (sumerischer Titel) 113, 153
equites (Gallien) 124, 138
Eroberung 87, 156

fa-chia 212–216, 218, 267, 285, 303
Familie 131, 133, 258
Fehde 185, 295
Ferghana-Expedition 225, 229, 233
Feuertelegraph 141f., 226
Finanzpolitik 148f., 186
foederati 227
Formalismus 291
Frau 73, 80, 288, 306
Freizügigkeit 247
Frieden 115, 161, 208, 212, 214, 216, 218, 293
Friedenspflicht 114
Fruchtbarkeitszauber 73
Führungskader s. Kader
Fußtruppen 209, 214, s.a. Bauernheer

Gaschgasch (Kaskäer) 152, 184ff., 192f.
Gaufürsten (Ägypten) 17, 154, 166, 271, 305f.
Gebühren 102, 210
Gefolgschaft 77, 119, 122, 139, 277f.
Geheimpolizei 151, 261f.
Geiselnahme 231

Geldadel 220
Gemeinde s. Bürgermeister, Ortsbehörden
«genealogiae» 126, 138
gens 249, s.a. Clan
Gentry 221
Gericht (Besetzung) 270
Gerichtsbarkeit 80f., 176, 202, 253, 268ff.
Gerichtszwang 185, 293ff.
Gesetz 215, 217, 220, 279, 284–289
Gesetzesschule (China) 212–216, 218
Gesetzgebung 43, 175, 179, 186
Gewalt 70, 250, 293
Gewaltverbot, Gewaltmonopol 293
Gewohnheitsrecht 82, 215, 284f., 290
Ghassul-Kultur 59, 61
Gilgamesch-Epos 43
Gleichheit 117f., 215, 220
Glockentöpfe 240f.
Grabbeigaben 55, 57, 65, 120f., 129
Grenzarmee (China) 228
Grenze 123, 227
Grenzmauer 18, 20, 52f., 223
Große Mauer (der Han) 223f., 226f.
Große Mutter 73, 75
Großgrundbesitz 180
Groß-Mesedi (hethischer Titel) 185, 254
Großreich 15, 38f., 44f., 111, 165ff., 173, 208f., 212f.
Großwesir s. Regierung
Grundherrschaft 118, 138, 244
Grundstücksmarkt 46, 176, 180, 292
Grundzins 118, 245
Gupta-Dynastie (Indien) 154
Gütär 18, 31, 112, 175

halbzivilisierte Staaten 174, 204, 207
Handel 58f., 86, 88, 103f., 120, 122, 203, 214, 230, 232
Handelsembargo 195
Handelsmonopol 104f., 176, 180
Handelsniederlassungen 103f.
Handwerksorganisation 277
Han-Dynastie 143, 198, 213, 216–221, 259, 262–268, 285
Hatti s. Hethiter
Hausmacht 150–158, 168
Heer (Miliz) 76f., 202, 277f., s.a. Bauernheer
Heer, stehendes 77, 152, 242, 302

Heeresaufgebot 114, 148, 239
Heeresfolge 147, 179, 185, 202
Heeresführung 77, 97, 133, 179, 185, 202, 275, 277
Heiratspolitik 188, 194, 224, 230f.
Herrschaft 9, 67, 70
Herrschaftsvertrag 299f.
Hethiter 16f., 32, 79, 89, 129, 138, 146, 154f., 178, 181, 183–186, 189, 191 ff., 197, 294
Hilfstruppen 185, 228 ff.
Hochkultur 108, 249
Hochreligion 95, 113
Hörnerkrone 111
Hofämter 106, 253 ff., 259 ff., 272
homerische Epen 120, 146, 149, 274, 291
Hopliten 209
Horde 134
Hsia-Dynastie 25, 200
Hsiung-nu 134, 209, 223–226, 229ff., 232
Hungersnot 169
Hurriter 15, 31, 79, 89, 139, 173 ff., 177ff.
Hyksos 88 ff., 154, 169f.

ilku 179
Immunität s. Steuerfreiheit
Imperialismus 89, 156, 170, 181, 221–226, 232
Indogermanen 15, 28, 31, 113, 160, 275
Indus-Kultur 16, 23 ff., 68f.
Infanterie s. Fußtruppen
Informationswesen 141 f.
Infrastruktur 77, 98, s. a. Bewässerungsanlagen, Straßenbau, Straßensysteme
Interdikt 98 f., 110
irnanna 255
Isonomie 209
Israel (Volk) 79, 82, 86, 89, 101 f., 114f., 137, 173, 218, 243

Jagdzauber 73
Jahweh-Tempel 113
Josephs-Legende 186, 244
Jungsteinzeit s. Neolithikum

Kader 238, 259, 264
«Kämpfende Staaten» (China) 88, 204f., 208
Kanaanäer 19
Kanalbau 143, 306
Kanalisation 23, 51, 59

Kanzler s. Regierung
Kapital 105f.
Karawanenhandel 103 f.
Kassiten 173, 175f., 195
Kataster 82, 261
Kaufleute 103 f., 233
Kelten 121 ff., 127, 129, 146
«Keltische Mauer» 122, 125
Khan 134, 137
Kimbern und Teutonen 133
Klientel 108, 110, 113, 118f., 124, 139, 158, 172
Klimaänderung 41, 84
Knochenorakel 200f., 203
Kodifikation 82, 284, 286f.
«Königsheil» 137, 251
Königslehen (China) 217
Königsstraße der Maurya 143
– der Perser 142 ff.
Königtum 87f., 95ff., 116, 132–137, 146, 150–157, 185, 202f., 274f.
Kolonisation 207, 219, 232
«Kommandantur» (China) 210, 217, 221, 225f., 262f., 265
Konfuzianismus 267, 285, 303
Kontrollorgane 151, 261 f., 265 f.
Kopfsteuer 245
korete (mykenischer Titel) 275
Kreditaufnahme 106, 118, 238
«Krethi und Plethi» 152
Kriegselefanten 158, 161
Krongut 275, s. a. temeno
Kunst, Kunsthandwerk 103, 105, 107
Kupferbergbau 128 f.
Kupferverarbeitung 56f., 59, 64
Kurgan 136
Kurierwesen 140, 144
Kuru-Reich (Indien) 150
Kuschana 161, 249

Landeskultivierung 168, 210, 214
Landnahme 10, 47f., 138ff., 176
lawagétas (mykenischer Titel) 79, 275, 277
Legalisten 214, s. a. fa-chia, Gesetzesschule
Lehenskönige (China) 217, 263
Leibesstrafen 250f., 294
Leibgarde 153, 168, 185, 254, 260, 262
Leviten 243
li 284

Sachregister

Libyer 152
Linear B-Tafeln 32, 79, 274, 276, 278
Literatenverwaltung 280
litis contestatio 294
Longshan-Kultur 200
Loyalität 133, 145 ff., 153 ff., 158, 171, 218, 250, 267, 301, 306
lugal (sumerischer Titel) 87, 97, 246
Luvier 28, 32
Luzerne 229

ma'at 79, 99 f., 284, 306
«Machtstaaten» 301
Magazinstadt 186
marijanni 178 ff., 249
Markgraf 217, 263
Maßnahmegesetz 286
Maurya-Dynastie 88, 143
Meder 139, 197
Medizin 73
Medjai 152
Meerlanddynastie 175
«Megalithkultur» 32
Menschenrechte 193
mesedi (hethitischer Titel) s. Groß-Mesedi
«Meteor» (Forschungsschiff) 40 f.
Militärkolonie, Militärlager 170, 226, 228 f., 243
Minister s. Regierung
Minoer, minoische Kultur 30, 103, 143, 146, 290 f.
Mittelbehörden 257, 261, 263, 275
Münzwesen 211
«murus Gallicus» s. «keltische Mauer»
mykenischer Staat 146, 274–278

Nachrichtenwesen 141 f.
Negade-Kultur 34
«Neolithische Revolution» 73
Neubabylonisches Reich 156, 197
Neun-Felder-System (China) 246
Nichtangriffspakt 114, 193
Nilhochwasser 74, 169
Nomaden 10, 83–86, 130 ff., 145, 173, 176, 199, 221–227, 232 f., 300
Nothilfe, Notwehr 81
Novellierung s. Rechtserneuerung

Obeid-Zeit 56
oppidum 125

Orakel 71, 74, 172, 200–203, 278
Organisation 10, 76, 253, 301 f.
Ortsbehörden 258 f., 276, 289 f.

Palast 51
Palastrat 255 f., 260 ff.
Palastwirtschaft 102 ff., 149, 202, 243 f., 278
pankus 149, 184 f., s. a. Adelsversammlung
Parner 159, 249
Parther 139, 160
patria potestas 292
Perser 139, 159, 197, 259–263
Personalpolitik 266 f., 270–274
Pferd, Pferdezucht 177, 225, 229, 233
Philister 153, 218
Polizei 81, 152, 153, s. a. Medjai
Post 144
«Präfektur» (China) 210, 217, 262 f.
Preispolitik 287
Priester 75 f., 154, 276
«Priesterfürst», «Priesterkönig» 8, 25, 47, 87, 96 f., 155, 184 f., 202 f.
Priesterherrschaft 47, 95 ff., 154, 177, 180
Propaganda 303, 305
Protektor 170, 226
Prügelstrafe 250 f., 294
Pyramiden 240, 251 f.

Rache 81
Raub 85, 119 f., 289
«Rebellion der 7 Königreiche» 218
Recht 282 ff.
Recht, apodiktisches-konditionales 282 f.
Rechtserneuerung 290–293
Rechtskraft 289
Rechtsmittel 179, 270, 304
Rechtspflege 81, 97 f., s. a. Gerichtsbarkeit
Rechtsvereinheitlichung 211, 287
Regenfeldbau 117, 300
Regierung 220, 255 ff., 259 ff., 264 ff., 271–274, 306 f.
«reguli» 126, 138
«Reichsaramäisch» 280
«Reisekönigtum» 145
Reiterei, Reiterheer 209, 214, 229
Religion 71, 74 ff., 78 ff., 99, 251
Richter (= Gerichtsbeamter) 98, 285, 306
Richter (= Stammesführer) 101, 133
Rigveda 25

Ringwall 125
«Ritter» (equites) 124

Salz, Salzbergbau 127 f.
Salzmonopol 218, 264
Satrap 153 f., 157, 261
Schadensersatz 81, 288
Schmied 243, 276 f.
Schmiedeverbot 218
Schrift 29, 49, 57, 83, 169, 200, 211, 278–281, 285
Schutzgelder 104, 129
Schutzpflicht 120, 123, 305 f.
Seehandel 25, 103
Seevölker 178, 197 f., 274
Segeltelegraph 141 f.
Seide 103, 224, 245
Seidenstraße 104, 224 f., 232, 278
Sekundogenitur 146 f., 155 f., 190
Selbsthilfe 81, 293 f.
Semiten 15, 18 f., 49, 85, 89, 176
Senat (keltischer, römischer) 124, 249
Sesklo-Kultur 29
Seßhaftigkeit 9 f., 83–86, 227
Shang-Dynastie 26, 33, 199 f., 202, 204
Shang-Kultur 201
Sicherheit 71 f., 161, 208, 212, 232
Siedlungssysteme 39
Sippenhaftung 216, 258
Sklaven, Sklaverei 103, 120, 124, 153, 179, 186, 238, 243, 247, 272, 286, 297
Skythen 134 ff., 152
Söldner 152 f., 171, 185, 202, 228
Soldat 77, 90, 118, 219, 228 f., 237 ff.
Souveränität 10, 101, 108 ff., 194, 204, 213
soziale Differenzierung 34, 55, 65, 117 f., 120 f.
soziale Schichtung 246–252
Späturuk-Zeit 37, 41, 273
Speicher 24, 51 f., 63, 67, 69, 186
Sprache 261, 279 ff.
Staat, Begriff 9 ff., 194
Staatenbund 113 ff., 208
Staatsaufgaben 10, 76 ff., 86, 300 f.
Staatsethik 303 ff.
Staatshaushalt 148, 224
Staatssklaven 23, 238
Stadt 50 ff., 82

Städtebau 46 f.
Stadtherr 51 f.
Stadtmauer 24, 42 f., 52, 58 f., 199, 200 f.
Stadtplanung 24, 46, 51, 59, 63, 125
«Stadtrichter» 24, 43, 51, 54, 58, 82, 125
Stadtstaat 37, 53, 153
Stamm 134
Statthalter 113, 151 ff., 157 ff., 175 f., 180, 242, 257 f., 263, 304
Stausee 168, 210
Steigbügel 229
Steuer, Steuerpflicht 102, 147 ff., 169, 185, 202, 210, 213, 215, 244 f., 250, 253, 275
Steuerfreiheit 245
Steuersatz, Steuertarif 244 f., 275 f.
Strafe 216
Strafgefangene 219, 223, 228
Strafprozeß 270, 289
Strafrecht 216, 220, 250, 282 f., 288, 293
Straßenbau 77, 143, 223, 253
Straßensystem 77, 142, 152, 211, 219
Stratiotensystem 243
Streitwagen 169 f., 176–179, 185, 201 f., 209, 214, 229, 241
Sumerer 18, 41, 45, 47 f., 86, 138 f., 273
suti 185

Talions-Prinzip 81, 286, 288 f.
tartan (assyrischer Titel) 256
tartenu (hethitischer Titel) 256
tawanannas (hethitische Königin) 185
Technik 72 f., 237
temeno 275
Tempelbett 80
Tempelrolle (Totes Meer) 241
Tempelstaat (sumerischer) 45, 87, 111, 138, 301
Tempelwirtschaft 102 ff., 176, 243 f., 278
Titel 231, 273 f.
Todesstrafe 250, 289
Töpferscheibe 57
Transportkanal 142
Tribut 170, 224, 230, 245

«Überschichtungsstaat» 139, 249
Übervölkerung 232
Umsiedlung 219, 225
«ungemessene Dienste» 247
Uruk-Zeit 56 f.

Vasall 145 ff., 180, 202, 205, 242, 257, 277
Veda 149
Venus (Planet) 22
Verdienstadel 214, 273 f.
Vergobreten (keltischer Titel) 124
Vergöttlichung 100, 111
Vermessungswesen 82
Verpflegung 240
Verteidigung 16, 52, 76, 83 ff., 119 f., 210, 300, 302
Vertragstheorien 299
Verwaltungsaufbau 256 ff.
Viehzucht 54, 73, 83
Vizekönig 154 f., 156, 168, 185, 255 f., 271
Völkerrecht 114, 193
Volk 186, 243–247
Volksversammlung 79, 124, 149
Volkszählung 242, 245, 263
Vorlagerecht 269
Vorratsbildung 73

Waffenverbot (China) 211
wanax (mykenischer Titel) 79, 246, 274, 276
Wanderung 28, 130 ff., 137 f., 248
wang (chinesischer Königstitel) 202
Wasserbecken 24, 67 f.
Wasserversorgung 77, 98
Wehrdorf 226, 229, 243
Wehrpflicht 228, 243
Weltherrschaft 134, 233
«Weltpolitik» 166 ff., 187 ff.
Werkzeug 72, 302
Wimpeltelegraph s. Segeltelegraph

Zehn Gebote s. Dekalog
Zehnter 243
Zeitrechnung 20 ff.
Zinn, Zinnbergbau 129
Zitadelle 24, s. a. Burg
Zoll 129
Zwölftafelgesetz (Rom) 290, 292

Juristische Werke im Verlag C. H. Beck

Maunz-Dürig
Grundgesetz

Loseblatt-Kommentar,
Von den Professoren
Dr. Theodor Maunz †, Dr. Günter Dürig †, Dr. Roman Herzog,
Dr. Rupert Scholz, Dr. Peter Lerche, Dr. Hans-Jürgen Papier,
Dr. Albrecht Randelzhofer, Dr. Eberhard Schmidt-Aßmann
7. Auflage. Rund 7460 Seiten.
In 4 Leinenordnern DM 320,–
ISBN 3-406-35185-9

Der «MAUNZ-DÜRIG» ist der führende Kommentar zum Grundgesetz. Er hat in der verfassungsrechtlichen Literatur von Anfang an eine hervorragende Rolle gespielt und vor allem die Praxis, insbesondere die Rechtsprechung des Bundesverfassungsgerichts, stark beeinflußt.
Aufgrund ihrer pädagogischen Erfahrung verstehen es die Verfasser, selbst schwierige Rechtsfragen verständlich aufzubereiten. Umfassende Hinweise auf Entstehungsgeschichte, Rechtsvergleiche und Spezialschrifttum leiten die Kommentierung eines jeden Verfassungsartikels ein. Ausführliche Gliederungsübersichten und Randnummern mit Schlagwörtern erleichtern die Handhabung.

Roman Herzog,
Das Bundesverfassungsgericht und die
Anwendung einfachen Gesetzesrechts

(Schriften der Juristischen Studiengesellschaft Regensburg e. V., Heft 6)
1991. 24 Seiten. Kartoniert DM 15,80
ISBN 3-406-35370-3

Verlag C. H. Beck München

Frühe Kulturen

Jan Assmann
Das kulturelle Gedächtnis
Schrift, Erinnerung und politische Identität
in frühen Hochkulturen
2., durchgesehene Auflage. 1997. 344 Seiten.
Broschiert
C. H. Beck Kulturwissenschaft

Walter Burkert
Antike Mysterien
Funktionen und Gehalt
3., durchgesehene Auflage. 1994.
153 Seiten mit 12 Abbildungen. Gebunden

Alexander Demandt (Hrsg.)
Das Ende der Weltreiche
Vom Perserreich bis zur Sowjetunion
Die Beiträge von Donald Nicol, Bernard Porter
und Toru Yuge wurden von Michael Redies aus dem
Englischen ins Deutsche übertragen.
1997. 283 Seiten. Leinen

Brian M. Fagan
Das frühe Nordamerika
Archäologie eines Kontinents
Übersetzt und für die deutsche Ausgabe eingerichtet
von Wolfgang Müller
1993. 496 Seiten mit zahlreichen Abbildungen
und Karten. Leinen

Christian Habicht
Athen
Die Geschichte der Stadt in hellenistischer Zeit
1995. 406 Seiten mit 9 Stammtafeln
hellenistischer Herrscherhäuser. Leinen

Frank Kolb
Die Stadt im Altertum
1984. 306 Seiten mit 40 Abbildungen. Leinen

Verlag C. H. Beck München